전북의 근대 농업사

지주제 · 기술과 지역

전북의 근대 농업사

지주제 · 기술과 지역

소순열

전북대학교출판문화원

책을 내면서

이 책은 『근대지역농업사연구』와 『전북의 시장경제사』, 『근대항구도시 군산의 형성과 변화』에 이은 후속편이다. 전북의 지역문제에 매달리는 동안 항상 두 가지 문제에 유의해야 한다고 생각해왔다. 그 하나는 자만적인 향토사를 하지 않는다는 것이었다. 요즈음 지방의 향토사는 제법 활기를 띄고 있다. 그러나 인물, 유물, 사건 등 좋은 주제만을 선별하여 과학적이고 객관적인 접근을 하지 않고 사실에 반하는 즉 자긍심만을 주고 있는 경우를 흔히 보아 왔다. 이를 스스로 철저히 배격하고 싶었다. 다른 하나는 현장과 자료를 중심으로 한 지역의 자립적 가치를 중요시여기는 것이었다. 중앙중심의 정책자료나 제도자료에서 벗어나 전북의 고유한 역사적, 문화적 개성을 찾고 싶었다. 이러한 개성, 특성을 가진 역사가 모여 전체 역사를 구성하는 것이다. 당연히 서울의 역사는 전체의 역사가 아니며, 하나의 지역 역사에 불과하다는 생각에서였다.

대학원생시절부터 시작했던 세미나는 연구 축적을 하는데 큰 도움이 되었다. 전북대 조교 시절에는 불과 세 사람으로 구성된 세미나를 만들기도 하였으며, 일본 교토대 농사교실에서는 농업사의 기술적인 수련만이 아니라 고유의 연구방법을 익혔다. 지역문제를 이해하는 데 가장 도움을 준 것은 호남사회연구회였다. 호남사회연구회는 1987년 8월 진보성, 학제성, 지역성을 표방하면서 민주화 시국선언 서명교수들이 만든 학술단체였다. 이 때 평생지기 이성호 선생님을 만나게 되었다. 이후 호남사회연구회는 대구사회연구소, 부산경남지역사회연구센터, 광주연구소와 함께 한국지역사회학회로 되었다. 세미나에서 만났던 선배, 후배, 동료 모든 분들에게 자극과 격려를 많이 받았다. 감사의 마음을 전한다.

부끄럽지만 이 정도의 책을 쓴 것은 도움을 주신 많은 분들 덕분이다. 이주완 군산개정병원 전약국장님을 잊을 수 없다. 군산에 갈 때마다 응원의 말씀과 더불어 식사를 사주면서 구마모토에 대해 많은 이야기를 들려주셨다. 편지로 궁금한 점에 대해 빠짐없이 답변해 주시면서 늘 따뜻하게 격려해 주셨다. 약국장님이 돌아가신 줄 모르고 케이크를 사들고 집에 갔던 일을 생각하면 지금도 가슴이 저려온다. 또한 야마다 타츠오山田龍雄 시모노세키대학 전학장의 부인과 아드님은 잊을 수 없는 고마운 분들이다. 야마다 타츠오 전 학장은 대학 졸업하자마자 1938년 전라북도 소작관보를 지냈다. 부인을 통해 야마다 전학장이 남겨놓은 전북의 실제 농촌조사, 공문과 비공개자료를 입수할 수 있었다. 후쿠오카 집에서 야마다 전학장이 직접 쓴 일본 전통시가에서 당시 전동성당 앞 풍경이 눈에 선하게 떠오르기도 했다. 그리고 아라키 미키오荒木幹雄선생님은 나의 교토대 유학 시절의 지도교수이다. 이 때 자유로운 연구 분위기뿐만 아니라 농업경영사의 방법에 눈을 떴다. 일본 내 대학이나 일본인 지주 자료를 찾을 때마다 일일이 주선해 주셨다. 방학 일본체제기간 동안 어머님 집을 이용하게 할 정도의 눈에 보이는 배려를 넘어선 마음을 갖고 계셨다. 2020년 12월 두고두고 고마움을 간직하고 있다는 뜻으로 마음으로 재작년 미수기념문집米寿記念文集에 '넓은 바다는 물을 가리지 않는다'라고 썼다.

이 책은 왜 전북이라는 지역이 기술은 발전하는 데 왜 가장 가난했는지, 해방 후 왜 이를 청산하지 못하고 계속하고 있었는지 묻고, 생각하게 할 요량으로 쓴 책이다. 일제강점기 전북은 어느 지역에 비교할 수 없는 수준의 농업선진지역이었다. 품종, 비료 등 근대적 기술, 경지정리도 가장 먼저 이루어졌고 수리조합도 가장 빨리 만들어졌다. 그런데 이런 기술의 선진과 달리 전북은 가장 빈곤한 지역이었다. 기술의 선진성과 궁핍의 심각성을 어떻게 이해할까? 기술이 발전하면 곧 경제발전이 이루어지는데 오히려 반대의 상황을 어떻게 이해할까? 기술과 궁핍의 관계를 토지소유, 계급관계에서 분명하게 하고 싶었다.

책은 크게 3부로 나누었다. 제1부는 구조와 전개라는 주제로 전북 지주제의 구체적 실상을 다루었다. 지주제를 지대별로 유형을 구분하여 전북 지주제의 특징을 파악한 뒤, 지주제의 정점頂点인 일본인 지주경영의 몇 가지 사례와 조선인 소작경영의 존재형태를 알아보았다. 일본에서 농업관련도서로 유명한 부민협회富民協會농장경영의 사례도 소개하였다.

제2부는 변화와 성격으로 구성하였다. 당시 최선진지역 전북의 수도작 기술체계의 변화에 대해 파악하고, 이를 수용한 농민의 농업경영에 어떠한 영향을 미쳤는지 알아보았다. 이어 일본인 이민사회 농촌개발의 실상을 개인기록을 통해 구체적으로 밝히며 당시 농촌인구의 유출이 지주적 토지소유에 어떠한 영향을 미쳤는지도 검토하였다. 더 나아가 기존 농민운동의 주류적 경향을 경제적인 측면에서 농민운동의 성격에 큰 변화에 일어났다는 점에 주목하여 비판하였다.

제3부는 해체와 고착이라는 주제이다. 해방 후 전북경제사회가 어

떻게 전개되었는지 검토하는 부분이다. 먼저 농지개혁이 전북에 무엇을 가져다주었는지 살펴보았다. 그리고 1930년대 후반 군산과 전주의 공업화에 대해 살펴보고 이의 연장선상에서 근대 전주의 경제구조가 가지는 역사적 의의를 제시하였다. 덧붙여 1990년대에 이르기까지 전북의 경제활동이 어떻게 이루어져 왔는지도 검토하였다. 일제강점기로 한정하는 것이 아니고 근현대에 이르기까지 변화과정 속에서 고착화된 전북의 상대적 낙후성이 우리나라 사회의 구조적 정책에 의한 필연적 결과인지 아니면 지역사회를 구성하는 각 행위주체의 결과인지 분명히 하고자 할 심산으로 정리한 것이었다.

이 책은 새롭게 쓰거나 기존의 발표논문을 보완 수정한 것이다. 힘든 상황 속에서 전북대 김은수 학생은 이 글을 반듯하게 편집해 주었으며 성재현 학생은 마무리 편집을 하였다. 일본 북해도 대학 황성일 대학원생과 소미아 한국어 강사는 마다하지 않고 책 교정을 봐 주었다. 속 깊은 감사의 마음을 전한다. 귀한 사진을 제공해 준 농촌진흥청 류정상 도서관장님과 예리한 평을 해 준 전북대 이성호 선생님에게 각별의 고마움을 느낀다. 평생 연구를 한답시고 가족에게 부족한 게 많았다. 아내 현임과 경주, 민수에게 한없는 감사와 사랑을 보낸다.

이 책이 나올 수 있게 해 주신 전북대 출판문화원장 임경택 교수님과 좋은 책으로 태어나게 해준 이진영 선생님에게 깊은 감사드린다. 이 책이 근대 전북연구에 하나의 자극이 되었으면 하는 바람이다. 대견스럽고 두려운 후학이 간절하다.

2022년 초봄 전주에서

소순열 씀

목차

서장

근대 농업사의 새로운 전환

1. 문제의 제기

1) 지주제의 지주유형론

지주제는 우리나라 근대 농업사에서 가장 활발하게 연구가 진행된 영역 중 하나이다. 전북은 조선 전체에서 두드러진 지주 집중지역으로 관심의 대상이 되어 상당한 연구가 축적되었다.[1] 지주제연구는 크게 지주적 토지소유의 역사적 성격 연구와 지주경영을 유형별로 파악하는 연구로 전개되어 왔으며 후자인 지주유형론이 주류적인 연구가 되었다. 지주유형론은 1960년대까지 '식민지지주 양분론(조선인지주=정태적 지주, 일본인 지주=동태적 지주)'이라는 통설적 이해로 계승되어왔다. 이러한 통설은 1970년대 이후 주체적 내재적 발전론에 입각한 지주 개별사례, 소작관행, 통계자료를 이용하여 조선인지주 가운데에서 재래의 정태적 지주 이외에 미곡상품화에 적극적으로 대응하는 신흥지주가 존재한다는 '조선인지주 2유형론(조선인지주=정태적 지주, 신흥지주)'으로 나타났다.[2]

1935년 9월 당시 신문에는 '전남북지주 색채 양분 구마모토형熊本型과 현준호형玄俊鎬型'이라는 제목으로 전북과 전남의 지주의 유형적 성격이 전혀 다르다는 기사가 실렸다.[3] 지주경영의 두 유형은 당시 일본인지주=동태적 지주, 조선인지주=정태적 지주를 반영한 것이었다.[4] 이어 1940년 전북농가의 실태조사를 통하여, 지주를 경영방법에 따라 '기업가적 지주, 비료대적 지주, 재래지주'라는 세 가지 유형으로 구분하는 주장이 제기되었다.[5] 조선인 지주가 재래 정태적 지주 외 기업가적 지주, 비료대적 지주에도 분포해 있음을 확인한 것이었다.

'전북형 지주'라는 유형을 소작관행에 의해 본격적으로 제시한 연구자는 미야지마 히로시宮嶋博史였다. 미야지마는 조선인 지주 가운데 새로운 유형인 '전북형 지주'와 재래 정태적 지주로서의 '경기형 지주'가 존재하고 있다고 주장한다. 미야지마의 논의에 의하면 '전북형 지주'는 '경기형 지주'와 달리 다음과 같은 특징을 지니고 있다. 즉, ① 대지주로서의 형성 연대가 달라서 1907-18년경에 급속히 성장하여 온 신흥지주이고, ② 소작계약에 대해서 엄격하고 상세한 조항을 넣은 증서를 교부하여, 이의 계약사항에 기초하여 소작인의 경영에 적극적으로 개입하며, ③ 중간관리인과의 계약에 대해서도 권한 등을 엄격히 정한 신식문기新式文記를 교부하여 중간관리인의 통제하였다. ④ 지주가 차재借財하는 것은 주로 생산적인 목적, 즉 확대재생산(토지확대)내지는 소작인의 지배강화(비료대부를 통한)를 위한 것이며, ⑤ 일부지주는 일본인을 본 따 농장을 회사조직 형태로 바꾸는 자도 존재하고 있다는 특징을 보인다.[6] 이러한 전북형 지주는 전북, 경남, 충남(전북에 접한 남부 4개 군)에 존재한다. 이와 달리 경기형 지주

는 경기, 경북, 충남(경기와 접한 북부 6개 군)에서 많이 나타난다.[7]

이러한 전북형 지주론은 '조선인지주=정태적 지주론'의 극복이라는 점에서 기존의 이분법적 유형론을 한 단계 높인 것으로 파악된다. 그러나 이러한 유형론만으로는 전북 지주제의 지역적 특질을 파악하기는 곤란하다. 왜냐하면 조선인지주 가운데 미곡 상품화에 적극적으로 대응하는 이런 유형의 신흥지주는 사실 '일본인 지주=동태적 지주' 유형에 불과하기 때문이다. 조선인 지주는 일본인 지주와 동일하게 조선인 소작농에게 소작료의 안정적 취득=지대착취기구의 정비와 확립을 통해 미곡시장에 적극적으로 대응하는 동태적 지주인 것이다. 따라서 전북지주제의 지역적 특질을 보다 구체적으로 파악하기 위해서는 조선인 지주에만 한정하지 말고 양자를 다 포함하여야 하며 소작경영도 시야에 넣어야 한다. 그리고 이러한 특질이 농업생산력의 전개 및 농가경영의 성과와 어떠한 관련성을 가지고 있는가를 충분히 검토하여 지주제의 성격을 분명히 해야 할 필요가 있다.

2) 일본인 지주와 소작농

전북은 대토지 소유의 일본인 지주경영과 영세적인 조선인의 소작경영이라는 뚜렷한 기본구조를 가지고 있었다. 일제강점기 전북은 일본인 지주의 밀집 지역이었던 관계로, 일본인 지주에 대한 연구가 타 지역에 비해 많이 이루어졌다. 일본인 지주 진출의 첨병 역할을 한 「군산농사조합」에 주목한 것은 배민식으로[8] 그는 일본인지주의 형성과정과 이의 지주자본의 성격 및 특징을 「군산농사조합」의 조합원을 중심으로 검토하였다. 이규수 또한 「군산농사조합」의 설립과정과 활동 그리고 해산과정을 통해 일본인 지주의 특징을 밝혔다.[9] 소순열은 군산 진출 일본인과 관련하여 일본인의 지주화를 파악했으며,[10] 하지연은 일본자본의 토지침탈 배경과 재벌 오오쿠라大倉喜八郎의 오오쿠라농장과 미츠비시三菱의 동산농장東山農場의 지주화 사례를 파악했다.[11]

일본인 개별 사례연구로서는 먼저 최대 지주 구마모토농장熊本農場에 대해서는 소순열, 홍성찬, 하지연 등의 연구가 있다.[12] 소순열은 구마모토농장의 토지집적과정과 지주·소작관계 그리고 경영구조(수지구조와 자금운용구조)에 대해 검토하였다. 생산력 증대→소작료 증징增徵이라는 단계적 실현을 통하여 높은 소작료 수입을 유지해 갔으며, 이의 안정성과 자본시장에 규정된 농외투자의 한계성이 전 시기의 일본인지주의 존재형태라고 지적했다. 홍성찬은 1930-40년대 구마모토 농장 지경지장地境支場의 회계전표자료를 구체적으로 분석하여 당시 일본인 농장지주의 존재형태를 전형적으로 보여주는 사례라고 파악하였다. 하지연은 기존의 연구를 기초로 토지집적과정 및 배경, 농장관리조직, 지주·소작관계에 대해 분석하여 일본인 농장지주의 식민성을 더 구체화했다. 하지연은 이외에도 두 일본인 농장지주사례를 파악하였다.[13] 하지연은 미츠비시三菱 동산농사주식회사東山農事株式會社의 설립과 경영구조와 더불어 농업경영실태를 분석하여 식민지 반봉건적 지주제의 전형이라고 규정하였으며, 김제 이시가와현 농업주식회사石川縣農業株式會社의 사례에서는 식민지 진출과 토지집적, 농업경영 실태를 파악하였다. 이 사례는 다나카田中喜男, 아사다淺田喬二에 의해 검토된 사례였다.[14] 다른 지주와는 달리 수리조건이 좋은 토지를 높은 가격으로 구입하여 농장경영을 한 삼례 이등

농장伊藤農場의 사례연구도 있다.[15] 최우종은 이등농장의 설립과 토지매입과정 및 소유현황, 그리고 지주경영실태를 살펴보고, 소작경영을 통해 높은 소작료수입을 올리는 전형적인 일본인 지주농장 경영의 특성을 보여주는 사례라고 규정하였다.

이외 일본인지주의 농외투자와 농장관리조직에 관한 연구가 있다. 최원규는 옥구 서수면을 사례로 지주들의 상호관계의 특질과 농외투자분석을 하였다.[16] 그 결과 대부분 지주들의 경우 지역내 투자활동은 일제시기 내내 지주제를 벗어나지 못했지만 그 가운데 몇몇 지주는 산업자본가형 투자활동을 하였다고 분석하였다. 하지연은 불이흥업주식회사의 사음의 운영사례를 분석하여 조선 재래사음과의 차이, 농장원(혹은 관리원)과의 관계 등을 보았다.[17] 불이흥업에서는 재래조선의 사음의 권한을 대폭 축소시켜 단순 중간 매개체역할로 소작인을 관리하였다는 점을 확인하였다

일본에서는 일본지주제사의 입장에서 식민지조선의 일본인에 대한 많은 연구가 이루어졌다. 일본인지주의 식민지 조선 진출에 대해서는 우시야마牛山敬二(1966), 야마자키山崎隆三(1971), 모리모토森元辰昭(1979), 센다千田稔(1987) 등의 연구가 있다.[18] 우시야마는 일본기업 미츠비시三菱 토지투자의 한부분인 해외 투자 가운데 동산농장 진출에 대해서 살펴보았으며, 야마자키는 일본 효고현兵庫縣의 소지주 N가가 자기 소유지를 처분하여 그 일부 자금으로 순창군 토지를 매수한 지주경영사례를 소개하였다. 모리모토의 연구는 오가야마현岡山県 대지주 미조데가溝手家의 식민지 진출을 실증적으로 분석한 것이었다. 센다는 후작 호소가와가侯爵 細川家가 구영지舊領地지주로서 최고 1,500정보를 소유한 지주로 성장하여 어떻게 식민지 조선에 2천 정보를 소

유하는 거대 식민지지주로 진출하였는가를 명확하게 하였다. 이들 연구는 기본적으로 일본자본주의 발달에 따른 지주제 쇠퇴기에 일본 지주제의 식민지 조선에서의 재현, 보강이라는 일본지주제사의 시각에 서 있다. 아사다淺田喬二의 이시가와현농업회사石川縣農業會社・조선흥업농업주식회사朝鮮興業株式會社, 모리모토森元辰昭(1985)의 오가야마현 니시핫도리가岡山縣西服部家 등의 분석이 여기에 속한다.[19]

이상에서 본 바와 같이 지주는 영세지주부터 거대지주까지 중층적으로 구성되어 있어 같은 규모의 지주경영이라도 운영에서 크게 상이하다. 그러나 지주경영의 관점에서 지주가 어떠한 구조를 가지고 어떻게 전개되어 왔는가를 검토하는 작업은 중요하다. 지주경영은 지주 특히 일본인지주의 경영방침, 토지집적동향, 지주·소작관계와 토지관리, 수지구조의 특질, 자본주의와의 관계 등을 비교함으로써 이의 전개양상을 파악할 수 있다. 이는 지주제 전개와 관계가 깊다.

아사다 교이치淺田喬二는 1930년대 대지주의 호수 및 소유면적 추이를 통해 전라북도 지주제의 특질 및 추진과정과 그것을 규정했던 정치적·경제적 요인을 검토하여 1930년대 지주제는 확대되었다고 주장하였다.[20] 1930년대 전북 지주제는 조선 지주제의 일반적 동향과 동일하게 지주의 민족적·계급적 이익을 위해 고율소작료 수취가 이루어졌고, 권력적·제도적인 보장에 의해 1920년대에 이어 계속해서 강화해 왔다고 보는 것이다. 이러한 1930년대 전북지주제의 전개는 1930년대 공업화 과정에서 지주경영에서 축적자금이 얼마나 산업자본화 되었는가의 분석을 통해 보다 선명하게 확인할 수 있다.

지주·소작관계는 생산수단(=토지)의 소유자(=지주)와 직접생산자(=소작농민) 사이의 생산관계이다. 따라서 일본인 지주경영과 대극對極에 있는 소작농의 농업경영면에서도 검토해야 할 필요가 있다. 마스모토 다케노리松本武祝는 1920년대 후반에서 1930년대 전반의 전북농업은 다비다노적 도작기술多肥多勞的 稻作技術의 보급에 따라 조선인 지주의 동태 지주화가 진행되는 한편 가족노작적 성격이 강한 1-3정보 규모 농가가 절대적·상대적으로 증가하였다고 보고 있다.[21] 이와는 달리 조승연은 김제 벽골마을의 농촌경제는 상품경제화와 부업 및 겸업부문의 존속이 특징으로 나타나 농민층 분해를 촉진하였으나 영세소작농의 증대와 빈농의 두터운 퇴적이 기본적인 양상을 띠고 있기 때문에 농업자본가나 농업노동자로 분해를 전망할 수 있는 것은 아니었다고 하였다.[22] 이러한 '중농표준화론'이나 '양극분화론'은 식민지 조선인 소작경영의 분석을 통해 보다 구체적으로 확인될 것이다.

3) 농업기술의 선진성과 수탈성

전북의 농업기술에 대한 연구는 의외로 적은 편이다. 마스모토 다케노리松本武祝는 수리조합내의 수도 단보당 수량이 20년대 말 1.5석 수준에서 30년대 후반 2.0석 수준으로 증가하는 것에 주목하여 이의 증가는 기술적 요인이라고 보고 있다.[23] 전북 평야부의 수확량 증대는 수리조합지역에서의 내비성, 내병성 일본 품종도입과 구입비료 특히 광물질 비료의 증투에서 온 것이라는 사실을 통계적 고찰을 통해 밝혔다. 이러한 전북 수리조합지역 내 수도생산기술의 특성은 황해와 함남과의 비교를 통하여도 확인하였다.[24]

전북 수도품종의 변천과 시험연구 내용 및 보급과정에 주목한 소순열의 연구도 있다.[25] 전북의 수도품종은 조선의 재래수도품종에서 일본 우량품종으로 교체되고, 그 보급은 평야부가 산간부 그리고 조선 전체를 선도하는 역할을 하였다. 우량품종으로의 교체가 지주(특히 일본인 지주)를 통해 단기간에 급속하게 추진됨으로써, 조선농민의 생산 및 품종개발의욕은 소멸되어 갔고 이로 인한 기술발전의 주체성을 상실되었다고 보았다.

전북의 수리사업에 대해서는 연구가 많이 진전되었지만, 수리기술에 관해서는 김제 벽골제를 둘러싼 수탈론과 근대식민지론과의 논쟁 이른바 '벽골제논쟁'이 관련되어 있다. 벽골제 논쟁은 2017년 전개되었던 일제초기 김제만경평야 수리시설 논쟁의 후편에 해당한다. 허수열은『일제초기 조선의 농업- 식민지 근대화론의 농업개발론을 비판한다』(한길사, 2011)를 펴냈다. 이에 대해서 이영훈은 김제만경평야에서 재래 수리시설의 발전은 낮은 수준이었으며, 허수열교수가 제시한 1921년의 지도에서 본 수리시설은 20세기에 일본인이 축조한 것이라고 주장했다. 벽골제는 330년 밀물과 썰물 때 드나드는 바닷물潮水의 출입을 막을 목적으로 세워진 방조제이었기 때문에 조선후기 및 일제 초기까지의 수리기술은 매우 열악하였다고 주장하였다. 18-19세기의 추수기들이 보이는 두락 당斗落 當 지대량地代量의 하락 추세를 지대수취의 관행이 변화한 결과로 이해하고 있으나. 이는 농가의 증산 의욕에 따른 투입 노동력의 증가와 전의 답으로의 지목변환 탓이라고 반박하였다.[26]

이에 대하여 허수열은 전북의 방조제, 보洑, 벽골제를 비롯하여, 조선 후기 수도작 생산성, 1910-1917년간의 미곡 생산 특히 조선 후기의 분석은 자료의 특성을 고려하지 않은 잘못된 분석이었으며, 당시 수도 생산성은 증가하는 것이 아니라 정체되었다고 비판하였다.[27] 이 비판에 대해 이영훈은 재비판을 가하였다.[28] 1910년대에 일본인 지주들은 만경강 하구 및 김제군 연안에 수많은 방조제를 축조하고 간척을 하여 농업생산은 증가하였다고 주장하면서, 허수열의 생산성 정체 주장은 제초노동의 양 증가를 고려하지 않았다고 비판하였다. 당시 지목변환한 상당량의 밭이 있었다는 점을 고려해야 하며, 만일 1910년대 수도생산량이 과소평가되었다면 이를 입증할 자료를 제시해야할 것이라고 비판하였다.

이에 허수열는 이영훈이 1920년 이후 일본인에 의해 축조된 방조제가 이미 1917년에 축조된 것으로 단정하고 모든 논의를 전개하는 것은 잘못이라고 반박하였다. 1910년대 만경강 및 동진강 유역의 방조제와 하천의 제방이 거의 대부분 조선 재래의 것들이었기 때문에 1918년까지 농업생산의 급증이라는 추계는 방조제와 하천의 제방이라는 측면에서 보았을 때, 과대평가된 것이라고 비평을 달았다.[29] 벽골제 논쟁은 김제 만경평야의 수리기술을 두고 '옥토와 황무지', '저수지과 방조제 둑', '수탈과 개발' 이라는 대립된 시각으로 전개된 것이었다.

전북의 농업기술은 기존의 연구에서와 같이 전체 조선에서 가장 선진적인 것이었다. 품종이나 수리기술에서도 전체 조선을 선도하는 역할을 하였다. 전북의 신기술은 일본농업기술의 이식을 전제로 한 것이었다.[30] 일본 '자국의 농업을 무조건적으로 수출'[31]하여, 일본 농업의 기성 기술이 직수입되어 일본인적 사고영역에서 규제되는 형태로 조선의 농업에 보급되었다.[32] 그리고 이것은 재래농업기술에 비해 경제성이 뛰어난 것이었다. 그러나 기술발달이 현저한 전북에서 소작농민의 빈궁화가 가장 많이 나타났다. 새로운 농업기술이 새롭게 농가의 빈궁화를 초래하게 된 것이었다.

이 점에서 농업기술의 선진성과 수탈성이라는 관점에서 적어도 두 가지가 밝혀져야 한다고 생각한다. 하나는 재래농업기술 기반을 시야에 넣어야 한다는 점이다. 전북에 보급된 농업기술을 외래적인 힘에 의해 '박外에서', '위上에서'이루어진 '외래결정론'만으로 파악하기 때문에 재래농업기술은 아주 낮게 평가되었다.[33] 외래 개량농법의 보급에 따라 전통재래농법이 어떻게 변화하였는가를 밝혀야만 당시 이식된 농업기술체계의 성격을 바르게 파악할 수 있다. 다른 하나는 지주·소작관계에서 소작인의 농업경영을 보아야 한다는 점이다. 새로운 기술은 당연히 생산력 발달의 성과로 나타난다. 이 성과의 문제는 토지소유관계(지주·소작관계)에서 소작농가의 소득에도 지주경영의 이익에도 관계있는 것이다. 이것은 기술의 발달과 생산력의 증대에 대한 지주와 소작농민과의 공방이라는 형태로 발현될 수 있다. 경제와 기술이 서로 관계하고 서로 교섭하는 무대인 농업경영 성과의 분배가 농민운동의 소지素地가 되는 것이다. 이 두 가지 점이 밝혀질 때, 농업기술체계 변화의 성격이 보다 구체화될 것이다.

4) 소작쟁의의 항일운동화

전북의 소작쟁의에 대해서 박명규는 1920년대를 중심으로 전북의 소작쟁의와 농민운동의 조직화과정을 개괄적으로 검토하였다.[34] 소순열은 전북의 소작쟁의의 추이, 소작조정의 전개, 대표적인 쟁의 사례를 통하여 「조선소작조정령」(1933) 이후 어떻게 소작쟁의가 변화했는가를 보았다.[35] 전북의 소작쟁의는「조정령」이후 급증했지만 생존권 방위를 위해 조정방식을 적극적으로 이용하는 소작농민의 경제적 요구형태로 변화하였다. 소작쟁의의 고양에도 불구하고 항일농민운동으로 나아가는 질적인 발전을 보이지 않았다고 소순열은 주장하였다. 이는 민족해방투쟁으로 발전해갔다는 아사다 교지淺田喬二의 이론[36]과는 다른 결론이었다.

1920년대 농민운동의 양상과 성격에 주목을 한 연구자는 홍영기였다.[37] 1920년대 전반기 농민운동은 농민들이 친일단체 조선소작인상조회 지회를 농민이익을 위한 농민단체로 변화시킴으로써 활성화 되었다. 정읍 화호소작쟁의, 농민조합의 조직, 옥구 이엽사농장 소작쟁의 등 소작쟁의의 전개양상을 보면, 1920년대 전북의 농민운동은 항일독립운동의 성격을 보인다고 홍영기는 주장하였다.

소작쟁의 사례연구로서는 이엽사농장쟁의, 구마모토농장쟁의를 들 수 있다. 고승제는 이엽사농장쟁의(옥구소작쟁의)의 사회경제적 성격을 규명하였다.[38] 주로 신문기사에 의해 옥구소작쟁의의 전개과정을 살펴본 뒤, 이엽사농장쟁의는 소작인들과 일본인 농장 사이에 신분적 예속관계가 형성되어 있었기 때문에 발생한 것이라고 이해하고 있다. 김민영(1997)도 옥구소작쟁의의 전개 및 성격에 대해 살펴보고 쟁의의 완강성, 장기성, 투쟁성, 조직화 측면에서 진일보한 농민항쟁이었다고 평가하였다.[39] 소순열은 1930년대에 전개된 구마모토농장 쟁의의 경과와 특징을 파악한 뒤 1937년 쟁의를 대상으로 하여 발생조건, 전개 그리고 종식원인을 밝혔다.[40] 구마모토농장쟁의는 생산력의 발전에 따른 농가경제의 상품경제적 곤란을 극복하려고 했던 소작농민이 가계비 충족의 요구를 기본선基本線으로 하고, 자기

경영의 이윤평가를 의식함으로써 발생하였다는 이른바 '전향적 궁핍화론'을 제기하였다. 쟁의는 ① 총독부권력의 사회적, 심리적 강제력 ② 운동주체의 약체성(특히 소작농민의 보신의식) ③ 지주와 총독부와의 유착 결과, 지주에게 유리하게 조정되면서 끝났다. 그럼에도 불구하고 생산력 증수분의 일부가 소작농민의 손에 남게 되었다는 것이었다.

이상과 같이 전북 농민운동연구는 홍영기의 소작상조회의 변화, 소순열의 전향적 궁핍화론의 제기가 있었지만, 이에 대한 논의는 그다지 진행되지 못했다. 대부분의 기존 연구는 농민운동을 식민지체제에 저항하는 항일농민운동으로 보고 있다.[41] 지주 특히 일본인지주가 높은 소작료를 수탈함으로써 소작농은 빈궁해진다. 빈궁한 농민은 소작개선 요구를 거부하는 지주에게 저항하는 조직을 만들고, 비합법적이고 정치적인 대항수단을 선택하게 됨으로써 민족해방투쟁으로 발전해 간다고 파악하는 것이 적색농조로 대표되는 혁명적 농조운동 연구들의 일반적 경향이다. 전북의 소작쟁의는 1933년을 계기로 비약적으로 증가하여 1935년에는 5,500건으로 최고치를 기록하고 있다. 전북의 농민운동은 1920년대와 1930년대 초와 다른 새로운 전기를 맞이하였다. 혁명적 농민조합운동이 활발하지 못한 가운데에서 농민운동은 양적으로 매우 격증하고 있는데, 그 방법에서 폭력적이고 혁명적인 농민투쟁은 현저하게 줄었다. 항일농민운동이라는 성격 규정만으로는 '조선소작조정령'(1933년) 이후 격증하고 보다 광범위하게 전개되었던 소작쟁의의 전개양상을 올바르게 이해할 수 없다. 이러한 농민운동의 전개를 어떻게 볼 것인가. 왜 농민들은 쟁의를 일으키고 무엇을 얻었는가. 농민운동은 단순히 우발적이고 즉자적인 행동이었는가. 아니면 목적의식적이고 조직적이고 혁명적인 농민투쟁이었는가를 밝히는 작업은 당시 농업문제의 이론적 체계의 하나로서 농민운동사의 기초자료를 만드는 일이다.

5) 전북의 상대적 낙후

해방 후 1949년 농지개혁에 의해 지주제는 해체되었다. 전북의 농지개혁에 대해서는 농지개혁과정과 결과를 개괄적 검토한 소순열의 연구 외에 정승진·마스모토 다케노리와 임혜영의 사례연구가 있다.[42] 정승진·마스모토 다케노리는 익산군 춘포면의 토지대장을 통하여 식민지지주제의 해체·소멸국면은 격렬한 소유분해를 수반했었으며 1948-50년대 전반 1정보 미만 농가를 중심축으로 전층적인 하강분해가 진행되었다는 점을 확인하였다. 임혜영은 익산시 함라면의 농지분배부를 이용해 수분배 농가는 1정보 미만층이 전체의 88.2%를 차지함으로서 분배지 포기 혹은 분배농지 재매각이 많아지면서 자작농 창출이라는 농지개혁의 목적에는 미치지 못했다고 밝혔다. 이러한 연구 상황에서 더 진전되어야할 것은 전북 농지개혁의 구체적인 실태이다.

1980년대 후반부터 한국의 농지개혁은 공업화에 기여하였다는 긍정적인 평가를 받아왔다. 그렇다면 전북 농지개혁의 실시과정은 어떠했으며 그 결과는 무엇인가. 그리고 이러한 농지개혁이 전북에 무엇을 가져다주었는가가 보다 구체적으로 밝혀져야 한다. 이러한 점이 밝혀질 때 전북과 공업화와 관련하여 전북의 낙후성의 원점을 찾을 수 있다. 이러한 과제 해명은 식민지 지주제가 가장 발달하고 기술이 선진화되어 있던 전북의 후진성을 규명하는 데 필수적인 작업이다. 더 나아가 이상의 결산서로서 일제강점기부터 1990년까지의 공업화 추진을 고찰해보면, 전북에 현재 고착화되어 있는 상대적 낙후성이 역사적으로 사회의 구조적 정책에 의한 필연적 결과인지 아니면 지역사회를 구성하는 각 행위 주체의 결과인지를 보다 더 분명하게 드러낼 수 있다.

2. 본서의 구성과 과제

본서는 이상의 다섯 가지 논점을 가지고 경영을 매개로 지주제의 발달지역, 기술의 선진지역인 전북의 근대 농업을 검토하는 것을 과제로 한다. 다섯 과제 중 지주제의 유형론과 일본인 지주와 소작농은 제1부, 기술의 선진성·후진성과 소작쟁의의 항일운동화는 제2부 그리고 전북의 낙후성은 제3부에 대응하고 있다.

제1부는 구조와 전개라는 주제로 전북 지주제의 구체적 실상을 다룬다. 지주의 기능론적 파악이라는 기존의 지주유형론과 달리 지주제를 지대별로 유형 구분하여 유형별 특징을 검토하고, 전북 지주제의 특징을 파악한다. 그리고 지주제의 소작관계의 전개양상이 어디에서 기인한 것인지를 농정과 관련하여 살펴보고자 한다(제1장). 이어 제2장에서는 경영적인 관점에서 지주경영과 소작경영에 대해서 검토한다. 전북지주제의 정점頂点인 일본인 지주가 어떠한 구조를 갖고 어떻게 전개해 왔는가를 몇 가지 사례를 통해 보고, 이와 대극에 있는 조선인 소작경영의 존재형태를 파악한다. 이어 제3장에서는 일

본인 사례 지주의 경영을 소개한다. 현재 일본에서도 농업관련도서로 유명한 부민협회富民協會 창립과 농장경영을 검토함으로서 일본인 지주의 식민지적 성격을 규명한다.

제2부는 변화와 성격으로 구성되었다. 당시 전북 쌀농사는 전북 전체의 경제계를 좌우하는 바로미터였다. 전북은 쌀 생산 기술체계의 최고봉이었다. 수도작 기술체계의 변화에 대해 파악하고, 이의 변화가 전통적으로 지속해온 재래농업기술에 어떠한 영향을 미쳤는가 그리고 이를 수용한 농민의 농업경영에 어떠한 영향을 미쳤는가를 검토하여, 새로운 농업기술체계의 성격을 규명한다(제4장). 제5장은 재조선在朝鮮 일본인 이민사회 농촌개발의 한 단면을 개인기록을 통해 밝혀 농업·농촌의 변화를 보고자 하는 것이다. 당시 이상촌理想村으로 유명했던 군산 불이농촌에서 일어난 일상생활에 주목하고 있다. 불이농촌에서 가장 선진적인 마을 야마가타촌山形村을 중심으로 식민지 이민자와 제국주의와의 접점과 역할을 밝힌다. 이어 당시 농촌인구의 유출이 지주적 토지소유에 어떠한 영향을 미쳤는가를 파악할 것이다(제6장). 1930년대 조선의 공업화와 자본시장, 노동시장, 상품시장이라는 세 가지 경제적 계기 가운데 노동시장에 한정하여 농촌인구의 유출에 대해 검토한 뒤, 이것이 지주적 토지소유에 어떠한 영향을 미쳤는가를 살펴본다. 제7장은 이상의 논의를 정리하는 장이다. 기존 농민운동을 민족해방운동이라고 파악하는 주류적 경향 연구와는 달리 경제적인 측면에 주목하여 전북을 중심으로 1920년대와 1930년대 특히 「조선소작조정령」(1933년) 이후 항일운동의 휴면화休眠化라는 농민운동의 성격에 큰 변화가 일어났다는 점에 대해서 검토하는 장이다.

제3부는 해체와 고착이라는 주제이다. 해방 후 전북사회가 어떻게 전개되었는가를 검토하는 부분이다. 농지개혁은 일제강점기 핵심인 지주제를 해제하는 개혁이었다. 제8장에서는 농지개혁의 배경과 실시시기를 간단히 파악한 뒤, 미군정의 농지개혁 그리고 한국정부의 농지개혁을 살펴보고 그 결과에 대해서 검토하여 과연 농지개혁이 전북에 무엇을 가져다주었는가를 살펴본다. 이어 9장에서는 일제 강점기 전주가 전북 경제에서 어떠한 위치를 점하는지에 대해 살펴보고 산업구조를 중심으로 경제구조의 변화에 대해서 검토하였다. 1930년대 후반 군산과 전주의 공업화에 대해 살펴보고 이의 연장선상에서 근대 전주의 경제구조가 가지는 역사적 의의에 대해 파악하였다. 10장은 일제 강점기 이후 적어도 1990년대에 이르기까지 전북의 경제활동이 어떻게 이루어져 왔는가를 간략히 살펴보는 총괄적인 장이다. 이 장은 고착화된 전북의 상대적 낙후성이 우리나라 사회의 구조적 정책에 의한 필연적 결과인지 아니면 지역사회를 구성하는 각 행위주체의 결과인가를 되묻는 것이다.

---

1 구체적인 것은 소순열(2021), 「전북 근대농업사 연구현황과 전망」, 전라북도·전북연구원 전북학연구센터, 『제1회 전북학대회 자료집 전북지역 연구의 회고와 새로운 지평Ⅱ』, 152-168쪽 참조.

2 이의 연구사적 정리는 소순열(1990), 「식민지(조선)지주제론」, 『전북대논문집』, 제32집, 인문사회편 참조.

3 『군산일보』, 1935.9.19.

4 久間健一(1947), 『朝鮮農政の課題』, 成美堂書店.

5 山田龍雄(1941), 「全羅北道に於ける農業經營の諸相」, 『農業と經濟』, 第8巻 第8

號, 여기에서 비료대적 지주란 소작지 이외에 비료, 종자, 농사자금, 농량(農糧)을 대부하는 지주이다. 비료대적 지주가 일본인 지주인가 혹은 조선인 지주인가를 언급하고 있지 않지만 양자를 다 포함하고 있다.

6 宮嶋博史(1982), 「植民地下朝鮮人大地主の存在形態に關する試論」, 『朝鮮史書』, 第5-6合併號, 185쪽.

7 소순열, 앞의 논문, 63쪽.

8 裵民植(1989), 「韓國·全羅北道における日本人大地主の形成」, 『農業史硏究』, 第22號.

9 李圭洙(1996). 「日本人地主の土地集積過程と群山農事組合」, 『一橋論叢』. 弟116券 弟2号 및 이규수(2015), 「러일전쟁 직후 일본인 지주의 한국진출-『군산농사월보』의 검토를 중심으로-」, 『사림』, 제54권.

10 소순열, 「배후지농업과 군산의 성장」, 김영정 외, 『근대 항구도시 군산의 형성과 변화-공간, 경제, 문화-』, 한울아카데미, 2006.

11 하지연, 「대한제국기 일본 대자본의 지주화 과정연구-」, 『이화사학연구』, 제33집, 2006.

12 蘇淳烈(1992),「戰時體制期植民地朝鮮における日本人大地主の存在形態-熊本農場事例分析」, 『農業史硏究』, 第25號, 홍성찬(2006), 「일제하 전북지역 일본인 농장의 농업경영-1930,40년대 熊本農場 地境地場」, 홍성찬 외, 『일제하 만경강 유역의 사회사-수리조합, 지주제, 지역정치』, 혜안 및 하지연(2018), 「구마모토 농장의 식민지 농장경영과 관리통제조직」, 『식민지 조선 농촌의 일본인 지주와 조선 농민』, 경인문화사.

13 하지연(2007), 「일본인 회사지주의 식민지 농업경영-三菱재벌의 동산농사주식회사 사례를 중심으로-」, 『사학연구』, 제88호 및 하지연(2013), 「식민지 지주제와 석천현농업주식회사」, 『이화사학연구』, 제47집(하지연, 2018, 『식민지 조선 농촌의 일본인 지주와 조선 농민』, 경인문화사에 수록).

14 田中喜男(1968), 「明治後期'朝鮮拓殖'への 地方的関心-石川縣株式農業會社の設立を通して-」, 『朝鮮史硏究會論文集』, 第4集, 淺田喬二(1979), 「旧日植民地(朝鮮)における日本人大地主の存在形態-石川縣農業株式會社の事例分析」, 旗田巍先生古稀紀念會編, 『朝鮮歷史論集(下卷)』, 龍溪書舍, (『增補 日本帝國主義と日植民地地主制』, 龍溪書舍, 1989에 수록).

15 최우종(2009), 「일제강점기 伊藤家의 토지소유와 지주경영」, 『농업사연구』, 제8권3호.

16 최원규(2006), 「일제하 일본인 지주의 농장경영과 농외투자-전북 옥구군 서수

면 사례-」, 홍성찬 외, 『일제하 만경강 유역의 사회사-수리조합, 지주제, 지역정치』, 혜안.

17 하지연(2014), 「일제하 불이흥업주식회사 전북농장의 "舍音"제 운영과 성격」, 『이화사학연구』, 제49호.

18 牛山敬二(1966) ,「明治・大正期における三菱の土地投資」,『農業総合研究』, 第20巻第2号, 山崎隆三(1971), 「地主制後退期における一小地主の植民地への轉化」, 『經濟學雜誌』, 64-2, 3, 森元辰昭(1979), 「日本人地主の植民地(朝鮮)進出 -岡山縣溝手家の事例分析-」, 『土地制度史學』, 第82號, 森元辰昭(1985), 「朝永土地株式會社による農場經營」, 大石嘉一郎編 『近代日本における地主經營の展開-岡山縣牛窓町西服部家の研究-』, 御茶の水書房,. 千田稔(1987), 「華族資本としての侯爵, 細川家の成立・展開」, 『土地制度史學』, 第116號.

19 淺田喬二(1979), 「ㅣ日植民地(朝鮮)における日本人大地主の存在形態-石川縣株農業式會社の事例分析」, 旗田巍先生古稀紀念會編, 『朝鮮歷史論集(下卷)』, 龍溪書舍, 1979(「增補 日本帝國主義と日植民地地主制』, 龍溪書舍, 1989에 수록). 淺田喬二(1989), 「財閥地主の存在形態-朝鮮興業株式會社の事例分析」, 『增補 日本帝國主義と舊植民地地主制』, 龍溪書舍 및 .森元辰昭(1985), 「朝永土地株式會社による農場經營」, 大石嘉一郎編 『近代日本における地主經營の展開-岡山縣牛窓町西服部家の研究-』, 御茶の水書房.

20 淺田喬二(1990), 「1930年代植民地(朝鮮)地主制の存在形態-全羅北道地主制の事例分析」, 駒澤大學 『經濟學論集』, 21-3.

21 松本武祝(1987), 「朝鮮・全羅北道農業の構造變化 - 昭和恐慌期を中心に-」, 『日本史研究』, 第298號, (『植民地権力と朝鮮農民』, 社会評論社, 1998에 수록).

22 조승연(1999), 「일제하 농민의 농업생산형태에 관한 연구 - 전북지역 한 촌락의 사례를 중심으로 -」, 『역사민속학』, 제8집.

23 松本武祝, 앞의 논문, 4-6쪽.

24 松本武祝(1991), 『植民地朝鮮の水利組合事業』, 朝鮮近代史研究双書 8, 未來社, 124-128쪽.

25 소순열(1992), 「식민지시대 전북의 농업구조」, 『농촌사회연구』, 제3집 및 소순열(1992), 「식민지기 전북에서의 수도품종의 변천」, 『농대논문집』 제23집, 소순열(1992), 「식민지기 전북에서의 수도 품종의 시험연구와 그 보급」, 『전라문화논총』, 제6집.

26 이영훈(2012), 「혼란과 환상의 역사적(歷史的) 시공(時空)-허수열의 『일제초기 조선의 농업』에 답한다」, 『경제사학』, 제53권.

27 허수열(2013), 「상상과 사실-이영훈교수의 비평에 다시 답한다」, 『경제사학』, 제54호.

28 이영훈(2013), 「허수열교수의 비판에 다시 대답한다」, 『경제사학』, 제54권.

29 허수열(2014), 「일제초기 만경강 및 동진강 유역의 방조제와 하천의 제방」, 『경제사학』, 제56호.

30 이에 대한 구체적인 내용은 소순열(2010), 「외래농업기술의 수용과 지역의 변용」, 『농업사연구』, 제9권 제1호를 참조.

31 "성급한 그들이(일본-인용자) 선입감대로 한국의 농업을 퇴영 그것만으로 보고 일본농업의 이식을 서둘렀다. 권업모범장의 창설과 더불어 시험조사에 착수는 하였지만 우선 급선무로 농사개량의 모범실례를 보이기 위하여 일본의 시험성적을 적용하기에 바빴다. 그들도 자인하다시피 조선농업의 고유상을 무시하고 우월성을 자부하는 자국의 농법을 무조건 수출한 것이다."(이춘녕, 1998, 『한국농학사』, 민음사, 189쪽).

32 이 같은 견해는 일본인연구자에서도 마찬가지이다. 아라시 요시카즈(嵐嘉一)는 '구조선에서 농업기술의 개선은 전부 일본의 기성기술의 직수입의 형태로 이루어져 그 대부분이 일본인적 사고영역 내에서 규제되는 형태로 행하여졌다(嵐嘉一, 1976, 「総合考察」, 農林省熱帶農業センタ-, 『舊朝鮮における日本の農業試驗研究の成果』農林統計協會, 763쪽).

33 당시 다음 문장은 음미해 볼만 하다. "정체적이고 비활동적인 농민생활에는 이 외래적인 것에 대해 스스로를 적응 발전시킨 힘도 방어할 힘도 없었다. 자발적인 힘이 없는 것은 좋은 것이 좋은 것에도 불구하고 이들 외래적인 힘의 지도하에 이루어질 수 없었던 것이다. 이에 조선농민의 숙명적인 근대적 출발점을 본 것이다"(久間健一, 1943, 『朝鮮農政の課題』成美堂書店, 4쪽).

34 박명규(1985), 「일제하 전북농민운동」, 『남민』, 지양사.

35 蘇淳烈(1993), 「1930年代朝鮮における小作立法と小作爭議」, 『農林業問題研究』, 第110號(주봉규 · 소순열, 『근대지역사농업연구』, 서울대학교출판부, 1996에 수록).

36 淺田喬二(1973), 『日本帝國主義下の民族革命運動-臺灣 · 朝鮮 · 滿洲における抗日農民運動の展開過程』, 未來社.

37 홍영기(2006), 『1920년대 전북지역 농민운동』, 한국학술정보.

38 고승제(1982), 「식민지 영농체제의 전개와 소작쟁의의 사회경제적 성격」, 『대한민국학술원논문집』 제21집.

39 김민영(1997), 「1920년대 군산 옥구지역의 농촌사정과 옥구소작쟁의」, 『논문

집』, 24권.

40 蘇淳烈(1995),「1930年代朝鮮における小作爭議と小作經營-熊本農場爭議を通して-」,『アジア經濟』, 第36卷 第 9號(주봉규, 소순열,『근대지역사농업연구』, 서울대학교출판부, 1996에 수록)

41 淺田喬二, 앞의 책 ; 지수걸(1993),『일제하 농민조합연구:1930년대 혁명적 농민조합운동』, 역사비평사; 유세희(1978),「韓國農民運動史」,『韓國現代文化史大系 : IV 政治.經濟史』, 고려대학교 민족문화연구소; 김용달(2009),『농민운동』, 한국독립운동사연구소 등.

42 정승진·松本武祝(2009),「토지대장에 나타난 농지개혁의 실상(1945-1970)-전북『익산군 춘포면토지대장』의 분석」,『한국경제연구』, 제17권, 임혜영(2014),「전북 익산 함라면의 농지개혁」,『인문과학연구』, 40.

· 제1부 ·

구조와 전개

朝鮮耕地面積中

一割은日本人占領

全北은二割九分차지

농가의경지면적은일본인의매호에

이십일식보요조선인은칠정에불과

◇日本人所有土地地目別統計

種別	畓	田	計
個人所有	[illegible]	[illegible]	[illegible]
共公所有	[illegible]	[illegible]	[illegible]
東拓所有	[illegible]	[illegible]	[illegible]
合計	[illegible]	[illegible]	[illegible]

(單位町步)

조선전체 경지면적 가운데 10%가 일본인 점령, 전북은 29%까지 차지하고 있다는 당시 신문기사(『동아일보』, 1930년 2월16일)

제1장

지주·소작관계의 지역구조와 전개

1. 지주·소작관계의 두 가지 문제

일반적으로 지주·소작관계는 생산수단(=토지)의 소유자(=지주)와 직접생산자(=소작농민)와의 생산관계이다. 이 생산관계의 본질이 무엇이냐에 따라서 그 사회의 성격이 규명된다. 전체인구의 80%가 농민이고, 농민의 70~80%가 소작농이었던 식민지조선의 지주·소작관계는 농업뿐만 아니라 전체 사회의 성격과 더 나아가서는 해방 후 민족국가를 전망케 하는 화두話頭였다.

이 때문에 일제하 지주·소작관계문제는 일찍부터 식민지경제를 연구하는 데 중요한 테마로 적극적인 연구가 이루어져 왔다.[1] 특히 중심적인 연구인 지주 유형론적 연구는 1960년대까지 「조선인 지주=정태적 지주, 일본인 지주=동태적 지주」라는 통설적 이해가 계승·발전되다가 1970년대 이후부터는 주체적인 내재적 발전론에 입각한 지주가의 개별사례연구, 소작관행, 통계자료 등을 이용하여 「조선인 지주=동태적 지주」의 통념에 대한 비판적 검토를 주축으로 이루어져 왔다.[2]

이러한 흐름 속에서 이 글은 일제하 지주·소작관계에 대해서 다음과 같은 두 가지 문제를 보고자 한다. 첫째, 지주·소작관계의 구조이다. 종래 연구가 주로 기능적 지주유형론이 중심이 되어 왔기 때문에 소작을 시야에 넣어 지역성을 해명하는 것은 드물다. 또한 '내재적 발전론'이라는 시각을 너무 의식하여 조선인지주의 유형분석에 치우쳐 지역적 특질에 대해서는 불충분하다. 당연한 이야기이지만 지주·소작관계는 지역마다 다르다. 지역의 자연적·지리적 조건·생산력 기초 등에 따라 지주·소작관계의 비중도 다르고 지주의 지배력도 다르다. 따라서 지주·소작관계를 지대적으로 유형을 구분하여 유형별 특징을 검토하고, 전북 지주제의 지역적 특질을 파악한다.

둘째, 지주·소작관계의 전개에 대해서 양적 추이와 소작관련정책과 관련하여 검토하는 것이다. 일제하 지주·소작관계는 기본적으로 '토지조사사업'으로 식민지적 체계로 확립되고 해방 후 농지개혁에 의해 해체되었다. 아사다 교이치淺田喬二는 주로 전북을 사례로 1930년대 식민지지주제의 존재형태를 분석하였다.[3] 대지주의 호수 및 소유면적 추이를 통해 전라북도 지주제의 특질 및 추진과정과 그것을 규정했던 정치적·경제적 요인을 검토하여 1930년대 지주제는 확대되었다고 주장하였다. 1930년대 전북 지주제는 조선 지주제의 일반적 동향과 동일하게 지주의 민족적·계급적 이익을 위해 고율소작료 수취가 이루어졌고, 권력적·제도적인 보장에 의해 1920년대에 이어 계속해서 강화해 왔다고 보는 것이다. 이 장은 이에 대한 비판이다.

2. 지주적 토지소유의 유형과 특징

1) 지주적 토지소유의 유형

지주·소작관계의 양적 지표인 조선의 소작지율과 자소작별 농가 구성은『조선총독부 통계연보』등에 의해 그 추이를 파악할 수 있다. 그러나 현재 각도별 대지주수와 소유면적을 파악할 수 있는 자료는 1930년, 1936년, 1942년 3개년의 자료이다.[4] 이 가운데 1930년 자료는 30정보 이상의 민족별, 경지소유규모별 지주수와 지주의 경지소유 면적을 파악할 수 있다는 장점 때문에 자주 인용되고 있다.

지주제의 지대구분에 관해서는 대지주가 소유한 토지집중도를 지표로 하여「대지주밀집지대」,「대지주희소지대」,「중간지대」의 세 가지 유형을 제시한 장시원의 간략한 분석이 있다.[5]

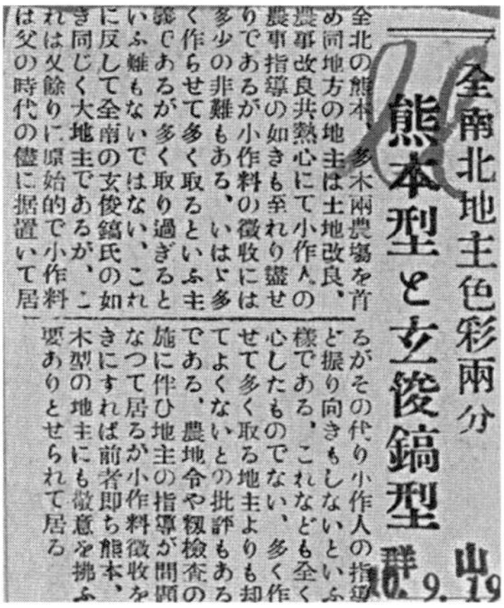

全南北地主色彩兩分
熊本型と玄俊鎬型

全北の熊本、多木兩農場を背
め同地方の地主は土地改良、
農事改良共熱心にて小作人の
農事指導の如きも至れり盡せ
りであるが小作料の徴收には
多少の非難もある、いはゞ多
く作らせて多く取るといふ主
義であるが多く取り過ぎると
いふ難もないではない、これ
に反して全南の玄俊鎬氏の如
きは同じく大地主であるが、こ
れは父餘りに原始的で小作料
は父の時代の儘に据置いて居
るがその代り小作人の指導
ど振り向きもしないといふ
樣である、これなども全く
心したものでない、多く作
せて多く取る地主よりも却
てよくないとの批評もある
である、農地令や檢査の
施に作ひ地主の指導が問題
なつて居るが小作料徴收を
きにすれば前者即ち熊本、
木型の地主にも敬意を拂ふ
要ありとせられて居る

群山 10. 9. 19

〈사진 1-1〉
전남북지주 색채 양분 구마모토형(熊本型)과 현준호형(玄俊鎬型) (『군산일보』, 1935년 9월 19일)

장시원이 행한 지대구분의 지표는 대지주 밀도에 한정되어 있어 지주제의 저변에 있는 영세지주와 중소지주의 존재가 포함되어 있지 않다. 여기에서는 또 다른 지표로서 소작지율을 고려함으로써 이 제한점을 조금이라도 해소할 수 있다.

〈그림 1-1〉는 1930년의 소

작지율과 소작지에 점하는 경지 30정보 이상 대지주의 소유지비중인 대지주의 집중도와의 관계를 나타낸 것이다. 조선의 평균적 소작지율 이상인 도는 전북, 경기, 충남, 황해, 충북, 경남, 평북이며 그 이하인 도는 평남, 경북, 전남, 강원, 함남, 함북이다.

전자는 주로 조선 남부 답작지대이며, 후자는 북부 전작지대이다. 또한 30정보 이상 대지주의 집중도를 보면 조선평균 이상인 도는 전북, 전남, 경남, 충남, 경기, 황해이고 그 이하인 도는 평남, 강원, 평북, 경북, 충북, 함남, 함북으로서 지주제는 주로 남부 답작지대를 중심으로 발달했음을 알 수 있다.

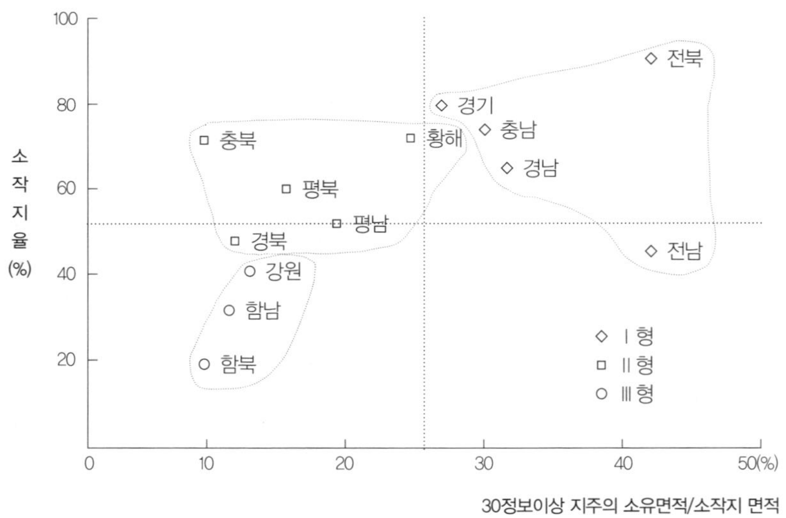

<그림 1-1> 소작지율과 경지 30정보 이상 지주의 경지소유면적 비율과의 상관(1930년)

자료: 朝鮮總督府(1932), 『昭和五年農業統計表』, 2쪽 및 白頭山人(1935), 「統治二十五年朝鮮經濟の問答」, 『改造』, 246-247쪽.

소작지비율과 대지주집중도의 양자간에는 명백한 상관관계가 나타난다. 이의 특징에 의해 3가지 유형으로 구분할 수 있다. 즉 소작지율이 높고 지주제의 전개가 대지주를 중심으로 발달된「대지주집중형(Ⅰ형)」, 소작지율이 평균정도이고 지주제의 발달이 중소지주를 중심으로 한「중소지주 집중형(Ⅱ형)」, 그리고 소작지율이 낮고 지주제가 후진적인「지주희소형(Ⅲ형)」이다. 이 3유형의 지주제의 발전서열은 Ⅰ＞Ⅱ＞Ⅲ이다. 이들 각 유형에 속하는 지역은 다음과 같다.

Ⅰ형(대지주집중형) : 전북, 전남, 경남, 충남, 경기

Ⅱ형(중소지주집중형) : 충북, 경북, 황해, 평남, 평북

Ⅲ형(지주희소형) : 강원, 함남, 함북

다만 Ⅰ형의 전남, Ⅱ형의 충북, 황해는 예외의 경우로 각각 대지주, 중소지주의 밀도가 높기 때문에 Ⅰ형, 혹은 Ⅱ형에 속한다고 보아도 큰 무리가 없다. 경기와 평남은 조선인 대지주가, 황해는 일본인 대지주가 집중되어 있으며 전남, 전북, 경남, 충남 4개도는 조선인과 일본인 대지주의 양자가 집중되어 있다. 그런데 1930년 자료에서 보면, 500정보 이상 조선인 거대지주 42인 가운데 경기는 10인을 차지하고 있어 조선인 거대지주 밀집지대이고, 일본인 거대지주 54인 가운데 전북은 19인, 전남은 13인을 차지하고 있어 일본인 거대지주 밀집지대의 특징을 동시에 갖고 있다.

2) 지주적 토지소유 유형의 특징

세 가지 유형을 지주·소작관계(1930년 소작지비율), 농업생산력(1931-35년 미곡 단보당 생산량), 농가경영(1930년 자소작별 농가구성비, 1938년 경영규모별 농가구성비)과 관련하여 본 것이 다음의 〈표 1-1〉이다.

<표 1-1> 지주·소작관계, 농업생산력, 농가경영과의 관련(1930년대)

		지주·소작관계		농업생산력		농가경영	
I 형 (대지주 집중형)	전북, 전남, 경남, 충남, 경기	강	강: 전북, 충남, 경남, 경기 중: 전남	중	고: 전북, 전남 중: 전남, 경기 저: 충남	영세 소농 (소작 多)	소: 전북(소작), 전남(소작), 충남(소작), 경기(소작) 중: 황해(소작)
II 형 (중소 지주 집중형)	충북, 경북, 평남, 평북, 황해	중	강: 충북, 황해 중: 경북, 평남, 평북	고	고:경북, 평북 중: 평남, 황해 저: 충북	영세 중농 (소작 多)	소: 충북(소작), 경북(소작) 중: 황해, 평남(자소작), 평북(소작)
III 형 (지주희 소형)	강원, 함남, 함북	약	약: 강원, 함남, 함북	저	중: 강원 저: 함남, 함북	중농 (자작 多)	소: 강원(자소작) 중: 함남(자작), 함북(자작)

자료: 소순열(1992), 「일제하 지주제의 지대구조」, 『농업정책연구』 19(1). 202쪽.

이에 의하면 다음 세 가지의 특징이 있다. 첫째, 지주·소작관계의 발달과 농업생산력의 향상은 밀접한 관련이 있어 고생산력지대는 거의 지주·소작관계의 발달이 높았던 지역에 위치하고 있다. 즉 대지주와 중소지주집중형인 I 형과 II 형은 조선의 평균이상 미곡 단보당 생산량을 나타내고 있으며(경기, 충남, 황해, 충북 제외), 지주·소작관계가 약한 III 형은 예외 없이 미곡 단보당 생산량이 낮은 저생산력 지대에 속하고 있다. 이것은 식민지 농업기술이 지주와 소작관계를 매개로 추진되었고 발전된 것을 의미한다.

둘째, 지주·소작관계의 발달은 농가경영의 소작화와 경영규모의 영세화를 수반한다는 것이다. 지주·소작관계가 고도로 발전한 I 형은 영세소작경영에 속하는 반면, 지주·소작관계가 약한 III 형은 중농규모의 자작경영에 속하고 있다. 특히 III 형의 함남과 함북은 3정보 이상인 대농경영이 전체농가의 약 20%를 점하고 있어 지주·소작관계는 영세소작농가를 중심으로 발전해 간다고 볼 수 있다.

셋째, 지주·소작관계는 영세소작경영을 통해 농업생산력의 증대를 가져오지만 한편으로는 농가의 궁핍화를 심화시킨다는 것이다. 〈그림 1-2〉에서 보는 바와 같이 지주·소작관계가 가장 발달된 지대형인 I 형은 춘궁농가율과 임노동 소작농가율이 조선의 평균이상의 그룹에 대부분 위치하고 있다.

따라서 일제하 지주·소작관계는 대토지 소유의 압도적 우위와 영세소작경영의 압도적 열위라는 기본구조를 이루고, 이를 기반으로 하여 생산력의 발달과 고율소작료의 수취→농민의 궁핍화가 진행 되어가는 구조였다.

전북 지주제는 경영규모의 영세성이 뚜렷하고 생산력이 높은 대지주집중형이고 특히 일본인 거대지주 집중형인 I 형에 위치하고 있다. 이러한 전북지주제의 지대적 특질은 소작농민으로 하여금 농민

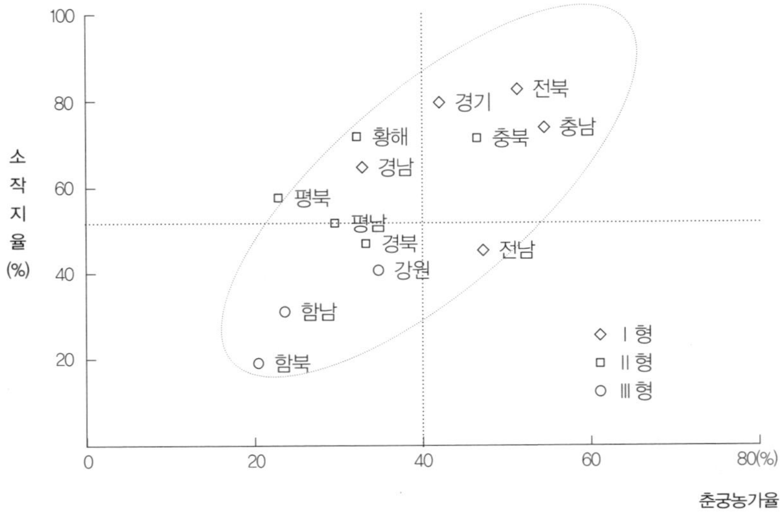

〈그림 1-2〉 소작지비율과 춘궁농가 비율과의 상관(1930년)

자료 : <그림 1-1>의 자료 및 朝鮮總督府(1932),『朝鮮ノ小作慣行(下卷)』, 112쪽.

의 궁핍화와 소작쟁의를 빈번히 발생시키는 소지가 되고 있다. 전북은 춘궁농가율과 임노동 소작농가율이 충남에 이어 조선에서 2위, 총 소작쟁의의 발생건수는 전남에 이어 조선의 2위를 기록하고 있다. 따라서 식민지기 전북농업은 대토지 소유의 압도적 우위와 영세 소작경영의 압도적 열위라는 기본구조를 이루고, 이를 기반으로 하여 생산력의 발달과 고율소작료의 수취→농민의 궁핍화가 가장 첨예하고 현저하게 진행된 지주제 발달의 선진지역이었다.

3. 지주 · 소작관계의 전개

1) 지주 · 소작관계의 전개 – 양적 추이

먼저 지주적 토지소유의 양적추이를 파악하는 기본적인 지표인 농가구성비와 소작지율의 변화이다. <그림 1-3>에 의하면 1914~1943년간 농가구성비의 변화는 대체적으로 자작, 자소작의 감소와 소작의 증가라는 경향을 그 속도 차에 따라 약간 다르게 추이하고 있다. 즉 1920년대 전반까지 자소작농이 감소하는 가운데 자작농은 아주 완만히 불규칙하게 증감하고 있다.

이 기간에 소작농은 역시 감소경향을 나타내고 있다. 그러나 1920년대 후반부터 1930년대 전반까지는 결정적으로 자작 · 자소작의 감소와 소작농의 증가가 급속하게 이루어지고 있다. 이 시기는 양적 · 질적으로 일본으로의 조선 쌀 이출이 증대되는 가운데 농민이 결정적으로 몰락하는 산미증식 계획기에 해당된다. 1930년대 중반 이후의 농가구성비 변동은 자작 · 자소작이 감소하고 소작농의 증가는 둔화정체 하고 있다.

다음으로 소작지율의 변화를 보면 1920년대 전반까지 거의 변화가 없다. 「조선토지조사사업」이 끝날 때 소작지율이 이미 50%이였으므로 이미 지주 · 소작관계는 확립되었음을 나타낸다. 1920년대 중반부터 1930년대 초반까지 급속히 상승하다가 그 이후는 약간 상승하나 그 속도는 크게 둔화되었다. 그러나 1930년대 초반 이후의 둔화경향은 주로 조선 북부지역의 소작지 증가에 기인한 것이다. 생각해 보면 지수 · 소작이 발달된 조선 남부지역의 소작지율은 오히려 정체내지 감소를 보이고 있다.[6] 따라서 선진지역에서의 지주·소작관계는 적어도 1930년대 특히 후반에 들어 일정한 정체국면에 들어갔다고 할 수 있다.

다음에 지주적 토지소유의 추이를 나타내는 양적지표로서 중요한 것은 지주와 소작료의 동향이다.[7] 이 두 지표에 대해서는 계통적인 조사가 이루어져 있지 않다. 그래서 기존의 연구성 과를 검토할 수밖에 없다. 지주의 소유지 100정보 이상 지주 수는 1936년에 972명, 1942년 1,055명으로 늘었으나 같은 시기 전체 소유지 면적은 322,382정보에서 321,477정보로 감소하였다.[8] 이에 따라 지주 당 평균소유면적은 332정보에서 305정보로 감소했다. 이러한 지주적 토지소유는 전남 무안군 망성면과 충남 논산군 송산리의 두 사례지역에서도 확인된다. 즉 식민지화 전부터 시작된 지주적 토지소유 확대의 움직임은 1930년대 어느 시점이후 정체를 거쳐 축소국면이 들어갔다는 것이다.[9] 소작지율은 1920년대 말이 가장 높았으며, 그 이후는 조금씩 하락하는 경향을 보였다.[10]

이상을 종합하면, 일제하 지주·소작관계의 전全 생애적 파악이 가능하다. 즉 일제하 지주·소작관계는 1900년대 형성기를 거쳐 1910년대의 토지조사사업기에 토지소유관계의 재편성을 하여 이에 의해 확립되었다. 그리고 1920년대 이후 그 지주·소작관계는 산미증식계획기에 발달하다가 1930년대 중반에 정체국면을 맞게 된다고 할 수 있다.[11]

이러한 1930년대의 지주적 토지소유의 정체를 가져온 사회 경제적 요인으로 보다 실증적인 연구가 필요하지만 ① 소작쟁의의 격증 ② 소작관계 정책의 실시 ③ 공업화의 전개 등을 들 수 있다. 이 요인은 각기 ① 소작농 ② 조선총독부 ③ 지주요인 그리고 ①, ②는 농업내

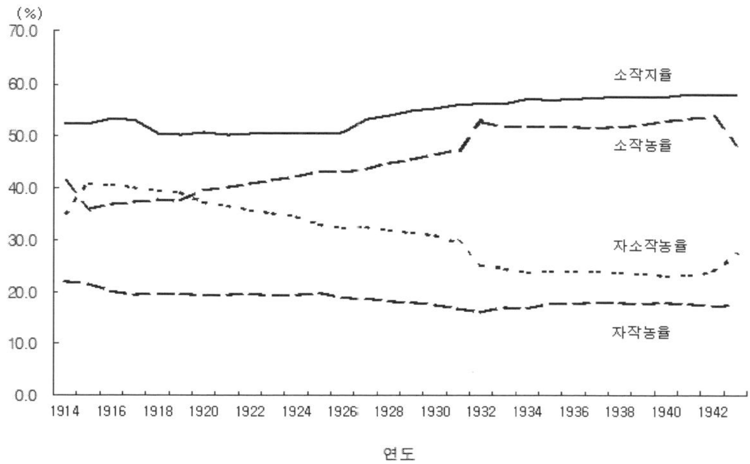

<그림 1-3> 농가구성비와 소작지율의 변화

자료: 朝鮮總督府(各年度), 朝鮮總督府統計年報(各年度), 朝鮮銀行調査部編(1948), 『朝鮮經濟年報』, 28-29쪽, 大韓金融組合會調査部(1955), 『韓國農業年鑑』, 91쪽.

부, ③은 농업외부의 요인으로 나눌 수 있다. 다음은 이 가운데 ②의 관점에서 일제하 농정이 지주 소작관계에 어떠한 영향을 미쳤는지를 보기로 한다.

2) 농정의 전개와 지주 · 소작관계

1930년대 소작관계 정책에 앞서 1910-20년대의 지주 옹호 정책이 지주·소작관계에 어떠한 변화를 가져왔는가를 먼저 보기로 한다. 여기에서는 1930년에 조선총독부가 전국에 걸쳐 조사한 「조선의 소작관행(상·하)」를 이용하여 1910년대와 비교하여 보기로 하자.

〈표 1-2〉에 의하면 소작관행에서 보는 지주·소작관계의 변화

는 크게 3가지였다. 첫째, 지주권이 강화되고 소작권이 점차 소멸했다는 것이다. 소작기간을 보면 1920년까지 정하지 않는 것을 보통으로 하였으나, 1930년경에는 정기, 부정기를 가릴 것 없이 1-5년(보통 1-3년)으로 단축되었다. 1910년경에는 소작계약을 하는 경우 쉽사리 해약을 하지 않았으나,[12] 1930년경에는 1년 사이에 20%나 소작권이 이동하였다.[13] 계약을 할 경우 보통 춘경春耕으로부터 약 1개월 전에 통보하고 지주는 이미 투자된 소작지의 농사자금이나 소작인이 재배했던 수목에 대해서 보상하는 것이 관례였다.[14] 그러나 이러한 관례는 점점 없어지고 지주는 소작인의 권익을 보장하지 않는 경향으로 나타나기 시작했다. 뿐만 아니라 1910 · 20년대에는 상당한 사유가 있는 경우에 한하여 소작계약을 하였으나 여러 가지 구체적인 해약 규정을 들어 소작권을 제약하였다.

둘째, 소작농의 부담이 강화되었다는 점이다. 타작법은 큰 변화가 없으나 도조(정조)인 경우 소작료율은 1910년경 수확물의 ⅓내지 ¼이 1920년경에 35-50%, 1930년경에는 40-51%로 상등되었다.[15] 토지개량에 대한 부담은 큰 변화가 없었으나 수리비(수리조합 내), 종자 및 금비에 대한 부담을 소작농이 하지 않으면 안 되었다.

셋째는 지주의 농업생산 개입이라는 새로운 관행의 등장이다. 1930년경 지주는 소작농에게 종자 및 금비를 대여하여 농사개량을 꾀하고 만일 소작료의 품질이 불량하거나 소작인의 태만으로 수확량을 감소시킬 경우 소작을 해약하는 조항을 두고 있다.

이와 같이 1910-1930년 지주 · 소작관계는 지주경영과 소작농 수탈의 강화의 방향으로 변하였다. 특히 농업생산의 지주 개입이라는 새로운 관행의 등장은 농업기술의 향상을 통한 소작농에 대한 수탈을 더욱 강화하였다.

<표 1-2> 소작관행의 변화

	1910년경	1920년경	1930년경
① 소작 계약방법	통상 구두계약, 지방에 따라서 각서형식의 문기(文記)교부	좌동 근래 동양척식회사, 불이흥업주식회사 등의 성문(成文)의 계약서 작성	· 구두계약 : 73% · 문서계약 : 23%
② 소작기간	정하지 않는 것이 보통	정하지 않는 것이 보통	· 정기 : 81%(1~5년) · 부정기 : 19%(1~5년)
③ 소작료율	도지법:평년작을 표준으로 수확의 ⅓내지 ¼, 타작법 : 50%	정조법 : 평년작의 35~50% 집조법 : 예상수확의 30~60% 타조법 : 50%	· 정조 : 40~51% · 타조 : 45~60% · 집조 : 50~55%
④ 소작료 지불방법	도지법, 타작법	정조법, 타조법, 집조법	· 정조 : 32% · 타조 : 52% · 집조 : 16%
⑤ 소작료 지불수단	물납 대부분, 금납 희소	물납을 원칙, 금납 예외	· 현물 : 93% · 대금납(代金納) : 3.8% · 금납 : 2.3%
⑥ 소작농 부담	· 지세 및 종자대 도지법은 소작인 부담, 타작법은 지주부담 많음 · 토지개량 가족노동력으로 수일간 할 정도는 소작인 부담, 타인 고용 또는 재료 구입시는 지부 부담	· 지세 타조법의 경우 지주부담 집조 및 정조는 소작인 부담 · 토지개량 좌동	· 지세 및 제공과(諸公課) 서북 일부를 제외하고 소작인 부담 · 용수료 및 수리조합비 용수료(수세)는 정조의 경우 소작 농, 타조·집조인 경우 지주·소작인 공동 부담. 수리조합 내 조합비는 소작인 부담이 많음 · 종자 및 금비대 소작지 파종용 종자는 정조의 경 우 소작농 부담, 타조·집조의 경우 처음해는 지주부담, 후에는 공동부담 · 금비대는 소작인 부담 · 농지개량비 수선이 용이할 때 소작인 부담, 많이 들 때는 지주, 소작인 공동 부담
⑦ 소작계약 해약	상당한 사유가 있는 한 해약	좌동	· 소작료 대납 및 미납 소작권의 매매 또는 전매, 소작인의 태만으 로 수확량 감소 또는 소작지의 황폐화, 소작료 조(粗)의 품질 불량, 소작지의 지형 지목의 무단 변경

자료 : <그림 1-2>과 같음.

이와 같이 1910-1930년 지주 소작관계는 지주경영과 소작농 수탈의 강화의 방향으로 변하였다. 특히 농업생산의 지주 개입이라는 새로운 관행의 등장은 농업기술의 향상을 통한 소작농에 대한 수탈을 더욱 강화하였다.

그 결과 식민지 조선에서는 지주와 소작인과의 모순이 더욱 확대·심화되었다.[16] 이에 대해 총독부는 공산주의 및 사회주의 운동과 결부되어 진전된 소작쟁의(넓은 의미로는 농민운동)를 규제·탄압하는 한편, 경제공황의 심각화와 궁핍화되어가는 소작농민의 생활안정과 향상을 위해 농민·농업대책을 세우기에 이르렀다. 이 대책의 일환으로 입법·시행된 것이 「조선소작조정령」(1933년)과 「조선 농지령」(1934년)이다. 이 양자는 소작쟁의를 진정시키기 위한 연장선상의 소작입법이지만 전자는 소작조정제도를 규정하는 것이며, 후자는 전자의 실체법으로서 지주·소작관계를 직접 규정한 것이다. 이 소작관련

朝鮮農地令公布に就て
共存同榮の實を擧げ國本の
培養邦家の興隆に寄與せよ
宇垣總督談
宇垣總督
京日 9. 4. 15

<사진 1-2> 조선농지령 공포에 대하여 공존동영(共存同榮)의 열매를 거둘 나라의 근본(国本)의 배양국가(培養邦家)의 흥융(興隆)에 기여한다고 하는 당시 우가키(宇垣) 조선총독 (『경성일보』, 1934년 4월 15일)

정책이 어떻게 지주·소작관계에 영향을 미쳤는가를 검토하자.

「농지령」의 내용은 전문 40조에 있으며 그 내용은 ① 소작기간의 확정(보통작물 3년, 영년작물 7년) ② 소작권의 안정 ③ 사음 및 토지관리자의 취체 ④ 중간소작의 금지 ⑤ 감면제도의 실행 ⑥ 지주단독의 검견檢見금지 ⑦ 소작위원회 규정 등이다.

일반적으로 지주·소작관계는 현실적인 힘의 관계에 의해 나타나고 식민지체제하 지주·소작관계 역시 현실적으로는 지주의 지배적 힘에 의해 결정되는 것이었다. 따라서 우선 「농지령」 이후 지주의 동향에 대해서 전북의 예를 들어보자. 〈표 1-3〉은 『소작관회의 자문사항 답신서小作官會議諮問事項答申書』(全羅北道, 年度不明)에 의한 것으로 1934년(농지령 발령년) 및 1937년(소작기간 만료년)에 있어서 지주가 채택한 영농방침을 나타낸 것이다. 이 표는 「농지령」 이후 지주의 동향에 대해서 중요한 내용을 포함하고 있다.

이 표에 의하면, 양 년도에 있어서 주목할 점은 다음 네 가지이다. 첫째, 소작인 취제取締의 강화이다. 지주는 자의적으로 소작인을 엄선하여 불량소작인을 도태하는 한편 우량소작인에 대해서는 통제(보증인의 증가, 비료 및 농경자금의 대출경계, 농사개선의 서약 등)와 우대(소작인의 분배시정, 장려금품의 지급)를 꾀하고 있다. 둘째, 사음의 권한을 축소시키고 있다.[17] 종래 사음이라 불리웠던 중간착취자 권한을 축소하여 사음의 횡포에 의해 발생되는 대對 지주 저항을 완화하는 수단으로 강구하고 있다.

셋째, 소작기간의 변경이 「농지령」에 의해 행하여지고 있다(아마 보통작물의 경우 법적으로 최단기간인 3년일 것이다). 종래 지주가 행해왔던 소작권이동을 근간으로 한 소작료인상에 일정한 제약을 가한 것이다.

<표 1-3>「농지령」 실시이후 지주의 동향

1934년(A)	1937년(B)
① 불량 소작인의 도퇴 정리	① 소작인의 엄선 및 소작인 통제의 강화
② 소작료증징계획 수립 및 실행	② 소작인 분배의 시정, 불량소작인의 배제
(각 지주 1할5푼 내지 2할5푼 증징 감행)	③ 소작료의 증액 요구 및 연대보증의 강요
③ 소작인 엄선 및 보증인증가	④ 정조계약의 보급실행
④ 위탁경작폐지	⑤ 문서계약의 실행 및 농사개선의 서약
⑤ 소작계약 종료기간의 변경	⑥ 비료 및 농경자금 대부의 제한
⑥ 맥작 기타 답리작 작부의 금지 또는 제한	⑦ 답리작제한의 완화장려
⑦ 농경자금의 대출경계	⑧ 우량소작인의 보호 및 자작농지창설에 협력
⑧ 사음의 인선엄중권한 축소	⑨ 장려금품의 지급
⑨ 개인농장을 회사조직으로 전환	
⑩ 신탁회사에 신탁경영	

주 : 1) 全羅北道(年度不明),「小作官會議諮問事項答申書」에서 작성.
2) 1934년(A)은 「조선농지령」의 발령년, 1937년(B)은 소작계약기간 만료기에 해당한다.

넷째, 소작료 증액을 요구하고 있다. 이 점은 소작료 제한 등에 대해 직접적으로 규제를 가하지 않고, 분쟁이 일어난 경우 조정 또는 소작위원회의 판정만을 대상으로 해결하려고 하는 「농지령」의 결정적인 한계이다.[18] 즉, 「농지령」은 기본적으로 지주 소작관계의 해체를 하는 것이 아니고 그 테두리 내에서 일정한 개선을 꾀하는데 불과하다는 것이다.

그러면 지주의 대응책에 있어서 양년도간 차이는 무엇인가. 양년도의 대응책에는 공통성이 많지만 다음과 같은 상이점을 지적할 수 있다. 즉 (1) 소작인 통제가 강화되었다는 점(A-①③→B-①②③) (2)

우량소작인의 보호를 보다 더 행하였다는 점(B-⑦⑧⑨), 특히 이작裏作에 대한 제한이 완화되었다는 점(A-⑥→B-⑦)[19] (3) 정조계약 및 문서계약이 보급실행되었다는 점(B-④⑤) (4) 비료·농사자금의 대부가 제한되었다는 점(A-⑦→B-⑥)이다. 결국 1937년 지주의 대응책은 1934년과 비교하여 소작인에 대한 통제와 보호를 보다 강화하였고, 이를 기반으로 생산력 증대→소작료의 징수를 꾀하고 있다는 것이다. 이에 대해서는 다음의 관청보고에서도 잘 나타나 있다.

> "소작인을 선도하여 합리적 영농방법의 실행을 유도하고 소작료의 증산을 촉구하거나 혹은 어느 정도의 소작료를 증징하는 것이 현명한 것인가를 생각하여 그 방면에 뜻을 집중시키는데 이르렀던 것이다."
>
> (『小作官會議諮問事項答申書』)

이상이 「농지령」 이후 지주의 동향이지만 그것이 현실의 지주·소작관계 변화에 어떠한 영향을 준 것인가. 이에 대해서 「소작권회의 자문사항 답신서」를 인용하면 ① 소작권의 확립에 의한 이동방지 ② 소작기간의 법정에 의한 영농안정 ③ 문서계약의 보급과 계약의 시정 ④ 수확이 일정한 것 또는 특별한 것을 제외한 정조제의 실행 ⑤ 구래의 두락斗落을 평수 또는 반별反別로 칭호변경 ⑥ 흉작 또는 부작不作에 대한 소작료 감면의 시행 ⑦ 중간소작의 배제와 소작권매매의 감소 ⑧ 공조공과의 지주부담과 소작료 이외 부담의 배제 ⑨ 관리인의 폐해감소 ⑩ 소작인의 애토심愛土心 환기와 농사개량의 실행이다. 관청자료인 관계로 자료에 일정한 한계가 있지만 「농지령」 이후 지주

· 소작관계는 비교적 단기간에 개선되었다.

〈표 1-4〉는 전북의 현물소작료 추이를 나타낸 것이다. 현재 필자가 알고 있는 한 소작료 동향을 직접 파악한 자료는 존재하지 않는다. 그래서 이종계열異種系列의 자료를 이용하여 작성해 본 것이다. 이에 의하면 지주는 「농지령」이후에도 생산력 수준에 대응하여 확실하게 소작료 징수를 실현하였다. 즉 단보 당 생산량이 계속 증대(1928-32년 1.011석, 1933-35년 1.069석, 1936-39년 1.196석)하면 단보 당 소작료도 점차 증가했던 것이다(동기간 0.625석→0.634석→0.674석).

<표 1-4> 현물소작료 변화(전북, 1928-43년)

(단위 : 단보 당 석, %)

	수확미 (A)	소작료 (B)	소작료율 (B/A)	소작인 수취분 (A–B)
1928–32년	1.011	0.625	61.8	0.386
1933–35년	1.069	0.634	59.3	0.435
1936–39년	1.196	0.674	56.3	0.522
1940–43년	1.562	0.694	44.4	0.868

주 : 1) 朝鮮總督府(1929-41), 『農業統計表』, 朝鮮銀行調査部(1948), 『朝鮮經濟年報』에서 작성.

2) 朝鮮殖産銀行(1928-43), 『全鮮畓田賣買價格及び收益調(1-16回)』에서 작성

3) 1936년에서 수확미는 생산고조사방법의 변경에 의해 종래보다 25.8% 증가한 것이다.

4) 소작미는 중답(中畓) 평균이지만 식산은행 원자료가 벼이기 때문에 현미환산율 50.3%를 산출한 것이 다. 그 근거는 용량벼 1석=중량 100kg에 정미환산율 78%(이은웅, 1986), 『수도작』, 향문사, 321쪽)를 곱하고 다시 중량 현미 1석=중량 155kg(농림부(1952), 『농림통계연보』)으로 나눈 것이다.

그러나 소작료율은 1930년대를 기준으로 저하경향으로 바뀌었고 소작인 취득은 증가경향으로 바뀌었다. 즉 1928-32년 49.0%에서

1933-35년 59.3%로 증가한 소작료율은 1936-39년에는 56.3%로 감소하였고, 동기간에 小作인 취득분은 단보 당 0.386석에서 0.435석, 0.522석으로 증대한 것이다.[20]

따라서 「농지령」에 의한 지주·소작관계의 변화가 확실한 지주적 토지소유의 후퇴와 축소를 가져오지 않고 그 테두리에서 개선을 꾀한 것이라 평가할 수 있는 것이다. 즉 소작인 취득분의 증대라는 사실에서 나타나는 것처럼 「소작료 증가라는 형태로 지주가 독점하는 것」[21]이 아니고 지주와 소작인 쌍방이 생산력 상승에 의한 증수의 일부분을 각각 자기 것으로 취득하는 변화가 생기고 있는 것이다. 「조선농지령」 실시 결과, 한편으로 지주는 소작권 이동을 근간으로 생산력 상승분의 대부분을 수취하는 조건을 이미 잃었음에도 불구하고 생산력 증대로 인한 소작료 증징增徵을 여전히 실현할 수 있게 되었고, 다른 한편으로 소작농민은 소작권이 다소 안정된 것에 의해 생산력 상승과실의 일부를 수취할 수 있게 되었던 것이다.

1910년대 이후 1930년대 초 지주경영의 강화와 소작농의 수탈은 지주 소작관계가 1930년대 중반에 와 어느 정도의 안정을 꾀하는 지주·소작관계로 변화한 것이다. 이러한 변화는 지주적 토지소유가 정체라는 국면에 들어가게 되는 하나의 원인이었던 것이다.

4. 지주제의 지대유형과 정체국면

이와 같이 지주·소작관계의 구조와 전개를 지주제 유형구분과 전개양상에 대해 검토하였다. 이상을 요약하면 다음과 같다. 일제하 지주제는 소작지비율과 대지주집중도에 의해 세 가지 지대유형으로 구분되었다. 소작지율이 높고 지주제의 전개가 대지주를 중심으로 발달된 「대지주집중형(Ⅰ형)」, 소작지율이 평균정도이고 지주제의 발달이 중소지주를 중심으로 한 「중소지주 집중형(Ⅱ형)」, 그리고 소작지율이 낮고 지주제가 후진적인 「지주희소형(Ⅲ형)」이다. 이 3유형의 지주제의 발전서열은 Ⅰ형>Ⅱ형>Ⅲ형이다. 이들 각 유형에 속하는 지역은 Ⅰ형(대지주집중형)은 전북, 전남, 경남, 충남, 경기에 해당하며 Ⅱ형(중소지주집중형)은 충북, 경북, 황해, 평남, 평북 그리고 Ⅲ형(지주희소형)은 강원, 함남, 함북지역이었다.

세 유형을 지주·소작관계, 농업생산력, 농가경영과 관련하여 보면 세 가지 특징을 갖고 있다. 첫째, 지주·소작관계의 발달과 농업생산력의 향상은 밀접한 관련이 있다. 식민지 농업기술이 지주 소작관계를 매개로 추진되었음을 볼 수 있다. 둘째, 지주·소작관계의 발달은 농가경영의 소작화와 경영규모의 영세화를 수반하였다. 지주·소작관계가 고도로 발전한 유형일수록 영세소작농가를 중심으로 발전해 갔다. 셋째, 지주·소작관계는 영세소작경영을 통해 농업생산력의 증대를 가져오지만 한편으로는 농가의 궁핍화를 심화시킨다는 것이다. 결국 일제하 지주·소작관계는 대토지 소유의 압도적 우위와 영세소작경영의 압도적 열위라는 기본구조를 이루고, 이를 기반으로 하여 생산력의 발달과 고율소작료의 수취→농민의 궁핍화가 진행 되어가는 구조이었다.

전북 지주제는 경영규모의 영세성이 뚜렷하고 생산력이 높은 대지주집중형 특히 일본인 거대지주 집중형인 Ⅰ형에 위치하고 있다. 이러한 전북 지주제의 지대적 특질은 소작농민으로 하여금 농민의 궁핍화와 소작쟁의를 빈번히 발생시키는 소지가 되고 있다. 전북은 춘궁농가율과 임노동 소작농가율이 충남에 이어 조선에서 2위, 총 소작쟁의의 발생건수는 전남에 이어 조선의 2위를 기록하고 있다. 따라서 식민지기 전북농업은 대토지 소유의 압도적 우위와 영세소작경영의 압도적 열위라는 기본구조를 이루고, 이를 기반으로 하여 생산력의 발달과 고율소작료의 수취→농민의 궁핍화가 가장 첨예하고 현저하게 발달된 지주제 선진지역이었다.

지주·소작관계는 「조선토지조사사업」(1910-18)에 의해 확립되어, 1920년대 산미증식계획에 의해 크게 확대되었다. 이 확대는 농업기술 향상과 소작경영의 증대를 수반하여 농가를 영세화, 궁핍화하는 과정이기도 하였다. 지주는 소작농에 대해 생산과정, 전대자본前貸資本의 대부, 신분적인 지배를 강화함으로써 생산력을 증대시켰다. 그러나 이러한 구조는 지주와 소작인과의 모순을 확대·심화시켰다. 이에 대해 일본제국주의는 공산주의·사회주의 운동과 결부되어 진전되어간 소작쟁의를 규제·탄압하는 한편, 궁핍화되어 가는 소작농의 생활안정을 위하여「조선농지령」등 소작관련 정책을 세우기에 이르렀다. 그 결과 지주·소작관계는 다소 개선되어 1930년대 중반 그 진행이 정체국면을 맞게 되었다. 이는 소작지율, 농가구성비나 지주 및 소작료의 동향에서도 확인되었다.

식민지 조선의 지주·소작관계는 농지개혁(1950년)에 의해 근본적으로 해체되었다. 그러나 한국에서는 레닌의 '지주적인 길'과 '농민적인 길'은 성숙되지 못했다. 식민지 시기 조선인 지주는 대부분 농업 외 투자에 실패하고 그 일부가 부르주아 지주로서 나타나고 있지만, 지주들은 도중에 거의 지주적 성격을 상실하고 말았다. 또한 소작농이 소상품생산자로 발전되기에는 한계가 있어 민족해방을 지향하는 소작농민의 계급적 성장도 휴면화休眠化되었다. 어느 길을 보아도 '지주적 진화', '농민적 진화'에 의해서 지주·소작관계의 내부에서 해체하는 조건은 성숙되지 않았다. 이 때문에 미군정 주도하에 농민의 보수화를 의도한 농지개혁은 역사적 필연이었다.

---

* 본 장은 주봉규, 소순열(1996), 『지역농업사연구』. 서울대학교 출판부를 기초로 가필 수정한 것이다.

1 지금까지 연구사적으로 정리되어 있는 것들은 다음과 같다. ① 신용하(1966), "한국의 地主제도에 관한 연구-일제하의 地主·小作제도에 대하여", 서울대 경제연구소『경제논집』5(3). ② 採幷浩(1972), "日本植民地下朝鮮農業の封建制論について", アジア經濟硏究所『アジア經濟』13(3). ③ 宮嶋博史(1982), "植民地下朝鮮人大地主の存在形態に關する試論", 青丘文庫『朝鮮史叢』, 第5·6合併號. ④ 松本武祝(1986), "植民地地主制に關する最近の硏究動向", 日本農業史硏究會『農業史硏究會報』18. ⑤ 張矢遠(1989), "日帝下 大地主의 存在形態에 관한 硏究", 서울대 박사학위논문. ①, ②는 토지소유의 성격론적 연구, ③~⑤는 地主경영의 유형론적 연구를 중심으로 정리하고 있다.

2 이에 대한 구체적인 내용은 졸고(1990), "식민지(조선)지주제론", 전북대『논문집』32쪽.

3 淺田喬二(1990), 「1930年代植民地(朝鮮)地主制の存在形態-全羅北道地主制の事例分析」駒澤大學『經濟學論集』21-3.

4 1930년 통계→白頭山人(1935), 「統治二十五年朝鮮經濟問答」『改造』11月, 246-247쪽.
1936년 통계→姬野實編(1940), 『朝鮮經濟圖表』朝鮮統計協會, 167쪽.
1942년 통계→朝鮮銀行調査部(1948), 『朝鮮經濟年報』340-341쪽.

5 張矢遠(前揭, 『日帝下대지주의 存在形態에 관한 硏究』)은 安良城盛昭의 분석방법 (『天皇制と지주제』, 下卷, 上高書房, 1990년, p.58-61)을 이용하여 대지주밀도(총경지면적/지주수)와 대지주의 소유경지비중(지주소유면적/총경지면적)을 다음과 같이 지대구분을 하고 있다. 30정보 이상의 지주일 경우는 ① 대지

주밀집지대(전북, 전남, 충남, 경남 경기) ② 대지주희소지대(함북, 함남, 경북, 평북, 강원), 50정보 내지 100정보 이상 지주일 경우는 ① 대지주밀집지대(전북, 전남, 경남, 충남, 경기) ② 대지주희소지대(함남, 함북, 평북, 경북, 강원, 충북) ③ 중간지대(평남, 황해)이다. 그러나 이상의 유형구분은 30정보이상 대지주의 밀도와 소유면적만을 지표로 삼기 때문에 중소지주의 집중도는 분석대상에서 제외되었으며, 이는 생산력 구조와 농민층 구조와의 관련이 결여되어 있기 때문에 단순한 지대유형론에 머물고 있다.

본장에서는 대지주 밀도가 아닌 소작지율을 채용함으로써(어느 정도 중소지주의 집중도 파악 가능하다) 이 양적지표와 생산력·농업경영과의 내적 연관성을 검토하는 것이다. 참고로 500정보 이상을 거대지주, 30~500정보 미만을 대지주, 5~30정보 미만을 중지주, 1~5정보 미만을 소지주, 1정보 미만을 영세지주로 규정하고 있다.

6 소순열, 앞의 논문, 192-193쪽.

7 지주의 동향 가운데 중요한 점은 소유면적별, 지역별로 다르다는 것이다. 예를 들면 지주적 토지소유가 정체 내지 쇠퇴하기 시작하면 소유면적이 큰 대지주는 농업 투자를 할 것이다. 또한 지주제 선진지역은 소작료를 농업에 투자하는 지주가 많은 반면 후진지역은 역시 자작지화하는 지주가 많은 것이다.

8 박섭(1994), "식민지후기의 지주제", 『경제사학』 제18호, 133쪽.

9 宮嶋博史(1993), "朝鮮における植民地地主制の展開", 『近代日本と植民地 3, 植民地化と産業化』, 岩波書店, 105-122쪽.

10 여기서 사용한 원자료는 농림국이 조사한 미곡생산액 조사결과, 조선식산은행의 소작료액 조사결과라는 이종(異種)계열의 조사치이다. 특히 소작료액은 조선식산은행이 농업금융상 필요해서 1928-43년까지 매년 지점과 금융조합을 통해 조사한 「全鮮畓田賣買價格及び收益調(1回-16回)」에서의 실수소작료(實收小作料)이다.

11 이에 대해서 아사다 교이치(淺田喬二, 1990)는 주로 대지주의 호수 및 소유면적 추이를 통해 전라북도 지주제의 특질 및 추진과정과 그것을 규정했던 정치적·경제적 요인을 검토하여, 1930년대에 지주제는 확대하였다고 하고 있다.

1930년대 전북 지주제는 조선 지주제의 일반적 동향과 동일하게 지주의 민족적·계급적 이익을 위해 고율소작료 수취는 권력적·제도적인 보장에 의해 이루어진 1920년대에 이어 계속해서 강화해 왔다는 것이다. 1930년대 소작지율·소작농율 비율의 변화가 거의 없었는데도 불구하고 이것이 왜 확대 혹은 정체의 지표로 되었는가는 명확하지 않다.

지주제 전개의 양적 지표를 보면 1930년대 이후 그 이전과는 다르게 농가의 소작화·소작지 및 지주수의 상승은 약간 정체적이다. 그 양적 규정의 배후에 있는 지주 · 소작관계, 농정의 성격, 자본주의 전개와 지주경영과의 관계 등의 질적 분석이 요구되지만 이 시기의 지주제는 복잡한 정치적·경제적 국면에 직면해 있기 때문에 사실상 확대하여 갔다고 말할 수는 없다. 또한 아사다는 1930년대 전라북도 지주제의 진전을 가능하게 했던 정치적 요인으로 "일본제국주의의 조선내 지배권력이 지주적 토지소유의 본질을 저지하는 개혁을 전혀 실시하지 않았다는 것", 경제적 요인으로 "지주 토지소유가 경제적 이익을 획득하기 위한 최대 조건인 고액고율의 소작료 수탈을 일본제국주의가 권력적이고, 제도적으로 보장했던 것"(34쪽)을 지적하고 있다. 그러나 그가 지적한 경제적 요인은 사실 내용적으로 정치적 요인이다.

12 「관행」(하권), 자료편, 108쪽.

13 「관행」(하권), 자료편, 79쪽.

14 「관행」(상권), 606쪽.

15 제령 동척농장의 경우 소작료율은 제1기(한말까지의 궁방시설) (김용섭, 1972, "한말 · 일제하의 지주제-사례 2: 제령 동척농장에서의 지주경영의 변동, 『한국사연구』 8), 제2기(통감부설치후 한말), 제3기(동척농장시설)에 각각 ⅓~¼에서 40%~45%, 그리고 50%(실제로는 70-80%)로 상승하였다.

16 산미증식계획기(1920-34년)의 미곡생산은 토지개량, 농사개량의 진전에 의해서 1920-22년부터 1930-32년에 걸쳐서 1,713만석으로 증가(240만석 증가)한 데에 대해서 이수출량은 동기간 295만석에서 725만석으로 증가(430만석 증가)하였다. 이 결과 조선인 1인당 미곡소비량은 1915-18년간 평균 0.70석에서 1931-34년간 연평균 0.44석으로 감소하였다. 1920년에서 1930년에 걸쳐서 일본인 1인당 미곡소비량이 연평균 1.1석으로 변함이 없었다는 사실을 고려하면 「산미증식계획」은 조선의 식량문제 해결보다는 일본의 식량문제 해결이라는 측면에 더 큰 역할을 하였다(河合和男, 1986, 『朝鮮における産米増殖計劃』, 未來社, 134-135쪽, 170쪽).

17 사음에 대해서는 全羅北道內務課(1933), 『小作慣行調査書』, 185-220쪽.

18 朝鮮總督府農林局(『朝鮮農地關係例規集』, 1938, 132쪽)에 의하면 「소작료액을 결정하거나 그 제한액을 규정하는 것은 극히 곤란한 문제로 본령에 있어서는 이 규정을 피하고 이 액에 관해 쟁의가 있을 경우에는 도군도(府郡島) 소작위원회의 제정에 의해 간단하고 빠르게 해결한다」라고 만 기록하고 있다.

19 이의 동향에 대해서는 함평군수가 전라남도 산업부장에게 지주의 답리작 보리(裏作麥)파종의 금지에 대한 조치방법을 조회하고 있는 문서에 중요한 내용이 포함되어 있다(「小作條件ニ關スル件」, 1937년 10월 9일). 이에 의하면, 지주가 ① 비옥도의 저하 ② 맥작보다 도작의 중요시 ③ 벼 적기재배의 실기(失機)에

의한 쌀수량의 감소때문에 답리작 보리 파종을 금하고 있다고 보고하고 있다. 이에 대해서 전라남도 산업부장(「裏作麥ノ栽培禁止ニ關スル件通牒」, 1937년 11월 19일)은 함평군수에게 지주의 이해촉구, 소작인의 녹비재배(천수답의 일부)·재배방법을 개선하도록 명하고 있다.

20 그것은 동시대에 있어서 생산량이 증대하는 가운데 소작료의 절대액이 저하하고 있던 일본과는 상당히 다른 것이다. 즉 일본에 있어서 이모작 중답(中畓)의 경우 1930-35년에서 1941-43년에 걸쳐 단보 당 평년 쌀수량은 2.241석에서 2.256석으로 증대하고 있지만, 소작미는 1.116석에서 1.085석으로 감소하고 있다(소작료율은 50%→48%)(栗原百壽(1978), 『現代日本農業論』 栗原百壽 著作集, 제VI卷, 校倉書房, 47쪽 暉峻衆三(1970), 『日本農業問題の展開(上)』 東京大學出版會, 269쪽).

21 淺田喬二, 앞의 논문, 28쪽.

제2장

일본인 지주경영의 전개와 소작경영

1. 일본인 지주의 양면성

식민지시대 농업경영은 대토지 소유의 일본인 지주의 우위적 경영과 영세적인 조선인의 소작경영이라는 기본구조를 가지고 있었다. 일본인 지주는 '생산력 향상의 기여자', '소작료의 수탈자' 혹은 '이윤의 추구자'라는 두 가지 양면성을 가지고 조선인 소작농을 지배하였다.[1] 그리고 일본인 지주는 소작료 수취를 기반으로 소작미를 판매하고 축적한 자금을 여러 가지로 운용하였다. 뿐만 아니라 지주로서 일본인은 소작료 수취를 통한 단순한 경제적 계급적 지배자만이 아니고 민족적 정치적 지배자였다.

이 장은 일제하 일본인 지주가 어떠한 구조를 갖고 어떻게 전개해 왔는가를 지주경영의 관점에서 몇 가지 사례를 통해 보고, 이와 대극에 있는 조선인 소작경영의 존재형태를 파악하고자 한 것이다.

일본인 지주의 경영사례에 대한 연구는 그다지 많은 편은 아니다. 그 연구 성과를 보면 연구자적 분화경향이 나타나 아주 뚜렷한 두 가지 시각차를 보이고 있다. 그 하나는 주로 한국인연구자들이 갖고 있는 시각으로서 '수탈 · 대항론'이다. 「토지점탈-경영구조의 변화-이의 수탈에 대한 조선인 소작농의 대응」으로 지주경영을 파악하는 시각이다(김용철 1972, 1991 ; 배영순 1983; 윤수종 1988; 이정인 1989; 소순열 1992).

다른 하나는 일본지주제사의 입장인데 '재편 · 보강론'이라고 부를 수 있을 것이다. 일본지주제의 쇠퇴기에 「식민지 진출-경영구조의 재편-본국경영으로의 보충 · 보강」으로 일본인 지주 경영을 파악하는 시각이다. 주로 일본인 연구자들이다(山崎隆三 1971; 淺田喬二 1979; 森元辰昭 1979; 森元辰昭 · 田中愼一 1985; 千田稔 1987).

이 두 가지 시각은 지주 · 소작관계에서 일본인 지주에 대해서 일면 '생산력 향상의 기여자'라고 동의하면서도, 시각(또는 논자)에 따라서 수취관계에서는 '소작료의 수탈자' 혹은 '이윤의 추구자'라고 어느 한 면을 강조하고 있다. 이러한 경향은 연구자적 환경과 자료 상황에도 연유한 것이지만, 무엇보다도 일본인 지주에 대한 연구가 「생산관계=분배관계=계급관계」에 치중되어 왔기 때문이라 여겨진다. 따라서 일본인 지주경영의 전체상像을 명확히 보기 위해서는 소작료 수취에 근거한 생산관계뿐만이 아니고 소작미판매, 축적자금의 운용형태 등 여러 가지 측면에서 검토할 필요가 있다.

이 장에서는 일본인지주를 '생산력 향상의 기여자'라는 점을 전제로 다음 두 가지 점을 해명하고 싶다. 하나는 농업내부와 외부와의 관련, 다른 하나는 식민지 조선과 식민지 모국 일본과의 관계이다. 전자는 일본인 지주가 소작료 수취 · 판매하여 축적한 자금을 식민지 조선에 얼마나 투자하였는가라그 한다면, 후자는 일본인 지주의 식민지 조선 농장경영수입이 식민지모국의 경영에 얼마나 기여하였는가하는 것이다.

전자의 분석은 지주제의 전개와 관련하여 1930년대 공업화의 성격을 보다 분명하게 해준다. 이 시기 지주제는 정체기라는 일정한 국면에 들어갔다고 보는 견해가 많다(宮嶋博史, 1993; 박섭, 1994; 소순열, 1996).[2] 그리고 그 요인을 '농정에 의한 농민경영의 성장'(박섭 1994)이라고 파악하고 있다. 그러나 농업경영의 성장은 매우 한정적이었기 때문에 당시 지주제의 전개를 농업내부의 요인만으로 파악하기 어렵다(소순열 1995, 2003). 농업외부의 요인도 충분히 고려하여 지주제의 정체요인을 파악해야할 필요가 있다.

1930년대의 공업화 과정에서 '비농업부문 수익률의 농업부문의 수익률 능가'(허수열 1997, 2003)[3]라는 상황은 그 사실여부를 떠나서 지주제의 전개에 하나의 요인으로 작용할 수 있었을 것이다. 그러나 자본주의의 발전과 관련하여 지주축적자금의 산업자본화가 어느 정도였는지, 역으로 지주제의 전개에 어떠한 영향을 주었는지, 지주제의 정점적頂点的 존재인 일본인 지주의 '개별 차원'에서도 소위 '지대의 자본전화資本轉化'를 검증하고 해명해야 할 것이다.

이와 더불어 식민지 조선과 식민모국 일본과의 관련성을 지주경영의 관점에서 검토할 필요가 있다. 이에 대해서는 일본지주제의 쇠퇴기에 일본인이 '일본지주제의 식민지에서의 재현·보강=일본지주제의 위기로부터의 회피·연명', '일본에서의 지주적 토지소유의 실지失地를 회복하기 위하여 토지소유의 기축을 조선으로 이전'[4]하였는지를 검증할 수 있을 것이다. 미시적으로 일본인 지주가 일본에서 토지경영의 불안정에 대응하여 유가증권 등의 투자와 조선 토지경영으로 진출한 가운데 어느 부문에 주력을 집중했는가가 검토될 것이다.

이 장에서는 이러한 문제의식하에 구마모토농장熊本農場을 중심으로 몇 일본인 지주경영 사례를 비교하여 가면서 구체적으로 다음 네 가지 과제를 해명하고자한다.[5] 첫째, 일본인이 어떠한 배경으로 식민지 조선에 진출하여 토지를 집적해 갔는가(식민지 진출과 토지집적) 둘째, 토지경영으로 축적한 자금을 식민지 조선에서 농외부문에 얼마나 투자하였는가(수지구조와 농외투자) 셋째, 식민지 조선에서의 농장경영이 식민지 모국 일본에서의 전체 경영에 어떠한 의의를 가지는가(일본인지주경영에서의 조선경영)를 해명하고 싶다. 그리고 넷째는 일본인 지주의 지배에 놓여 있는 조선인 소작농의 존재형태에 대해서 일반적인 소작관행과 소작농 사례를 가지고 살펴본다.

2. 지주경영의 전개

1) 식민지 진출과 토지집적

구마모토농장은 구마모토 리헤이熊本利平가 소유한 농장이다. 구마모토는 1902년에 농장지배인으로서 조선에 진출하여 1932년 약 3,500정보를 소유하여 일약一躍 '나의 왕국을 형성'[6]하고, '일본 제1의 지주'[7]로 성장한 거대 식민지 지주이었다. 5개 군 26면에 걸쳐 소유한 토지는 1본장, 3지장, 1분장으로 나누어져 관리되었다. 개정본장開井本場 · 지경지장地境支場 · 대야지장大野支場은 금강과 만경강 사이에 해당하는 옥구군 · 김제군 소재 약 1,300정보를 관리했고, 화호지장禾湖支場지장은 동진강 하류에 있는 부안군 · 정읍군 소재 약 1,600정보,

〈사진 2-1〉
구마모토 리헤이(熊本利平, 1889-1986) 회갑기념사진(1940년 8월 1일) (石田町敎育委員會, 1988,『熊本利平 ふるさとのあしあと』)

그리고 전주분장全州分場은 전주근교의 완주군 소재 약 90정보를 각각 관리했다. 이 토지는 수리사업에 따른 경지정리를 한 논에 편중되어 있었다.

구마모토 리헤이는 나카사키현長崎縣 이키壱岐 출신으로 시모노세키상업학교下関商業學校를 졸업하고 게이오의숙 이재과慶應義塾理財科에 입학했지만 졸업 직전 1902년 시모노세키상업학교의 교우인 마스도미 야스자에몬桝富安左衛門의 농장지배인 자격으로 조선에 진출하게 되었다. 1903년 10월에 구마모토는 독립하여 전라북도 옥구군 박면 내사리 및 태인군 화호리 두 지역에 농장을 개설하여 식민지 조선의 지주가 되었다.

구마모토熊本가 조선에 진출한 주요배경(혹은 계기)을 보면, 첫째는 토지투자의 유리성이다. 당시 조선의 토지가격은 일본의 1/10-1/30정도로 낮고, 토지수익은 2-3배로 높았다.[8] 이 토지투자의 유리성이 구마모토에게 작용하여 평당 1-2전錢이라는 저렴한 가격으로 토지를 구매하게 되었다. 이러한 토지투자의 유리성은 그 이후 지가의 상승에도 불구하고 지속적으로 일본인의 조선진출에 경제적 배경이 되었다. 니시핫도리가西服部家에서는 1917년 일본에서 감소된 20정보의 10배에 가까운 토지를 집적하였으며,[9] N가의 경우는

1933년경 일본에서 매각한 2.8정보의 약 15%정도의 금액으로 경지 4.6정보를 구입할 수 있었다.[10]

둘째는 일본인 자산가의 지원이다. 구마모토는 조선의 토지가 저렴하다는 사실을 마쓰나가안자에몬松永安左ヱ門에게 보고하여 마쓰나가松永를 통하여 일본 자산가와 인연을 맺었다. 그리고 마쓰나가松永의 소개로 미츠이은행 오사카지점장三井銀行大阪支店長 히라가사토시平賀敏, 다시 히라가의 소개로 모토야마 히코이치本山彦一 오사카 마이니치신문사 사장大阪每日新門社社長,[11] 무도우 야마지武藤山治 종방본사 지배인鐘紡本社支配人, 이와시타 세이슈岩下淸周 기타하마 은행장北浜銀行頭取, 나고야名古屋의 사부리신 이치로佐分愼一郎와 같은 자산가들이 출자를 하게 되었다.[12]

셋째는 「군산농사조합群山農事組合」의 참여와 활동이다. 「군산농사조합」은 당시 불안정한 일본인 토지매수에 대해 일종의 공익적 보증을 하기 위해 1904년 5월에 설립된 토지취득단체였다. 이 단체는 '오카야마현 한국농업장려조합岡山縣韓國農業獎勵組合', '이시가와현 농업주식회사石川縣農業株式會社'[13]와 달리 군산이사청의 보호를 받는 일본인 토지취득자 단체이다(농상무성농무국 1910:109-135). 구마모토는 직접 조합의 발기인으로 참여하여 평의원 자격으로 적극적인 토지매수 활동을 하였다.[14]

마지막으로 구마모토의 결혼문제이다. 구마모토는 마쓰나가 안자에몬松永安左ヱ門의 누이동생 쿠니코國子와 결혼하려 했다. 그러나 구마모토가 학생 신분이기 때문에 생활능력이 없다는 이유로 양가의 반대에 부딪쳐 결혼은 성사되지 못했다. 졸업직전 구마모토는 쿠니코와 함께 이키壱岐섬을 탈출해 상업학교의 친구인 마스도미 야스자에몬舛富安左衛門의 집에 몸을 의탁하게 되었다. 마스도미는 그 사정을 듣고 쿠니코의 오빠인 마쓰나가와 대면하여 두 사람을 후원한다는 조건으로 결혼을 성사시켰다. 이에 따라 구마모토는 마스도미의 농장지배인 자격으로 조선에 진출했던 것이다.[15]

이상이 구마모토가 식민지 조선에 진출한 배경이다. 일본인이 식민지 조선의 지주가 되는 것은 싼 지가, 높은 소작료와 이에 연동된 높은 수익성의 존재라는 유리한 투자조건이 식민지 조선에 있었기 때문이다. 그리고 이 사이에 투자를 장려하거나 보호하는 기관 또는 단체가 있어 일본인의 토지 투자를 용이하게 해주었다.

그러나 미조데가溝手家(1910년 진출), 니시핫도리가西服部家(1917년 진출)의 조선 진출은 일본 국내의 조직적·폭력적 소작쟁의에 대한 대응책이 더 중요한 진출배경이었다. 특히 니시핫도리가는 1910년대에 들어서 소작인들이 단체를 조직하여 소작미 감액을 요구하거나 출장원의 숙소에 대거로 몰려와 폭동을 일으킬 정도로 위협적이었기 때문에 일본국내로부터 부분적으로 식민지조선으로 지주적 발전을 모색하게 되었던 것이다.[16]

구마모토농장은 1910년 초 182.9정보에 불과했던 경지소유가 1910년 12월에는 2,470정보로 급격히 증가하여 이미 식민지기 초반에 2,500정보의 거대지주로 성장했다. 1910년 2,300여정보의 증가는 구마모토가 대리분의 토지를 매수한 결과이다.[17] 1932년 3월 경영이 부진했던 오오쿠라 요네키치大倉米吉로부터 옥구군 소재의 토지 약 583정보(논 약 570정보, 밭 약 6정보)를 구입하여 일약 3,500정보의 지주가 되고 이후 토지는 점차 감소해 1945년에는 2,850정보로 되었다(<표 2-1> 참조).

〈사진 2-2〉 구마모토 리헤이의 김제, 옥구, 부안 지역내 화호지장 소유지(1936년). 원문에는 김제 부량면에서 부안 백산면까지 구마모토의 토지를 붉은 색으로 표기해 놓았다. (전주역사박물관 소장)

이 같은 구마모토농장의 토지집적 추이를 다른 일본인 지주와 비교해 보기로 하자. 구마모토는 조기에 조선에 진출하여 일본 자산가의 지원 하에 브로커로서 식민지기 초반에 이미 거대지주로 급성장했다는 점이다. 이시가와현 농업주식회사와 조선흥업주식회사는 조기에 거대지주화했고, 현縣의 지원을 받은 농업주식회사 내지는 일본 중앙 재벌의 계열주식회사 형태의 지주였다. 구마모토의 조기 거대지주화는 개인지주의 사례로서 주목할 만하다.

둘째로 일본에서 토지기반이 없다는 점이다. 같은 개인지주인 미조데가, 니시핫도리가, N가의 경우 일본에서 토지경영의 위기에 대한 대응책으로써 식민지 조선으로 진출했지만 구마모토는 그것과는 관계없이 일본 지주제의 쇠퇴기 이전에 진출하여 토지경영을 시작했다. 이러한 의미에서 구마모토를 '순식민지 지주純殖民地 地主'라고 부를 수 있었던 것이다.

셋째, 경기에 매우 민감하게 대응해 간다는 것이다. 구마모토는 미조데가溝手家·부민협회富民協會가 토지소유규모를 그대로 유지하는 것과 달리 채산성의 관점에서 토지를 매매처분하고 있다. 1932년 토지를 구입할 때도 '당시 경제사정을 감안하면, 평당 31전으로 장래 기업가적 이익을 충분히 취득할 수 있을 정도로 상당히 높은 가격'이었다. 이 때문에 미가의 변동과 토지수지 등 토지경영의 유리성을 감안하여 구입하고 이 채산성이 맞지 않는 토지를 판매하였다.[18] 이런 점에서 본다면 니시핫도리가西服部家의 경제적 대응과 유사하다. 경제공황기 니시핫도리가는 농민의 전반적 몰락에 힘입어 토지를 일거에 확대하고 이후 채산성이 떨어진 토지의 일부를 매각하였다.[19]

다음에는 미조데가溝手家·니시핫도리가西服部家를 통해 일본과 조선에서의 토지소유 비중을 보기로 한다. <표2-2>에서 보는 바와 같이 오카야마현岡山縣 미조데가溝手家는 1782년 약20정보의 소유지를 기초로 대금貸金활동을 통해 토지소유를 확대하여 1819년에 93정보의 경지를 집적하고 400명 전후의 소작인을 지배하는 대지주로 성장하였다. 이후에도 토지를 집적하여 1884년 114정보가 되어 이 시기에 미조데가溝手家의 일본 내 토지집적은 기본적으로 거의 완료되었다.

식민지 조선에서의 토지는 1911년 김제군을 중심으로 2년간에 걸쳐 전체 토지의 반인 약85정보를 구입하였으며, 1915년에는 134정보를 집적하여 일본 내 토지소유를 능가하게 되었다. 이후 미조데가溝

手家는 일본 국내의 토지소유를 축소하지 않고, 식민지 조선의 토지를 확대하여 변함없이 지주경영의 기초를 토지경영에 두었다

<표 2-1> 구마모토농장의 토지집적

(단위 : 정보)

	논	밭	계	자료출처
				群山繁榮會編湖南鐵道と群山(1910年)
1909년말	–	–	225.0	群山農事組合群山農事組合概況(1910年)
1910년초	156.9	26.0	182.9	朝鮮新聞社鮮南發展史(1913年)
1910년 12월	2,286.0	184.0	2,470.0	山口豊朝鮮之研究(嚴松堂書店, 1914年)
1911년 12월	2,498.6	226.6	2,725.2	朝鮮總督府全羅北道大正5年朝鮮總督府全羅
1916년	1,778.0	892.5	2,670.5	北道統計年報(1918年)
1922년말	2,322.5	210.7	2,533.2	朝鮮總督府殖産局朝鮮の農業(1923年)
1925년말	2,626.5	210.1	2,836.6	朝鮮總督府殖産局前揭書(1927年)
1926년 8월	2,626.5	210.1	2,836.6	全羅北道內鮮人地主所有地調(1928年)
1929년 7월	2,750.3	188.0	2,938.3	朝鮮總督府殖産局前揭書(1930年)
1930년 3월	2,750.0	188.0	2,938.0	全羅北道內鮮人地主所有地調(1930年)
1930년말	2,750.0	188.0	2,938.0	農林省京城米穀事務所群山出張所全羅北
1931년말	2,750.0	192.0	2,913.0	道 · 全羅南道(1930年末現在)地主調(1930年)
1932년 3월	3,320.0	197.8	3,517.8	朝鮮總督府農林局前揭書(1933年)
1936년	2,751.0	197.0	3,148.0	全羅北道農務課農政係道內100町步以上地主
1938년	2,907.5	92.9	3,000.4	一覽(不明)
1945년 11월	2,690.8	159.6	2,850.4	全羅北道農村振興課全羅北道地主調(1939年)
				구마모토(熊本)農場關係書類(不明)

注: 1932년 3월의 경지는 1931년말 경지면적에 같은 해 같은 월(同年同月) 구마모토농장이 지경 오쿠라 농장(地境大倉農場) 오오쿠라 요네키치(大倉米吉)로부터 매수한 토지(논 570.0정보, 밭 5.8정보, 합계 575.8정보)를 합산한 것임.

자료: 주봉규 · 소순열(1998),『근대지역농업사연구』, 서울대출판부, 155쪽.

이에 대하여 니시핫도리가西服部家는 대본가제도大本家制度[20]를 만

든 다음 해인 1862년 3.4정보에서 1884년 43.9정보로 확대하고, 1922년 약 190여정보로 절정을 맞았다. 그러나 니시핫도리가西服部家는 1922~25년 소작쟁의에 대응하여 지주동맹에 의한 소작지 관리방식을 토지회사로 바꾸고 토지를 매각함에 따라 토지소유는 감소하였다. 조선에서의 토지집적 또한 일본 내의 소작쟁의의 대응책으로 이루어진 것이다. 1918년 232정보(충남 53정보, 충북 178정보)를 시작으로 1930년 634정보, 1934년에는 일본 내 토지보다 무려 5배 이상이 되는 812정보를 급속하게 확대시켜 나갔다.(<표 2-3>)

<표 2-2> 미조데가(溝手家)의 토지소유

(단위 : 정보)

연도	일본	조선
1782	20.0	
1819	93.0	–
1884	114.3	–
1903	116.2	–
1911	114.0	85.9
1915	113.9	134.0
1923	113.6	145.6
1932	113.0	165.0

주: 일본은 소작지, 조선은 답(畓)임

자료: 大石嘉一郎편, 앞의 책, 660쪽.

1930년 전후 토지소유의 일거적一擧的 확대는 경제공황으로 인하여 대량으로 토지를 방매한 조선농민들로부터의 구입에 의한 것이다. 이후 조선에서의 토지집적은 후퇴국면에 들어가 1937년에는 740정보, 1941년에는 696정보로 되었다. 이 같은 감소경향은 '농촌진흥운동'

으로 지주적 토지소유의 확대가 사실상 곤란한 점을 반영한 것이었다.

<표 2-3> 나시핫도리가(西服部家)의 토지소유

(단위 : 정보)

연 도	일 본	조 선
1862	3.4	–
1884	43.9	–
1918	145.1	232
1922	191.5	286
1926	152.7	365
1930	147.9	634
1934	152.4	812
1937	139.3	740
1941	119.4	696

자료: 大石嘉一郎편, 앞의 책, 114쪽, 216-218쪽, 549쪽, 584쪽.

니시핫도리가西服部家는 조선 토지소유규모를 계속적으로 감소시키는 대신 이를 만회하기 위해 택지·산림을 투자하고 복부창고합자주식회사(1935년), 경성복부합자회사(1935년) 등의 신규기업을 설립하였다.[21] 니시핫도리가西服部家는 미조데가溝手家보다 훨씬 더 사회경제의 변화에 기민하게 대응해가는 자본주의적 지주였다.

2) 수지구조와 농외투자

구마모토농장熊本農場의 수지구조 분석은 이미 말한 바와 같이 1940년대의 것이다. <표 2-4>에 의하여 1941~44년간 수입을 보면 총수입은 연간 130~140만엔대로 소작미 판매수입이 총수입의 80-

90%라는 압도적 부분을 차지하고 있다.

<표 2-4> 구마모토농장(熊本農場)의 수지구조(1941~44년)

(단위 : 엔, %)

구분		1941년	1942년	1943년	1944년
수입	사유지수익	10,771(0.8)	12,256(1.0)	9,514(0.7)	10,481(0.7)
	질권지수익	1,178,700(88.9)	1,064,267(83.8)	1,279,733(89.6)	1,268,121(91.2)
	건설물수익	–	–	–	84(0.0)
	유가증권배당금	–	–	960(0.0)	270(0.0)
	수취이자	70,341(5.3)	70,613(5.6)	71,583(5.0)	48,030(3.5)
	잡익	18,734(2.2)	89,864(7.1)	31,535(2.2)	50,492(3.6)
	처분평가익금	37,583(2.8)	32,264(2.5)	35,076(2.5)	13,329(1.0)
	계	1,326,179(100.0)	1,269,264(100.0)	1,428,401(100.0)	1,390,807(100.0)
지출	지불이자금	215,560(27.5)	163,356(22.9)	151,954(17.4)	172,085(18.8)
	조세공과	136,853(17.5)	134,120(18.8)	191,217(21.9)	209,332(22.9)
	인건비	166,332(21.3)	183,424(25.8)	218,282(24.9)	221,031(24.1)
	수리비	2,550(0.3)	6,270(0.9)	11,271(1.3)	14,266(1.6)
	자작영농비	6,268(0.8)	7,428(1.0)	6,372(0.7)	7,463(0.8)
	경작지도조성비	12,810(1.6)	17,639(2.5)	29,011(3.3)	37,245(4.1)
	수납회수비	20,423(2.6)	16,748(2.4)	33,292(3.8)	50,376(5.5)
	경리비	136,244(17.4)	72,273(10.1)	191,090(21.8)	165,042(18.0)
	잡손실	24,063(3.1)	53,019(7.4)	1,281(0.1)	1,085(0.1)
	평가손실	25,917(3.3)	22,223(3.1)	2,275(0.3)	3,165(0.3)
	감가상각	35,782(4.6)	35,785(5.0)	39,282(4.5)	34,890(100.0)
	계	782,802(100.0)	712,315(100.0)	875,327(100.0)	915,980(100.0)
차감익금		543,377	556,949	553,074	474,827

주: 1) 영업보고서에 의해 작성.
2) 1941~43년간 사유지, 질권지수익에 건설물수익이 포함되어 있다.

자료: 주봉규·소순열, 앞의 책, 177쪽.

지출구성을 보면 1942년을 제외하고 증가하고 있으며, 그 구성은 지불이자·인건비·조세공과·경리비의 4개 항목이 총지출의 약 80%를 차지하고 있다. 대체적으로 지불이자의 비중감소와 인건비·조세공과의 비중증대라는 변화가 보이지만 전자는 이 시기의 금융압박에, 후자는 주로 지주적 농사개량의 노력에 대응하고 있다. 그 외에 주목하지 않으면 안 될 항목은 지도조성비이다. 그 비중은 겨우 2-4%에 불과한 것이지만 1941년 1.6%에서 1944년 4.1%로 증가하고 있다. 이것은 전시기에서도 인건비 증가와 함께 농사개량이 계속해서 이루어지고 있음을 보여 주고 있다.

반면 대부금의 수취이자나 유가증권 등의 농외투자는 낮은 비율을

<표 2-5> 구마모토 농장(熊本農場)의 이익처분 추이(1941~44년)

(단위 : 엔)

구 분	1941년	1942년	1943년	1944년
당기순이익	543,377	556,949	553,074	474,827
전기이월금	15,332	294,709	156,658	272,231
계	558,709	851,658	707,732	747,058
법정적립금	28,000	28,000	30,000	25,000
주주배당금	220,000 (연 4.4푼)	350,000 (연 7푼)	350,000 (연 7푼)	350,000 (연 7푼)
역원상여금	16,000	17,000	20,000	20,000
납세적립금	–	300,000	37,500	65,000
후기적립금	274,709	156,658	272,232	287,058

주: 1) 영업보고서에서 작성.
2) 주주총회에 제출된 이익처분의안이다.
3) 법정적립금은 당기순이익의 5/100이상이다.

자료: 주봉규·소순열, 앞의 책, 180쪽.

차지하여 농장수입에 별다른 의미를 갖지 못한다. 〈표 2-5〉에서 구마모토 농장의 이익처분을 보면, 주식배당금은 1941년 22만엔에서 1942년 이후 35만엔으로 되어 7푼 정도 높은 배당율을 보이고 있다 (1941년의 배당율 4.4푼은 같은 해 300만원의 증자에 의한 것임). 이 시기 구마모토농장熊本農場은 미가와 소작료 쌍방의 통제에도 불구하고,[22] 결정적인 타격을 받지 않고 꽤 순조로운 경영을 해왔다고 볼 수 있다.[23]

식민지 조선에서 일본인 지주는 일본에 비하여 자본주의의 미전개로 농외투자의 수익성을 보장할 기회가 적었기 때문에 '별 수단 없이' 지주적 농사개량을 계속하고 있는 것이다. 구마모토농장은 대지주로서 소작료 수취를 그 존립기반으로 하여 경영의 안정성을 유지하고 있었다.

<표 2-6> 미조데가(溝手家)의 조선농장 수입구성

(단위 : 엔, %)

연 도	지소수입	대부금 이자	잡수입	계
1911. 3 ~ 1912. 9	3,582(73.1)	1,223(25.0)	98(1.9)	4,903(100.0)
1914. 10 ~ 1915. 9	4,803(95.3)	–	239(4.7)	5,042(100.0)
1920	5,184(95.1)	–	268(4.9)	5,452(100.0)
1925	6,897(94.1)	–	434(5.9)	7,331(100.0)
1930	22,444(97.7)	–	528(2.3)	22,972(100.0)
1935	28,128(97.4)	–	750(2.6)	28,878(100.0)
1940	5,962(95.0)	–	315(5.0)	62,761(100.0)

자료: 森元辰昭, 앞의 논문, 34-35쪽.

그러면 이러한 자본시장에 규정된 농외투자의 한계성이 다른 시

기, 다른 사례에도 그대로 적용될 수 있는가. <표 2-6>과 <표 2-7>을 통하여 미조데가溝手家, 니시핫도리가西服部家의 사례를 보기로 하자.

미조데가溝手家 조선농장을 보면 소작료로 구성된 지소地所수입이 1914~40년 동안 전체 농장수입의 95%내외를 차지하고 있고, 대가료貸家料, 대지료貸地料 등의 잡수입 부분은 5%내외이다. 이러한 일본인 지주의 소작료수입에 대한 의존성은 조선흥업주식회사朝鮮興業株式會社, 이시가와현농업주식회사石川縣農業株式會社에서도 확인된다. 조선흥업주식회사는 1910~1935년 전체 수입의 70%이상이 소작료 수입이며,[24] 이시가와현농업주식회사의 경우는 1912~1934년 전체수입의 80~90%가 소작료 수입으로 시종 압도적인 부문을 차지하고 있다.[25]

<표 2-7>에서 니시핫도리가西服部家 조영朝永토지주식회사[26]의 수입구성을 보면 농장경영, 대금貸金수입, 대지貸地수입, 기타로 구성되어 있다. 1923년에서 1930년까지 대금업의 비중이 증가하여 1929년에는 전수입중 52.2%를 차지하고 있다. 그러나 경제공항 이후 미수입이식未收入利息의 증가로 급격히 낮아져 1935년 이후 10%이하로 저하하였다. 이 대신 1930년대 이후 농장수입이 증가하여 60%이상이 되었다.

이상 몇 가지 사례에서 보는 바와 같이 식민지 조선에서 일본인 지주는 항상 농외투자 시장의 협애성狹隘性에 규정되어 토지소유를 감소시키지 않고, 이에 의거한 성격을 강화하면서 여전히 상당한 토지수익을 유지할 수 있는 조건이 존재하고 있었다는 것이다. 이 점은 지주수익의 기축이 농외로 이동하고 토지경영의 축소가 행해졌던 같은 시대 일본 지주제(특히 近畿型지주)와 다른 식민지 지주제의 모습이었다.

<표 2-7> 니시핫도리가(西服部家) 조영(朝永)의 수입구성

(단위 : 엔, %)

연 도	농장수입	대금수입	대지가수입	기 타	계
1923	19,904.61(48.5)	17,213.31(41.9)	2,881.43(7.0)	1,048.83(2.6)	41,048.18(100.0)
1926	36,876.49(52.3)	27,245.59(38.6)	2,731.52(3.9)	3,643.58(5.2)	70,497.18(100.0)
1929	36,607.63(41.8)	45,683.37(52.2)	4,528.19(5.2)	635.2(0.8)	87,454.39(100.0)
1932	57,394.49(54.5)	38,031.95(36.2)	7,015.29(6.7)	2,668.94(2.6)	105,110.67(100.0)
1935	91,762.75(65.6)	9,263.71(6.6)	9,531.26(6.8)	29,232.78(21.0)	139,790.50(100.0)
1938	105,028.50(73.9)	13,259.67(9.3)	11,052.01(7.8)	12,894.16(9.0)	142,234.34(100.0)
1941	106,549.98(64.5)	15,405.97(9.3)	14,073.77(8.5)	29,116.08(17.7)	165,145.80(100.0)

注: 농장수입은 충북농장, 충남농장, 아산농장의 수입으로서 가옥대(家屋貸), 대지료(貸地料), 임도종도이자(貸籾種籾利子) 등이 포함되어 있지만 대부분이 소작료 수입이다.

자료: 大石嘉一郎편, 앞의 책, 619쪽.

3) 식민지 농장경영의 의의

일본인 지주의 식민지 농장경영은 식민모국 일본의 전체 경영에 어떠한 의의를 가지는가. 일본에 토지기반을 둔 미조데가溝手家, 니시핫도리가西服部家, 호소가와가細川家가 세 가지 사례를 통하여 보기로 한다.

먼저 미조데가에 대해서이다. 미조데가는 1910년 식민지 조선에 진출하였지만 일본 내 본가本家로 송금이 가능한 것은 8년이 지난 1918년부터이다. 〈표 2-8〉에서 보는 바와 같이 미조데가의 총 수입은 소작료 수입賣米收入, 유가증권에 의한 배당이자, 조선농장 송금 수입, 잡수입으로 구성되어 있다. 조선농장 송금 수입이 미조데가 본가의 총수입에서 차지하는 비중은 1930년까지는 10%이하, 그 이후는

약 14-15%를 차지하고 있다. 미조데가는 1910년대에 나타난 일본 내 토지경영의 불안정에 대응하여 조선 토지경영에 의한 소작료 수입보다는 일본 내 유가증권투자에 의한 배당이자 수입에 크게 의존하고 있다.

<표 2-8> 미조데가(溝手家) 본가의 총수입에서 조선농장 송금 수입이 차지하는 비중

(단위 : 엔 , %)

연도	쌀 판매(賣米)수입	배당이자수입	잡수입	조선농장 송금수입	계
1902	20,992(78.2)	5,174(19.3)	–	–	26,851(100.0)
1911	26,675(76.2)	7,963(22.8)	363(1.0)	–	35,001(100.0)
1920	32,920(21.4)	116,485(75.8)	1,879(1.2)	2,500(1.6)	153,784(100.0)
1925	37,417(37.4)	82,055(48.2)	3,193(4.7)	14,001(9.7)	144,393(100.0)
1930	34,410(41.2)	41,342(49.4)	4,404(5.3)	3,464(4.1)	83,621(100.0)
1935	29,815(35.1)	66,514(48.0)	407(2.0)	96,736(14.9)	120,944(100.0)
1939	47,956(27.5)	91,014(52.2)	10,413(6.0)	25,000(14.3)	174,402(100.0)

자료: 森元辰昭, 앞의 논문, 37쪽.

니시핫도리가西服部家가 아사나가朝永의 주식배당금은 〈표2-9〉에서 보는 바와 같이 1927~31년 5푼 배당이 경제공황에 들어감에 따라 3푼으로 떨어졌으나 경영을 회복한 1935년에는 5푼으로 다시 증가해 1936년부터 6푼 배당으로 되었다.[27] 당기순이익도 매년 증가하여 니시핫도리가는 조선에서 상당히 순조로운 건전경영을 해 나갔음을 볼 수 있다. 니시핫도리가의 조선경영수입이 전체 본가 경영에서 차지하는 비중은 1920년대에는 약 20~30%, 경제공황기에는 40%~44%

를 차지하여 출자배당금을 능가하는 제1의 수입원이 될 정도로 중요한 기능을 하였다. 1935년 이후 35%전후로 떨어지며 1940년 이후가 되면 20%로 낮아졌다.[28]

<표 2-9> 니시핫도리가(西服部家) 아사나가조영(朝永)의 당기순익금, 배당금

(단위 : 엔)

연도	당기순익금	배당금	1)	당기순이익	배당금
1927	19,406.19	15,000.00(연 5푼)	1934	34,354.90	25,000.00(연 4푼)
1928	19,284.94	15,000.00(연 5푼)	1935	49,837.92	31,250.00(연 5푼)
1929	20,956.23	15,833.00(연 5푼)	1936	35,923.50	28,125.00(연4푼5리)
1930	22,045.98	16,500.00(연 5푼)	1937	54,760.67	37,500.00(연 6푼)
1931	34,451.24	25,000.00(연 5푼)	1938	61,150.35	37,500.00(연 6푼)
1932	22,149.71	15,000.00(연 3푼)	1939	62,425.79	27,500.00(연 6푼)
1933	25,114.81	17,812.50(연 3푼)	1941	52,729.68	37,500.00(연 6푼)

자료 : 大石嘉一郎편, 앞의 책, 627쪽.

니시핫도리가의 조선경영은 일본 내 조직적이고 폭력적인 소작쟁의의 발생에 대응하여 조선경영에 진출하고 수익을 확대하는 발판을 제공하였으며, 경제공황기에 지주경영의 위기를 넘기는 중요한 역할을 담당하였던 것이다.

다음은 식민지 조선에 2,000정보를 소유한 거대지주였던 호소가와가細川家의 경우를 보기로 한다. <표 2-10>에서 보는 바와 같이 조선농장의 세입은 호소가와가 기본재산의 전체 세입 가운데 30~40%를 차지하고 있다. 이 시기에는 조선수입이 일본 내 구마모토 지소부地所部의 수입을 능가하여 호소가와가의 자본주의적 축적 기반의 중요한 수입원이 되고 있다.[29] 이 소작수입을 유력수입원으로 하여 호소가와가는 자본주의적 기업가, 대주주의 측면을 유지해가면서 화족華族 가운데 제1위의 수입(1930년)을 올리게 되었던 것이다.[30]

일본인 지주경영의 사례에 비추어 앞의 두 가지 문제에 답하면, 첫째 식민지 조선에서 일본인 지주의 유가증권 등의 농외투자는 극히 제한적이었다고 볼 수 있다. 전시체제기이기는 하지만 구마모토농장의 경우 주 수입원은 의연하게도 소작료 수입이며, 니시핫도리가西服部家 아사나가朝永의 경우 또한 1930년을 전후하여 주 수입원이 대금업수입에서 소작료수입으로 바뀌어 졌으며 토지경영의 배당율도 증대하고 있다. 미조데가溝手家, 석천현石川縣, 조선흥업주식회사의 경우에서도 소작료 수입이 다른 부문보다 시종 압도적 부분을 차지하고 있다.

<표 2-10> 호소가와가(細川家) 기본재산 세입출 결산(세입부분)

(단위 : 엔, %)

연도	일본		조선농장	계
	동경가정소(東京家政所)	구마모토가정소 지소(熊本家政所支所)		
1919	59,693(7.8)	353,713(45.9)	355,722(46.3)	769,128(100.0)
1920	81,147(16.1)	269,158(53.5)	153,224(30.4)	503,529(100.0)
1923	66,700(11.2)	275,643(46.3)	253,134(42.5)	595,477(100.0)
1925	77,748(12.4)	332,256(52.8)	219,270(34.8)	629,274(100.0)

자료: 千田稔, 앞의 논문, 56쪽.

이러한 일본인 지주경영의 사례를 보면 일본인 지주는 소작료를 수취·판매하여 축적한 화폐를 식민지조선의 공업화에 그다지 투자하지 못했다. 이는 바로 자본주의의 미전개未展開에 대응한 자본시장의 협애성 때문이다. 역으로 말하면 자본주의가 지주제 자체를 붕괴할만한 정도로 성숙되지 못했다는 것이다.

적어도 식민지 조선에서 1930년대는 '기업에 대한 투자가 더 높은 수익을 올릴 수 있는 조건'[31]보다는 '여전히 상당한 토지수익을 유지할 수 있는 조건'이 존재하고 있었다는 것이다. 이 점은 지주수익의 기축이 농외로 이동하고 토지경영의 축소가 행해졌던 같은 시대의 일본 지주제(특히 近畿型)와 다른 모습인 것이다.

둘째, 일본인 지주는 일본 내 지주경영이 위기를 맞는 단계에서 식민지 조선에 진출하여 식민지적 경영에 의해 그 위기를 벗어나게 하는 주요한 기능을 하였다는 점이다. 일본인 지주는 소작쟁의의 증가, 소작료수입의 저하라는 지주적 토지소유의 모순이 현재화 되어가는 단계에서 식민지 조선에 진출하여였다. 그리고 조선경영에 의해 얻은 수익(니시핫도리가는 전체수입의 20~40%, 미조데가는 15~20%)으로 지주경영의 위기를 벗어나게 하는 주요한 부문으로 기능하였다.

일본인 지주는 '1920년대 전후 일본 지주제의 후퇴기에 일본에서의 지주적 토지소유의 실지失地를 회복하기 위하여 토지소유의 기축을 조선으로 이전'[32]했기보다는 '일본에서의 지주경영의 악화를 완화하기 위해 식민지 조선으로 진출'하였던 것이다.

3. 소작경영의 존재형태

1) 지주의 소작농 지배

지주의 소작농지배는 「소작계약증서」, 「소작규약」[33] 등을 통해 이루어졌다. 이를 생산, 자본, 신분이라는 3가지 측면에서 보면 다음과 같다.

첫째, 소작농에 대한 지주의 철저한 생산지배이다. 생산지배는 종국적으로 생산물의 수량과 소작료의 질 문제로 귀착되기 때문에 지주의 초미의 관심대상이었다. 소작증서를 보면 "지주가 소작인에 대하여 농림수산물 증수 또는 개량을 목적으로 종자 또는 비료의 사용방법 등을 제시할 때 이의 없이 실행할 것",[34]이라는 추상적인 규정으로부터 비료는 퇴비, 우분, 예초刈草, 도당稻糖 등을 불문하고 백평 당 지주는 소작농에게 종자, 품종 및 비료의 종류, 용량의 선택 결정은 물론 생산기술의 개선 등을 규정하였다. 예를 들어 소작농은 4부식(금비는 이에 준한다)을 최소한도 매년 음력 3월말 이내에 반드시 뿌린 뒤 검사를 맡을 것,[35] "소작인은 소작지 3분1 이상에 자운영을 재배하여 퇴비로 할 것"[36]까지 경작과정에 대해 구체적으로 규정하여 모두 지주의 결정, 지시에 따르지 않으면 안 되었다. 이 때문에 소작농민의 의사결정은 생산과정에 크게 제약되었다.

지주는 생산과정의 결과 얻어진 소작료의 품질, 용중량, 포장에 대해서 더욱 엄격하게 규정하였다. 소작료는 대부분 타조打租 및 집조執租라는 일정비율로 결정되는 것이 많고, 보통 풍흉과 관계없이 일정량으로 정하는 정조定租에 의해 결정되는 것은 적었다. 소작료는 정조인 경우 대체로 "평년 생산량의 5할이 보통이고 소작증서 가운데 소작료 산출표준을 정한 것은 드물다.[37] 그러나 수리조합이 있는 토지의 소작료는 보통 6할 정도이었으며 타조나 도조의 경우 소작료는 수확량의 ½정도였다. 물론 소작농은 자기의 입모立毛 및 수확물을 자유롭게 처분하는 것이 금지되었다. 그리고 소작료는 지주가 정한 규격에 따라 품질, 용량 및 중량 등의 엄격한 검사를 행하고 납부하게 되는데, 만일 이 규격에 합격하지 않으면 다시 검사하거나 추증료追增料가 추징되었다.

집조의 경우 지주가 검견檢見 일시를 정하고 소작인 또는 대리인이 입회한 가운데에서 입모상태의 생산물에 대해 수확량을 예상하여 결정한다. 만일 소작인에 이의가 있을 때는 지주지정의 평예법坪刈法에 의하여 결정하였다. 다만 이 이의 신청은 검견장소에서 즉시 신청할 경우에만 한하였다.[38] 천재 기타 불가항력에 의해 수확량이 감소될 경우 감면 또한 현장에서 이의를 제기하여 평예법에 따라 소작료를 감면할 수 있도록 하였다.

두 번째는 전대자본前貸資本을 통한 지배이다. 지주는 소작농에 대해서 종자, 비료, 농구, 농량자금, 경우耕牛 등을 전대자본으로서 소작농에 제공하였다. 예를 들어 "을乙이 농업경영 및 경작의 필요상 갑甲의 조력을 받은 영농자금, 비료대, 종자, 농구대, 경우 사용료, 가옥건축자금 등의 차입금품은 수확물 중 을소득에서 우선적으로 갑에게 변제할 의무"[39]의 경우, 농구, 식부 등의 자금은 저리로 대여하고 우牛는 4개년, 농구는 2개년의 연부로 하여 추수기에 벼 또는 현금으로 회수하는 것으로 한다. 단 자금차입의 경우는 제내提內에서 1정보 이상 소작하는 자를 보증인으로 하는 차용증서를 제출하는 것

으로 한다.[40]

이와 같은 자본의 대부는 지주의 소작인 지배의 하나의 근거가 된다. 지주는 이와 같은 전대자본을 회수하기 위하여 소작농에게 추수기에 소작료 납부와 함께 우선적으로 변제할 의무를 지게 하였다. 이에 따라 소작농은 전체 수확량에서 소작료를 공제하고 소작료와 동일규격의 현물로 납입하거나 지주가 시가를 표준으로 정한 금액을 내야 했다. 만일 이를 어길 경우에는 소작계약의 해제사항이 되었다.

소작농은 소작료와 함께 전대자본을 반제하고 나면 그 나머지를 팔아 화폐로 바꾸어 조세공과 및 현금 지출에 충당하였다. 이런 유통과정의 지배를 히사마 겐이치久間健一는 다음과 같이 묘사하고 있다.

> "해가 저물고 정월이 오고 봄이 올 때는 이미 식량은 바닥이나 춘궁春窮이 비어 있는 위를 더 비게 한다. 이리하여 곧 지주에게 농량農糧을 꾸어와 먹기는 하지만 농경기農耕期가 되어도 종자는 고사하고 비료대도 인부임도 농구대도, 일체의 영농자금은 지주의 대여가 없었다면 농사를 지을 수 없다. 이렇게 일체를 지주의 전대前貸에 의해 생산이 계속되는 것이다."[41]

지주는 종자, 비료, 농구, 농량자금을 소작농에게 대부함으로써 채권자로서의 이식과 이를 유효한 지배수단으로 활용하였다. 식량대여 이자는 연 20-50%가 대부분이며, 종자대여 이자는 연 50%, 금비는 20-30%, 농구대여는 연 10-13%의 이자를 냈다. 경우耕牛 사용료는 한 마지기당 백미 5-6두斗, 혹은 5원-6원 현금을 부담하였다.[42]

마지막으로 지주의 소작농에 대한 신분지배의 강요이다. 지주는 소작관계 조건외에 일방적으로 「소작규정」에 삽입하여 소작농지배를 강화하고 있었다. 소작농 지배의 몇가지 예를 들면 다음과 같다.[43]

① 배신행위를 할 때
② 을의 태만 기타 자유의지에 의해 불량하다고 인정할 때 혹은 갑의 지휘에 따르지 않을 때
③ 직접 또는 간접을 불문하고 본 계약에 대해 불온한 언동이 있거나 지수 및 소작인의 상 호관계에 선량한 풍습을 파괴하는 언행을 할 때
④ 불온한 단체에 가입하여 회원이 될 때 또는 이 형식이 있을 때
⑤ 지주, 관공서, 농사단체 등의 장려에 대해 복종하지 않거나 방해하는 행위가 있을 때
⑥ 지주에 대해 불이익한 행동을 하거나 이를 뇌동雷同할 때
⑦ 농장의 업무를 직접 간접으로 방해 또는 방해하려 할 때
⑧ 소작인은 가족과 함께 농장지역 내 또는 농장과의 거리 5정町이내 거리에 거주하여 전 심 농사에 종사하여야 한다.

지주는 이처럼 「소작계약증서」, 「소작규정」 등의 문서적 계약을 통해 소작농에 대해 가혹한 중층적 지배를 해 왔다. 이처럼 문서계약에 근거한 지주의 지배력은 지주마다 강도의 차이가 있지만, 전체 소작농가의 약 ⅓에 대해 강제되었다. 그리고 지역적으로 주로 일본인 지주 집중지대인 전북, 경남, 전남에서 많이 발휘되었다.[44] 일본인 지주들은 그 지배력을 유지 강화하기 위해 농장의 「소작인 5인조합」, 「홍농회」를 조직하여 특별한 지배조직을 만들기도 하였다.[45]

조선인 지주의 경우 일본인 지주와는 달리 대부분 구두계약이 압도적으로 많았다. 구두계약은 구두약속 뿐만 아니라 각서 정도의 문기文記도 포함된 것으로써 훨씬 더 중간관리자의 자의성이 개입될 소지가 있는 것이었다. 조선인 거대지주나 부재지주인 경우 소작농은 지주를 대신한 중간관리자의 직접적인 지배를 받았다. 1930년 중간관리인의 수는 33,195명으로써 이들은 전체 소작지의 24.7%, 전체 소작인(자소작인 포함)의 38.3%를 담당하였다.[46] 사음舍音은 소작료 징수, 소작료 보관, 소작료 매각, 소작료 증강, 조세공과의 대납, 소작권 이동異動, 소작료 계약의 대리체결 등의 역할을 담당하였다. 사음은 본래적인 임무보다도 소작료의 부당한 부과, 금품 및 주식의 증여, 무상노동 제공, 공조공과의 전가, 금품 및 농비農費의 고리대부 등을 강요하고 중간 착취자의 역할을 했다. 이 때문에 조선인 거대지주나 부재지주의 소작농은 지주의 대리인으로서 사음의 지배를 감내해야만 했다.

2) 소작경영의 존재형태

1918년 소작농은 조선 전체 농가의 37.8% 이었지만 1940년에는 <표 2-11>에서 보는 바와 같이 전체농가의 53.1%를 차지하고 있다. 여기에 자소작농까지 합치면 소작에 관계된 농가는 전체농가의 70-80%에 달하고 있다. 이 가운데 85%는 조선인 지주, 나머지 15% 정도는 일본인 지주에게 토지를 빌려 소작을 하였다.[47] 그리고 소작농은 보통 각기 다른 2인 이상의 지주에 소속되어 있으며 최고 14인의 지주에 소속되어 있었다.[48]

<표 2-11> 소작관계 지표

(단위 : %)

연 도	소작지율	자소작농율	소작농율
1918	50.4	39.4	37.8
1920	50.8	37.4	39.8
1925	50.6	33.2	43.2
1930	55.1	31.0	46.5
1935	57.3	24.1	51.9
1940	58.2	23.3	53.1

주: 1939년 자료임.
자료: 조선총독부(각년도),『조선총독부 통계연보』.

<표 2-12> 경지규모별 농가호수(1938)

(단위 : 천호, %)

경지 규모	자작	자소작	소작	합계
1정보 미만	277.8 (51.1)	493.1 (60.6)	1,044.0 (69.1)	1,814.9 (63.3)
1–2정보	114.9 (21.1)	178.9 (22.0)	271.7 (18.0)	565.5 (19.7)
2–3정보	86.9 (16.0)	94.3 (11.6)	131.6 (8.7)	312.8 (10.9)
3정보 이상	64.0 (11.8)	48.0 (5.9)	64.0 (4.2)	176.0 (6.1)
계	543.6 (100.0)	814.3 (100.0)	1,511.3 (100.0)	2,869.2 (100.0)

자료: 조선은행 조사부편(1948), 조선경제연보, 1-30쪽.

〈표 2-12〉에서 소작농의 경지규모는 전체 소작농가의 70% 정도가 1정보 미만으로 매우 영세한 규모를 경작하고 있다. 실제로 1933년 소작농가 1호당 소작면적은 1.04정보이며, 토지집중이 심한

조선 남부 지역이 가장 작고 세분화 되어 갔다.[49] 뿐만 아니라 소작농가의 대부분은 수지를 맞출 수 없는 상태에 놓여 있었다.

1924년 조선총독부 재무이재과財務理財課가 금융조합에 의뢰하여 조사한 「농가수지조사」에 의하면 지주는 545원, 자작농은 87원, 자소작농은 25원의 수입이 있었지만 소작농은 궁농(궁핍하여 농가의 노역에 종사하여 겨우 생활을 유지하는 자)은 각각 11원, 4원의 수지부족으로 나타난다.[50] 소작농과 궁농窮農의 합계가 전 농가의 35%정도였는데 이들은 모두 수지를 맞출 수 없는 상태에 있어서 조금도 생활상에 여유가 없었다.

소작농민의 빈궁한 상태를 확인하기 위해 당시 전북의 소작농가상황을 〈표 2-13〉을 통해 확인해 보자. 여기에 예시된 농가는 농가

〈사진 2-3〉 시마다니(島谷)농장(현재 군산 발산초등 학교)에서의 소작료 수납상황 (『島谷八十八寫眞帖』, 1925년)

전북 농가 1호당 평균면적에 의거한 농가갱생계획의 기본조사 결과이다. 농가의 가족은 6명으로 주인은 45세, 처는 38세이며, 경영면적은 1정보(답 7반보, 전 3반보)이다. 1년 수입은 벼 21석, 보리 5석, 밀 1석, 두류 1석으로 농경수입, 양계수입 4.50원, 가마니 부업수입 24.00원이다. 농가 지출로서는 가사비(식량 17석, 현금 48.00원), 영

<표 2-13> 전북 소작농가의 년 평균 농가 수지(1934년경)

<table>
<tr><th colspan="2">수입</th><th colspan="2">지출</th></tr>
<tr><td colspan="2">농경수입</td><td colspan="2">가사비</td></tr>
<tr><td>벼</td><td>21석(전답 소작료는 12석5두)</td><td colspan="2">식량(계 17석5두)</td></tr>
<tr><td>보리</td><td>5석(답리작 3반보)</td><td>벼</td><td>8석5두(정백 4석2두)</td></tr>
<tr><td>소맥</td><td>1석(5두 매각)</td><td>보리류</td><td>6석(정맥 3석)</td></tr>
<tr><td>두류</td><td>1석(5두 매각)</td><td>조류(粟類)</td><td>2석(정조 1석8두)</td></tr>
<tr><td colspan="2">축산수입</td><td>대두 및 기타 잡곡</td><td>1석</td></tr>
<tr><td>양계</td><td>4.50원</td><td>채소류</td><td>자급(복잡하여 내역 생략)</td></tr>
<tr><td colspan="2">부업수입</td><td>현금지출</td><td>48.00원</td></tr>
<tr><td>가마니</td><td>24.00원</td><td colspan="2">영농비</td></tr>
<tr><td colspan="2">기타수입</td><td>보통경영비</td><td>15.00원</td></tr>
<tr><td>노임 기타</td><td>20.00원</td><td colspan="2">소작료(계 12석5두)</td></tr>
<tr><td colspan="2" rowspan="4"></td><td>답 소작료</td><td>10석5두(벼)</td></tr>
<tr><td>전 소작료</td><td>2석(벼)</td></tr>
<tr><td>식량부족</td><td>32.80원(벼2석, 보리1석, 조1석3두)</td></tr>
<tr><td>현금부족</td><td>8.00원</td></tr>
</table>

자료: 全羅北道(1935),『農家ノ経営』에서 작성.

농비(영농비 15.00원, 소작료 12석 5두, 기타 1.00원)이었다. 농가 수지는 식량 32.80원(벼2석, 보리1석, 조1석3두), 현금 8.00원이 부족한 적자였다. 이 수치가 전북 농가의 가장 평균적인 농가인 셈이다. 소작료를 내리고 '과도노동과 과소소비'을 통하여 수지를 개선해야만 농가수지가 개선될 수 있다.

다음에 보다 더 수지상황을 파악할 수 있는 고부수리조합 내 동양척식회사 소작농의 전반적인 생활상황을 <표 2-14>에서 보기로 하자. 강모씨는 동척 소작지 3.7정보를 10년간 경작한 우량한 소작농이다. 역시 강모씨는 경우耕牛 1두와 탈곡기 2대를 갖고 머슴1명을 고용하고 있는 소작농이다. 강모씨의 경우 1년간 3.7정보를 경작하고 이모작까지 하여 벼 56석, 보리 13석과 소牛의 임대수입 30원 총 1,223원의 수입을 얻었다. 강모씨는 무려 총수입의 1배가 넘는 1,285원 87전을공제 당한다. 여기에는 소작료 60%, 종자 및 비료대 10-30%, 경우 연부상환금, 자본이자 등이 포함되어 있다. 그리고 가계대출 278원 등의 지출을 하고 나면 351원 77원이 적자이다. 가족 8인의 식량확보를 위해 지주로부터 식량 벼 7석을 차용하거나 보리 9석을 구입하지 않을 수 없었다.

1930년 조사에 의하면 소작농 총호수 224만 7천호(자소작 포함)의 75%가 부채농가였으며, 호당 평균부채는 65원이었다.[51] 결국 소작농 부채를 갖으면서도 매년 수입이 부족하기 때문에 변제가 불가능할 뿐 아니라 오히려 점점 가산되기만 할 뿐이다.

이상과 같은 상황에 대해 소작농가는 소작료를 감면하고, 기타 구입품을 절약하여 지출을 감소시키거나 또는 부업 내지 농업이외의 겸업에 종사하여 농가수입을 증대시킬 수밖에 없었다. 어떠한 방법

<표 2-14> 소작농가의 호당 연간수지 상황(1937년)

전라북도 부안군 백산면 금판리 강모씨 (고부수리조합 내 동척(東拓) 소작농가)

농가개황: 가족 8인(남 5인, 여 3인, 남자 가운데 머슴 1인 포함)

토지: 답 3.7정보(10년간 경작, 2모작으로서 0.7정보의 보리 재배)

농구: 가래 1, 수차 1, 탈곡기 2(회전 1, 센바 1), 도급기 2, 삽 2, 괭이 4, 낫 5, 호미 4, 호크 1, 지게 4 경우(耕牛) 1두(사료구입 없음)

부채: 비료대 386원 62전(농장으로부터 1할이자 364원 42전, 개인으로부터 연 3할 22원 20전), 차 입금 210원(농장으로부터 130원 이자 30원), 금융조합으로부터 80원 이자 12원), 식량 벼 7석

구 분	금 액	내 역
영농수입	원 전	벼 85석(1석당 13원 50전, 매각 30석), 보리 13석(1석당 3원 50전, 매각 4석)
겸업수입	1,193.00	없음
기타	30.00	소임대 30원
수입 계	1,223.00	
영농지출	1,285.87	소작료 675원(벼 50석, 1석당 13원 50전), 종자대 14원 50전(단보당 5근반, 1근당 7전), 비료대 386원 62전, 고용노임 120원(임시노임 70원, 머슴 作男 50원), 소구입상환금 45원, 자본이자 42원, 농구갱신비 3원
조세공과	9.20	학교비 1원 50전, 집세 4원, 가옥세 60전, 농회비 30전, 가축세 80전, 국방비 2원
가계지출	278.00	식량벼 148원 50전(11석, 1석당 13원 50전), 시량보리 31원 50전(9석, 1석당 3원 50전), 의료비 20원, 고무신 4원 50전, 석유난로 8원 50전, 음식비 10원, 기회비 10원, 제례비 20원, 교육비 15원, 잡비 10원
기타	1.70	금융조합저축 1원 70전
지출 계	1,574.77	
손익	△351.77	

자료: 주봉규 · 소순열, 앞의 책, 274쪽.

을 택하던지 농가수지의 개선을 꾀할 수밖에 없는 것이다. 그러나 지주측의 힘이 강대하고 또한 겸업기회가 적었던 당시 소작료 지출을 전제로 어떤 수단을 강구한다 해도 자립적 소작농의 형성은 곤란하였다. 즉 그 당시 소작료의 중압을 경감시키고 '과도노동과 과소소비'를 기축으로 하여 농가수지를 개선하는 것이 당시 소작농으로서는 최대의 경영 과제가 될 수 밖에 없었다.

4. 일본인 지주와 조선인 소작농

이상과 같이 일본인 지주경영사례와 조선인 소작농의 존재형태에 대해 네 가지 과제를 검토하였다. 이를 요약하면, 첫째, 일본인이 식민지 조선의 지주가 된 것은 싼 지가, 높은 소작료와 이에 연동된 높은 수익성의 존재라는 유리한 투자조건이 주어진 배경이었다. 이 배경 하에 구마모토는 결혼과 일본인 자산가의 지원, 미조데가溝手家와 니시핫도리가西服部家는 소작쟁의의 대한 대응, 이시가와현 농업주식회사石川縣農業株式會社와 조선흥업주식회사朝鮮興業株式會社는 일본 현縣의 지원을 계기로 식민지 조선으로 진출하고 토지를 집적하게 되었다(식민지 진출과 토지집적) 둘째, 식민지 조선에서 일본인지주의 유가증권 등 농외투자는 극히 제한적이었다. 전시체제기이기는 하지만 구마모토농장의 경우 주 수입원은 의연하게도 소작료 수입이며, 니시핫도리가 조영토지주식회사西服部家 朝永土地株式會社의 경우 또한 1930년 전후 주 수입원이 대금업수입에서 소작료수입으로 바뀌어 졌으며 토지경영의 배당율은 증가하였다. 미조데가, 이시가와현

농업주식회사와 조선흥업주식회사의 경우에서도 소작료 수입이 다른 부문보다 시종 압도적 부분을 차지하고 있다. 일본인 지주는 소작료를 수취·판매하여 축적한 화폐를 식민지조선의 공업화에 그다지 투자하지 못했다. 이는 바로 자본주의의 미전개에 대응한 자본시장의 협애성 때문이다. 역으로 말하면 식민지 조선에서는 자본주의가 지주제 자체를 붕괴할 만할 정도로 성숙되지 못하여 기업에 대한 농외투자보다는 농업에 여전히 상당한 토지수익을 유지할 수 있는 조건이 존재하였다(수지구조와 농외투자). 이 점은 지주수익의 기축이 농외로 이동하고 토지경영의 축소가 행해졌던 같은 시대의 일본의 지주제 특히 킨키형近畿型와 다른 모습인 것이었다.

셋째, 일본인 지주는 일본 내 지주경영이 위기를 맞는 단계에서 식민지 조선에 진출하여 식민지적 경영에 의해 그 위기를 벗어나게 하는 주요한 기능을 하였다(일본인지주경영에서의 조선경영). 일본인 지주는 소작쟁의의 증가, 소작료수입의 저하라는 지주적 토지소유의 모순이 현재화 되어가는 단계에서 식민지 조선에 진출하여 조선경영에 의해 얻은 수익은 니시핫도리가는 전체수입의 20-40%, 미조데가는 15-20%로 지주경영의 위기를 벗어나게 하는 주요한 부문으로 기능하였다. 일본인 지주는 일본 지주제의 후퇴기에 일본에서의 지주적 토지소유의 실지失地를 회복하기 위하여 토지소유의 기축을 조선으로 이전했다고 하기 보다는 일본에서의 지주경영의 악화를 완화하기 위해 식민지 조선으로 진출하였다.

넷째, 조선인 소작농은 「소작계약증서」, 「소작규약」 등을 통해 생산, 자본, 신분에 철저한 지배를 받았다(소작농의 존재형태). 소작농가는 경영에서 부채를 갖고 있으면서 매년 수입이 부족한 상황에서 소작료를 감면하고, 기타 구입품을 절약하여 지출을 감소시키거나 또는 부업 내지 농업이외의 겸업에 종사하여 농가수입을 증대시킬 수밖에 없었다. 그러나 겸업기회가 적었던 당시 상황에서 소작농민은 '과도노동과 과소소비'를 기축으로 하여 농가수지를 개선할 수밖에 없었다. 지주에게 지출해야할 높은 소작료 지출을 전제로 하는 한 자립적 성장이나 경영규모의 확대는 곤란하였다.

---

1 허수열의 연구성과(『개발 없는 개발』, 은행나무, 2005)에 의하면 조선의 논 1/5이 일본인 소유였으며 주로 답작지대 특히 비옥도가 높은 평야에 집중되어 있었다. 토지의 비옥도를 감안한다면 일본인 소유의 논 비중은 1931년 44%(조선은행의 추계), 1941년에는 54%(경성상공회의소의 추계)였다고 한다. 그리고 일본인 소유 논의 9할은 조선인 소작농이 경작하는데 1910년과 1941년간에 미곡생산은 농업개발의 결과 52.3% 증가했는데 그 가운데 8.7%는 조선인, 43.6%는 일본인에게 배분되었다고 한다.

2 이에 대해서 아사다쿄지(淺田喬二, 1990)는 지주제 확대론을 주장하고 있다. 구체적인 내용은 1장 주 11참조.

3 지주제와 자본주의의 전개에 대해서 노동시장과의 관련성을 검토하는 것도 중요하다. 현재 이 시기의 노동시장과 관련한 대표적인 견해는 1930년대 막대한 농촌인구가 국내외로 유출되어 식민지경제의 재편성이 일어나고 있었다고 보고 있다. 광공업을 중심으로 한 자본주의적 생산의 발달로 새로운 노동력 수요가 발생하여 농촌인구가 대규모로 유출되었다는 것이다(堀和生 1986). 그리고 인구유출이 남부에서 북부로의 이동보다는 인접도나 도내이동이 지배적이며, 2차 산업만이 아니라 3차 산업이 동시에 성장하면서 급격하게 진행되었다고 한다(박기주 2000).

4 淺田喬二(1989),「後退期日本地主制の存在形態」,『土地制度史學』, 제34호, 2쪽.

5 여기에서 검토대상은 이미 발표된 다음과 같은 경영사례연구이다. 구마모토농장(熊本農場)는 소순열, 1992. 1,「戰時體制期植民地朝鮮における日本人地主の存在形態 - 구마모토농장(熊本農場)の事例分析-」,『農業史硏究』, 第25號이다. 이와 비교할 사례는 溝手家 (森元辰昭 1979), 朝鮮興業株式會社 (윤수

종 1988), 石川縣農業株式會社 (淺田喬二 1989), 西服部家(森元辰昭·田中愼一 1985), 細川家(千田稔 1987), 富民協會 (소순열 2003)이다. 구마모토농장자료는『근대지역농업사연구』(주봉규 · 소순열, 1996, 서울대학교 출판부)에 수록되어 있다.

6 大阪每日新聞, 1934. 11. 23.

7 石井千明(1973. 2),「桝富安左衛門·テルコ夫婦の信仰と事業のあと」.『三田評論』, 4쪽.

8 科學技術廳計劃局(1967),『朝鮮の米作技術發展史』, 低開發國科學技術事情調査資料, No. 2, 96쪽.

9 田中愼一(1985),「服部家の朝進出」, 大石嘉一郎編『近代日本における地主經營の展開-岡山縣牛窓町西服部家の硏究-』, 御茶の水書房, 558쪽.

10 山崎隆三(1971),「地主制後退期における一小地主の植民地への轉化」,『經濟學雜誌』, 64-2, 3, 63쪽.

11 대판매일신문사(大阪每日新聞社) 제5대 사장인 모토야마 히코이치(本山彦一)는 구마모토 리헤이(熊本利平)를 대리인으로 하여 농지를 구입하였다. 구입한 전북 정읍군 소재 전답 265정보를 기본재산으로 하여 재단법인 부민협회를 설립하였다. 부민협회는 현재에도 마이니치신문사 내에 있는 재단법인으로서 널리 알려진 출판사이다. 출판물은 농업잡지로서 월간 '농업부민', '농업과경제', 계간 '농림업문제연구' 등, 단행본으로는 경제, 농업, 농정에 관한 전문서 및 생활, 환경에 관한 실용서로 약 120점에 달한다. 이에 대한 것은 다음 3장 참조바람.

12 長澤利治(1977. 2),「日本舊植民地朝鮮における熊本利平 · 熊本農場及び熊本利平による教育文化事業について」,『壱岐』, 第13號, 2쪽.

13 당시 일본 현(県)단위에서 보호·장려하는 기관으로 위의 두 기관 이외에 시마네현(島根縣)의 '산인도산업주식회사(山陰道産業株式會社)', 오이타현(大分縣)의 '한국흥농주식회사(韓國興農株式會社), 가가와현(香川縣)의 '한국권농주식회사(韓國勸農株式會社)', 나가노현(長野縣)의 '한농조합(韓農組合)', 후쿠오카현(福岡縣)의 '후쿠오카현농사조합(福岡縣農事組合)', 와가야마현(和歌山縣)의 '조선흥업주식회사(朝鮮興業株式會社)'가 있었다. 고치현(高知縣) · 시가현(滋賀縣) 같은 현에서는 기관을 만들지는 않았지만, 현비로 각각 조사원 12명, 독농가 4명을 조선에 파견하여 농사상황을 조사하기도 하였다. (農商務省農務局, 1910,『韓國農業槪說』, 109-135쪽).

14 매수면적은 1907년 5월말 '구마모토 개인소유지가 논 1,657두락, 밭 237두락 50외에 본방(일본-인용자) 자본가 마쓰나가(松永) 및 마스도미(桝富) 기타 다수의 대리분으로서 논밭을 합쳐 1만 7천여 두락'(群山新報社, 1907,『富之群

山』, 147쪽)이었다. 토지면적을 논 1두락=200평, 밭 1두락=150평으로 환산해 보면 매수면적은 구마모토 개인소유가 122정보, 대리분이 1,011정보, 합계가 약 1,133정보이었다.

15 구마모토는 '마스도미집(桝富家)를 향해 발을 뻗고 잠잘 수가 없다' 표현에서 보는 바와 같이 마스도미와의 관계를 잘 알 수 있다. (石井千明, 1973.2, 「桝富安左衛門・テルコ夫婦の信仰と事業のあと」, 『三田評論』, 3쪽).

16 田中愼一, 앞 논문, 528쪽.

17 구마모토가 1910년 갑자기 2,300여 정보를 소유하게 되는 상황에 대해서는 "1903년경 재계 불황시대를 맞이하여 종래 자본가는 대개 금융경색(金融硬塞)의 고통을 받았고, 또한 최초 기대하였던 정도의 이윤이 나오지 않았던 데서 일단 매수한 토지를 방매하려는 뜻을 가졌기에 당초 매입을 권장했던 책임상 토지 전부를 인수하여 깨끗이 관계를 끊었다"고 한다(宇津木初三郎, 1928, 『全羅北道發展史』, 441쪽).

18 『大倉米吉ヨリ熊本利平ガ買入土地面積代金說明書』(불명)에 의함.

19 田中愼一, 앞 논문, 583-589쪽.

20 대본가제도(大本家制度)는 1884년 대장간(鍛冶屋) 헤이고로 노부노리(平五郎信則)의 10세손 헤이고로 노부야스(平五郎信恭)가 만든 독특한 경영관리 조직이었다. 니시핫도리가와 재산을 영원히 존속・발전시키기 위하여 중추기관으로서 영습재산(永襲財産)을 보유하는 대본가(大本家)를 설치하였다. 그리고 그 주변에 가업과 재산의 일부를 분여하여 본가와 분가를 설치하여, 각 가(家)의 가격(家格)을 정하고 엄격한 규율로써 니시핫도리가(西服部家) 대본가를 중핵으로 하는 하나의 통일체로 운영하는 제도이었다(大石嘉一郎편, 앞의 책, 42-44쪽). 이 제도의 창설은 니시핫도리가(西服部家) 발전의 초석이 되었다.

21 大石嘉一郎편, 앞 책, 182-184쪽.

22 국가총동원법에 의거 1939년 12월에 '소작료통제령', '조선미곡배급조정령'을 시행하였다. 이에 의해 소작료는 특별한 사유가 있는 경우에 한하여 지주가 도지사에게 소작료의 인상을 신청하여 그 허가를 받아 인상을 할 수 있게 되었고 미가도 최고판매가격을 결정하여 배급제가 실시되었다.

23 당시 농림관계회사(16개 회사)의 이익율은 1941년, 42년 모두 10.6%, 배당율은 5.8푼 배당이었다.(朝鮮殖產銀行調査部, 1942, 1943, 『朝鮮事業成績』).

24 윤수종(1988.12), 「일제하 일본인 지주회사의 농업경영 분석」, 한국사회사연구회, 제12집, 38쪽.

25 淺田喬二(1989), 「財閥地主の存在形態 -朝鮮興業株式會社の事例分析-」, 『增補

日本帝國主義と日植民地地主制』, 龍溪書舍, 349쪽.

26 니시핫도리가(西服部家)는 식민지 조선의 토지를 법인조직인 '조영합자회사(朝永合資會社)'로 설립할 생각이었으나 조선에서는 소득세가 부과되지 않아 이점이 있고, 사적인 비밀성이 보장되어 본국 조선부가 1917년 12월에서 1922년 5월까지 직접경영을 하였다. 1922년 5월 자본금 35만엔으로 니시핫도리가는 '조영토지주식회사(朝永土地株式會社)'를 설립하고 본점을 조치원에 두어 토지를 경영하였다. 이 해 조영토지주식회사의 토지소유규모는 답 175정보, 전 94정보, 대지 5.7정보, 산림 11.9정보였다.

27 니시핫도리가의 이익처분은 당기 이익금의 100분의 10이상을 적립금, 100분의 5이상을 준비적립금, 상여금은 100분의 5이내, 주주배당금은 100분의 80이내를 표준하여 주주총회에서 결정하도록 되어있다.

28 大石嘉一郎編(1985), 『近代日本における地主經營の展開-岡山縣牛窓町西服部家の硏究-』, 御茶の水　書房, 628-629쪽.

29 구마모토 지소부(熊本家地所部)는 구마모토현(熊本縣)에 있는 호소가와가의 약 1,300정보 규모의 소작농장이다. 1920년 무렵 호소가와가는 1인의 가령(家令) 밑에 동경가정소(東京家政所), 그 밑에 조선농장(전북조선농장, 조선농장 전남지부), 구마모토 가정소지소(熊本家政所支所)(支所部, 龍田林業, 犬山林業, 一勝地林業), ,東京家政所殖產係(各邸, 北海道農場, 阿蘇事業, 園藝), 그리고 肥後料銀行·肥後製蠟을 두고 관리를 하였다.(千田稔, 앞의논문, 49-50쪽)

30 千田稔(1987.7), 「華族資本としての侯爵, 細川家の成立·展開」, 『土地制度史學』, 第116號, 59쪽.

31 허수열(2003), 「일제하 조선의 각종 수익율」, 『경제사학』, 제34호.

32 淺田喬二,(1990.2),「1930年代植民地(朝鮮)地主制の存在形態-全羅北道地主制の事例分析」, 『經濟學論集』 21-3, 駒澤大學, 28쪽.

33 「소작규약」은 「소작계약증서」보다 소작계약의 각 조항을 규제한 것으로 보다 소작농에 대해 일방적인 강제조항이 많다.

34 朝鮮總督府(1932), 朝鮮ノ小作慣行(下卷), 251쪽.

35 朝鮮總督府, 앞의 책, 285쪽.

36 朝鮮總督府, 앞의 책, 318-319쪽.

37 朝鮮總督府, 앞의 책, 22쪽.

38 朝鮮總督府, 앞의 책, 55쪽.

39 久間健一(1943),『朝鮮農政の課題』, 成美堂書店, 314쪽 및 장시원, 앞의 논문, 129쪽.

40 장시원, 앞의 논문, 129쪽.

41 久間健一, 앞의 책, 317쪽.

42 朝鮮總督府, 앞의 책, 43-50쪽.

43 朝鮮總督府, 앞의 책, 91-92쪽.

44 조선 전체 소작관계 농가 가운데 67 3%는 구두계약을, 32.7%는 증서계약을 체결하였다(宮嶋博史, 「植民地下朝鮮人大地主の存在にする試論」, 飯沼二郎 · 姜在彦論『植民地朝鮮の社會と抵抗』, 未來 社. 178쪽).

45 久間健一, 앞의 책, 320-325쪽.

46 朝鮮總督府. 앞의 책, 625-626쪽.

47 1930년 전체 조선 소작농가 2,093,106호 가운데 일본인에 소속된 조선인 소작농가는 320,294호로서 15.3%이었다.(朝鮮總督府, 앞의 책, 115쪽).

48 朝鮮總督府農林局(1934),『朝鮮ニ於ける小作ニ關スル參考事項摘要』, 68쪽.

49 印貞植(1937),『朝鮮の農業機構分析』, 白揚社, 100쪽.

50 朝鮮總督府, 앞의 책, 38쪽.

51 朝鮮總督府, 앞의 책, 145-146쪽.

제3장

일제하 일본인 지주의 일 존재형태

1. 법인지주「부민협회」

일제하 지주제, 특히 개별 지주경영에 관한 연구는 근대경제사의 중요한 과제로 많은 연구자의 관심이 집중되어 왔다.「내재적 발전론」의 연구선 상에서 출발한 조선인 지주경영에 대한 연구는 조선인 지주층의 질적 전환을 중심테마로 하여 역사학 중에서도 풍부한 영역에 속한다. 그러나 식민지 지주제의 정점에 위치한 일본인지주의 개별 경영에 대해서는 비교적 연구가 많지 않다. 우리나라에서 일본인 지주의 개별경영에 대한 연구는 김용섭, 고승제, 배영순, 윤수종, 홍성찬, 하지연 등의 연구[1]를 들 수 있다. 이들 연구는 주로 관변자료나 사지社誌를 이용해 일본인 지주의 토지침탈, 경영구조와 이에 대한 소작농민의 대응을 다루고 있다.

이에 대하여 일본에서의 연구는 상대적으로 자료가 풍부한 상황하에서 보다 구체적으로 검토되어 왔다. 대표적인 연구로서는 아사타 교지淺田喬二, 야마자키 류조오山崎隆三, 모리모토 타츠아키森元辰昭, 타나카 신이치田中愼一, 센다 미노루千田稔 등이 있다.[2] 이들 대부분의 연구는 주로 일본인이 어떻게 조선에 진출하여 어떠한 지주적 경영을 전개하였는 가 그리고 본국의 경영구조 특히 재정구조면에서 조선농장경영이 어떠한 의의를 가지는 가라는 점에 초점이 맞추어져 왔다.

이들의 연구는 일본인 지주경영의 성격규정(기업가적인가, 반봉건적인가)논의를 제외하고 말한다면, 일본인지주는 일본 내 지주적 토지소유의 모순이 현재화되어 가는 단계에서, 식민지 조선에 진출하여 식민지적 경영에 의한 수익을 일본 내의 지주경영의 위기를 벗어나게 하는 주요한 부문으로 기능하였다고 볼 수 있다. 다만 지주경영의 관점에서 일본인 지주의 식민지적 성격을 어떻게 파악하는 가가 매우 중요한 문제가 된다. 단순히 일본인 지주는 민족적 억압을 통하여 토지소유의 경제적 실현형태인 소작료를 수취한다던가,[3] 소작인 지배의 식민지적 재편[4] 보다는 일본 내 경영과의 연관에서 규명하는 것이 식민지 조선경제와 일본제국주의의 구조적 관련을 파악하는데 매우 유의의하다고 생각된다.

이런 면에서 이 장에서 다루고자 하는 부민협회는 격호格好의 사례[5]이다. 왜냐하면 부민협회는 법인이라는 공익적인 면과 지주라는 사익적인 면을 동시에 갖고 있기 때문에 경영적인 측면에서 식민지적 성격을 극명하게 드러낼 수 있기 때문이다. 이 장은 주로 지주경영의 측면에서 부민협회(전북 정읍군 소재, 1936년 312정보)의 창립과 농장경영을 검토함으로서 일본인 지주의 식민지적 성격을 규명한다. 구체적으로는 부민협회의 창립과정 그리고 일본과 식민지 조선을 비교 검토하고, 조선농장경영이 브민협회에 어떠한 역할을 했는가에 대해서 파악하고자 한다.

분석자료는 「중요서류철」, 「영업보고서」, 「매일신문사사」, 「전기」,

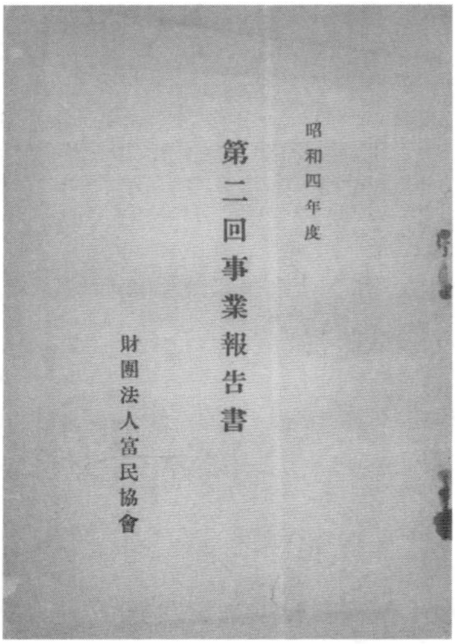
昭和四年度
第二回事業報告書
財團法人富民協會

〈사진 3-1〉 부민협회 영업보고서(1929년)

「소작증서」 등이다. 지주경영의 구조와 전개를 파악하는 데 자료의 제약이 있다. 그러나 이 글의 의도가 일본인 지주의 경영방침, 사업을 중시하여 지주경영상 식민지와 식민모국과의 구조적 연관을 분석하기 때문에 자료의 한계를 벗어날 수 있다고 생각한다. 이에 의하여 일제하 일본인 지주가 일본자본주의와 어떠한 구조적 연관을 갖고 있었는가를 해명하는 하나의 소재를 제공할 것으로 생각된다.

2. 모토야마 히코이치(本山彦一)와 「부민협회」의 설립

재단법인 부민협회는 오사카 마이니치大阪每日신문사[6] 제5대 사장, 故모토야마 히코이치本山彦一가 기부한 것을 기본재산으로 하여 1927년 10월 1일에 설립되었다. 재단의 기본재산은 기부금 20만원과 모토야마옹의 조선(전라북도 정읍군 소재)의 전답 265정보였다.[7] 모토야마는 당시 '연구하면서 실행하고 실행하면서 연구한다'[8]라는 강한 신념을 가지고 농업을 위한 사업을 행하기 위해 당시 20만엔의 기금과 조선소유지(시가 30만엔)를 기부하여 오사카 마이니치신문사(大阪每日新聞社)의 산하단체도 설립된 것이다. 부민협회의 설립 비용 20만엔은 모토야마가 공로표창으로 받은 공로금 50만엔 가운데 일부였다.

모토야마가 기부한 토지소재는 <표 3-1>과 같다. 기부 토지는 전북 도내 김제군, 정읍군, 부안군 3개 군에 있는 약 270정보이다. 이 가운데 답이 전보다 많고 정읍군과 김제군이 전체 토지의 94%정도를 차지하고 있다.

<표 3-1> 모토야마 히코이치(本山彦一)의 기부토지 소재(1927년 8월 30일)

(단위 : 정보)

	답	전	계
전라북도 부안군	15.5	1.3	16.8
전라북도 김제군	120.0	–	120.0
전라북도 정읍군	72.2	56.9	129.1
계	207.7	58.2	265.9

주: 「중요서류철」에서 작성.

그러면 모토야마란 사람은 어떤 인물일까. 먼저 『매일신문70년사』에서는 다음과 같이 기술하고 있다.

> "모토야마本山는 본사의 아주 위대한 공로자였다. 이와 동시에 일본에 있어서 신문사업을 근대기업화한 제1인자였다. 이 점은 신문인으로서 모토야마는 본사뿐만 아니라 본 신문계에서 영원히 기록될 업적을 남겼다."

"사회사업으로서는 자선단체(사회사업단)의 창설, 농사진흥사업으로서는 부민협회 및 농업박물관의 창설, 학술장려사업으로서는 일본해협 해류조사, 각지 기상측우소의 설치, 지진계의 기증, 기타 초창기 제국학사원의 학술연구조사기관 원조, 일본과 독일의 교환학생 및 라이프찌히 대학 모토야마 교실설치, 기타 외국과의 문화교류, 특히 고적 발굴 등 각 방면에 있어서 본사의 이름을 가지고 혹은 개인의 이름을 가지고 수많은 공적을 남겼다."[9]

여기에서 보면 모토야마는 다방면에서 활약한 다재다능한 인물로 평가된다. 첫째는 신문인으로서 역할이다. 그는 기존의 사장과 달리 「신상품주의」를 내세워 기존 신문계에 팽배되어 있는 판매우선주의를 비판하고 좋은 신문을 만들면 잘 팔릴 수 있다는 신념으로 신문을 제작해 갔다. 그 결과, 자신이 사장으로 있던 마이니치신문이 1924년에는 발행 부수 100만 부를 돌파하는 기록을 세웠다. 둘째는 농업인으로서 부민협회를 설립하고 농업박물관을 설립하려 했던 사실이었다. 세번째는 발굴가로서 하내국河內國 행정관서의 유적, 대표 행정관서의 화동

〈사진 3-2〉
모토야마 히코 이치(本山彦一) (『富民協會 50年の歩み』, 1977)

개和銅開진의 주형, 큐수 후쿠오카九州 福岡의 유전부근 고대토굴을 발굴했다고 한다. 이를 모토야마의 2대 발굴이라고 하기도 하였다. 마지막으로 사회사업가로서 많은 자선단체를 창설하고 지원을 했다고 한다.

그러면 모토야마가 어떻게 부민협회의 기본재산이 된 토지를 소유하게 되었을까. 모토야마는 한일 합방이전인 1904년경 토지 브로커인 구마모토 리헤이熊本利平에게 부탁하여 조선에 토지를 매수하도록 하였다.[10] 구마모토는 모토야마의 대리인으로 전북에 모토야마의 토지 285정보를 매수하였다.

〈표 3-2〉를 보면 구마모토에게 토지를 대신 사도록 하게 하는 사람들은 주로 회사 사장, 은행장 및 은행 지점장 등의 일본인 자산가

<표 3-2> 구마모토(熊本利平)를 대리인으로 한 50정보 이상의 토지매수자(1910년)

(단위 : 정보)

	답	전	계
本山彦一	190.3	94.7	285.0
藤田俊一	202.3		206.3
田中長三郎	164.0		164.0
松永安左衛門	144.3		144.3
佐分眞一郎	120.0		120.0
牛場卓藏	114.5		114.5
岩下淸周	103.5		103.5
林龍太郎	97.4		97.4
藤本淸兵	84.5		84.5
鈴木木舛次郎	55.2		55.2
계	1,276.0	94.7	1,370.7

주: 군산농사조합(1920), 『군산농사조합현황』에서 작성

였다. 당시 조선의 토지가격은 일본에 비해 지가가 1/20이나 1/30밖에 안되었고, 토지이율은 2배 내지 4배 높았기 때문에 이들은 막대한 이익을 얻기 위해 토지에 투자한 것이었다. 모토야마도 이런 토지의 유리성에 투자한 사람 가운데 한 사람이었다.

그러나 러일전쟁이후 불황이 계속 되어 구마모토를 대리인으로 하는 대부분의 사람은 토지를 방매하였다. 이러한 상황에서도 모토야마는 구마모토에게 토지관리를 부탁하여 대신 토지경영을 맡겨[11] 계속해서 조선에 토지를 소유하고 있었던 것이다.

그러면 왜 갑자기 이 토지를 기부하여 부민협회를 설립하였을까. 이는 다음과 같은 모토야마의 농업관에서 나온 것으로 생각된다.

> "나와 건국의 근본인 농업의 성패가 국가의 융성에 큰 영향을 미친다고 생각한다."[12]

> "나의 사상은 농업에서 상공입국으로 이행하여 다시 농업입국으로 되돌아 온 것이다."[13]

> "농업은 일본의 척추背骨이다. 농촌, 농가가 경제적으로나 정신적으로 풍요롭게 되지 않으면 일본은 발전할 수 없다."[14]

이상을 보면 모토야마는 농업이야말로 국가의 근본이라는 생각을 갖고 있었으며 이 농업관은 효고현兵庫縣의 권업과장(당시 27세)을 할 때부터 형성되었다고 생각된다. 이러한 확고한 농업관이 공로 표창금을 받을 때 이를 현실화시키는 방안의 하나로서 재단법인 부민협회를 설립시킨 것이다. 재단법인의 최초 명칭은 「모토야마本山장학회」, 「모토야마농사개량연구회」를 생각하였으나 모토야마의 뜻에 따라 부민협회로 명명되었다. 부민이라는 의미는 부국강병에 기초한 부민강신富民强身에서 따온 것이다.

3. 「부민협회」의 설립목적과 사업

부민협회는 '심오한 학문의 이치를 연구하는 것이 아니고 주로 실제 시설응용을 시험하고 직접 농가의 이익을 주고, 대중에게 일반적이고 간단한 과학적 지식을 심어주고, 광범위하게 보급시키기 위하여[15] 농사개량, 부업장려의 조사연구 및 실시[16]를 목적으로 하고 있다. 그리고 사업으로서 ① 식량작물 특히 미맥의 재배시험 ② 우량품종재배와 종묘배포, ③ 미米 대용식품의 연구 ④ 신선 우량한 채소과일 공급방법 개선 지도 ⑤ 종란種卵 배포 및 양계조합 장려 ⑥ 죽림 재배 및 죽제수공업 장려 ⑦ 각종 부업의 연구 및 지도 ⑧ 농구개량 및 공동사용 장려 ⑨ 식량에 관한 강연, 강습, 전람회 등의 개최 ⑩ 농업경영법 개선 연구 ⑪ 도서잡지의 간행 인쇄물의 배포 ⑫ 기타 이사회가 본회의 목적에 적당하다고 인정한 사항이다.

이를 보면 부민협회는 설립 당시부터 농사를 연구하고, 지도하는 공익적 측면(연구·지도측면)을 가지고 있었다. 그러나 이와 동시에 사업재원으로서 소작인을 직접 관리하여 소작료를 수취하는 사적 측면(지주적 측면)을 가지고 있었다. 다음 <표 3-3>의 부민협회 시설 내역을 보면 이러한 두 가지 측면을 갖고 있다. 1937년 부민협회의

<표 3-3> 부민협회의 시설내역(1932년)

시설명	시설내역
재단법인 부민협회 사무소	· 오오사카부(大阪府) 센보쿠군(泉北郡) 타카이시마치(高石町) 하고로모(羽衣) 570번지
조선출장소	· 1928년 4월 1일 전라북도 정읍군 용북면 신태인리에 개설
산림사무소	· 1931년 5월 조선 강원도 준양군 상북면 상전난리에 개설
황북(泉北)시험장	· 1927년 12월 13일 오사카부(大阪府) 센보쿠군(泉北郡) 타가이시 마치(高石町) 남(南) 264번지에 개설 · 총면적 1,765정보, 건물 · 도로 등을 빼면 1,651정보의 경지
삼도(三島)시험지	· 1931년 3월 오사카부(大阪府) 미시마군(三島郡) 타카노리 마치(規町) 아쿠타가와(芥川)에 개설 · 시험지는 4단보
죽림(竹林)지도지	· 1938년 3월 효코현(兵庫縣) 아리마군(有馬郡) 혼압촌(本壓 村) 수마전(須磨田)에 죽포(竹圃)설치. · 가죽 뿌리 천본의 0.4단보를 식재를 완료하고 규모를 확장하여 1930년 9월 2일에는 총면적 2.03여 정보. 이 밖에 1929년 12월 오사카부(大阪府) 죽림지도지를 설립
농업박물관	· 1931년 12월 대만 신죽남군(新竹南郡) 번지남사리(蕃地南獅里)에 면적의 죽림을 총독으로부터 예약 매도를 받아 대만 죽림 개발사업을 위한 경영착수 · 오사카 부(大阪府) 하마데라공원(濱寺公園)내 관유지 616평을 빌려 1932년 1월 5일 기공, 7월 10일 준공, 8월 10일 준공식을 함. · 건축자금 16만 2천원(3만원은 모토야마기부, 기타 기부자는 53명)

자료: 故本山社長傳記編纂委員會 (1937), 446쪽.

시설은 ① 부민협회사업소 ② 조선출장소 ③ 산림사무소 ④ 센보쿠군泉北시험농장 ⑤ 미지마三島시험지 ⑥ 죽림지도지 ⑦ 농업박물관이다.

〈사진 3-3〉 오사카부 하마데라공원에 세워진 농업박물관 (『財団法人富民協会十年史』, 1937)

이 가운데 정읍군에 사무소를 두고 있는 조선출장소, 강원도 준양군 소재의 산림 사무소, 대만의 죽림지도지는 소작료 수취자, 개발 주체로서 지주적 측면을 나타낸 것이다.

이러한 사실은 부민협회 사무소의 사업과 조선출장소[17]의 사업을 비교해 보면 극명하게 드러난다. 먼저 〈표 3-4〉에 의하여 부민협회 사업을 보면, ① 미곡 다수확 장려, ② 다산계 우량종묘의 배포, ③ 미맥 다수확장려, ④ 다산계多産鷄장려, ⑤ 정농精農표창, ⑥ 부민상 표창, ⑦ 농사개량, 부업장려사업조성, ⑧ 강습회, 전람회 등의 개최, ⑨ 도서잡지의 간행, 인쇄물의 배포이다. 이는 일본농민을 대상으로 농사시험연구 및 보급이라는 법인의 본래적인 공적 역할에 충실하고 있다. 이 가운데 부민협회가 가장 힘을 쏟아 부은 사업은 다음 두 가지이다. 그 하나는 미곡다수확의 장려이다. 1928년 제1회를 시작으

< 표 3-4> 부민협회의 사업개요(1932년)

사업명	사업개요
미곡다수확장려	· 1927년 설립 부민협회의 제1차 사업으로서 착수 · 1928년 제 1회 성적발표 · 포상 수여식을 거행하고 1932년 5회부터 전국 각 부현을 일주함
다산계(多産鷄) 포상	· 1931년 1월 20일 포상규정을 발표하여 1932년 1월 19일 「동일」(東日)사 옥위에 포상수여식을 거행
정농(精農) 표창	· 1929년 7명, 1930년 10명, 1931년 9명, 1932년 11명
우량농사조합 표창	· 1930년부터 시작하여 1932년까지 표창은 10개조합
부민상 표창	· 1931년 3월 표창규정을 제정하고 1931년 5명, 1932년 5명 수여
농사개량, 부업장려 사업조성	· 1931년 조성규정을 만들어 품평회, 경기회(競技會), 경작회 등을 열어 상품을 증정한 것이 1932년 말까지 16명에 달함
전람회 개최	· 전국 농민예술품 전람회(1929년 6월 제 1회 개최) · 전국 농학교 학생생도 작품전람회 (1932년 10월 1일부터 5일간 농업박물관 옥상에서 개최) · 가을 과실 전람회 (1932년 12월 10일부터 7일간 농업박물관 옥상에서 개최) · 자력갱생전람회 (1932년 12월 10일부터 7일간 농업박물관 옥상에서 개최)
강습회 개설	· 농업하계대학(1929년 개설) · 농업개선연구회 (재단법인 安田修德會로부터 일부자금을 기증 받아 1930년 이후 매년 8월에 1주간 개최) · 장기농업강습회 (1929년부터 부민 협회사무소에서 개최, 강습기간은 3개월(단 야간), 1932년 말까지 수료생 88명
우량종묘배급	· 1929년 9월 1일부터 부민협회의 농예(農藝)위원회에서 적당하고 인정된 우량종묘 및 협회시험 농장산 종묘 배급 개시
농업도서간행	· 부민총서는 1928년 4월 제1집 「미작다수의 진수」발행부터 1932년 4월 「최신 비료지식」을 발행할 때까지 제32집에 달함 · 기타 농업하계대학 강연집 3, 책, 농가일기, 일본농업연감을 발행 · 월간잡지로서는 1929년 10월 이후 부민협회회보, 1932년 3월부터 농촌 부민을 발행

자료: 故本山社長傳記編纂委員會(1937), 446-448쪽.

로 6년 동안 실시하였다. 이 목적은 다수확 장려를 위해 미 반당 수량을 증진하여 농가수입을 증대시키고 더 나아가 일본의 식량문제 해결을 도모하고자 한 것이었다.

종래 증수품평회가 과학적이지 못했기 때문에 이 품평회에서는 최고권위에 있는 대학교수를 심사위원장[18]으로 위촉하여 과학적으로 완전한 심사방법과 이의 실지 지도에 의한 심사를 하였다. 심사방법은 농민들로 하여금 10a당 최고 10석(1,500kg)의 목표를 제시하고, 사전에 경작방법을 제출토록 하였다. 그리고 심사위원들이 이를 심사하여 10a당 5석(700kg)이상의 수량이 예상되는 것만을 경작후보자로 인정하고 5석 이상 수확을 한 농민에서 상금을 수여하였다.[19] 제2회의 경우 시마네현島根縣에는 10a당 8석4두(1,260kg)를 수확하여, 세계 신기록를 세웠다고 한다. 이와 더불어 경작競作에 불합격한 농민을 동정하여 매일신문의 불매동맹을 계획한 자가 나오지 않게 하는 등 미곡농가의 분발을 촉진하기도 하였다.[20]

다른 하나는 농업박물관의 설립이다. 부민협회는 농촌대중에게 농업교육보급이라는 목적으로 1932년 8월 오사카부大阪府 하마데라浜寺 공원내 관유지에 농업박물관을 개관하였다. 농업박물관은 부지 616평, 건평 375평 철근 콘크리드 3층 건물로 전관이 진열실로 귀빈실, 회의실, 강의실, 강당, 서고 모토야마 고고실 등이 있었다. 1944년 현재 진열점수는 6,201점, 개관이래 12년 간 관람객은 41만명 정도였다.[21]

이에 대하여 조선출장소의 사업내역을 〈표 3-5〉에서 보면, 소작료 수취를 위한 농사개량으로 일관되고 있다. 즉, ① 종자갱신과 개량종자의 보급 활동 ② 정조식正條植 및 회전제초기의 사용 장려

〈**사진 3-4**〉 **위,** 부민협회의 비료, 품종 경종시험답 (『財団法人富民協会十年史』, 1937)

〈**사진 3-5**〉 **아래,** 퇴비품평회 (『財団法人富民協会十年史』, 1937)

③ 묘대개량과 흩뿌림薄播장려, ④ 금비사용법지도 ⑤ 자급비료 장려와 퇴비녹비 ⑥ 전작개량지도 ⑦ 경우耕牛의 대부 ⑧ 개량 돈의 대부 보급 ⑨ 부인의 근로 장려 ⑩ 소작인별 경제실상조사 ⑪ 원종포 및 시험답 설치가 조선농민들을 대상으로 한 사업이었다. 이 사업내용을 보면 조선농민을 대상으로 한 사업목적은 소작료의 상품화 조건을 충족하기 위한 지주의 사적인 농사지도 및 장려사항이었다.

<표 3-5> 부민협회 조선농장사무소의 사업개요(1937년)

사업명	사업개요
종자갱신 · 개량 종자의 보급장려	· 우량품종재배목적으로서 농장직영 원종포, 군 위탁채종포, 농장위탁채종포를 설치하여 해당 채종포에서 채종포로부터 은방주 8천근, 백은 4천 2백근, 서광 1천근 합계 1만 3천 2백근을 채종하여 갱신 및 보급에 도모
정조식 및 회전제초기사용장려	· 정조식 동서로 8촌, 남북으로 7촌, 평당 14주식 장려 · 이와 병행하여 회전제초기 장려하여 이에 의해 작업능률을 올려 반절을 점하는 노력비 절감에 노력 · 이들 개량농구는 공동구입으로 매년 그 수는 증가
묘대개량, 엷은 파종(薄播)장려	· 단책(短冊)묘대의 지도를 하고 다비에 의한 병충해 발생을 방지하기 위해 본답 1단보 당 묘대면적 14평, 1평 시비표준은 질소 13문, 인산 8문, 칼리 4문 · 파종량은 2합(合) 다종(多種)으로 하여 건묘의 육성을 지도
금비사용법의 지도	· 금비사용증가에 수반하여 병충해의 발생이 많기 때문에 비료성분을 계산하여 자급비료를 주 비료로 하고 각종비료를 합리적으로 사용하도록 권장 · 대부비료의 주된 것은 안인가(安燐加), 석탄질소, 배합비료 등에서 경제적으로 다수확을 목적으로 한 표준본답 단보 당 질소 2관 8백문, 인산 1관문, 칼리 5백문 사용토록 함.
퇴비 · 녹비 자급비료장려	· 자급비료의 증산을 장려하고 비료대를 절감시키기 위해 여름, 겨울 두기를 통해 퇴비표준량을 상답 150관, 중답 120관, 하답(한 해 수해가 가장 많은 답) 80관으로 하여 생산 · 녹비는 주로 테리아베치를 선정하여 농장사무소에서 종자대를 보존하여 적지에 재배토록 시킴.
전작 개량지도	· 맥작은 우량품종의 보급, 「대맥은 삼덕(三德), 나맥은 귀나(鬼裸)」 다비심경, 넓은 파종(廣播) 및 엷은 파종(薄播), 흙넣기(土入), 밟아누르기(踏壓), 적기예취 등 지도 · 대두작은 우량품종 장단종(長湍種), 논두렁 주간(畦半株間) 개량
경우(耕牛)대여	· 적기경운 및 심경을 위해 1935년부터 우량소작인에게 경우 대부 · 현재 대부두수는 15두, 저리로 3개년 분할 상환
개량돈의 대부보급	· 자급비료 증산과 더불어 지역을 증진시키기 위해 개량양돈조합으로부터 바아크셔 자돈 10두를 구입하여 배급하여 번식장려
부인의 근로장려	· 농가경제의 향상과 생활안정을 위해 7개 부인단(단원수 21명)을 조직하여 이앙에 부인노동에 의해 약 2만평(1일 한사람 평균 125평)을 이앙케 하고 기타 밭에 노동장려 · 부업수입증가를 위해 가마니 짜기 장려

사업명	사업개요
소작인별 경제실상조사	· 가족, 고용인, 경작지, 동산, 부동산, 수입, 지출, 부채 등 상세하게 조사하여 경제재생의 요정인 현금수입의 균형, 부채상환, 부족식량의 충실 등 철저히 행하도록 함
원종포 및 시험답의 설치	· 올해부터 신태인면 우녕리에 5반2묘의 원종포를 설치하여 서광 및 전북 2호를 재배하고, 개량품종의 우량 벼 품종(種籾) 2천 8백 근을 채종 · 신태인면 신태인리의 경지를 차입하여 포(圃) 위탁을 받아 품종시험, 비료, 다수확 시험

주: 「제10회 사업보고」(1937).

따라서 식민지 조선의 소작료 수입이야말로 부민협회의 운영을 좌우하는 중요한 사업원천이라고 할 수 있다. 이런 의미에서 부민협회는 공익적公益的 법인형태이지만 식민지 지주로서 사익적私益的 성격을 동시에 가지고 있다. 조선농민이 경작한 소작지에서 나온 수입은 일본농민에 대한 여러 가지 사업의 원천이었다.

4. 「부민협회」와 조선농장경영

먼저 조선농장이 부민협회에서 어떠한 위치를 차지하고 있는 가를 파악해 보자. 부민협회의 토지소유를 <표 3-6>에서 보면, 1928년 약 247정보에서 1932년 282정보, 1941년 무려 약 5,300정보로 증가하고 있다. 1932년의 증가는 토지매매에 의한 것이라고 보이며, 1941년 약 5,000정보의 증가는 강원도의 산림지를 무상양도를 받아 부민협회의 재산이 되었기 때문이다. 이의 산림지는 1930년 2월

<표 3-6> 부민협회의 토지소유(1927-44년)

(단위 : 정보, %)

연 도	답		전		산림		택지		합계	
	면적	비율	면적	비율	면적	비율	면적	비율	금액	비율
1928년 9월말	188.19 (0.10)	76.4	56.51	22.9	1.68 (1.68)	0.7	0.07 (0.07)	0.0	246.85 (1.85)	100.0
1929	195.12 (0.17)	78.8	50.85 (0.02)	20.5	1.68 (1.68)	0.7	0.07 (0.07)	0.0	247.72 (1.92)	100.0
1930	–	–	–	–	–	–	–	–	–	–
1931년 12월말	192.64 (0.17)	77.9	52.01 (0.02)	21.0	2.14 (2.14)	0.9	0.05 (0.07)	0.2	247.29 (2.40)	100.0
1932	225.80 (0.17)	80.3	52.83 (0.02)	18.8	2.14 (2.14)	0.8	0.05 (0.07)	0.2	281.27 (2.40)	100.0
1933	223.72 (0.17)	79.3	55.11 (0.02)	19.6	2.14 (2.14)	0.8	0.89 (0.07)	0.3	281.86 (2.40)	100.0
1934	223.71 (0.17)	79.4	55.03 (0.02)	19.5	2.14 (2.14)	0.8	0.96 (0.07)	0.3	281.84 (2.40)	100.0
1935	223.71 (0.17)	79.2	55.82 (0.02)	19.7	2.14 (2.14)	0.8	0.96 (0.06)	0.3	282.63 (2.3)	100.0
1936	–	–	–	–	–	–	–	–	–	–
1937	223.71 (0.17)	79.2	55.82 (0.02)	19.7	2.14 (2.14)	0.8	0.87 (0.06)	0.3	282.54 (2.30)	100.0
1938	223.96 (0.17)	79.2	55.82 (0.02)	19.7	2.14 (2.14)	0.8	0.97 (0.06)	0.3	282.29 (2.30)	100.0
1939	224.13	79.0	56.47	19.9	2.14 (2.14)	0.8	0.86 (0.06)	0.3	283.60 (2.20)	100.0
1940	212.63	79.0	56.50	20.7	2.14 (2.14)	0.8	1.34 (0.06)	0.3	272.61 (2.20)	100.0
1941	208.35	3.9	56.40	1.1	5,033.31 (2.14)	95.0	1.02 (0.06)	0.3	5,299.08 (2.26)	100.0
1942	208.35	3.7	56.40	1.0	5,350.34 (2.14)	95.3	1.02 (0.06)	0.5	5,616.11 (2.26)	100.0
1943	208.31	3.7	56.66	1.0	5,350.34 (2.14)	95.3	1.05 (0.12)	0.0	5,616.36 (2.26)	100.0
1944	208.31	3.7	56.66	1.0	5,350.34 (2.14)	95.3	1.05 (0.12)	0.0	5,616.36 (2.26)	100.0

주: 1) 「사업보고서」에서 작성. 1930년과 1936년 자료는 없음.
2) ( )내는 일본 내의 소유지임.

14일 조선총독으로부터 산림지(강원도 준양군 소재) 대부허가를 받고, 무상양도 받아서 부민협회의 재산으로 된 것이었다.

부민협회의 경지소유(산림지, 택지 제외) 추이를 <그림 3-1>에서 보면 재단법인의 성격이 그대로 나타내고 있다. 다른 일본인 농장과 비교하면 조선흥업주식회사朝鮮興業株式會社, 이시가와현 농업주식회사石川縣農業株式會社, 니시핫도리가西服部家, 미조데가溝手家와 달리 부민협회의 경지는 거의 일정한 추이하고 있어서 경영 안정성 위주의 재단 성격을 반영하고 있었다.

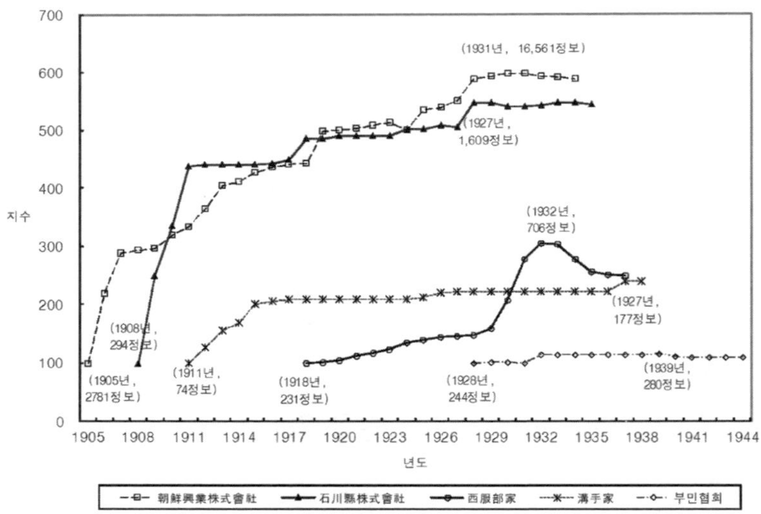

<그림 3-1> 식민지 조선내 일본인 지주의 토지소유

주: 1) 최초 연도는 토지소유면적 = 100이다.

2) ( )안은 각 농가의 최초 연도, 최대연도의 토지소유면적이다.

자료: 朝鮮興業株式會社 · 石川縣株式會社는 淺田橋二(1989), 『增補日本帝國主義 舊植民地地主制』, 龍溪書舍』, 152쪽, 318쪽. 西服部家는 大石嘉一郎編(1985), 『近代日本における主經營の展開』, 御茶の水書房, 549쪽, 584쪽. 그리고 溝手家는 森元長昭(1979), 「日本人地主の植民地(朝鮮)進出」, 『土地制度史學』, 제82호, 27쪽. 부민협회는 <표 3-6>과 같음.

다음은 재산상태를 보여주는 대차대조표에서 알아보자. 부민협회는 이미 언급한 바와 같이 20만원의 기금과 30만원에 해당하는 전답 265정보(정읍군 등 소재)를 기본재산으로 설립되었다. <표 3-7>에서 보면 기본 재산 70만원 가운데 조선농장의 토지는 약 반인 35만원을 차지하고 있다.

<표 3-7> 부민협회의 대차대조표(1935년)

자산		부채	
	엔		엔
기본재산	700,000.00	기본재산	700,000.00
내역			
토지	352,559.57		
건물	120,000.00		
유가증권	41,910.00		
신탁유가증권	92,618.15		
금전신탁	31,000.00		
예금	61,912.28		
기타 재산	86,125.45		
내역			
집기감정	11,667.00	적립금	80,000.00
공탁감정	1,544.83	직원퇴직위로금	3,935.00
대부금	863.42	이월금	2,190.00
가출금	12,138.11		
식림(植林)감정	26,684.73		
농장사업소감정	1,657.12		
대만죽림(臺灣竹林)감정	1,106.13		
산림사업소감정	373.63		
재고감정	3,608.75		
현금 및 예금	26,481.72		
합 계	786,125.45	합 계	786,125.45

자료: 『제8회 사업보고서』에서 작성

이는 일본 내 소유지가 주로 농장시험지나 사업소 부지로 3정보정도 밖에 되지 않는 다는 것을 생각할 때, 조선 내 토지 특히 경지는 부민협회의 기축이며 여기서 얻는 소작료는 사업의 원천이었다고 할 수 있다. 그러면 이 경지를 어떻게 관리하였는지를 관리기구와 소작증서를 통해서 보기로 한다. 부민협회 관리 규범이 되는「기부행위」에 의하면 역원役員으로서 이사 8명, 감사 2명, 평의원 25명 이내, 고문 약간 명을 두기로 되어 있으며(제9조), 이사 가운데 한 명을 호선하여 이사장으로 정하고 이사장이 이사, 감사, 평의원 및 고문을 위촉하기로 되어 있다(제10조). 평의원회, 농예위원회나 고문은 이사장의 자문, 의견개진을 할 정도에 불과하고 이사회 역시 심의하도록 하게만 되어 있다(제12조). 이 때문에 이사장이 전권을 가지고 있다고 해도 과언이 아니었다.

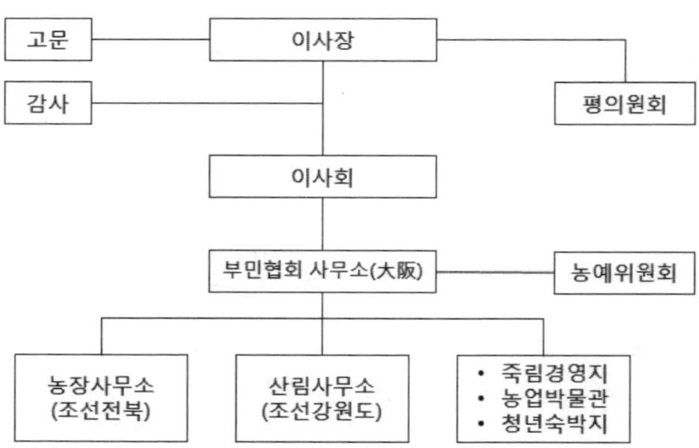

<그림 3-2> 부민협회의 관리기구(1930년대)

이러한 의결기구 하에 사업을 집행하는 직원들이 있다. 그 수는 1944년 53명(주사 5, 주사보 5, 서기 5, 기사 4, 기수 10명 등)이며 농장출장소(구 조선출장소)에는 주사 1명, 기사 1명, 기수 1명, 기수견습 1명이 근무하고 있었다. 이 네 사람이 기본재산인 소유전답의 관리경영 즉 소작료의 수납 처분, 농경자금 및 비료 대부, 소작인의 복지증진 등의 사무를 보고 있었다.[22]

1936년 부민협회의 조선농장에는 직원 3인, 사음 11인, 소작인 482인[23]을 고려하면, 조선 내 소작인 관리는 직원-사음-소작인이라는 기구를 통하여 중층적 서열적으로 이루어졌던 것으로 보인다. 그러면 이러한 관리기구를 통해 지주의 사적인 기능이 어떻게 실현되었는지를 소작계약을 통해 보기로 한다. 다음은 1928년 부민협회의 소작서약서이다.[24]

이를 보면 부민협회는 다른 일본인 지주와 마찬가지로 생산·분배·유통의 모든 측면에서 소작농에 대한 지주적 규제가 엄격하였다는 점을 확인해 준다.

첫째, 계약자체가 소작인 5인 이상의 공동명의로 지주와 계약한 연대소작증서라는 점이다(제1조). 소작권을 개인에게 주지 않고 이른바 '소작인 5인 조합'을 기본단위로 하여 농장관리를 하고 있었다.[25] 그리고 소작인 조합이 소작료를 납입하지 못하거나 농장으로부터 빌린 채무를 갚지 못하면 연대책임을 지도록 규정하고 있다(제2조). 뿐만 아니라 더 나아가 이중적 안전장치로서 소작인 단체와 계약사항을 공동으로 책임지게끔 소작인 10명의 연명으로 날인토록 하고 있다.

• 소작서약서 •

본 서약서 양면에 열거한 귀 농장의 소유지 경작을 승낙 받음에 따라 좌측에 기재된 귀 협회 소작인 규정의 각 조항을 엄수할 것을 서약한다.

제1조　당 농장의 소작권은 5인이상 소작인단체에 한해 허가하고 개인에 대해서는 절대 허가하지 않는다.

제2조　단체의 소작인은 당 농장에 대해 소작료의 납입, 기타 금품의 채무 등 총 연대책임을 부담한다.

제3조　소작 만료 기간은 1928년 11월 30일로 한다.

제4조　소작지는 함부로 타인에게 빌려주거나 토지의 원형을 변경하는 행위를 허용하지 않는다.

제5조　소작료의 수확물은 소작료 완납전에 타인에게 판매하거나 양도 또는 담보로 하는 것을 허용하지 않는다.

제6조　소작료는 정조로 하고 소작계약 시 마다 다시 금액을 정한다.

제7조　소작료는 풍흉에 관계없이 일정액을 완납하는 것으로 한다. 단 심한 흉작에 직면할 시에는 실상 조사하여 감액하기로 한다.

제8조　소작료는 반드시 소작지에서 생산한 것을 기한 내에 5말 짜리 가마니에 포장하여 당 협회에 납입한다. 단 5말에 미달된 경우 2말5되 이상은 가마니에 넣는다.

제9조　건조·정선한 보통 도정미는 1석의 중량을 최소한 17근으로 하고 이 근수에 미달되는 도정미는 소작료로 수납할 수 없다. 단 정당한 이유가 있는 것은 예외로 한다.

제10조　소작인은 경지의 3분의1이상에 자운영을 재배하여 녹비로 한다.

제11조　이 규정을 위반할 경우에는 언제든지 소작권을 해제하여 경지를 반환한다.

우측 서약조건을 입증하는 것으로 연대자 전원 서명·날인한다.

년　　월　　일

군　　면　　리

연대소작인

(연대소작인 10인 연명)

토지표시

소재			지번	지목	지적		수량(말)	소작료 한도	소작인명
군	면	리							
					천	평			

〈사진 3-6〉 부민협회의 소작인 총회 (『財団法人富民協会十年史』, 1937)

둘째, 소작지 관리를 주도면밀하게 하고 있다. 부민협회는 소작지의 대여, 원형 변경을 금지하고(제4조), 경지의 1/3이상을 자운영을 심도록 강제하고 있다(제10조). 이는 소작인들이 대여나 토지를 변경함에서 오는 사회적 갈등과 생산력의 저하를 막고 우량품종의 보급에 따른 지력소모를 최대한 회복시키기 위한 일본인지주의 의도를 반영하고 있다.

셋째, 소작료에 대한 제반규정이다. 소작료 만기 기간[26]을 11월 30일로 명기하고 (제3조), 소작료를 정조[27]로 하여 소작계약시 마다 다시 금액을 정하도록 하고 있다(제6조). 그리고 풍흉과 관계없이 소작료를 완납해야 하며(제7조), 완납하기 전에 논에서 거둔 벼는 마음대로 타인에게 판매하거나 양도 또는 담보를 설정하지 못하도록 하고 있다. 이 규정은 당시 조선농민들이 가난해서 입도선매立稻先賣, 가차압假差押이 성행하고 있는 상황을 고려한다면 부민협회가 소작료를 안정적으로 확보하기 위해 만든 것이라 할 수 있다. 더욱이 흉년이 들 때 지주가 실제로 조사를 하여 감면을 하도록 규정(제7조)하고 있어 마치 감면조치가 소작인들의 당연한 권리가 아니고 시혜물로서 지주가 베풀어주는 것으로 규정되어 있다.[28]

마지막으로 소작료의 품질·규격·포장을 구체적이고 엄격하게 규정하고 있다. 소작료를 5말짜리 가마니에 포장하여 내야하며 만일 5말에 미달된 경우 2말5되 이상은 가마니에 넣어 납부해야한다(제8조). 그리고 벼를 도정할 때 1석의 중량을 최소한 17근으로 하고 정선하여 내도록 하게 하고 있으며 이에 미달되는 도정미는 소작료로 수납할 수 없다고 일방적으로 규정하고 있다. 부민협회는 이렇게 구체적으로 규정해 놓음으로써 일본시장에 미곡을 상품화하고자 하였다.

이러한 소작계약조건 즉 기술을 향상시켜 양질의 소작료를 안정적으로 많이 확보하려는 것은 당시 일본인 지주에게 있어서 보편적인 일이다. 그러나 부민협회는 재단이라는 공익성과 지주라는 사적인 성격에서 오는 일단의 갈등을 보이고 있다.

"소작료의 증액에 대해 의견을 모았습니다. 협회는 영리를 목적으로 하지 않는 공익법인이라면 타 농장과 같이 최고의 소작료를 부과할 수 없습니다. 그러나 내년 소작계약 갱신기에 다소 증액을 해야한다는 의견이 있습니다. 대체로 10%정도의 증징을 할 수 있습니다. 이에 대해 개인의 의견을 말하자면 협회는 공익이라는 이유만으로 다른 농장에 비해 소작료를 싸게 할 이유는 없다고 생각합니다. 협회가 농장을 경영하는 것(시험농장은 제외)은 협회의 존립 목적은 아니고 기본재산보다 발생한 과실을 수취하기 위한 경영입니다. 이 때문에 협회의 목적과 혼동해서는 안 됩니다."[29]

부민협회는 조선농장에 대해서 공익법인이라는 존립의 목적이 아니고 기본재산(=소작지)에서 발생하는 과실(=소작료) 획득원으로서 인식하고 있다. 식민지 조선 농장경영은 공익적인 것이 아니고 협회사업을 위한 철저한 사적 이익을 수취하는 것으로 생각하고 있는 것이다. 결국 이를 위해 조선농장에서의 농사개량, 기술보급 및 장려를 위한 여러 사업을 전개해 나가며 이를 재원으로 하여 제국 농민들을 위해 '농사개량, 부업장려의 조사연구 및 실시'를 목적으로 한 사업을 해 나간 것이다.

이러한 조선농장에 대한 사적인 성격은 부민협회의 지출구조에서도 나타난다. 부민협회의 지출은 「기본금 이자 및 소유 부동산에서 발생하는 수입」[30]으로 충당하였다. <표 3-8>에서 보면, 조선농장 투자가 대부분인 농림사업비는 10%내외의 낮은 비중을 차지하고 있다. 이에 비해 사업운영이나 일본농민에 대한 지출이 20-40%를 차지하고 있다. 또한 부민협회는 출판사업, 박물관 사업과 같은 대형 프로젝트를 하기 시작한 초기 년도(각각 1931년, 1933년) 지출은 전체의 50% 가까운 비중을 차지하고 있다. 특히 출판사업은 1930년대 이후 박물관 설립연도를 제외하고 50%정도의 비중을 차지하고 있어 일본농민을 위한 사업이 부민협회의 중심을 이루고 있음을 알 수 있다.

패전 후, 일본의 공익적 사업의 원천이 되었던 조선농장의 사적인 기능은 패전과 더불어 상실하게 되었다. 이에 따라 부민협회는 시험연구와 지도라는 사업에서 계몽사업으로 전환할 수밖에 없었다.

<표 3-8> 지출구성의 추이(1927-45년)

(단위 : 엔, %)

연도	사업소비	사업비	예비비 상각비	농림사업비	출판사업비	박물관비	합계
1927.10.1–1928.9.30	19,038.75 (56.5)	13,159.66 (39.1)		787.46 (2.3)	697.66 (2.1)		33,683.53 (100.0)
1928.10.1–1929.9.30	19,715.95 (35.4)	15,483.92 (27.8)	130.85 (0.2)	13,928.81 (25.0)	6,426.53 (11.5)		55,686.06 (100.0)
1929.10.1–1930.12.31							
1931	23,139.47 (22.0)	18,562.82 (17.7)	1,356.00 (1.3)	13,478.81 (12.8)	48,454.25 (46.2)		104,991.35 (100.0)
1932	15,287.37 (13.5)	21,648.14 (19.1)	1,096.24	18,999.9 (16.7)	56,493.25 (49.8)		113,525.53 (100.0)
1933	15,817.88 (6.8)	18,684.69 (8.0)	13,801.1 (5.9)	21,820.21 (9.3)	51,493.88 (22.1)	111,924.63 (47.9)	233,566.22 (100.0)
1934	18,282.02 (12.0)	14,508.82 (9.5)	4,001.11 (2.7)	23,086.33 (15.1)	80,808.47 (53.0)	11,778.78 (7.7)	152,525.53 (100.0)
1935	22,087.98 (13.7)	18,442.51 (11.4)	3,434.73 (2.1)	22,290.93 (13.8)	82,648.24 (51.1)	12,775.62 (7.9)	161,680.01 (100.0)
1936							
1937	23,662.53 (12.8)	25,411.58 (13.7)		19,490.68 (10.5)	99,916.58 (54.0)	16,559.32 (9.0)	185,040.69 (100.0)
1938	25,759.30 (14.8)	21,275.47 (12.2)		24,291.59 (14.0)	88,392.24 (50.8)	14,272.10 (8.2)	173,990.7 (100.0)
1939	24,932.11 (12.6)	23,934.69 (12.1)	450.36 (1.2)	25,468.33 (13.0)	108,225.15 (54.8)	14,400.00 (7.3)	197,410.64 (100.0)
1940	28,207.10 (10.6)	91,030.77 (34.3)	490.00 (0.2)	21,950.65 (8.3)	107,562.35 (40.6)	16,441.69 (6.2)	265,681.96 (100.0)
1941	35,407.24 (15.5)	29,702.83 (13.0)	265.5 (0.1)	37,458.19 (16.4)	110,386.25 (48.4)	14,995.68 (6.6)	228,215.7 (100.0)
1942	40,451.64 (13.3)	51,977.90 (17.0)	3,312.12 (1.1)	35,660.97 (11.7)	156,830.97 (51.4)	16,855.69 (5.5)	305,089.29 (100.0)
1943	46,376.63 (13.6)	61,984.67 (18.1)	2,320.58 (0.7)	38,308.49 (11.2)	173,642.23 (50.8)	19,018.31 (5.6)	341,650.91 (100.0)
1944	57,777.07 (16.5)	34,484.13 (9.8)	2,730.04 (0.8)	43,410.52 (12.4)	192,474.74 (54.8)	20,069.23 (5.7)	350,945.69 (100.0)
1945	60,841.16 (20.5)	18,978.65 (6.4)	800.00 (0.3)	37,198.38 (12.6)	162,936.95 (54.9)	15,658.21 (5.3)	296,413.35 (100.0)

주: 1) 「사업보고서」에서 작성.
　　2) ( )내는 비율임.

> "패전과 동시에 본 협회의 기본재산으로 된 조선 전라북도 신태인 읍 소재 논 265정보 및 강원도 준양군 소재 산림 5,348정보를 상실하기에 이르러 사업정리를 행하고 1946년 4월 7일 박물관 폐관을 단행했다. -(중략)- 이러한 원인으로 1947년도에는 사업의 중점을 계몽운동에 두고 각종 강연 및 강습회를 개최한 것이다."[31]

5. 공익 지주와 사익 지주

이 장에서는 주로 지주경영의 측면에서 전북 정읍군 소재 일본인 지주 부민협회(1936년 312정보)의 창설부터 해체까지의 지주경영 자료를 분석하는 것에 의해서, 일제 하 전북에서 일본인 지주의 경영 실태와 식민지 특질을 해명하였다. 이를 요약하면 다음과 같다.

첫째, 「부민협회富民協會」는 1927년 매일신문사사장 모토야마 히코이치本山彦一가 기부한 조선의 토지와 공로표창금의 일부를 기본재산으로 하여 설립되었다.

둘째, 부민협회는 농사개량, 투업장려의 조사활동 및 실시를 주요 목적으로 하고 미맥 기타의 다수확 장려를 시작하고 농사공로자의 표창, 강습회, 전람회 등 사업을 시행하고 또한 농업박물관을 개설하는 등의 공적기능을 담당했다.

셋째, 그러나 조선에서의 사업은 농사개량의 향상을 담당한 측면을 내포하고 있지만, 공익법인으로서 발전되지 않고 단순히 소작료 수취자에 불과하여 식민지 지주로의 사적인 성격이 그대로 투영되었다.

넷째, 부민협회는 해방 후 사업의 주요 자금조달원으로서 기능해

온 조선 토지를 상실함으로써 운영의 위기에 직면했고 대폭적으로 사업이 축소되었다. 부민협회의 토지는 해방 후 미군정에 의해 소작인에 분배되고 산림은 국유지로 되었다.

이상이 본 장의 요약이지만, 본 연구는 농업내부의 지주·소작관계를 강조하고 있기 때문에 첫째, 주로 농업외부를 묶을 수 있는 매개환 즉, 소작미의 유통(상품시장)을 검토하고 있지 않다는 점, 둘째, 전북의 일본인 지주 개별사례를 중심으로 하고 있기 때문에 일반화하는 데는 논증이 부족하다. 그러나 전북의 일본인 지주는 생산력의 추진자로서 소작인의 지배관리와 조직 등을 통하여 조선인 지주뿐만 아니라 전체 조선의 조선인 지주에도 제도적인 영향을 미쳤기 때문에 지주경영의 개별사례 분석과 더불어 이를 종합화하는 작업은 앞으로 해야 할 과제이다.

---

1 金容燮(1992),『韓國近現代農業史硏究』, 一朝閣, .高承濟(1982),「植民地 隸農體制의 展開와 小作爭議의 社會經濟的 性格」,『大韓民國學術院論文集』, 第21輯, .裵英淳(1983),「韓末·日帝初 日本人大地主의 農場經營」, 영남대『人文硏究』, 第3號, 홍성찬 외(2006),「일제하 전북지역 일본인 농장의 농업경영-1930,40년대 熊本農場 地境地場의 사례를 중심으로-」, 홍성찬 외,『일제하 만경강 유역의 사회사-수리조합, 지주제, 지역정치』, 혜안, 하지연(2010),『일제하 식민지 지주제연구-일본인 회사지주 조선흥업주식회사 사례를 중심으로』, 이화연구총서 8, 혜안.

2 淺田喬二(1989),「日植民地(朝鮮)における日本人大地主の存在形態 -石川縣農業會社の事例分析-」,『增補 日本帝國主義と日植民地地主制』, 龍溪書舍, 淺田喬二(1989)「財閥地主の存在形態 -朝鮮興業株式會社の事例分析-」,『增補 日本帝國主義と日植民地地主制』, 龍溪書舍, 淺田喬二(1990.2),「1930年代植民地(朝鮮)地主制の存在形態-全羅北道地主制の事例分析」,『經濟學論集』21-3, 駒

澤大學, 山崎隆三(1971),「地主制後退期における一小地主の植民地への轉化」,『經濟學雜誌』, 64-2,3, 森元辰昭(1979),「日本人地主の植民地(朝鮮)進出 -岡山縣溝手家の事例分析-」,『土地制度史學』, 第82號, . 田中愼一(1985),「服部家の朝鮮進出」, (大石嘉一郎編『近代日本における地主經營の展開-岡山縣牛窓町西服部家の硏究-』, 御茶の水書房. 千田稔(1987. 7),「華族資本としての侯爵, 細川家の成立・展開」,『土地制度史學』, 第116號.

3 淺田喬二(1989), 349쪽.

4 森元辰昭(1979), 31쪽.

5 현재에도 재단법인 부민협회(마이니치 신문사내)는 농업서적 출판으로 널리 알려진 출판사이다. 출판물은 농업잡지로서 월간「農業富民」,「農業と經濟」, 계간「農林業問題硏究」를 발행하고 있다. 단행본은 경제, 농업, 농정에 관한 전문서 및 생활, 환경에 관한 실용서로 약 120점에 달한다. (農業書協會編, 2001,『日本農業書總目錄』,2001).

6 오사카 마이니치신문(大阪每日新聞)은 1882년 2월 일본입헌정당 기관지로서 일본입헌 정당신문으로 만들어져 1911년 3월 東京日日新聞과 합병하고, 1943년 1월 현재의 每日新聞으로 되었다. (社史編纂委員會編, 1952,『每日新聞七十年』, 每日新聞社, 618-632쪽).

7 富民協會(1977),『富民協會50年の歩み』, 6쪽.

8 재단법인 부민협회 설립 취지문(富民協會, 1977,『富民協會50年の歩み』).

9 社史編纂委員會編(1952),『每日新聞七十年』,每日新聞社, 286-288쪽.

10 구마모토의 조선진출에 대해서는 소순열(1992. 1),「戰時體制期植民地朝鮮における日本人地主の存在形態 -熊本農場の事例分析-」,『農業史硏究』, 第25號를 참조.

11 全羅北道(1928),『內鮮人地主所有地調』, 9쪽.

12 재단법인 부민협회 설립취지서.

13 故本山社長傳記編纂委員會(1937),『松陰本山彦一翁』, 大阪每日新聞社, 450쪽.

14 每日新聞百年史刊行委員會(1972),『每日新聞百年史』. 每日新聞社, 576쪽.

15 社史編纂委員會(1932),『每日新聞五十年』,每日新聞社, 382쪽.

16 재단법인 부민협회 기부행위 제1조.

17 조선출장소는 1934년 1월 농장사무소로 개칭하였다.

18 1929년 제2회 미곡다수확 경작(競作)때 심사위원장은 교토대학농학부 타게사키 요시노리(竹崎嘉德)교수였다(『第二回事業報告書』, 1929, 44쪽).

19 10a당 실수확 5석이상 된 자에에는 상금으로 1등 1천원, 2등 5백원, 3등 3백원(각 1명) 4등 1백원(3명)을 주고 10석이상 다수확한 자에게는 이사장 本山彦一가 개인적으로 1만원의 상금을 증정하기로 하였다. 大阪每日新聞社編(1932), 384쪽.

20 故本山社長傳記編纂委員會(1937), 452쪽.

21 『第十七回事業報告書』(1944), 20. 그 후 1946년 전후 사업정리로 폐관되어 진열품은 이세신궁(伊勢新宮)농업관에 양도되었다.

22 『第十七回事業報告書』, 10-11쪽.

23 全羅北道農務課農政係(1936), 『昭和十二年道內地主一覽』.

24 朝鮮總督府(1932), 『朝鮮ノ小作慣行』, 320-321쪽. 대부분의 소작증서는 1934년「조선농지령」직전 개정된 이전의 것이다.

25 이에 대해서는 소순열(1992. 1) 참조.

26 「조선농지령(1934년)」이전 통상 소작기간은 1년이었다. 지주 특히 일본인 지주는 1년마다 소작인을 변경할 수 있어 소작권을 구실로 소작료를 인상하였다. 이 때문에 조선 소작쟁의는 일본과 달리 소작권 이동이 쟁의의 가장 큰 원인이었다. 소작쟁의에 대해서는 소순열(1992) 참조.

27 당시 소작료 징수방법은 정조법(定租法), 타조법(打租法), 집조법(執租法) 세 가지가 있었다. 이 가운데 정조법은 도조(賭租) 또는 도작(賭作)이라고 불리웠는데 풍흉과 관계없이 매년 일정량의 수량 또는 금액을 납부하는 방법으로 주로 수리안전답과 밭에서 채용되었다.

28 「조선농지령」에는 흉작시 소작료감면은 지주의 의무, 소작인의 권리사항이었다.

29 『중요서류철』.

30 『事業報告書』(각 연도).

31 부민협회『事業報告書』.

• 제 2 부 •

변화와 성격

전주농학교실습답에서 농민의 날 정조식 이앙행사.
오른쪽 순으로 아베 전라북도 농회회장, 고 전북지사, 이 참여관, 이사카 경찰부장
(1935년 7월호, 『전라북도농회보』, 35호 특집호)

제4장

농업기술체계의 변화와 성격

1. 전북 쌀은 '천하의 총아'

전북 쌀은 「천하天下의 총아寵兒」[1]라고 불리울 정도로 일제강점기에 명성을 구가하였던 쌀이었다. 쌀 농사의 풍흉은 전북전체의 경제계를 좌우하는 바로미터였다. 『조선의 보고寶庫 전라북도 발전사』에 의하면, 1926년 쌀 생산량은 176만여 석으로 1910년 7천 8만여 석에 비하여 2배 이상 증가하였다. 이는 논비재배 및 건조조제의 개량, 품종의 개량 등 농업기술의 향상에 의한 성과로서 쌀 생산 증가는 전북 이수이출 무역액을 현저하게 증가시켰고, 동시에 농가경제의 진전을 촉진시켰다고 하고 있었다.[2] 구한말 일본인들은 조선의 전통적인 농법(일련의 농업기술체계)를 매우 유치한 것으로 보았다. 쌀 품종은 혼합된 것이 많아 잡다雜多하며, 제초나 중경中耕은 정농精農이라도 2, 3회 정도밖에 하지 않았으며 파종 후에도 아예 하지 않는 농민도 있었다. 대부분 일모작을 하고 있으며 농구도 무척 단순하며, 비료는 자급의 영역을 벗어나지 못했기 때문에 쌀 수확량은 아주 낮았다. 이 모습은 한일한방 전 일본인의 눈에 비친 한국농업이었다.[3]

〈사진 4-1〉
우량종자를 사용해서 200만석 돌파하여 성가(聲價)를 올리고 있다는 전북쌀 (『全羅北道發展史』, 1928)

한국농법은 일본농법과 비해 경운·품종·파종량·제초·비료 등 경작방법이 취약하고, 병충해 구제 방제를 매우 경시하고 있었으며, 관개시설이 부족할 뿐 아니라 농구자체도 매우 취약했다.[4] 화학비료를 외국에서 수입하는 당시 일본인들에게는 인분뇨人糞尿, 구비廐肥 같은 자급비료만을 쓰는 한국농업을 후진적이고 유치한 것으로 밖에 보지 않았다. 따라서 일본인들은 한국농업을 개량한다면, 쌀 수량이 증가하고 품질을 향상시킬 수 있어 "한국재래의 도전稻田에서 아방인我邦人(일본인)의 경영은 개인영업으로서 이익을 크게 하는 것은 의심할 바 없고, 아주 용이하고 안전한 사업"[5]이었다. 당시 전북 전주지방에서 도작稻作 1단보 당 일본식의 개량법은 재래법에 비해 9.25원의 이익이 증가하였다고 한다.[6]

일본의 벼농사는 메이지明治시대 메이지농법의 보급으로 급속하게 발전하였다. 메이지 농법의 의 기술적인 내용은 종래의 인력人力에 의한 천경淺耕·상시 습답濕畓·소비少肥를 대신해서 축력경畜力耕·건답乾畓·구입비료 사용의 기술을 벼농사에 도입하여 생산력을 증대하려는 기술변혁이었다.[7] 일본은 메이지시대 농업개량을 위해 새로운 농업기술체계인 메이지농법을 적극적으로 도입하여 농업생산량을 향상시켰다. 이러한 일본의 농업기술체계의 식민지 조선의 도입에 대해 가장 적극적으로 평가한 학자는 이누마 지로飯沼二郎였다.[8] 그는 식민지 조선에서의 농업기술이 ① 일본의 산업혁명에 따른 농산물 수요의 급증에 대응하기 위해서, ② 당시 일본에서 행해지고 있던 신농법 (후꾸오카 농법)이 ③ 산미증식계획에 의하여 창출된 논으로 보급되어 갔다는 점에서 이 과정을 조선에서의 농업혁명이라고 불렀다. 그리고 이 농법의 가장 중요한 요소인 심경深耕과 다비多肥가 어떻게 조선에 도입되었는 가를 구체적으로 살펴보았다.[9] 이어 소순열·이두순은 수도작 기술체계를 품종, 못자리 및 이앙, 심경, 비료, 농구 및 수확 후 기술에서 파악하고 새로운 기술체계의 형성이 소작 농민에게 어떠한 경영적 의의를 가지는 가를 검토하였으며,[10] 더 나아가 기술의 단절과 확산에 주목하여 개량농법이 전통적인 재래농법에 영향을 어떻게 미쳤는가를 규명하기도 하였다.[11]

이 장은 전북을 대상으로 수도작을 중심으로 농업기술체계의 변화와 이의 성격을 검토하고자 한 것이다. 이미 전북의 농업기술에 대해서는 마스모토 다케노리松本武祝,[12] 소순열[13] 등의 연구가 있지만 기술체계의 변화와 성격 규명에는 불충분하였다. 일반적으로 기술체계의 변화는 기술발전을 유발시키는 사회경제적 변화가 일어나며 이를 구체화하기 위한 새로운 자본이 부가되어 기술의 발전과 성격이 부여된다. 이 경우 기술체계는 전면적으로 변혁되는 것이 아니고 부분기술의 진화가 단서형태端緒形態가 되어 기술의 체계적 변화로 파급되어 간다. 국부적인 부분 기술의 진보가 어떠한 과정을 거쳐 농가들에게 어떠한 기술로 자리 잡아 가는가를 검토하는 작업은 앞으로 바람직한 기술변화의 변화를 위해서도 매우 중요하다. 따라서 이 장에서는 첫째, 품종, 비료, 수리기술과 경작법이라는 네 가지 면에서 전북의 수도작 기술체계의 변화에 대해 파악하고, 이의 변화가 재래농업기술과 농업경영에 어떠한 영향을 미쳤는가를 검토하여 농업기술체계의 성격을 규명한다.

오늘날 우리나라 수도작 기술은 세계최고의 수준이다. 1970년대 이후 다수확품종을 필두로 한 품종개발과 화학비료·농약의 투입, 농작업의 기계화에 따른 것이다. 이러한 기술은 우리나라 농민을 농업노동의 고통에서 크게 벗어나게 하였고, 단위 면적당 수확량을 증대시켜 쌀 자급을 달성할 수 있었을 뿐만 아니라 경영형태를 단작화, 전문화, 대규모화로 변화시켰다. 그러나 이러한 일련의 기술체계변화 과정은 환경 문제, 지역자원 문제를 심각하게 야기시켰다. 현재 과연 이러한 기술체계가 바람직한 것인가, 그리고 바람직하지 않다면 이를 앞으로 어떻게 변화시켜야 할 것인가를 캐묻지 않으면 안 된다. 이 장은 오늘날 수도작 기술체계의 '원형原型'을 찾는 작업의 일환으로 새로운 근대농업기술이 어떠한 역사적 의미를 가지고 있는 가를 확인할 수 있다.

2. 농업기술체계의 변화

1) 우량품종의 보급

일제 식민지 권력은 식민지 초기부터 일본 우량품종의 보급을 「벼농사개량의 제1요건」[14]이라 하여 최대의 노력을 경주하였다. 전북의 우량품종 작부율은 〈표 4-1〉에서 보는 바와 같이 1912년 10.6%에 불과했으나 5년 뒤인 1917년은 60.6% 그리고 20년 뒤인 1937년에는 88.6%, 1940년에는 무려 96.9%를 차지할 정도로 보급되었다. 이에 반하여 조선의 전통적인 재래품종의 작부율은 1912년 89.4%에서 1940년 3.1%로 급속히 감소하여 재래품종은 일본의 우량품종으로 대체되어 갔다.

<표 4-1> 전북에서의 수도 품종의 변천(1912-40년)

연도	수도재배 면적 (정보)	우량품종 재배면적 (정보)	우량품종 재배면적 비율(%)	우량품종 재배면적에 대한 주요 우량품종 재배비율(%)					
				조신력(早神力)	고천수(高千穗)	곡량도(穀良都)	기타	기타 품종명	
1912	107,732.8	11,425.4	10.6	39	53	4	4	다마금(多摩錦),	
1917	123,823.8	75,042.8	60.6	45	29	15	11	일출(日ノ出), 석백(石白),	
1922	166,107.1	125,210.9	75.4	18	13	40	29	석산조(石山組) 등	
				조신력	곡량도	석산조	다마금	기타	기타 품종명
1927	168,767.2	140,528.3	83.3	8	46	30	11	5	고천수, 석백, 일출 등
				은방주(銀坊主)	곡량도	다마금	기 타		기타 품종명
1932	162,433.8	132,010.0	81.3	56	31	10	3		석산조, 기내조14호(畿内早14號), 기내조22호(畿内早22號), 애국, 풍옥
1937	166,585.3	147,657.0	88.6	78	12	3	7		
				은방주	곡량도	다마금	풍옥	서광(端光)	애국
1940	165,424	160,367.2	96.9	80	5	0	6	5	4

자료: 주봉규 · 소순열(1996), 『근대지역농업사연구』, 서울대 출판부, 93쪽.

품종별로 보면 소수의 품종으로 통일되었다. 처음에는 고천수高千穗가 잠깐 수위자리에 있었으나 단명하였다. 1913년에는 조신력早神力이 수위자리를 차지했으나 그 이후 계속 감소하여 1920년에는 곡량도穀良都가 가장 많은 작부면적에 재배되었고, 이후 11년 동안 이러한 현상은 계속되었다. 1931년에는 혜성과 같이 나타난 은방주銀坊主가 가장 많이 재배되는 품종으로 되었다. 또한 이 과정에서 대체적으로 상위 2~3개의 품종에 대한 우량품종이 작부면적의 80% 이상을 차지하여 소수의 우량품종이 급속히 확산되었다.

여기에서 조선전체의 품종변천에 대한 전북의 수도품종변천의 특징을 보면 다음과 같다.[15] 첫째, 전체조선의 재배를 결정하는 선도적인 역할을 하고 있었다는 점이다.[16] 전북 우량품종의 재배율은 전체조선의 평균적 재배율보다 높았다. 실제로 조신력早神力, 은방주銀坊主, 기내조 22호畿內早 22號, 영목신력鈴木申力의 품종은 일본인 이민농가, 일본인 대지주에 의해 도입된 것이다. 1930년대 중반 이후 전체 조선의 평균재배율과의 차이가 해소되는 경향을 갖고 있지만 줄곧 전북의 우량품종 재배율은 전체조선의 평균에 비해 높은 수준에 있었다. 작부면적 1-3위의 우량품종을 보면, 조선전체의 수위품종은 조신력→곡량도→곡량도→곡량도, 같은 기간 전북의 수위품종은 조신력→곡량도→곡량도→은방주이었다. 1930년대 후반부터 은방주시대임을 생각할 때, 전북의 수도 우량품종 가운데 수위품종도 타 지역보다 먼저 도입되었고, 먼저 쇠퇴되어 갔다. 둘째, 품종의 전파력이 강하고 단기간에 보급되었다. 우량품종의 재배율이 약 80% 수준에 까지 이르는 데 소요기간을 보면 조선의 전국 평균인 20년에 비해 전북은 절반밖에 안 되는 10년이었다. 셋째, 소수의 품종으로 통일화되고 교체화되었다는 점이다. 상위 2-3개 품종이 전 기간에 걸쳐 우량품종 재배면적의 80% 이상을 차지하고 있고, 80% 이상의 교체도 대체적으로 조신력·고천수·곡량도→곡량도·석산조·다마금→은방주·곡량도→은방주로 이루어지고 있다. 이른바 우량품종이라는 특정 소수의 품종이 보급되고 특히 1930년대 후반부터는 유전적 획일화가 진행되었다.

전북 내에서도 우량품종 보급의 명확한 차이가 나타난다. 전북은 노령산맥을 경계로 서부평야부와 동부 산간부로 구분된다.[17] 전북 각 군에서 우량품종의 재배율 분포는 <표 4-2>와 같다. 1916년 우량품종 재배율은 평야부가 71.5%로 산간부보다 50%정도나 높았다. 그러나 그 이후 수도작 재배가 용이하지 않은 산간부에서 우량품종의 보급이 상대적으로 용이해졌다. 1935년 양 지역 간 보급율의 차이는 점차 줄어들어 불과 2~3%의 차이만 보이고 있다. 이들 일본인 지주 및 일본인 이민농가의 도입과 시작試作에 의해 우량품종의 보급진원지가 평야부에서 산간부로 급속히 전환되어 간 것이다. 전북 내부의 지역구조에서 보면, 일본인 진출이 많은 서부 평야부가 동부 산간부 지역을 선도하고 있다. 평야부는 보다 집약적인 농업기술(관개시설, 비료투입

<표 4-2> 전북에서의 지대별 우량품종 재배면적 비율의 분포(1916-37년)

(단위 : %)

	1916	1923	1930	1935	1937
서부 평야부	71.5	82.1	68.2	92.5	92.6
동부 산간부	20.6	71.9	77.6	90.2	85.4
도 평균	57.3	79.2	71.0	91.8	90.5

자료: 주봉규 · 소순열(1996), 앞의 책, 98쪽.

등)을 이용해서 조신력早神力→곡량도穀良都→곡량도穀良都→은방주銀坊主로 변천해가면서 산간부의 품종 보급을 선도하여 갔다.

우량품종의 교체와 관련하여 수위품종의 특성을 통하여 살펴보면, 수도작 기술변화의 성격과 방향성을 대체적으로 파악할 수 있다. 식민지 초기에 전북의 수위품종은 재래품종에 비해 다수확품종인 조신력이다. 조신력은 비료의 증투에 따른 다비화로 도열병에 약한 결점때문에 서서히 자취를 감추어 갔다. 그 대신에 내비성이 강한 곡량도가 1920년대말까지 전성기를 맞는다. 곡량도는 조신력에 비해 내비성이 더 강하다는 것 이외에도 불량한 환경에서도 재배하기가 쉽고 품질이 우수한 이점도 갖고 있었다. 그러나 이 품종 역시 비료사용의 증대에 따른 내병성의 약점과 도복하기 쉬운 결점으로 인하여 혜성과 같이 나타난 은방주에게 수위의 자리를 내놓게 되었다. 은방주는 다소 품질과 밥맛에서 곡량도에 비해 떨어지는 데도 불구하고 내병성이 강하고 다비재배에 적응하는 다수품종이라는 이점때문에 크게 인기를 누려 많이 재배되기 시작하였다. 일본 미곡시장에서도 호평[18]을 받으면서 그 이후 오랫동안 각광을 받았다. 은방주는 1970년대 통일벼 품종개발 이전까지 육성품종 교배조합 가운데 가장 많이 활용된 품종의 모본母本이었다.[19]

수도작 수위품종의 교체에서 보면, 이의 방향은 ① 내병耐病·내비성耐肥性의 강화 ② 대립종大粒種→소립종小粒種 ③ 미질위주→수량위주 ④ 만생종晩生種위주→조중생早中生으로의 숙기확대熟期擴大[20]로 육성품종이 개발되었다. 이 때문에 일제 식민지기 일본형 육성품종은 쌀 증산을 위해 더 많은 비료의 투하가 불가피하였으며, 비료증투는 새로운 내비성수도품종의 도입을 더욱 촉진시켰다.

2) 비료의 증투

한일합방이전 당시 전북의 비료는 자급비료가 중심이었다. 자급비료는 인분뇨人糞尿, 구비, 깔 짚, 들풀, 목초재, 닭똥, 개똥, 왕겨, 깻묵 등이 있었으나 분회糞灰나 요회尿灰는 매우 특징적인 자급비료였다. 이 비료는 변소를 겸한 장소에 회를 퇴적하여 사람의 배설물을 그 때 그 때 엎어서 뒷편에 끌어 모아 퇴적하여 두어 그대로 비료로 사용하거나 혹은 땅에 산포, 건조되어 가루상태로 사용되었다.[21] 비료의 사용량은 수도 및 맥류에 편중되어 있었고, 밭작물의 시비량은 논보다 훨씬 적었다. 자급비료 중심의 적은 비료를 사용한 것은 당시 재래품종의 재배에 생태적으로 매우 합리적인 농사법이었다. 재래품종에 비료를 많이 준 경우, 도열병 발생이 많았고, 벼가 쓰러짐에 따라 오히려 수확량이 줄었기 때문이었다. 그러나 식민지기에 보급된 우량

<사진 4-2> 1930년대 익산 오산면에서 자급비료로 재배되었던 자운영 생육상황 (高山峰雄編, 『朝鮮土地改良株式會社誌』, 朝鮮土地改良株式會社, 1936)

수도품종은 내비력耐肥力이 재래품종에 비해 큰 품종이었기 때문에 다량의 비료를 사용할 수밖에 없었다.

전북은 일본의 식량증산을 위한 시비에 대해서 관심이 높았다. 군산항에서 일본으로 이출미가 전체조선 이출미의 20%를 차지하고 있기 때문에 전북은 일본의 식량증산을 위한 비료사용이 크게 강조되었다.[22] 〈표 4-3〉은 전북의 비료사용량 추이를 나타낸 것이다. 이에 의하면, 전북의 비료 사용량은 1915년 471천관에서 1936년 715,117천관, 단보 당 0.3관에서 300관으로 무려 천배 이상 증가하였다. 자급비료와 구입비료로 구분하여 비료사용량을 보면, 구입비료(금비)는 적극적인 장려정책으로 1930년대에 급증을 하였지만, 당시 농가경제 입장에서 농민은 비료의 유효성분이 좋은 금비를 구입할 수 있는 능력은 없었다. 구입비료 특히 금비의 대부분 차지하는 화학비료는 독점가격이기 때문에 가격이 너무 비싸 자본에 의한 농촌수탈의 가장 공식적인 방도의 하나였다.[23] 이 때문에 1937년 구마모토 농장은 경제적으로 유리한 자급비료 생산을 최선의 방책으로 여기고 자운영, 퇴구비肥廏肥 등 증가에 주력하였다.[24] 자급비료의 증산은 일본에서 도입된 녹비재배와 퇴비제조 장려를 통해 이루어졌다.

전북의 비료 소비를 지대별로 보면, 평야부에서는 구입비료, 산간부에서는 자급비료의 소비량이 많았다.[25] 전북의 비료소비동향은 평야부의 소비가 선도하고 있으며 영농비의 상당부분이 비료대가 차지하고, 농가는 자급비료를 기본으로 하고 금비를 이의 부족분을 보충할 보조비료로서 사용하고 있었다.[26] 이러한 비료소비경향은 내비성 수도품종의 도입을 촉진하고 생산력 향상을 위해 비료사용을 증가한 결과, 벼 도열병이 다발하였다. 이의 대책으로 내병성품종인 은방주 같은 내비성 품종을 다시 도입을 하게 되었다.[27] 결국 이러한 선진적인 농업기술은 품종, 비료와 더불어 수리조합지역에서 전형적으로 나타났다.

<표 4-3> 전북 비료사용량의 추이(1915-36년)

	자급비료 (천관)	구입비료 (천관)	계 (천관)	단보당 시비량(관)		
				자급비료	구입비료	계
1915	–	471	471	–	0.3	0.3
1920	–	1,635	1,635	–	0.7	0.7
1925	–	2,395	2,395	–	1.0	1.0
1930	536,136	13,023	549,159	228	5.5	234.0
1935	668,372	23,724	692,096	281	10.0	291.0
1936	684,552	30,565	715,117	287	12.9	299.9

주: 1) 자급비료는 퇴비, 자운영, 청예대두(靑刈大豆), 헤아리베치, 산야초, 인분뇨, 분회, 회류, 새똥, 누에똥 등이며 구입비료는 식물성비료(대두깻묵, 면실깻묵, 호마깻묵, 미당 등), 광물질비료(암모니아, 석회질 소, 과인산석회, 인산알루미나, 유산칼리 등), 동물성비료(골분 등), 조합비료, 잡비료(소석회 등)임.
2) 단보 당 시비량은 자급 및 구입비료를 경지면적으로 나누어 산출한 것임.

자료: 全羅北道農務課(1938), 『昭和12年農業統計』, 2쪽, 52–59쪽.

3) 수리기술의 발달

한일합방 이전 전북에서는 보洑, 제언堤堰이 대표적인 수리시설이었다. 보는 하천에서 관개용수를 끌어 들이는 소규모 인수시설引水施設로 전통적인 농업용수원의 주류였다. 하천 물 수위를 높이고 필요한 수량水量을 확보하기 위해 각 지역에 독자사업으로 하천의 일부 또는 전부를 가로막아 만들었다. 적당한 간격으로 말목을 박고 물이 고

이는 쪽에 긴 통나무들을 가로질러 돌을 놓아 흙을 덮어 물을 흐르게 하면서 수심을 높이는 게 보통이었다. 이 때문에 보는 견고한 구조를 갖추지 못해 보는 홍수 때 유실되어 매년 다시 축조되었다. 이에 반해 제언은 농업용수를 저수하기 위해 축조된 제방과 방죽이었다. 제언(저수지)은 대규모 시설로 중앙 및 지방 행정기관이 관여하여 설치되었다. 보와 달리 관개형태나 관리운영에 차이가 있었다. 제언은 동계洞契 등 주로 독자적인 공동형태의 관개조직에 의해 운영되는 보와 관개형태나 관리운영이 달랐다.

<표 4-4> 전북의 관개상황(1930년대 후반)

(단위: 정보, %)

구 분		서부 평야부	동부 산간부	합 계
유지관리형태	수리조합	44,787(58)	556(2)	45,343(44)
	공동관개	24,684((32)	17,753(67)	42,437(41)
	개인관개	6,654(8)	7,997(31)	14,651(14)
	기타	537(2)	–	537(1)
	소계	76,662(100)	26,306(100)	102,968(100)
관개형태	제언	55,571(73)	2,682(10)	58,453(57)
	보	13,706(18)	19,377(73)	32,683(32)
	양수기	1,793(2)	267(1)	2,060(2)
	기타	5,795(7)	3,984(16)	9,779(9)
	소계	76,665(100)	26,310(100)	102,975(100)
천수답(天水畓)비율	천수답 면적(A)	45,122	22,549	67,671
	답 총면적(B)	121,787	48,859	170,646
	천수답비율(A/B)	37	46	40

주: ( )는 %임.
자료: 久間健一(1950),『朝鮮農業経営地帯の研究』, 農林省農業総合研究所, 532-533쪽.

일제강점기에 들어와 전북의 수리시설이나 규모 그리고 운영주체는 크게 변화하였다. 1930년대 후반 전북 답 면적의 60%는 관개답, 나머지 40%는 주로 빗물에만 의존하던 천수답이었다(<표 4-4>). 관개답 가운데 수리조합에 의한 관개면적이 전체 답의 44%나 되었으며 관개형태로서 저수지(제언)가 전체답의 57%를 점하였다. 전북은 1941년 말 저수지(제언)를 수원水源으로 하는 수리조합이 23개 조합으로 전체 조합수의 85.1%를 차지하였다. 몽리면적蒙利面積은 무려 98.3%라는 높은 비중을 점하였다.[28] 이러한 변화는 만경강이나 동진강 유역인 서부평야부에 전형적으로 이루어졌다. <표 4-4>에서와 같이 평야부는 산간부에 비해 천수답이 적고, 관개시설은 수리조합관개가 압도적으로 많았다. 전북은 평야부를 중심으로 수리조합의 수리체계로 변화하였다. 산간부의 전통적인 보에 의한 공동형태의 관개는 상당히 감소하였다.

전북의 수리조합은 타도지역과 다른 몇 가지 특징을 갖고 있었다.

첫째, 조선전체에서 창설시기가 가장 빨랐다. 전북은 1920년대 산미증식계획기 이전에 경남과 평북과 더불어 수리조합의 몽리면적이 많았다. 1914년 수치를 보면, 전북은 9,441정보로 2위인 경남 2,383정보보다 무려 7,058정보나 많았다.[29]

둘째, 일본인을 조합장으로 하는 일본인중심형의 조합이었다. 조선전체에서 일본인을 조합장으로 하는 조합은 전북, 황해, 평남 등이 있다. 이 가운데 전북은 조합 수에서 37%, 몽리면적에서 무려 95%를 차지함으로써 단연 1위였다.[30]

셋째, 거대한 저수지를 수원으로 하는 대규모조합이 가장 발달하였던 지역이었다. 100정보 이상을 소유하는 거대지주의 토지가 조

〈사진 4-3〉
1908년 12월 우리나라 최초로 설립된 옥구 서부조합을 기념하기 위해 군산 미룡저수지(은파유원지)에 건립된 농어촌공사 100주년 기념탑 (『전북일보』, 2008.1.20.)

합구역 내 과반수를 점하는 것은 조선전체 내 14개 조합, 몽리면적은 61,317정보였다. 이 중 전북은 4개의 조합으로 몽리면적의 무려 93.8%를 차지하여 조선전체에서 가장 집중되었다.[31]

〈표 4-5〉는 1927년경 전북의 수리조합 8개조합의 현황을 나타낸 것이다. 옥구 서부수리조합은 1906년 구한국정부에 의해 수리조합 조례가 발포된 이후 우리나라 최초의 수리조합이었다.[32] 1927년 당시 조합구역은 옥구군 미면 및 구읍면의 473정보로 조합사무소는 미제米堤가 소재하는 옥구군 미면 미룡리에 두었다. 조합장은 지역유지 김상희金相熙로 만경강유역의 수립조합장 가운데 유일한 조선인이었으며, 재래 수리시설인 미제와 선제船堤 저수지를 복구하여 근대수리조합으로 바뀌었다.[33] 이러한 재래 전통제언의 근대소조합의 전환은 임익수리조합(1909)과 전익수리조합(1910)에서도 이루어졌다. 임익수리조합은 익산 황등의 요교제의 바닥을 기계로 굴착하여 저수용량을 증대하여 근대식 저수지로 바꾸고, 전익수리조합은 호소가와농장(현 익산시 춘포면)을 중심으로 일본인 지주가 민영익 개인소

유의 독주항을 매입하여 관개수로를 정비 확장하여 몽리면적을 각각 3,590정보, 1,445정보(1927년 당시)를 확보하였다.

한편, 익옥수리조합은 만경강 중류의 저지대에 있던 임익남부수리조합(1909)과 임옥수리조합(1911)은 이렇다 할 수원水源이 없었다. 1920년 이 두 수리조합이 익옥수리조합으로 합병된 뒤, 저수지 건설과 간척사업이 동시에 진행되었다. 만경강 지류에 대아리 저수지와 경천저수지를 만들어 풍부한 관개용수를 확보하였다. 이를 기반으로 고산천변의 어우리에서 근산 옥구저수지까지 65km의 새로운 대간수로를 건설하여 만경강 유역에 있는 논에 물을 안정적으로 공급할 수 있도록 하였다. 만경강의 본류와 지류가 합쳐지는 삼례 비비정 부근의 취입구도 개축하여 물을 조절함으로써 홍수 방지체계를 구축하였다. 만경강 유역의 수리개발은 사업을 추진하는 과정에서 동일 수계, 동일 수로를 사용하는 4개 수리조합은 1941년 전북수리조합이라는 단일조직으로 합병되었다. 이로써 만경강평야에 19,000정보를 관개하는 대규모 수리체계가 만들어졌다.

<사진 4-4> 오른쪽 위의 파란 색 표시 저수지는 대아리 저수지, 왼쪽은 옥구저수지이다. 경천저수지 착공 1년 전인 1934년 익옥수리조합 평면도이다. (전주역사박물관 소장)

<표 4-5> 전북의 수리조합 상황(1930년대 후반)

조합명	설립년 월일	사무소소재지	조합구역	조합 원수 (인)	몽리 면적 (정보)	평균 단보당 벼수확량(석)	
						설립 전	최근 5개년 평균
옥구서부	1908.2.8.	옥구군 미면 미룡리	옥구군 미면, 구읍면	254	473	1.60	3.08
임익	1909.2.1.	익산군 황등면 황등리	익산군 황등면, 북일면, 오산면, 옥구군 서수면, 회현면, 대야면, 임피면	657	3,590	0.80	2.78
전익	1910.11.24	익산군 춘포면 대장촌리	익산군 춘포면, 전주군 삼례면	207	1,445	1.85	2.093
고부	1916.5.2.	정읍군 고부면 고부리	고창군 흥덕면, 성내면, 정읍군 고부면, 영원면, 부안군 줄포면, 주산면, 부령면, 백산면, 동진면	1,698	4,322	0.79	1.914
익옥	1920.2.5.	익산군 익산면 이리	익산군 익산면, 오산면, 옥구문 대야면, 회현면, 개정면, 옥산면, 미면, 구읍면	1,012	9,720	0.52	2.20
용진	1922.8.8.	전주군 용진면	전주군 용진면	134	170	1.34	2.12
적성	1925.6.20.	순창군 적성면 고원리	순창군 적성면	300	156	1.58	2.42
동진	1925.8.19.	김제군 김제면 요촌리	김제군 김제면, 월촌면, 죽산면, 백산면, 부량면, 성덕면, 진봉면, 하리면, 쌍감면, 정읍군 신태인면, 옹동면, 산외면, 감곡면, 칠보면, 보림면, 용북면, 이평면, 정토면, 부안군 백산면, 김제군 죽산면, 만경면 간사지	3,569	15,182	–	–

자료: 全羅北道農會(1927), 『全羅北道の農業事情』, 9-11쪽 및 全羅北道(1928), 『昭和2年農業統計』, 110-112쪽.

동진강 유역지역은 고부천이나 정읍천의 유역분지로서 지면의 경사가 완만한 골짜기를 이루어 마치 좁고 기다란 지형조건을 갖추었기 때문에 만석보, 눌제 같이 보洑나 제언堤堰 등으로 논에 물을 대었다. 그러나 이들 관개시설은 보다 넓은 논에 항구적이고 안정적으로 물을 대는 데에는 여러 가지 어려움이 따랐다. 동진강 유역에서 최초로 설립된 수리조합은 고부천 유역을 몽리구역으로 하는 고부수리조합이었다. 고부수리조합은 1912년 이 지역에 사유지 600여 정보를 갖고 있는 동양척식회사가 토지의 관개불량을 개선하기 위해 수리공사를 주장하였으며, 다음 해 고부군수가 고부평야에 관개하고 있는 지주들을 소집하고 관계지주를 권유하여 1916년 설립되었다. 몽리면적은 고창 정읍, 부안 3군에 걸쳐 10개면 30개리 4,126정보, 1921년에는 다시 홍덕면 석우리 59정보를 새로운 조합구역에 편입시켜 몽리구역은 4,322정보에 달하였다. 고부수리조합이 설립된 지 4년 만에 동진강 유역 전체의 물관리를 총괄하는 수리조합사업이 추진되기 시작하였다. 이 일대의 수리조합 설치 논의는 일찍부터 있었으나 지주층의 이해관계로 이루어지지 못하다가, 1924년 큰 가뭄을 계기로 일본인 지주를 중심으로 이 일대의 지주를 모아 1925년 동진수리조합을 설립하였다.

동진수리조합은 1925년 11월에 공사를 시작하여 1927년 12월 섬진강 상류에 강철과 콘크리트를 재료로 한 댐을 축조하고 이 댐에 전력을 사용하는 수문을 설치함으로써 운암제라는 대형 저수지를 준공하였다. 이 때 만든 운암제는 전라북도의 곡창지대인 정읍, 부안, 김제 등 3개군 26개면에 걸친 평야의 젖줄로 그 몽리면적은 18,000ha였다. 댐의 물이 바로 하류평야에 관개하는 것이 아니라 산을 넘어

다른 수계로 관개수를 도수(유역변경)하는 방식으로 취수탑에서 산을 넘기기 위해 4km의 터널을 뚫어 도수하여 유입시켜 관개하는 동시에 그 낙하지점에 발전소를 만드는 대규모 공사였다. 당시로서는 유례를 찾아볼 수 없는 다목적 댐이었고 외형상 미관을 갖춘 아치형 댐으로 우리나라 최초로 유역변경식 관개를 이용한 댐이었다.

수리공사 완공 후 수리구역 내 쌀 수확량은 증가하였다. 〈표 4-5〉에서 본 바와 같이 수리조합 설립전과 최근 5개년 평균 단보 당 벼수확량은 옥구서부가 1.60석에서 3.08석, 임익수리조합은 0.80에서 2.78석, 익옥수리조합은 0.52석에서 무려 2.20석으로 증가하였다. 임익수리조합은 벼 2석 증수하였으며, 고부수리조합은 종래 현미 3~4두에 불과한 단보 당 수확이 1석 3, 4두를 얻어 총면적 4,300정보 대하여 4만 3천석 수량이 증가하였다. 이를 미가 평균 석당 30원으로 따지면, 1개년 29만원의 이익에 해당한 것이었다.[34] 동양제일이라고

〈사진 4-5〉 섬진강댐(신댐)건설로 수면에 잠겼던 운암댐(구댐)이 가을철 가뭄으로 드러낸 모습. 당시 동양제일이라고 하였다. (안봉주기자 촬영, 전북일보, 2015.10.12.)

하는 동진수리조합의 경우도 마찬가지였다. 수리조합사업 이전에는 평년 총수확량이 234,170석이었으나 사업 완성 후 403,560여석이 되어 단보당 1.16석으로 총 169,800석이 되었다. 이를 석당 13원식 생각하면 매년 증수액增收額이 실로 219만 8,100원의 이익을 얻었다.[35] 전북 수리조합지역의 경우 1930년대 전반 단보 당 수량이 급증하여 20년대 후반 1.5석에서 1930년대 후반 2.0석 수준으로 증가하였다. 이러한 증가는 주로 수리조합지역 내 비료 특히 구입비료의 투입과 내비성·내병성 수도품종의 도입에 의한 것이었다.[36]

4) 경작법의 변화

〈표 4-6〉은 1924년과 25년 2개년에 걸쳐 권업모범장이 시험장에서 재래경작법과 개량경작법을 비교한 자료를 조선총독부 식산국 농무과에서 발표한 것이다. 시험장은 재래경작구(조선농가 경작법), 개량경작구(시험장 본장)로 구분하여 경종작업, 작업별 소요노동력 및 수지 계산, 1석당 생산비 등을 조사한 것이다. 현장이 아닌 시험장 결과이며 전북 보다는 전체조선의 평균이기 때문에 정확히 전북 농촌현장을 그대로 반영하다고 보기 어렵다. 그러나 두 경작법의 비교를 통하여 일련의 경작체계의 변화를 충분히 파악할 수 있다고 생각된다.

이에 의하면, 개량농법은 재래농법에 비해 다수확기술이며 노동집약적인 기술이었다. 단보 당 수량은 개량농법이 벼 3.215석으로 재래농법의 1.940석보다 약 1.7배나 높은 수량증대를 가져왔다. 노동투하량은 재래농법보다 단보 당 총 63.57시간(인력은 57.28시간, 소는

<표 4-6> 수도작 재래경작법과 개량경작법과의 비교(1920년대 중반)

구 분		재래농법	개량농법	특기사항
단보당 수량(稻)		1.940석	3.215석	수량증대
단보당 노동투하량 (시간) 인력+소(牛)		109.48시간 107.26시간+2.22시간	173.05시간 164.54시간+8.51시간	노동집약화
품종	생태 대표품종	장간소비(長桿小肥) 적응품종, 대구조(大邱租), 미조(米租), 모조(牟租), 노인조(老人租)	단간내비(短桿耐肥)품종, 조신력, 다마금, 은방주, 육우 132호(陸羽 132号)	미질우선에서 내비성의 강화로 발전
종자	사용방법 처리	연속사용 무처리	종자갱신 수선(水選)→염수선(塩水選)	3년 1회 갱신 → 2년 1회
묘대	설치방법 파종	묘상 없이 파종 후파(厚播) 단보당 7~8승	단책(短柵), 양상묘대(揚床苗代), 박파(薄播) 단보당 4~6승	종자량 감소
이앙	시기 방법 재식 밀도 본수	6월하순 –7월상순 막모(亂植) 평당 40주 태주소식(太株疎植) 9~12본	6월중순–6월하순 편정조식(片正條植) → 정조식 평당 49–64주 소주밀식(小株密植) 7~8본 → 3~5본	북부지방의 경우 건답직파가 많았음 → 관개(灌漑) 개선 필요
경운	방법 심도	인력, 축력 천경(淺耕)	축력 심경(深耕)	50% 보조로 심경서(深耕耡)보급
시비	종류 방법	무비(無肥,) 유기물 추비(追肥)중심	추비, 녹비→금비 →화학비료기비(基肥) 중심	퇴비제조의 강제시행 1914년 과석(過石) 보급 1919년 판매비료(대두박) 장려
제초	방법 회수	방임, 손제초(手除草) 3회 이내	손제초→제초기 3~5회	피사리 철저한 독려, 강제시행
방제	방향	소비(小肥)로 발생 억제	인력방제 → 유아등(誘蛾燈) → 약제	후기에 보르도액 보급
수확	방법 건조	인력 크게 묶기(大束)	인력 작게 시렁에 묶어 말리기 (小束架乾)	벼 시렁(稻架) 보급 적기 예취(刈取) 독려

탈곡	방법 판매	인력 탈곡 조곡(인)	천치(훑치기)→회전탈곡기 조극, 현미	1914년 회전탈곡기 보급 1925년 이후 보편화, 협잡물(挾雜物)의 혼입방지로 미질개선

자료: 1) 朝鮮總督府殖産局農務課(1928),『水稻在來耕作法ト改良耕作法トノ經濟比較』.
2) 農林省熱帶農業センタ-(1976), 98-111쪽, 146-149쪽, 235-290쪽.

6.29시간)이 더 투하되어 이루어졌다. 품종은 줄기가 길고 비료가 적게 드는 품종長桿小肥適応品種인 재래품종에서 줄기가 짧고 비료에 강한 품종短桿耐肥品種인 우량품종을 선택하여 내비성을 강화하였다. 개량농법의 종자는 아무런 처리도 하지 않고 연속 사용한 가벼운 종자를 배제하는 방식의 소금물塩水으로 선종하고 종자갱신을 통해 순도 높은 종자를 채택하였다. 묘대와 관련하여 재래 관행 못자리는 묘판과 구별하지 않고 논을 정지작업을 하면서 종자를 단보당 7-8승으로 파종하여 물속에서 발아하도록 하는 물 못자리였다. 이는 모가 쓰러지기 쉬어 활착이 불량하고, 관리도 불편하기 때문에 장방형으로 만든 단책短柵 못자리에 이어 양상못자리湯床苗代가 보급되었다.

못자리 개량과 더불어 이앙법의 개량도 이루어졌다. 당시 관행 이앙방법은 정조식이 아닌 난식법亂植法이었기 때문에 이앙 후 제초 및 병충해의 방제가 불편했다. 1918년부터 간단한 단조식單條植에서 작물의 모를 열대로 맞추고 그루간의 거리를 일정하게 심는 정조식正條植으로 점차 전환되어 보급되었다. 1935년 전북의 정조식 보급비율은 94.3%로 평야부보다 산간부 지방에 많이 보급되었다.[37] 개량 못자리와 정조식 이앙법은 건강한 모를 육성하고, 다비밀식재배를多肥密植栽培함으로써 다수확을 도모하는 경종법이었으며, 재래농법에 비해 노동 집약도를 요구하는 기술체계이었다.

경운할 때, 개량농법의 기술적인 중점은 심경深耕이었다. 반면, 재래적인 논갈이는 재래쟁기在來犂를 사용하여 논을 얇게 가는 천경淺耕였다. 이러한 얕은 논갈이를 개량하기 위해 일본의 심경 쟁기深耕犂가 보급되었다.

비료 사용량의 증가는 얕은 논갈이를 했던 논에 도열병의 발생이 보다 심각했기 때문에 심경이 더욱 필요하였다. 쟁기犂의 보급상태를 보면, 전북의 일본쟁기 및 개량쟁기의 보급률은 1935년 총 6,347개 중 50%로 경기도와 충남에 이어 조선전체 3위를 차지하였다.[38] 이 지역들은 일본인 지주농장이 중심이였다. 예를 들어 구마모토熊本농장의 경우 소작인들은 '소작답은 전부 7촌寸이상으로 심경하기로 함'(소작계약증서 제4조 6항)이라고 소작계약을 맺고 있다.[39] 그러나 조선 전체에서 심경의 보급률은 쟁기 수로 보아 그렇게 높은 수준은 아니었다. 이는 비료 사용량이 일본에 비해 낮아 심경 효과가 적었고, 조선의 토양조건에서 심경의 효과가 적었기 때문이었다. 논 시비施肥는 비료를 아예 주지 않거나無肥 분뇨·퇴비 등 유기물有機物에서 퇴비堆肥·녹비綠肥·금비金肥·화학비료化学肥料로 이루어 졌다.

제초除草는 3회 이내에서 3~5회로 늘었으며 방제 또한 거의 하지 않다가 인력방제,유아등誘蛾燈이나 후기에는 보르도액 살포 등 약제를 사용하였다. 개량농법은 심경과 시비, 방제, 제초 등 철저한 비배관리를 통해 비료효과를 높이는 경작체계였다. 1940년경 실제 전북 농가의 경우, 평야부 김제군 신용리에서는 경운 2회, 제초 3회와 부인 피뽑기 3회를 하였다.[40]

이 같은 재배기술이외에 개량농법은 벼의 건조와 조제기술에 큰 변

〈**사진 4-6**〉 익산 남선지장에서 1934년 10월에 열린 쟁기경진대회 (『전라북도농회보』, 제33호, 1935년 1월)

화를 가져왔다. 조선의 전통적인 쌀은 재래의 관습 때문에 건조가 불량하고 흙이나 모래가 혼합되어 있고 적미나 짚 등 섞어 있었기 때문에 높게 평가받지 못하였다. 벼 건조는 크게 묶어 땅위에서 말렸던 방법이 적게 묶어 나무에 걸어 갈리는 소속가건小束架乾으로 바뀌었다. 벼를 탈곡脫穀할 때도 인력를 활용하여 타곡하다가 천치千歯·회전탈곡기回轉脫穀機를 이용하여 쌀 품질을 크게 향상시켰다.

식민지기 보급된 개량농법은 조방적인 재래농법에 비해 상대적으로 노동집약적인 기술로써, 투입요소의 증가로 단위면적 당 수량을 극대화시키는 새로운 기술체계의 적용이었다. 전통적인 재래농법에 비해 우량품종의 도입, 자급비료 외 구입비료 증투, 밀식재배, 수확·조제의 철저화 등 일련의 작업체계를 통해 노동투입을 크게 증가시킨 노동집약적 기술이었다. 당시 나름의 다수확 지향을 위한 생물·화학적 시험기술의 적용이었다.

3. 농업기술체계의 성격

1) 근대 농업기술의 등장과 재래기술의 쇠퇴

개량농법은 여러 시험을 거쳐 이루어진 것이었다. 전북의 경우 초기 수도작 시험연구는 일본인 농장·회사에서 이루어졌다. 후지不二 전북농장은 1906년에 시작부試作部를 설치하여 지방의 기후·풍토에 적합한 벼 품종을 선택하고, 개량비료의 적부適否, 수도품종비교, 기타 농사개량에 필요한 시험을 행하였다. 이를 통해 불이흥업에서는 이른바 우량품종으로 벼 품종을 통일하기 위해 원원종原原種 및 원종답原種畓을 만들었다. 생산을 증대하고 척박한 지력을 증진하고자 자운영의 재배법에 대해서도 조사·연구하였다. 1906년에 창설한 이마무라농장今村農場은 종자, 묘대, 심경, 관개 등에 걸쳐 다양한 시험과 연구를 통해 소작인에게 일본식 농업기술체계를 보급하였다.[41] 이들 일본인 농장은 일차적으로 품종을 수집하여 농장 내 시험을 거쳐 개량품종을 도입하고자 하였다. 전북 3천 정보 거대지주인 구마모토농장熊本農場의 지배인은 농장에 맞는 벼 품종을 구하기 위해 1개월간 북해도, 대만을 제외한 일본 각처를 돌아다녀 품종을 수집하였다. 이를 비교시험과 함께 시비배양시험과 토양조사 등을 하여 후쿠이현福井縣 다마금多摩錦을 농장의 품종으로 채용하기도 하였다. 카와사키농장川崎農場 같은 곳은 1905~07년 동안 80여종의 품질과 수량시험을 행하였다.[42]

1932년 전라북도 종묘장에서 개편된 전라북도 시험장은 많은 수도관계 시험을 하였다. 특히 수도 육종에서는 1920년대부터 순계분리

純系分離를 이용한 품종시험하여 1935년 은방주銀坊主 순계분리 전북3, 조도은방주早稻銀坊主 전북1을 직접 원원종답에서 채종하여 종자배부를 하기도 하였다.[43]

1930년 남선지장은 남부지역에 적합한 수도품종의 육성을 목적으로 인공교배에 의해 다수의 신품종을 육성한다는 목적으로 설립되었다. 설립 이후 남선지장은 남선지방에 적합한 내비성耐肥性, 내한성耐寒性우량품종의 육성, 비료 시험, 풍흉고조시험豐凶考照試驗, 재래수도在來水稻의 특성 조사를 하였다. 1931-43년 동안 남선지장에서 인공교잡한 신육성품종은 175종(남선1호-남선175호)이었다. 이 가운데 신품종명을 붙인 7개 품종이 있는데. 이 신품종을 '반도미작상 일대혁명半島米作上 一大革命'이라고 할 정도로 획기적인 연구성과였다. 남선지장이 육성한 신품종을 입지조건에 따라 조선 전체를 5개 지방으로 구분하여 대표적인 지구에 위탁시험지를 설치하고 지방위탁 적부시험을 하였다.

개량농법은 확실히 재래농법에 비해 과학적이고, 다수확을 가능하게 하는 근대기술이었다. 개량농법은 내병성, 내비성이 강한 품종을 도입하기 때문에 비료의 증투를 통해 품종의 수량능력을 발휘할 수 있다. 또한 다비多肥하에서는 시비량을 유효화하기 위해 얕은 물로 관개해야 하기 때문에 관개수의 사용량이 증가하였다. 근대적 신기술체계는 많은 비료와 적절한 관개를 전제로 할 때 비로소 다수확을 올릴 수 있었다. 오히려 관개수의 부족, 시비량의 부족이라는 상황하에서는 재래농법이 우량농법보다 보다 좋은 성적을 올리는 경우도 적지 않았다.[44]

근대농업은 우량품종의 보급부터 시작되었다. 재래품종은 다비 ·

다수재배에는 부적당했다. 그러나 ① 내한력이 강하고 ② 이삭이 피어出穗 여무成熟는 때까지 이르는 일수가 짧으며 ③ 수분이 부족한 토양에서도 발아력이 강한 장점도 있었다.[45] 이러한 장점 때문에 관개수나 비료가 부족한 곳에서는 일본의 우량품종보다 오히려 좋은 수확량을 거두는 일도 적지 않았다.[46] 물이용이 곤란해 비료를 주지 않는 경우가 많은 지역에서는 재래품종의 재배가 오히려 합리적이었다.[47] 재래품종을 심는 이점은 시비를 하지 않아도 재배할 수 있고, 그다지 노력하지 않아도 스스로 여물어서 정말로 자연적으로 자랐기 때문이었다. 이른바 재래농법의 생태적 합리성이었다.

이를 〈그림 4-1〉에서 보면, F^2q_2까지가 재래농법이 개량농법보다 수확량이 많은 재래농법의 생태적 합리적 영역이다. 이 영역 내 재래품종은 대부분 비료를 주지 않아도 어느 정도의 수량을 얻을 수 있었다.

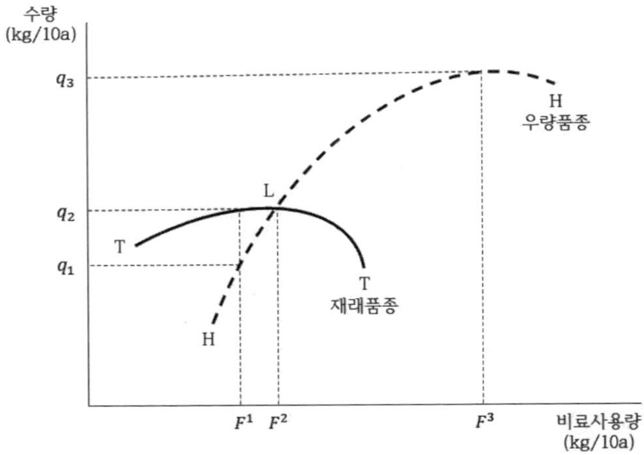

〈그림 4-1〉 재래농법과 개량농법의 비료사용과 수량과의 관계

비료를 주어도 수량은 높아지지 않고 비료를 너무 많이 주면 웃자라서 오히려 수확량이 감소하였다. 이의 기술적 최대 가능 단위당 수량 L은 F^3보다 훨씬 적었다. 그러나 비료 사용량이 부족한 경우에는 우량품종은 능력을 발휘할 수가 없었다. 비료사용량이 F^2q_2보다 적은 상태에서는 재래품종의 수량이 우량품종의 수량보다 높아진다. 우량품종은 근대 다수확품종이었지만 재래품종은 재래품종 나름대로의 합리성을 가지고 있었다.

이러한 재래농법의 생태적 합리성은 경기도 남부지방에서도 나타났다. 농민들이 모내기田植를 할 때 식민지 농정당국의 소주밀식정책小株密植政策에도 불구하고 증산을 위해 소식疎植을 1960년 전후까지 계속해 왔다.[48] 중부이북지방에서는 재래의 수도건답재배법水稲乾畓栽培法이 부족한 용수량에 대응하여 지역특유의 입지 생태적으로 농사를 짓고 있었다.[49] 재래농법에서 가장 우수한 농법은 '윤답농법輪畓農法'이었다. 윤답농법은 논밭을 윤환하는 우리나라 특유의 작부체계이었다. 일정한 영역을 전부 논으로 사용하는데 용수량이 없을 때는 일부를 논으로 나머지 일부를 밭으로 해마다 전환하는 작부방식이었다. 주로 강우량이 적은 서선지방과 북선지방에서 많이 행하여 졌다.[50] 이 농법은 수리문제에 제약된 소극적인 유형의 논과 밭의 윤환이며, 항상 가뭄과 싸워왔던 조선농업의 특징을 가장 잘 보여주는 농업이었다.[51] 초대 서선지장장西鮮支場長 다케다 소시치로武田總七郞는 그의 저서 『실험맥작신설實驗麥作新說』(1929년 초판)에서 재래 밭작물기술을 세계의 자랑거리라고 소개하였다.[52] 경험의존적인 재래농법은 단순히 재래농법의 계승을 넘어서 생태환경적 조건에 맞게 스스로 개량하여 체계화하려는 독자성이 있었다.

이와 같은 재래농법의 생태적 합리성은 신품종의 보급과 비료의 증투에서 오는 병충해에 대한 농가 나름대로의 합리적인 대응책이었다. 당시 외래신기술이 재래기술과 마찰하는 측면을 가지면서도 두 기술이 생태적 환경에 규정되어 공존하고 있었다. 농업기술의 환경적 특질에서 생태적 조건에 맞는 재래농업 기술의 우수성도 나타나고 있었다. 그러나 전북 수도작에서 일본의 근대개량농업의 등장과 함께 재래농업의 생태적 합리성은 쇠퇴내지는 소멸되었다. 전라북도의 시험장이나 남선지장에서는 경험적인 조선 재래농법을 매우 경시하여 시험대상에서 조차 제외되었다. 그 결과 재래농법은 단절되었고, 농민의 개발정신의 파괴를 초래하게 되었다.[53]

이에 비해 일본은 재래농법을 중시하여 부현府縣의 농학교나 국가와 부현의 농업시험장의 과제가 되어 연구성과가 체계적 기술로서 농민에게 보급되었다. 예를 들어 야마가타현山形縣쇼나이庄內 시험장에서는 1893-1921동안 민간육종가가 육성한 수도 우량품종은 42개에 달하였다.[54] 1891년 도쿄 니시가하라東京西院 임시시험장을 설치하고 1893년 이곳을 농업시험장 본부로 하여 외국농업의 모방이 아닌 일본 독자적인 농업기술체계를 만들려고 하였다. 이 조직에 재래농업기술이 빼어난 노농인老農人 후나즈 덴지해이船津傳次平을 조수로 채용하여 재래농업기술을 시험장기술로 발전시켰다.[55] 이와는 달리 식민지 조선의 재래농업 기술은 시험장 기술체계로 전화되지 못하고 쇠퇴 내지 소멸되었다.

2) 농업경영의 근대화와 소작쟁의

이미 본바와 같이 일제 식민지 농업기술은 많은 노동력에 많은 비료를 사용하는 다비다노多肥多勞농업을 통해 다수확을 올리는 새로운 근대적 기술체계였다. 근대 신기술의 소득이 얼마나 되었는 가를 권업모범장 조사결과자료를 이용하여 보기로 한다.

〈표 4-7〉 수도작 재래농법과 개량농업의 수지표(1924·25년 평균)

(단위 : 단보당 엔)

		재래농법(A)	개량농법(B)	B/A
수 입		30.81	52.97	1.72
지 출	종자대	1.44	1.12	0.77
	노력비	10.94	17.92	1.64
	비료비	2.60	8.59	3.30
	기 타	1.57	4.27	2.72
	합 계	16.55	31.90	1.93
이 익(수입-지출)		14.26	21.07	1.48

주: 1) 기타에는 방제비, 농구상각수선비, 포장비용을 포함.
 2) 재래농법에는 방제비 없음.

자료: <표 4-6>과 같음.

〈표 4-7〉에 의하면, 수입 면에서 수도작 개량농법은 재래농법에 비해서 약 1.7배가 많다. 지출은 종자대가 후파厚播로 박파薄播로 바뀌어 단보 당 비용이 감소하였을 뿐 다른 투입요소의 비용은 증가하였다. 노력비는 1.6배, 비료비는 2.3배가 증가되어 수도 단보당 총

지출액은 31.90엔이 되었다. 이에 따라 개량농법의 이익(수입-지출)은 21.07엔으로 재래농법의 이익보다 1.5배나 많았으며, 그 차액은 6.81엔이었다. 이런 높은 수익성이 근대농업기술을 채용한 근거였다. 지주는 물론 일제식민지 당국의의 강권지도가 계속된 근대농업기술은 "일본 농업의 이식에 의해 발휘되었다는 의미에서 조선적인 것은 아니고, 일본적으로 개발된 것"이었다. 일본인이 의도하는 방향으로 재편되고 전체 일본의 방식을 기초로 한 개량을 계획한 것"이었다.[56] 이 자료는 조선총독부의 권업모범장이 전체 조선에서 재래농법과 개량농법의 투입, 산출을 숫자화, 금액화한 일종의 소득표준표이다. 소작관계농가(자소작농도 포함) 90%이상, 소작지율이 70%이상이었던 전북의 농업경영에 어떠한 의미를 가지는 가를 살펴보기로 한다.

〈표 4-8〉은 전북 옥구군 미면에 거주하는 이홍렬 농가의 하나 사례조사결과이다. 1910-26년간 소작농가의 경영변화를 나타내주는 희귀한 자료이다. 16년간 이홍렬 농가의 가족은 2인(그 가운데 영농자는 1인)이 증가하고 경작규모는 논 0.25정보에서 1.41정보로 영세순소작농에서 소자작농으로 계층이 상승했다. 단보 당 벼 수확량은 1910년에 비해 1926년에는 1.23석(1.48-0.25)으로 59.2% 증가하였다. 같은 기간 소작료는 15석, 소작료율은 25.)%에서 45.7%로 20.7%가 증가하고 있다.

수도작 경작비를 보면, 노임과 비료대의 증가가 뚜렷하고 그 내용도 같은 기간 인력에서 인력 및 축력, 퇴비에서 대두박, 퇴비로 변화하였다. 자급적 성격을 가진 재래농법에서는 현금지출은 소액이지만, 개량농법에서는 수량의 증가에 수반하여 구입비료, 새로운 농구가 필요하게 되었으며 노동력도 더 많이 필요하게 되었다. 개량

〈표 4-8〉 전북소작농가의 경영 변화(전북 옥구군 미면 용둔리 이홍렬 농가 사례)

	1910년		1926년	
개황				
가족(영농인)	2인(1인)		4인(2인)	
논(소작지)	0.25정보(0.25정보)		1.41정보(1.34정보)	
벼(단보 당) 소작료(소작료율)	4.0석(0.25석) 1.0석(25.0%)		35.0석(1.48석) 16.0석(45.7%)	
수도작 경작비	수량	금액	수량	금액
노임 인부	22인	3.30	80인	64.00
소(牛)			–	48.00
비료	퇴비 20부(負)	0.20	대두박 퇴비 250관	15.00 2.50
농구	–	0.30	–	1.50
벼용기(籾容器)	섬(石皮) 10장(枚)	0.22	가마니(叺) 50장(枚)	10.00
상고(常雇)	–	–	–	–

자료 : 全羅北道(1927),『農業統計』, 76 - 77쪽, 79-81쪽.

농법의 경우 단보당 노동투하시간은 180.72시간으로 재래농법의 105.35시간에 비해서 1.6배 이상 많았다.[57] 특히 노동력 집약화에 의한 계절적 농번기의 증가는 현저하였다. 근대 신기술의 도입과 더불어 조방적인 재래농법의 노동집약화가 진전되어 가는 방향으로 이행하고 있었다. 이것은 생산요소의 증투를 통하여 단위면적당 수량을 증대하는 농업노동의 집약화를 추구하는 방향으로 나가고 있었다.

근대농업기술체계는 생산투입 요소의 전반적인 증가를 보여 재래농법에 비해 노동집약적, 자본집약적인 면이 강화되었다. 이러한 생산방식은 상품경제의 발달에 따른 투입요소의 증대에 의하여 생산의 최대화를 추구하는 방향이었다. 식민지 지주제하 영세규모에서 자가노력 위주의 영농방식을 취하고 있던 농민 입장에서는 재래품종을 사용한 재래농법은 현금지출 비목이 거의 없었으나 개량농법은 수량이 증가하였다 하여도 구입비료, 새로운 농기구를 필요로 하며 노동력의 증투를 요구하고 있었다. 따라서 농민 입장에서 이러한 근대농업기술체계 속에서 종자대, 비료대 등 새로운 현금수요가 부담이 될 수밖에 없었다.

식민지시대 상품경제의 발달은 현저했다. 농가의 상품경제는 ① 농업생산수단의 구입, ② 농산물의 판매, ③ 부업생산의 판매라는 세 가지 경로를 통하여 심화되면서 확대되었다.[58] 이에 따라 농업생산 가운데 포함되는 자급부분은 외부조달의 형태로 전화하면서 상품경제의 소지를 형성하게 되었던 것이다. 자급적인 성격을 가진 소작농가는 화폐지출의 증대에 따라서 필연적으로 자기경영의 수지계산에 기초한 수량의식이 발달하기 시작하였다.[59] 그러나 개량농법의 수입이 증가하여도 노력비의 증가와 거의 같은 수준이었다. 개량농법의 수입이 증가하여 소작료를 더욱 수취하는 지주에게는 유리한 농법이었지만, 소작경영의 입장에서는 비용증가는 크게 문제가 되었다. 당시 소작농가는 높은 소작료를 전제로 하는 한, 소작료의 중압을 경감시키고 자가 노동의 완전연소를 기축으로 하면서 농가수지를 개선하는 것이 최대의 경영과제이었다. 근대농업기술과 상품경제의 발달은 소작농가가 쟁의로 나아가야하는 결정적 원인이 되기도 하였다. 이 같은 사례는 1937년 12월 구마모토熊本농장의 소작인들이 김제군수와 김제경찰서장에 보낸 다음의 진정서 내용을 보면 잘 나타나 있었다.[60] 제7장에서 구체적으로 다루어진다. 전북은 근대농업기술면에서 선진성과 수탈성을 보여준 전형적인 지역이었다.

4. 근대적 수익성과 재래적 생태성

이와 같이 이 장에서는 최고의 쌀로 알려졌던 전북을 대상으로 수도작 기술 체계의 변화와 성격을 검토하였다. 이를 요약하면 다음과 같다.

전북은 한일합방 전후부터 농업기술의 선진지역이었다. 식민지 초기부터 우량품종의 보급이 활발하게 이루어져 1930년대에 가서는 상위 2-3개 우량품종이 작부면적의 80%이상을 차지할 정도로 소수의 품종으로 통일화되었을 정도로 조선전체를 선도하였다. 그러나 일본형 수도품종은 쌀 증산을 위해 더 많은 비료의 증투가 필요하였으며, 다른 지역보다 구입비료의 구입과 자급비료의 증산이 활발하게 이루어졌다. 품종, 비료의 선진성과 더불어 수리조합 또한 다른 지역에 비해 일본인 중심조합으로 창설시기가 가장 빨랐으며 대규모 조합이 많았다. 이러한 수리조합지역은 우량품종의 보급과 구입 비료의 투입에 의해 쌀 수확이 급증하였다. 이와 더불어 일련의 경작체계도 크게 변화하였다. 전통적인 재래농법이 종자선택이나 묘대설치, 못자리 개량과 정조식 이앙법의 보급, 그리고 심경과 시비, 방제, 제초등 철저한 비배관리체계로 바뀌었다. 재배기술 이외에 벼의 건조와 조제기술도 크게 향상되었다. 조방적인 재래농법은 상대적으로 노동투입을 많이 하게 하는 노동집약적인기술, 비료를 투입하게 하는 생물화학적 기술체계로 변화하였다.

이러한 근대 수도작 기술체계의 변화는 크게 두 가지로 영향을 주었다. 그 하나는 근대농업기술이 재래농업기술의 생태적 합리성을 크게 쇠퇴(내지 소멸)시켰다는 점이다. 근대농업기술은 재래농업에 비해 과학적인 다수확기술체계였으나 관개수, 비료가 부족한 곳에서는 재래농법의 우수성이 존재하였다. 생태적 환경조건에 맞는 나름대로의 독자적인 합리성을 가지고 있었다. 그러나 수도 관계 시험장에서는 경험적인 재래농법을 경시하여 시험대상에서 제외되었다. 이에 비해 일본은 자신의 재래농법을 중시하여 시험장의 연구과제가 되어 이의 연구 성과가 체계적인 체화기술로 농민에게 보급되었다. 이와는 달리 전북의 재래농업기술은 시험장 기술체계로 발전되지 못하고 쇠퇴 내지 소멸되었다.

또 다른 하나는 많은 노동력 · 많은 비료를 사용하는 근대농업기술은 농업경영의 근대화를 가져왔다. 농가들은 수익성의 증대를 위해 근대농업기술을 채용하였다. 수도작 농업경영에서 보면 재래농법에 비해 수확량이 높았다. 이의 경작비를 보면 노임과 비료대의 증가가 뚜렷하여 생산요소의 투입을 통하여 비용증가와 더불어 수익의 증대를 가져왔다. 농업경영의 목적이 전통적인 자가 노동력 위주의 자급경영에서 상품경제의 발달에 따라 수익의 증대를 추구하는 근대적 경영으로 변모하였다. 그러나 소작농가의 비료와 노동력 등 비용증가는 새로운 경영문제가 되어 소작쟁의 발생의 하나의 원인이 되기도 하였다. 근대농업기술의 선진성이 소작농가경영의 수탈성에서 나타난 생태적 환경과 사회적 대립이었다.

일제강점기 수도작 기술체계는 경험적 관습적 농업에 비해 과학적이고 시험장적인 새로운 기술이었다. 경제적인 면에서도 우수한 농업기술이었다. 그러나 이러한 새로운 기술체계의 변화에 따라 전북의 생태적 특질을 띤 재래 전통적인 농업은 소멸 내지 쇠퇴해 갔다. 그리고 이에 대응하여 계속 진전해 왔던 전북 농민의 경험적 기술은 점차 소멸되어 갔으며, 이로 인해 기술개발의 주체성은 상실해 갔다. 재래의 단절은 뒤 늦게 1970년대 중반 환경농업이나 1990년대 직파재배에 가서야 나타나게 되었다.

---

1 横山要次郎(1930.8),「全鮮第一位を占める全北米 -天下の龍兒-」,『朝鮮農會報』, 第4卷 第8號, 83쪽.

2 宇津木初三郎(1928),『朝鮮の寶庫 全羅北道發展史 一名, 全北案內』, 9쪽.

3 加藤末郎(1904),『韓國農業論』, 裳華房, 127-128쪽.

4 이춘녕(1964),『이조농업기술사』, 한국연구총서 제20집, 한국연구원, 93-96쪽.

5 吉川祐輝(1903),『韓國農業經營論』, 大日本農會, 150쪽.

6 全州種苗場(1910.5),「稻作改良の利益」,『朝鮮農會報』, 第5卷 第1號, 23쪽.

7 데루오카 슈조엮음, 전운성 옮김(2004),『일본농업 150년사 1850-2000)』, 한울아카데미, 68-69쪽.

8 메이지 농법과 후쿠오카농법에 대해서는 좀 논의가 필요하다. 후쿠오카 농법은 노농(老農) 하야시토오 리(林遠里)에 의해 만들어진 것으로「태서농법(泰西農法)」,「학리농법(学理農法)」과 대립되고 있는 농업기술체계이다. 후쿠오카농법은 기본적으로 노동수단=무상쟁기(無床犂)에 의한 마경(馬耕)을 강조하고있다. 엄밀한 선종(選種), 염수선(塩水選, 다비(多肥), 주도적인 중경제초(中耕除草), 수확때 시렁(架干)이라는 일련의 기술체계인 후쿠오카농법보다는 메이지농법으로 하는 것이 맞다고 생각한다. 시기적으로 보아도 일제강점기의 개량농

법은 시험장 경유이기 때문에 후쿠오카농법과는 거리가 있다.(데루오카 슈조 엮음, 앞의 책, 68-73쪽).

9 飯沼二郎(1982),「日帝下朝鮮における農業革命」,『朝鮮史叢』第5・6合併號, 103쪽.

10 소순열・이두순(2003),「일제하 수도작 기술체계의 변화와 성격」,『농업사 연구』, 제2권 2호, 79-103쪽.

11 염정섭・소순열(2021),『농업기술과 한국문명』, 한국의 과학과 문명 총서 제21권, 들녘, 395-407쪽.

12 松本武祝(1987),「朝鮮全羅北道 農業の構造變化 -昭和恐慌期を中心に-」,『日本史研究』, 第298號.

13 소순열(1992),「식민지시대 전북의 농업구조」,『농촌사회연구』, 제3집 및 소순열(1992),「식민지기전북에서의 수도품종의 변천」,『농대논문집』제23집, 소순열(1992),「식민지기 전북에서의 수도품종의 시험연구와 그 보급」,『전라문화논총』, 제6집.

14 朝鮮總督府殖產局,(1931)『朝鮮の農業』, 40쪽.

15 주봉규・소순열(1996),『근대지역농업사연구』, 서울대 출판부, 94-96쪽.

16 이러한 전북의 선도적인 역할은 일본인지주의 진출과 밀접한 연관이 있다. 즉 식민지 초기 재배율의 차이는 일본인 진출상황과 관계가 있다. 각 도의 총 경지면적 중 일본인 소유경지의 비율은 전북의 경우 1910년은 18.92%, 1915년은 20.78%로서 조선전체에서 가장 높았으며, 평야지대인 김제, 익산, 전주, 옥구의 4개 군에 집중되어 있다(田中愼一, 1979.3,「土地調査事業史の一斷面」, 旗田巍先生古稀記念會,『朝鮮史論集(下)』, 龍溪書舍, 302-309쪽). 또한 1918년『전라북도통계연보(全羅北道統計年報)』에 따르면 1916년 일본인 농업경영자는 평야부가 1,175인(이 가운데 위의 4군은 814인), 산간부가 43인이고 일본인 농가호수는 평야부가 1,490호(위 4군 1,131호), 산간부가 57호로서 압도적으로 평야부의 일본인 진출이 높았다.

17 서부평야부는 군산, 전주, 정읍, 고창, 부안, 김제, 옥구이며 동부산간부는 진안, 금산, 무주, 장수, 임실, 남원, 순창이다.

18 横山要次郎(1930.11),「全北に於ける水稻銀坊主種の回顧一年」,『朝鮮農會報』, 4-11, 93쪽.

19 蘇淳烈(2022),「第4章 韓国における近代農業技術の変容—「統一稲」の開発·普及過程を中心に」, 足立芳宏編著,『農業開発の現代史—冷戦下の農村建設·テクノロジーと地域社会』, 京都大學學術出版會.

20 이두순(1990),「일제하 수도품종 보급정책의 성격에 관한 연구」,『農業政策研究』, 제17권 제1호, 123-124쪽.

21 飯沼二郎, 앞의 논문, 104쪽.

22 全羅北道農會(1927),『全羅北道の農業事情』, 12쪽.

23 全羅北道農務課(1937. 8),『昭和11年度全羅北道農業情勢』, 4-5쪽.

24 全羅北道農會, 앞의 책, 13쪽.

25 주봉규·소순열, 앞의 책, 61쪽.

26 永友辰吉(1937. 7),「ヘアリベッチ栽培法」,『全羅北道農會報』, 全羅北道農會, 제42호, 22쪽.

27 松本武祝, 앞의 논문, 6쪽.

28 수리조합의 수원으로서 저수지(제언), 양수기라는 세 가지 형태가 있다. 전체 조선에서 저수지를 수 원으로 하는 것이 207조합으로 전조합수의 55.5%를 점하고 몽리면적으로는 14.0%를 가장 높은 비중을 점하였다. 다음으로 보(洑)는 조합수에서 26.8%, 몽리면적은 14.0%를 차지하고 있으며, 양수기를 수원으로 하는 조합은 전체의 12.3%로서 가장 적고 몽리면적에서도 9.5%에 불과하였다(이영훈 외, 1992,『근대조선수리조합연구』, 일조각, 17쪽).

29 이영훈 외, 앞의 책, 12-13쪽.

30 이영훈 외, 앞의 책, 37쪽.

31 이영훈 외, 앞의 책, 44-45쪽.

32 한국농어촌공사는 서부소리조합을 효시로 2008년 100주년 기념탑을 군산 미룡저수지(은파유원지)에 건립하였다.

33 미제(米堤)는 현재 군산 은파유원지이며, 선제저수지는 개간되어 경지로 바뀌었다. 옥구서부수리조합에 대해서는 정승진(2009),「한말 일제초 전통 堤堰契의 근대적 水利組合으로의 전환: 萬頃江 하류 沃溝西部水利組合의 사례분석」,『전북사학』, 제34호를 참조바란다.

34 宇津初三郎(1928), 앞의 책, 54쪽 및 99-100쪽.

35 宇津木初三郎(1928), 앞의 책, 80-81쪽.

36 松本武祝(1991),『植民地朝鮮の水利組合事業』, 朝鮮近代史研究双書 8, 未來社, 127-128쪽.

37 전라북도 농회(1935),『전라북도농회보』, 제31호, 41쪽.

38 일본쟁기는 일본에서 들여온 쟁기이며 개량쟁기는 일본쟁기의 장점을 살려 재

래쟁기를 개량한 것이다.(農林省熱帶農業センター, 1976,『舊朝鮮における日本の農業試驗研究の成果』, 農林統計協會, 102쪽)

39 이외에 퇴비제조, 녹비재배, 정조식, 종자갱신 등도 소작계약을 하고 있다.(주봉규, 소순열, 앞의 책, 200쪽).

40 松本武祝(1987), 앞의 논문, 6쪽.

41 김도형(2009),『일제의 한국농업정책사 연구』, 한국연구총서 76, 한국연구원, 460-461쪽, 466-467쪽.

42 주봉규·소순열, 앞의 책, 121-122쪽.

43 全羅北道農事試驗場,『昭和十一年度事業報告』1937.8, 172쪽.

44 藤田強(1940),「水稲品種の変遷」,『殖産銀行月報』,第5巻第25号, 4쪽.

45 朝鮮總督府農事試驗場(1931),『朝鮮總督府 農事試驗場 25週年 記念誌(上卷)』, 28쪽.

46 藤田强(1940.5),「水稻品種の變還」,『殖產調査月報』, 第5卷 25號, 4쪽.

47 飯沼二郎(1982),「日帝下朝鮮における農業革命」,『朝鮮史叢』第5·6合併號 103쪽.

48 안승택(2008),「식민지조선의 소주밀식(小株密植) 정책과 농민의 소식(疎植)관행」,『농업사연구』, 제 7 권 제2호.

49 農林省熱帶農業センター, 앞의 책, 299-300쪽.

50 農林省熱帶農業センター, 앞의 책, 88-89쪽.

51 이호철(2003), "식민지기 농업기술의 연구와 그 보급"『한국농업·농촌 100년사 논문집』제1집, 358쪽.

52 이에 대해서는 염정섭·소순열, 앞의 책, 400-403쪽 참조하기 바람.

53 해방 당시 이리 지장장(현 전라북도 농촌기술원장)을 지냈던 아라시 요시카즈(嵐嘉一)는 "자신의 입 장에 서서 생각할 수 있어도 타인의 입장에 서서 생각할 수는 없다" (農林省熱帶農業センター, 앞의 책, 768쪽.)는 표현은 이를 두고 한 말이다.

54 盛永俊太郎(1956),「育種の發展」, 農業發達史調査會,『日本農業發達史』第9卷, 98-103쪽.

55 데루오카 슈조엮음, 전운성 김, 앞의 책, 71-73쪽.

56 小早川九郎(1944),『朝鮮農業發達史 發達編』, 朝鮮農會, 6쪽.

57 久間健一(1935),『朝鮮農業の近代的樣相』, 目黒書店, 354~355쪽.

58 松本武祝(1990),「1930年代朝鮮の農家経済」, 中村哲 외,『朝鮮近代の経済構造』日本評論社.

59 자기경영을 수량화한 소작수지계산서는 소작쟁의 정당성을 주장하는 유력한 수단이 되었다. (蘇淳烈, 1995.9,「1930年代朝鮮における小作争議と小作経営」,『アジア経済』, 第36巻第9号).

60 구마모토 쟁의에 대해 자세한 내용은 蘇淳烈, 앞의 논문 참조.

제5장
일본인 농업이민과 불이농촌

1. 한 일본인의 개인기록

이 장은 재조선在朝鮮 일본인의 이민사회 농촌개발의 실상을 개인기록을 통해 밝히려는 것이다. 1876년 개항 당시 일본인은 54명에 불과했으나 1942년이 되면서 75만 명(조선 전체인구의 약 3%)이나 되었다. 이들은 조선총독부를 정점으로 하는 식민지사회를 형성하여 조선인들과는 별도의 공간에서 우월적인 식민지 지배자로서의 삶을 살았다. 또한 그들은 식민지 침략의 제일선第一線에서 식민지 지배 구축의 일익을 담당하였다.

이들 재조선일본인에 대해서는 연구는 상당 기간 별다른 관심을 끌지 못하였다. 1970년에 들어와 일본에서는 가지무라 히데키梶村秀樹가 재조 일본인에 대해서 '침략의 첨병'이라는 문제를 제기하였다. 이후 1990년대 전후 제국주의사 연구가 유행하면서 '침략자' 또는 '식민자', '풀뿌리 지배자' 등의 관점에서 '기무라 겐지木村健二, 다카사키 쇼지高崎宗司를 중심으로 다양한 부문에서 연구가 활발하게 진행되었다.[1] 우리나라에서도 정치사, 사회사, 문화사 등 다양한 영역에서 연구성과를 내고 있다.[2] 그러나 최근의 재조선일본인의 연구 확장에 도 불구하고 대부분 연구는 개발과 수탈, 지배와 피지배, 저항과 순응이라는 구도를 여전히 벗어나지 못하그 있다. 단순히 재조선 일본인의 성격을 단순한 정착 식민자로 강조한 나머지 식민지 이주민으로서 그들이 지니는 복합적인 성격을 파악하지 못하고 있다.

이 장의 분석대상인 불이농촌의 연구 또한 마찬가지로 일본인을 '식민지민'이 아니라 '식민자', '지배자'로서 파악하고 있다. '조선농촌사회의 대지주 중심의 재편성을 가속화'[3] 그리고 '일본제국주의에 의한 강권적인 자본주의의 도입이 만들어 낸 사회적 경제적 모순 시정'[4]으로 파악하여 식민지 이주민의 다양한 위치와 입장의 주체들이 만들어나가는 내부상황을 제대로 파악하지 못하고 있다.

이 장은 식민지배구조에 근거한 정형화된 연구가 아니다. 연구의 주된 목적은 이민을 추진하는 주체(=지배)와 이주민(=피지배)간의 복합적이고 다층적인 분화와 상호작용에 일어나는 일상생활에 주목하고 있다. 즉 불이농촌의 한 주거촌락인 야마가타촌山形村 이민자를 중심으로 일본인 이민농촌 실상을 검토하고자 한다. 이를 위해 먼저 일본인 이민과 불이농촌 그리고 야마가타촌에 대해서 파악한 뒤, 둘째 당시 야마가타촌 농업이민 동기와 입식과정, 야마가타촌의 개척할 때의 공동경영, 자금 상환문제 그리고 제염을 하기 위한 암거배수법의 도입에 대해 검토한다. 그리고 셋째는 야마가타촌을 통하여 일본인 이민농촌의 커뮤니티의 생활 세계를 조명하여 식민주체(불이흥업주식회사)와 식민대상(일본인 이주민)의 접점과 역학을 밝히고자 한다. 이 장은 기존 연구에 비해 몇 가지 분석관점의 차이를 두고 있다.

첫째, 만주농업이민의 선도적 역할[5]을 하였던 일본인 농업이민을 대상으로 한다는 점이다. 일본인 농업이민에 관한 연구는 이미 상당한 연구가 축적되어 있으나 앞으로 검토되어야 할 과제는 적지 않다.[6] 이에 관한 연구는 일본인의 식민자적 시각에서 한국인의 일본인 농촌이민 반대운동,[7] 일본인 이민농촌에서의 조선인 동화주의[8] 등의 농업이민정책을 둘러싼 조선인의 대응에만 한정되고 있다. 그런데 일본인 이민자들은 식민권력에 대해 협력과 타협뿐만 아니라 대립과 저항에 이르기까지 다양한 모습을 띠고 있었다. 따라서 이 글은 일제의 식민권력의 정책전개에 대한 조선인의 대응이라는 시각의 한계에서 벗어나, 식민현실에 나타난 일본인들 간의 다양한 관계로 관점을 바꾸어 일본인 농업이민의 실상을 분석하고자 한다.

둘째, 간척지이민촌인 불이농촌에 대해서 분석을 한다는 점이다. 국책농업이민사업 가운데 가장 대표적인 것은 1911년부터 추진한 동양척식회사의 이민이다. 동양척식회사의 기간지 이민과는 달리 불이농촌이민은 개간지(간척지)이민이다. 이런 점에서 제2차 개간지 농업이민사업이라고 불릴 정도로 새로운 농업이민정책이다. 그러나 '자작농촌, 자작경영을 목표로 추진되었던 불이농촌 건설사업, 즉 자작농창정사업自作農創定事業은 도리어 자본지배를 강화하게 되어 농촌 내부의 분해현상을 촉진'[9]시켰으며, '기간지 이민의 폐해를 회피하기 위해 고안한 개간지이민도 결과적으로 조선농촌사회 대지주중심의 재편성 가속화 및 소작인의 궁핍화를 한층 촉진시켰다'[10]고 식민자(지배자)로의 역할을 강조하고 있다. 이 연구는 일본인 이민자에 대한 식민자로서의 이미지화 보다는 그들의 다양한 차이와 삶의 모습을 입체적으로 살펴봄으로써 일본인 이민자들의 식민지와 식민지배를 보다 사실적으로 파악하려 한다.

셋째, 분석자료로서 개인기록 자료를 활용한다. 최근 재조선 일본인 연구의 관심은 점차 제도와 정책자료와 같은 공식기록에서 개인의 체험과 회고 등의 기록으로 점차 이동하고 있다.[11] 많은 연구가 주로 도시를 대상으로 하고 있기 때문에 농촌 거주 재조선 일본인의 기록에 대한 연구도 필요하다. 이 연구는 불이농촌의 야마가타촌에 거주하였던 이주민 지도자인 타케다 히도시武田恒의 개인 기록을 분석하였다.[12] 이 기록은 타케다가 불이농촌 이주 21년과 일본국민고등학교日本国民高等学校 30년 동안 토지개량·벼농사에 대해 서술하고 있다.[13] 일본고등국민학교 재직 기록은 전체의 5분의 1에 불과하며 대부분이 불이농촌에 관한 내용이다. 내용은 불이농촌의 개척과정, 일본 귀국 30년 뒤 불이농촌 방문, 불이농촌의 추억산문, 동경농업대학 학생에 의한 불이농촌조사보고(1971년 11월), 야마가타현사(불이농촌 발췌본)로 구성되어 있다. 이 연구는 이러한 타케다의 개인 회고록을 통해서 일본인 이민농촌의 실상을 살펴본다.

2. 일본인의 조선농업이민과 불이농촌의 건설

1) 일본인의 조선 농업이민

일본인의 조선 이민은 1900년대 이전부터 척식정책의 하나로 실행되어 점차 증가하다가 러일전쟁 후 급격히 증가하였다. 당시 조선에 거주한 일본인은 대부분 관리, 상인 등 일시적 이주자로 일본인 농업이민자의 수는 많지 않았다. 러일전쟁 후에도 일본인의 농업경영에 관심이 많아졌으나 일본인 농민이 조선에 정착한 경우는 적었다. 그들의 대부분은 지주의 모집 또는 알선, 각 현의 농업회사나 농업관련 조합의 지원에 의해 조선에 이주해 왔다. 그러나 이 시기 농업이민의 정착성은 높지 않았다. 1909년 말 현재 일본인 농가는 총 1,741호에서, 1910년 말에는 2,906호로 증가하였으나, 이 시기 농업이민의 이식과 농업개발은 일정한 한계를 노출하였다.[14] 대다수 일본인 지주들은 일본인 농업이민이주에 매우 소극적인 반면, 토지매수를 통한 조선인 농민들을 대상으로 한 소작경영에 몰두하였다.

이에 따라 일본정부는 일본농민의 농업이주를 늘리려고 반관반민의 동양척식회사(이하 동척)가 업무를 담당하였다. 일본정부는 농업이민에 대해 도항보조금을 주고 이주지의 경영자금으로써 대장성 예금부에서 저리자금을 빌려주었다. 한국정부의 출자지와 매수지로 구성된 동척의 사유지를 연부상환으로 분양하였다. 1911년 제1회 이민을 시작으로 1927년까지 총 17차례의 이민을 실시하였으나 이민 성적은 부진하였다.[15] 당시의 농업이민사업은 기존 소작농민의 경작권을 박탈하고 실시했기 때문에 조선농민의 반발이나 저항을 유발하였다. 뿐만 아니라 일본농민들은 입식 당시부터 생계유지 곤란으로 2~3년이 경과하면 경지를 조선농민에게 소작시키고, 스스로의 소자본으로 도시에 재이주 하거나 토목건설사업에 종사하였다. 사실상 이농자가 속출하여 정착성이 매우 낮았다.[16] 일본본국의 경제수지의 악화, 농업이민사업의 중단 등 전반적으로 농업이민이 순조롭지 않은 가운데 조선농민들은 동척을 상대로 생존을 위하여 반대운동, 진정운동[17]을 벌였다. 그러나 제1차 세계대전 경기 호황으로 조선농업이민은 갈수록 어려워져 1927년에 모집을 중단하였다.

제1차 세계대전이 종결된 1918년부터 경기가 만성불황상태로 반전되면서 일본은 식량부족에 의한 쌀 가격폭등 등으로 조선미곡증산의 필요성이 대두되었다. 이로서 조선 농업이민문제를 재차 검토하게 되었다. 새로운 농업이민 계획은 과거 동척이민사업의 문제를 수정하여[18] 추진되었다. 즉 동척의 기간지 이민과 달리 미간지를 개간하는 민간인 회사를 지원하여 이주시키는 방식으로 전환한 것이다. 조선총독부는 조선에 토지개량사업을 실시하고 민간개발회사의 유치에 노력하였다. 이에 귀족원의원 후지이 간타로藤井寬太郎가 사장이던 불이흥업주식회사는 전라북도 옥구군 미면과 옥구면 2,500정보의 간사지 간척의 면허를 얻어 1919년부터 간척사업에 착수하였다.[19]

2) 불이농촌의 건설과 농업이민

불이옥구 간척지는 전라북도 만경강 중하류에 설립된 임익남부수리조합과 임옥수리조합이 합병된 익옥수리조합의 수원지로서 저수지의 건설과 함께 익옥수리조합 구역에 포함시켜 간척사업이 추진되었다. 이 지역은 서해의 일부로 간조 때는 바닷물이 채워지는 평탄지로 암석이 노출된 작은 섬이 산재하고 있었다.

북쪽으로 6㎞ 떨어진 곳에 미곡수출항으로 유명한 군산항이 있어 이 지역은 군산부府 도시근교농촌으로서 발전 가능성이 높은 지역이었다. 지역전체는 금강과 만경강 사이에 남북 약 8㎞, 동서에 약 4㎞에 걸친 나선형 평탄지로 동쪽은 일련의 산으로 둘러 싸여 있고 북서쪽일대는 금강 하구에서 서해에 걸친 간사지였다. 1923년 해안 및 금강, 만경강 하구에 약 12㎞ 해안에 방조제와 배수갑문을 만들었다.

일제당국은 대장성 저리자금 180만엔을 이율 6분1리(6.1%)로 5년 거치 20년을 상환으로 하여 막대한 사업자금을 알선하였다. 사업비는 총 224만 3천엔, 반보당 약 121엔으로 다른 대규모 간척사업 반보당 약 280엔정도에 비하면 반도 안 되게 시행한 저렴한 공사이었다. 용수원은 계획단계부터 익옥수리조합의 수리사업과 함께 설계되어 확보에 큰 어려움은 없었으며, 제염작업에도 충분히 활용되었다. 간척지에는 옥구저수지 322정보를 사이에 두고 북쪽 1,000정보에 불이농촌, 남쪽 800정보는 불이흥업주식회사 옥구불이농장을 건설하였다. 불이농촌에는 일본인 자작농이민, 옥구불이농장에는 조선인 소작농이민이 각각 입식되었다.

불이농촌은 '문화의 촉진과 내선인內鮮人의 융화동화融化同化'[20]를 위하여 다수의 일본인을 이주시키려는 데 건설의 목적이 있었다. 후지이는 일본인 농업이민이 조선농업의 개발 및 '내선융화'의 기초가 되고 더 나아가서 일본인의 인구식량문제까지 근본적으로 해결되리라고 보았다.[21] 불이농촌에는 '엘리트 농민精農을 초치하여 자작농화와 더불어 도덕생활을 기초로 이상농촌理想農村을 건설하여 조선농가의 지도계발을 도모하는 것을 사명'[22]으로 삼았다. 이민자격은 영농자금 500엔을 지참한 만 20세 이상 남자, 배우자를 가진 신체 강건하고 노동을 이겨낼 수 있는 의지가 확고한 자, 미작농업에 경험이 있는 자, 장래 조선농민의 모범을 보이는 자로 규정하였다. 게다가 이주자는 가족과 함께 이주지에 영주永住하여야 할 것을 요구하였다.[23] 종래 이민사업과 달리 간척지의 농지화라는 특성상 정착하여 영주한다는 조건과 견실한 노동력을 갖춘 농가라는 자격조건을 큰 주안점을 두었다.[24]

이주민들에게는 여러 혜택이 주어졌다. 불이흥업주식회사는 일본대장성 저리자금을 이용하여 입촌과 함께 이주민들에게 1호당 논 3정보, 밭과 주택지 1반보(300평), 주택(건평 16평)이 분양되었다.[25] 그리고 10호당 집회소 1동(건평 9평)과 부지 54평, 우물을 건설하여 배분하였다. 이주민들은 분양비와 더불어 논조성비를 5년의 거치기간을 두고 6년째부터 매년 1년에 635엔씩 20년간 연부로 회사에 상환을 하기로 하였다. 영농자금은 일본 내 자작농 육성사업처럼 회사보증으로 500엔을 이주민 본인의 신청에 따라 연리 1할 2푼(12%) 내외로 융자를 받을 수 있었다. 보조금은 도항직전 내무성 사회국에서 이주수당 200엔, 농구수당 100엔 총 300엔과 불이흥업에서 1년 생활비 300엔을 지급받았다. 이주민들은 이와는 별도로 불이흥업이 1924년과 1927년 이주자들에게는 특별히 제염수당 300엔을 교부하였다. 이같이 불이농촌의 이주민은 동척이주민에 비해 상당한 규모의 지원과 혜택을 받았다.[26]

불이농촌 일본인 이민사업은 1924년 2월부터 시작되었다. 이민모집은 내무성 사회국의 협조를 얻어 일본 각 부·현에 의뢰하였다. 이주 계획은 1924년 100호를 제1회 이민시키고 2년간 제염사업을 한 뒤, 1926년 제2회 이민 200호를 수용하는 것이었다. 그러나 각종 지원에도 불구하고 제염사업의 지연, 이주자의 선발 부진 등으로 이민사업은 계획대로 진행되지 못하였다. 1924년 5월 제1차 이민은 8현에서 33호를 이주하였고, 1926년까지 총 이주 호수는 131호로 성적이 그다지 좋지 않았다.[27] 이주사업이 지연됨에 따라 불이흥업은 당연히 자금압박을 받게 되었다. 일본인 이주자 또한 자작농 창설자금의 상환이 시작되는 1927년부터 식민지조선 전체의 풍작으로 인한

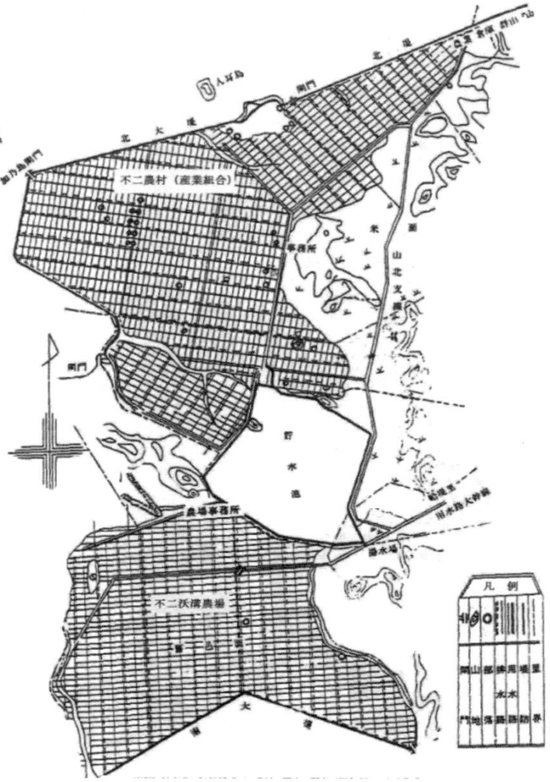

〈**그림 5-1**〉 불이농촌과 불이농장

자료: 松本貞一(1926),『不二農村に関する調査（復命書）』

미가 급락으로 상환이 불가능하였다. 이에 따라 불이흥업은 대장성에게 상환불능이므로 거치기간을 연장하고 자작농창설자금의 추가 융자를 요청했다.

1925년 자작농창설유지보조규칙의 시행으로 불이농촌도 산업조합을 조직하여 자금 확보가 가능하게 되었다. 1928년 3월 불이흥업은 불이산업조합의 설립허가를 받아 자금을 확보하고, 불이농촌은 불이농촌산업조합을 조직하게 되었다.[28] 이에 따라 불이농촌은 불이흥업에 의한 회사사업이 아니라 조합원인 이주민에 의한 산업조합사업으로 주체가 변경되었다.[29] 불이농촌 산업조합은 자작농창설조합으로서 조직을 개편하여 불이흥업이 수행하였던 건설사업을 그대로 계승하였다.

3. 야마가타촌 이주와 공동경영

1) 불이농촌의 야마가타촌山形村 이주와 가토 간지加藤完治

1941년 1월 현재 불이농촌의 인구는 남자 854명, 여자 815명으로 총 1,669명이 거주하고 있었다. 농가 호수는 319호, 부락은 32개이었다.[30] 부락은 이민자의 출신지 19개현에서 유래한 부락의 명칭을 붙였다. 부락은 제염정도에 따라 단계적으로 만들어졌다. 제1기 이민(1924-26년)은 도쿠시마 무라德島村, 미야기 무라宮城村, 오카야마 무라岡山村, 야마구치 무라山口村, 야마가타무라山形村 등 12개 부락이었다. 제2기 이민(1925-27년)은 에히메 무라愛媛村, 미나미 구마모토 무라南熊本村, 미나미 히로시마 무라南廣島村 등 11개 부락, 그리고 제3기 이민(1927-30년)은 미나미 사가 무라南佐賀村, 미나미 미야기 무라南宮城村, 기후 무라岐阜村 등 9개 부락이 만들어졌다.

야마가타촌에는 야마가타현 자치강습소 졸업생 및 야마가타현 출신 청년들이 입식하였다.[31] 야마가타현 자치강습소山形村自治講習所는

1915년 12월 야마가타시에 천황즉위 기념사업으로 만들어졌으며, 가토가 초대소장을 맡게 되었다.[32] 자치강습소는 당초 지방자치의 진흥을 위해 시정촌의 중견인물을 선발하여 지방자치행정의 중심인재를 양성하는 것이 목적이었다. 그러나 가토의 교육방침은 단순한 법제 및 사무를 처리하는 자치행정담당자를 양성하는 것뿐만 아니라, 농촌의 중견지도자 양성에 중점을 두고 황국정신 및 국수주의의 정신교육을 실시하는 것이었다. 1922년 당시 자치강습소의 강의는 천황중심주의 정신교육과 농장실습으로 이루어져 야마가다 촌의 생산과 생활면의 기초가 되었다. 다음은 자치강습소 출신자의 강습소에 관한 일지에서 인용한 것이다.[33]

〈**사진 5-1**〉 불이농촌 미야기촌(宮城村)(『農業及土地改良事業成績』(不二興業株式會社, 1929))

"1922년 1월 21일(토) 오전 맑음, 오후 바람과 눈.

야마구치 코오타山口康太郎

기상 5시, 6시 10분까지 전조前組청소, 후조後組무도. 조식 시, 아침 칙어봉독勅語奉読은 1조부터 순차적으로 함. 8시 반부터 10시40분까지 도장에서 타카노高野선생님으로부터 황국운동의 강화講話, 11시경부터 12시까지 오오다太田선생의 양돈 강의, 12시 30분 점심. 오후 휴식, 귀성 13명, 부자유품소지자 다수."

"1922년 4월 5일(목) 맑음

아베阿部기록

정시기상, 123조 무도武道, 4567조 청소. 오전7시 아침식사, 8시부터 10시까지 타카노高野선생의 농학대의農學大義. 오후 1시부터 3시까지 개간지 작업예정표 작성하며 곡류, 채소류, 덤불류, 과수, 소, 닭, 식목, 부채副菜, 뽕나무, 양잠을 10조로 나누어 각조 4명씩 분담하여 작업. 3시부터 5시까지 유도를 하고 2조는 본관 원예작을 함. 5시 반 저녁식사 없이 7시 묵독 없이 오후 9시 소등消燈하다."

가토는 농업생산의 실적보다는 황무지개척의 정신면 단련에 교육방침의 중점을 두고 있었다.[34] 그가 개척지에 관심을 둔 것은 1921년 제6기 자치강습소 제자들의 호소에 충격을 받았기 때문이었다.[35] 다음해 북유럽을 시찰하고 나서 덴마크의 국민고등학교제도에 공감하고, 청년의 척식교육을 통한 집단입식과 공동경영을 기초로 하는 정신교육에 의해서 개척농촌을 건설하기 위한 입식지를 물색하였다. 이를 위해 조선총독부를 방문하여 총독의 소개로 불이흥업주식회사 사장

〈사진 5-2〉
42세때 카도오 칸지(加藤完治). 농민교육 및 만주개척이민의 지도자라고 불리운다.
武田恒(1983),『土と遊ぶ-一開拓者の記録-』

인 후지이 칸타로와 이야기를 나누게 되었다. 가토는 동회사의 계획이 일본농민의 집단입식에 의한 자작농창설에 있다는 것을 알고 현지시찰 조사 후 야마가타현 출신 농촌청년의 입식을 추진하였다. 당초 불이홍업주식회사는 일본의 각 부현에서 10호씩 입식시켜 하나의 부락을 만드는 것이었지만, 가토는 부락 당 20호 이상을 만들 것을 주장하여 야마가타현에 한해서 한 부락에 20호가 입식하는 것이 승인되었다.[36]

야마가타현에서는 1925년 자치강습소 졸업생을 중심으로 제1회 10호, 다음 해 제2회 10호를 송출하여 20호로 부락을 건설하여 야마가타촌이라고 이름을 붙였다. 이어 제2기 간척지가 완성됨에 따라 1928년 다시 20호의 농민들을 입식시켜 니시 야마가타촌西山形村이라고 명명하였다. 먼저 야마가타촌은 입이도八耳島[37] 앞에 위치하며, 먼저 입식한 부락이기 때문에 구舊 야마가타촌, 간척지 중앙에 있는 니시 야마가타촌은 신新 야마가타촌이라고 불렀다. 야마가타촌 이주민들은 불이홍업에서 입식자 호당 수전水田 3정보, 주택지용지 1단보(300평)를 받았다. 이들은 타 부락과 달리 23-27세의 청년들로써 신혼가정으로 불이농촌에서 가장 모범적이고 개척정신이 투철한 이주

민들이었다.[38]

2) 이주동기와 입식

야마가타촌의 이주민 지도자인 타케다 히도시武田恒는 20세 때 군회郡会 의사당에서 행한 가토의 강연에서 매료되어, 1923년 1월 중순 자치강습소에 입소하였다. 가토는 강연회에서 '미대륙을 횡단하여 보면 실로 넓은 데에 놀란다. 기차가 몇 시간 달려도 인가人家도 가축도 볼 수 없는 초원을 달린다. 한편 우리 나라를 돌아보면 방 하나에 문을 잠그면 인간 초만원이다. 과감히 문을 열어 해외로 나갈 것인가 질식할 것인가. 두 가지 중 하나뿐이다. 일본농촌문제의 암癌은 호당 경지면적이 작다는 것에 있다. 이것을 50세, 60세의 노인에게 말을 하여도 알아 듣지 못한다. 젊은 제군諸君이 흥기興起해야한다'[39]라는 취지의 말을 하였다. 이를 타케다는 마음에 새겨 고향에서 농사를 한다면 자신의 집 경지를 나누어 농사를 짓던가, 아니면 소작인이 되던가를 택하지 않고 해외의 개척농민이 될 각오로 가토소장에게 부탁을 하게 되었다.

1925년 3월 타케다는 자치강습소 소장실에서 불이농촌 입식을 설명하는 가토의 이야기를 듣고 곧 바로 이주를 승낙하였다. 독신자는 이주자격이 없기 때문에 타케다는 결혼을 서둘러 집에서 20㎞ 떨어진 곳에서 맞선을 보았다. 그리고 맞선 상대자에게 다음과 같은 다섯 가지를 물었다.[40]

"① 나는 가토 겐지 선생님에게 모든 것을 위임해서 앞으로의 인생을 보낼 각오이다. 행동을 같이 할 수 있는가?

② 보지도 않고 알지 못하는 곳으로 가기 때문에 성공할 지도 알 수 없다. 힘든 역 경에 조우할지도 모르지만 그 땅에 뼈를 묻을 생각이다. 같이 결심하여 줄 것인가?

③ 지금은 불이농촌에 가지만 몇 년 지나서 가토선생님이 만주, 몽고 방면에 가라고 말한다면 어디든지 갈 것이다. 같이 갈 수 있는가?

④ 급료를 받으러 가는 것이 아니고 논농사를 지으러 가는 것이다. 괭이, 낫을 들고 일할 수 있는가?

⑤ 나는 보는 바와 같이 빈약한 성격이다. 다른 사람이 5년 걸릴 수도 있지만 나 는 7년 가까이 걸릴지도 모른다. 조급하지 않는 기분으로 같이 할 것인가?"

이를 보면 타케다의 이주동기는 가토의 교육에 기반을 둔 개척정신이다. 가토에 자기 자신의 인생을 맡기고 정해준 곳에 이주하고자 하였다. 이주하여 시간이 걸리더라고 조악한 방법이라도 역경을 이겨가면서 농업을 영위하고자 한 것이다. 이를 위해 맞선상대자에게 인내하며 같이 해 줄 수 있는 가를 묻고 있다. 이는 선보는 상대방에게 '나는 전연 이의가 없다'[41]라고 할 정도의 강한 동참의사를 묻는 것이었다. 동의하지 않을 것이라고 생각하고 있었지만 승낙의 통보를 받았다. 3월23일 결혼, 3일후인 26일 불이농촌 야마가타촌에 이주하기 위해 다른 9가족과 함께 가토가 송출하는 제1회의 개척자로서 야마가타역을 출발하였다.

1924년부터 입식을 개시한 불이농촌에 야마가다현 출신 이주민들은 1925년 두 번째의 이주자로서 일본전국에서 응모하여 온 이주자 50호와 함께 시모노세키下関에 집합하여 배로 부산을 향해 출발하였다. 그리고 부산에서 전용열차로 군산에 도착하여 4월1일 군산부의 상공회의소에서 성대한 입촌식을 거친 뒤 각호가 속한 부락에 입식되었다. 이주결정부터 결혼, 개척지 출발 및 입식까지 1개월밖에 안 되는 짧은 기간이었다.

이 같은 이주에 대해 야마가타 신문은 '비행기가 뜨는 세상에 단지 10호의 이주자를 보내서 농촌문제를 해결한다는 것인가, 이백리의 길을 도보여행 시키는 것은 시대착오다'라고 조소하기도 하였다.[42] 외형적으로 본다면 불이농촌의 개척은 귀족개척이라는 비평이 있지만, 개척지는 '풀도 나무도 자라지 못한 대지, 소금기만 가득찬 죽음의 대지'[43]였다. 이런 개척환경을 보지 않는 사람들은 이주민들이 얼마나 힘들게 개척을 해야하는 지 도저히 이해할 수 없었을 것이다. 이주민들은 4㎞에 가까운 일직선의 제방 위를 걸어 입이도를 넘어 2㎞정도에 위치하는 야마가타촌에 도착하였다. 갈대가 무성하게 자란 것 이외에는 아무 것도 없는 1천 정보의 간척지 가운데 450m도로를 사이에 두고 신축한 가옥 5호씩 2열로 자리 잡고 있었다. 그들은 개척자로서 신축가옥에 입주하였으며, 다음과 같은 의식을 지녔다고 한다.

〈사진 5-3〉
입식 당시 타게다 부부(1825년 11월) 武田恒(1983),『土と遊ぶ-一開拓者の記録-』

> "1925년 4월 1일 나를 비롯한 우리들은 풀도 나무도 없는 이제까지 본 적도 들은 적이 없는 미지의 세계, 바다의 간척지 '불이농촌의 땅'을 처음으로 밟은 것이었다. 당시 조선, 북해도는 생활방도가 없는 사람이 가서 살던 시대였지만, 우리들은 국가적 견지에서 또는 다른 사람에게 신세를 지지 않고 사는 개척농민이 되기 위한 것이라고 의기양양하였다."[44]

3) 야마가타촌의 공동경영

각 부현별 이주민들은 이주 직후 부락단위별로 공동생산을 하였다. 개척초기 이주민이 가지는 여러 가지 불리한 점을 해결하기 위해 공동으로 생산하고 그 결과 생산물이 공동으로 분배되는 공동경영을 하였다. 그러나 야마가타촌을 제외한 모든 부락의 공동경영은 1~2년간 밖에 실행되지 못하였다. 이주민 개개의 가족구성이 다르고 세대주가 고령이며 대가족이었다.[45] 부부만의 가족도 있어서 노동력 제공과 소비물자의 배분 등을 둘러싸고 항상 분규가 끊임없이 일어나 불평불만에 의한 탈락자가 속출하고 빠르게는 제2년째 전후부터 공동경영을 유지하기가 곤란하였다. 이 때문에 경지를 호당 3.3정보씩 배분하여 개인경영으로 바꾸었다.[46] 개인경영이행 때도 경지조건에 의해 배분을 둘러싸고 분규가 일어났다.

이에 대하여 야마가타촌은 다른 부락과 달리 5년간이나 공동경영을 했다. 20호씩 신구新舊 야마가타촌 세대는 평균 연령층이 비교적 젊은 신혼가정이었다. 특히 가토의 정신교육으로 단련된 자치강습소 졸업생이 부락의 중핵이 되어 있었기 때문에 상호부조, 공동경영을 지속하여도 하등의 분쟁도 일어나지 않았다.[47] 이러한 현상은 젊은이를 개척지에 보내는 만큼 낙오자가 없도록 해야한다는 자치강습소 소장 가토의 교육에 기인한 것이었다.[48] 이 교육은 가토가 1922년 한냉지 농업 선진지를 시찰할 때, 개척농촌을 건설하기 위한 집단입식, 공동경영을 실시하는 덴마크의 국민고등학교제도를 따 온 것이었다.[49]

본래 개별경영은 생활과 경영이 밀착되어 가내수요에 따라 생산종목이 조절되고 이에 따라 집약적인 자급생산이 이루어진다. 그러나 공동경영은 개인적 욕망이 충족될 수 없고 집약도도 낮아져 생산이 저하될 가능성이 있다. 각자분담이 더 큰 부담이 되기도 하고 열심히 한 사람이 오히려 손해를 보는 경향도 있다. 이 같은 단점에도 불구하고 타케다는 공동경영을 하면서 공평한 답의 배분, 농도의 충분한 확보, 양돈·양계조합의 결성과 활약, 소방설비와 야마가타촌의 활동, 된장·간

〈사진 5-4〉 입식 2년차가 된 1927년 2월 마을 집회소 앞에서 찍은 야마가타촌 이주민들. 대부분이 입식 때 결혼을 해서 아이 나이가 비슷하다. (武田恒(1983), 『土と遊ぶ-一開拓者の記録-』)

장의 자가양조,[50] 조선에서 처음으로 양파 생산, 최초로 암거에 의한 제염 제거로 획기적 증산, 오조식五條式 축력의 제초기 도입, 명물 '소라고동'[51]의 신호 도입 등 야마가타촌에 많은 장점과 특색을 가져왔다고 주장하였다.[52]

입식 5년째부터 야마가타촌은 현지 출산이 많아지고 공동경영에 참가할 수 있는 노동력이 집집마다 차이가 생기기 시작하여, 공동경영의 결함이 드디어 표면화되었다. 공동경영의 결함은 ① 노동력의 불균형과 생산의욕의 저하로 인한 전체 생산의 감소 ② 공동분담을 하지 않는 자에 대해 노동에 대한 불평 증가 ③ 열심히 일을 한 자는 반대로 걱정을 느끼게 되었다. 이 때문에 부락에서는 수회에 걸쳐 협의한 결과, 1930년부터 경지를 배분하여 개인경영으로 이행하였다. 경지의 배분은 다음과 같은 방법으로 실시하였다.[53]

1. 호당 3정보를 배분하고 합계 60정보의 수전을 확보하지만, 지구에 따라서 지력에 상당 한 차이가 있고 또한 관개 불편 등이 있기 때문에 전全 지구를 1정보단위로 상, 중, 하로 구분하고, 이를 조합combine하여 한 구획一本으로 하며, 20개 구획을 만들어 제비뽑기로 공정하게 분배하였다.
2. 경지배분 후에는 농도農道 조정이 곤란한 경우를 고려하여 배분전에 농도를 정비하 여 집집마다 배분한 수전에 마차馬車의 횡단을 가능하게 하였다.

그리고 개인경영에도 불구하고 종래 공동으로 사용한 동력농기구나 소화설비消火設備 등 공동경영에서 좋게 평가하던 방법을 그대로 채용하였다. 야마가타촌의 5년간 공동경영을 타케다는 높게 평가하고 있다. 개인 경영 이행 이후 협력 정신이 마지막까지 계속된 것은 공동경영의 정신기반이 되었으며 인생에 크나큰 플러스 역할을 하였다고 생각하였다.

4. 저리자금 상환과 암거배수법의 도입

1) 저리자금 상환문제

불이농촌은 불이흥업주식회사가 자작농창정을 목적으로 일본정부로부터 300만엔의 저리자금을 대부받아 1천 정보의 논 및 이주자의 주택, 집회소, 기타 부속시설을 만들고 이를 일본인 이주민에게 분배한 간척지 이주촌이었다. 융자금 상환에 대해서는 이주민이 불이흥업을 통해 약 1만엔의 원리금을 5년 거치 6년째부터 25개년 600엔씩 균등분할 상환한다는 계약을 맺었다. 이 연부상환은 쌀값이 석石(약 180리터)당 30엔을 기준으로 하여 호당 20석을 공출한다면 자연적으로 상환할 수 있을 것이라는 계산에 나온 것이었다. 그러나 개척한 경지에는 아직도 염분이 많아 작물은 잘 자라지 못하였다. 첫해는 반보당 약 0.28석, 제2년도는 0.43석, 제3년도는 0.80석으로 거의 3배나 증가하였으나 이주민들은 자가 소비용과 가족 생활비를 준비할 수 없었다.[54]

1928년에 이르러 불이농촌이 산업조합으로 바뀌고[55] 개척지 조성도 계획의 80%에 달하였으며 반당 수량도 2.76석으로 증가하여 일본 본토의 면적당 수량과 가까워졌지만 현실적으로 연간 600엔의 상환은 불가능하였다. 더구나 일본본토의 쌀 가격이 급락하여 1924년 동경東京 정미가격이 석당 35엔 98전이었지만 1927년에는 31엔 8전, 다음해 1928년 7월에는 30엔대 이하로 떨어져 29엔 83전이 되었다. 상환연도 1931년에는 쌀 가격이 20엔대로 떨어져 18엔 46전이었다. 이후 점차 회복하여 20~24엔 사이를 등락하였지만 입식 당시 계산 기준이던 30엔대에 근접하지도 못했다. 이 때문에 이식자들은 5년간 거치기간의 연장을 진정 청원하고 상환을 하지 않았다.

그러나 일본정부와 예금부 자금을 취급하는 조선식산은행은 이를 인정하지 않고 불이농촌산업조합에게 상환을 강요하여 쌍방 간에 격심한 분쟁이 일어났다. 이에 식산은행이 업무를 인수하여 1935년까지 정부에 상환을 하기로 하고 입식자에게 거치기간을 사실상 연장하기도 하였지만 이자가 누적되어 부채 총액은 무려 480만 엔에 달하였다.

1936년부터 상환을 개시하고자 하였지만 이식자는 처음 계약대로 연액 600엔 25개년 연부를 주장하는 데에 대해서 은행 및 부채책임자인 불이흥업주식회사 사장인 후지이 칸다로는 연액年額 800엔의 상환을 주장하여 계약을 개정하려고 하였다. 이리하여 다시 분규가 생기고 쌍방의 대립이 격화하여 당사자 간에는 수습하기 곤란하게 되었다. 이에 조선총독부가 양자의 조정에 들어갔다. 조선총독부는 현지의 경영실태를 조사한 다음 은행 측에 이자 100만엔을 탕감하고 상환계약도 1936년부터 30개년 연부로 이행하는 것을 받아들이게 하여 저리상환자금문제는 해결되었다.[56]

저리상환자금 문제는 '불이농촌 붕괴의 위기',[57] '불이농촌을 해산할 것인가, 존속할 것인가가 걸린 중대한 문제'[58]이었다. 상환개시년도인 1928년 이후 쌀 가격이 폭락하고 1931년에는 1석당 16엔으로 폭락하였다. 1석당 30엔을 기초로 계산된 1개년의 상환금 600원을 도저히 상환할 수 없었다. 제염도 진행되지 않고 수확량이 적은데다가 생활비와 영농비를 충당하고 나머지로 원리금을 상환하는 것은 현실적으로 불가능하였다. 사가현佐賀県 사람을 중심으로 조선총독부의 감독관청, 조선식산은행, 불이흥업을 대상으로 치열한 상환금 감액 탄원운동을 전개하였다. 그들은 산업조합총회에서 몇 번이나 회의장 일각을 점령하여 조합장에게 살기를 품을 정도였다. 큰 소동을 일으킨 주모자는 한 명도 조합에 남지 않고 퇴촌하였다. 야마가타촌 사람들은 이 어려운 시기에 대해 다음과 같이 회상하였다.

> "우리들은 어려운 문제를 가토선생님의 가르침대로 묵묵히 개척자로서 일하는 노력을 하 고 있었다. 조합원으로서 힘든 동요기였으며 퇴촌자가 속출하여 3백 30호를 확보하는 것 도 곤란한 시기였다."[59]

긴박한 상환문제의 해결방법으로서 불이농촌산업조합 즉 불이흥업은 총독부 관할관청 및 은행에 대해서 성의를 보이기 위해 생산한 쌀의 자유판매를 금지하고, 자가용 쌀만 남기고 전부 조합을 통해 은행에 공출하게 하였다. 공출 후에는 월 최저 생활비와 영농비를 지급하였다. 밤에는 요소요소에 조선인 감시원을 두어 감시하였으며 위반하는 조합원에는 양의 다소를 불문하고 가족 전원 퇴촌이라는 엄한 처벌을 내렸다.

이러한 상환문제는 가토 간지와 후지이 칸다로 조합장간의 대립을 불러 일으켰다. 후지이는 가토가 경성에 왔을 때 환영회를 마련하고 환영회 석상에서 상환금 증액을 조합원에게 설득하도록 의뢰하였다.

가토는 거절할 수 없는 상태에 빠지게 되어 승낙하지 않다가(不承), 승낙에 무관심하다가(無承), 끝내 승낙하게 되었다(承諾). 가토의 승낙을 얻은 후지이는 전화로 전라북도 도지사에게 "내일 불이농촌에 가토가 방문한다. 조합원 설득을 승낙했다"는 내용의 전화를 하였다.[60] 이후 일본 동경에서 상환문제 회담을 가졌다. 여기서 후지이는 600엔을 800엔으로 증액할 수밖에 없는 이유를 설명하자, 가토는 진지하게 듣고 있다가 800엔이라는 말을 듣고 "안 돼"라고 큰 소리로 외치고 회담을 끝냈다. 가토가 반대한 이유는 '계획자의 오산誤算이지 개척자의 책임은 아니다'라는 것이었다.[61]

상환과 관련된 쌀 밀매를 둘러싸고도 조합(불이흥업)과 조합원(이주민)의 갈등이 있었다. 불이농촌 산업조합의 제3대 이사인 카야노 마사히로茅野正大때 일어난 일이다. 그는 신의주 헌병 대좌출신으로 1933-1936년에 근무하였다. 그는 전임자인 야수이安井이사의 방침을 답습하여 생산 자유판매금지와 엄중한 밀매감시를 계속하였다. 또한 조합원 집회 때 밀매가 의제에 올랐다. 타케다는 다음과 같이 회상하고 있다.

> "나는 카야노 이사에게 발언을 구하여 '언제까지 지나도 밀매자가 끊이지 않는 것은 시행상의 결함이지 않는가'라고 하였다. 이에 이사는 '밀매는 절대 방지할 수 있다고 단언하고 의사방해다'라고 호통을 쳤기 때문에 질문을 중지하였다. 나 외에도 야마가타촌 사람 한 · 두 명이 질문하였지만 다른 부락 주민은 한사람도 발언하지 않았다. 후일 조합사무소 직원들은 야마가타촌을 제2의 사가촌佐賀村(탄원운동의 주모부락)이라고 평가하였다."[62]

모내기할 무렵 카야노이사가 은행에 모내기 인부 임금을 차용하러 은행에 갔으나 한 푼도 빌리지 못하였다. 이유는 역원役員(간부직원) 중에 밀매자가 있었기 때문이었다. 나중에 열린 집회 때 타케다는 다음과 같은 발언을 하였다.

> "우리들은 정말로 직접 집에서 소비하는 쌀만을 남기고 생산 쌀은 전부 조합과 은행에 내고 있다. 또한 우리가 하고 있는 농업방법이 나쁘기 때문에 상환할 수 없다고 하는데, 나쁜 점을 지적하고 지도해주기 바란다. 우리들은 목숨을 걸고 농업을 하고 있다. 지난 집회에서 내가 이사에게 엄격하게 꾸지람을 당할 때, 이사는 밀매는 절대 방지할 수 있다고 단언했다."[63]

은행의 대부제한은 조합원에게만 책임이 있는 것이 아니고 역원을 포함한 조합원 전체에게 책임이 있다는 것을 인지하였다.[64] 이후 공산적共産的 제도를 규정이상의 쌀을 자유롭게 사용할 수 있는 책임출곡제도責任出穀制度로 바꾼다는 안을 은행에 제출한 결과, 대부금을 받을 수 있게 되었다. 이어 1936년경 상환문제해결을 위해 총독부가 조합의 실태조사한 뒤, 이자를 탕감하는 새로운 상환안을 우리들에게 제시하여 상환문제는 해결되었다. 타케다는 "상환안에 대하여 '무엇이던 해보자'고 생각하였다. 때는 입식으로부터 12년의 성상이 지나서였다. 이 시점에서 처음으로 희미하지만 전도의 광명을 찾아낸 것이다."[65]

상환문제 해결 후 불이농촌에 코결모집이 있을 때 군산의 상인 가운데에서도 전업하여 이식하려고 희망하는 자가 쇄도하였다.[66]

2) 암거배수법의 도입

야마가타촌은 간척지이기 때문에 경지에서 염분을 제거하려고 노력하였다. 관개나 자연강우에 의해 제거하려고 하였으나, 지층속의 염분은 쉽게 제거되지 않았다. 염분농도가 0.4%이상이면 벼는 완전히 고사한다. 타케다가 소유한 논의 토지 생산력은 구 야마가타촌 20호 가운데 매년 12-3번째 정도였다. 명색은 중등전中等田으로 배분을 받았지만 1정보의 논은 높은 곳이어서 물을 퍼 올리기가 힘들어 제염이 곤란하였다. 이 때문에 논에는 염분이 아주 강하여 10년 경과하여도 모내기한 모가 반절은 염해로 고사하는 상태였다. 두 번 모내기하여도 허사였다. 논이 마을 가까이 위치하여 중등전이라고 배분받았으나 수확량으로 보면 최하등전에 가까웠다.

1935년 타케다는 시험삼아 암거배수를 실시하여 논의 제염에 성공하였다. 타케다의 고향에 가모다鴨田라는 농가가 있었다. 가모다가 맑은 물이 흘러나오는 수전水田을 오누마大沼라는 농가부터 인수를 받아서 토관에 의한 암거배수로 아주 좋은 효과를 거둔 것을 생각해 냈다. 그는 이 방법을 제염에 응용하려고 조합사무소 사토佐藤 보급원과 상담하였다. 사토는 암거배수는 토관이 아니더라도 왕겨, 갈대, 자갈 등을 사용하여 1칸(182㎝)간격으로 배수시설을 설치하면 된다는 것을 상세하게 계산까지 해주면서 설명하였다. 이를 듣고 타케다는 닭장의 토대를 만들려고 모아둔 성토와 자갈을 이용하여 토관을 만들었다.

염해로 벼가 말라죽은 논 1정보(1,520평, 1,292평 두 필지)에 암거배수시설로 아주 적합한 배수로가 있었다. 1반보(300평) 가운데 늑골형으로 5칸 간격으로 1조씩 6조, 6반보에 암거배수시설을 설치하였다.

지금까지 염분이 정체되어 빠져 나갈 곳이 없었던 논에 암거배수시설을 설치하여 돌 사이를 통해 졸졸 배수로에 유출되어 갔다. 가을에 염해로 수확이 없었던 논이 일약 중등전으로 되어 좋은 성적을 거두었다. 타게다 자신은 물론 동료도 놀랐을 정도였다.[67]

과거 10년간 무수확에 가까웠던 논이 가을에는 충실하게 벼가 익었다. 이를 보고 개척자는 온몸으로 느끼는 환희를 만끽할 수 있었다.[68] 1반보 당 3석 전후의 수확이라는 아주 양호한 성적을 얻었기 때문에 이것을 자기 소유 전경지에 시행하였다. 1938년 전체 입식자도 이에 준하여 암거배수를 실시하여 점차 경영이 안정되어갔다. 암거배수 효과는 답리작인 맥작에 현저하게 나타났고, 동력탈곡기의 도입과 더불어 답리작도 1940년, 1941년경 정점에 달하였다. 또한 이 토질에서 옥수수 재배가 유리한 것이 확실해지자, 옥수수를 도입 재배하여 자가소비용 이외는 군산부에 출하판대하기에 이르렀다.[69] 야마자키 요오스케山岐要助이사는 암거배수법을 활용하여 조선인들이 소작하고 있는 불이 옥구농장에 널리 보급시켰다. 그리고 조합의 최고책임자인 야마자키이사는 자신이 암거배수법이 의하여 제염에 성공하였다고 널리 선전하는 상황이 벌어졌다.

> "일반 조합원인 나의 창의고안에 의해 절대적인 제염효과를 가져온 암거배수에 의한 입체적 제염을 '조선농회보'[70]에서는 야마자키 이사의 발안이라고 선전하였다. 이사는 조합원의 공적을 태연하게 가로채기까지 하였다. 암거배수법을 내가 처음으로 고안하여 만든 것은 야마가타山形촌의 동지가 잘 알고 있다. 이와 같은 지도자(경영자)의 행동에는 어안이 벙벙하다."[71]

"내가 1935~37년에 걸쳐 3정보의 논에 암거배수시설을 설치하는 것을 야마자키 이사가 보고 갔다. 내 논 3정보의 1937년 수확량이 200가마(가마당 60kg)로 현저히 많아진 것을 보고나서 1938년부터 야마자키 이사는 조합원에게 실시를 장려한 것이다."[72]

후지이 칸타로 전 조합장은 자신의 지도하에 조선인 소작농장인 옥구농장에 암거배수에 의해 제염이 성공하였다는『조선농회보』의 기사를 보았다.[73] 이의 반론기사로 암거배수에 의한 입체적 제염은 불이농촌이 선구로 한 것이다라는 글을『조선농회보』에 게재하였다.

5. 일본인 커뮤니티와 조선인

불이농촌에 거주하였던 일본인들은 현지 조선인 사회와 분리된 일본인 커뮤니티를 만들었다. 불이농촌 전체 32개 마을은 각기 출신현의 이름을 붙이고, 중심인물인 구장區長을 두고 있었다. 구장은 불이농촌산업조합의 평의원이었으며, 조합과 기초단위인 구區 사이에는 조組가 있었으며 4조가 모여 불이농촌 전체를 구성하였다. 불이농촌은 산업조합을 중심으로 움직였다. 개별 마을 차원에서 조직된 단체는 거의 없었으며 모든 문제가 조합원 집회와 같은 전체 차원에서 제기되었으며 산업조합을 단위로 해결하였다.[74]

불이농촌은 일본인의 집단이주지이기 때문에 여러 가지 공공시설, 사회시설이 갖추어졌다. 이 안에는 입식 당시 이미 아동이 있었기 때문에 '불이 공립소학교'가 설치되어 있었으며, 청년교육을 위해서 '불이공립척식농사학교'도 설치되어 있었다. 남자 전체는 기숙사생이며 여자는 보통 실과여학교를 다녔다. 사회시설로는 조합 전속 의사 및 조합 산파産婆를 두고 있었으며 '자혜회慈惠会' 및 '의료공제회'를 조직하여 조합원 중 빈곤자나 질병자의 구제기관으로 활용하였다. 이외에 65세 이상의 노인을 대상으로 '경로회'를 조직하고 경비는 자혜회에서 댔으며, 각 마을에는 '보덕회保德會'라는 자주적 인보隣保기관을 조직하여 월 1회 회의를 열고 영농 및 생활상의 제반사항을 협의를 하였다.[75] 그야말로 불이농촌은 그 자체가 일본 밖에서 일본적 일상이 가능한 현지의 조선사회와 분리된 하나의 작은 일본이었다.

불이농촌의 실질적인 운영주체는 조합설립을 주도한 불이흥업이었다.[76] 이사는 불이흥업이 선임하였는데 일본인 식민內地植民의 공적으로 취임된 초대 이사 야마가타현山形縣 지사 미우라 미노오三浦実生,[77] 동척 이리지점 지점장, 헌병대좌 등이었다. 감사는 이주민에서 2명을 선출하고, 평의원은 불이농촌의 하부조직인 각 촌(구)의 구장이 겸임했다. 10%에 가까운 조합원을 평의원으로서 조합운영에 참여시킨 것은 개척지이기 때문에 되도록 당사자인 조합원의 의견을 많이 반영하게 하였다.[78]

야마가타촌은 이미 말한 바와 같이 10호 단위의 다른 마을과는 달리 신구新舊 20호씩 두 개 마을이 만들어 졌다. 구성원의 연령층은 최소 23세, 최고 27세로 신혼가정이며 자치강습소 졸업생이 중심이 되고 가토의 정신교육으로 단련된 사람들이었다. 이 마을은 다른 마을과 달리 불이신사로 가는 중턱에 있는 야마가타촌 집회소에 가토의 지침이 적혀 있는 족자를 걸어둘 정도로 가토가 실질적인 지도자로서 역할을 하였다. 이는 타케다 히로시가 기와노(타케다 히로시의 처)와 처음 맞

〈**사진 5-5**〉 사이토(斉藤)조선총독 부부의 1925년 5월 야다가타촌 방문 (武田恒, 1983,『土と遊ぶ-一開拓者の記録-』)

선을 볼 때, 타게다가 '가토선생님에게 일생을 맡기고 있습니다'[79]라고 말한 것에서도 잘 나타나고 있다. 이런 정신이 야마가타촌이 일본인 커뮤니티의 중심에 위치하는 가장 모범적인 마을의 근간이 되었다.

불이농촌은 식민지조선에 위치하면서도 조선인과 교류하지 않는 사회였다. 식민지 조선에 생활하는 것이 아니라 조선 속에 만들어진 일본에서 생활하는 것이었다. 불이농촌에서 현지조선인과 분리된 일상은 당연히 식민지 조선의 일본인과 현지 조선인의 관계를 매우 제한적이게 하였다. 조선인과의 관계나 접촉은 상품 주문을 받거나 배달하는 조선인을 만나거나[80] 조합원의 생산물 밀매를 감시하는 조선인을 마주치는 형태의 만남이었다. 타케다는 쌀의 밀매 방지를 위한 조선인 감시자의 배치에 대해 기분이 대단히 좋지 않았다.

"밤이 되면 조합(회사)은 요소요소에 조선인을 배치하여 감시시키며, 위반한 조합원에게는 밀매양이 적다 많다 상관없이 가족전체가 마을에서 쫓아내는 벌을 내린다. 지금이라면 인도적人道的문제, 인권 문제로 발전하겠지만 아직까지도 유감이다. 조선인에게 감시당한다고 생각하면 나는 밀매할 마음이 전혀 없으니 관계없다고 생각할지 모르지만 지금 생각해도 정말 기분 나쁜 일이었다."[81]

피지배인=하등민인 조선인에게 감시당했다는 의식을 갖고 있었던 타케다는 일본이 조선을 지배하여 근대식 제도를 도입함으로써 그 덕택으로 현재의 경제발전이 가능하였다고 인식하고 있다.

"내가 조선에 있을 때 독일인이 조선을 시찰하며 '일본이 이렇게 조선인을 교육하면 장래 일본이 곤란한 시기가 올 것이다'라고 말한 것을 들은 기억이 있다. 미국의 일본대사인 라이샤워 대사의 강연을 텔레비전에서 봤더니 라이샤워대사는 '이전 일본의 식민지이었던 대만, 한국은 다른 나라의 식민지에 비하여 오늘과 같이 눈부시게 발전하였다'라고 말하였다. 그 발전의 원인은 어디에 있는 것인가, 여기에 그 이유가 있을 것 같다."[82]

일본인과 현지 조선인과의 만남은 극히 제한적인 방식으로 이루어졌다. 타케다의 경우, 조선인과의 관계는 생산 내지 생활에 필요한 노동과 서비스를 활용하는데 집중되었다. 그가 지속된 관계를 유지한 것은 홍○○과의 만남이었다. 홍○○은 불이농촌 인근의 산북리(현재 군산시 산북동)에 사는 사람으로 16, 17살 때부터 해방될 때까지 타케다 집에서 전속 고용인으로 일을 하였다. 당시 농한기 때 불이농촌에서는 인접한 옥구농장(조선인 소작농장)의 운영물자를 소나 마차로 운송하는 부업적인 노동을 하였다. 타케다의 자식들은 가족들과 함께 일을 했기 때문에 홍○○을 조선인이라고 생각하지 않았으며 일본으로 돌아간 뒤에도 홍군을 일본인이라고 말할 정도이었다.[83] 타케다의 의식세계에는 조선인들의 존재가 갖는 의미가 특별하게 부각되지 않았다. 타케다는 개척자로서 식민지 지배에서 특권 누리며 주어진 자연스러운 식민지적 질서에서 벗어나지 못하였다.

6. 일본인 이민농촌의 개방과 폐쇄

일제 강점기의 일본인 농업이민에 관한 기존연구의 대부분은 그들을 침략자, 식민자, 지배자로 획일적으로 파악하고 있어 그들 내부에서 무엇이 일어났는지에 관한 연구가 부족하다. 이글은 일본인 이민농촌에서 일상적인 생산활동 및 조선인과의 관계를 분석하였다. 분석은 조선에 자작농을 창설하여 정착시키고자 하는 사업(자작농창정사업, 自作農創定事業)의 대표적 사례인 불이농촌의 야마가타촌에 이주한 개인기록을 통하여 고찰하고자 하였다. 구체적으로는 먼저 일본인 이민과 불이농촌 그리고 불이농촌에서의 야마가타촌에 대해서 정리하고, 개인기록인 회고록을 통하여 농업이민 동기와 입식과정, 야마타촌의 개척에서의 공동경영, 자금 상환문제 그리고 제염을 하기 위한 암거배수법 도입 그리고 조선인과의 관계라는 다섯 가지 단면을 분석하였다.

첫째, 야마가타촌에 이주한 이주민들은 각종 지원 등의 혜택과 더불어 가토 간지로부터 교육받은 투철한 개척정신이 입식의 동기로 보여진다. 일본인은 식민지 간척지 불이농촌에 이주하였다. 그들은 동양척식회사 이주민에 비해 상당한 규모의 각종 지원과 혜택을 받아 입식되었다. 이 가운데 야마가타촌에는 야마가타현山形縣 자치강습소 졸업생을 중심으로 이주한 이민자들이 입식되었다. 그들은 불이농촌에서 자치강습소 소장 가토 간지加藤完治의 교육으로 타 부락에 비해 가장 모범적이고 개척정신이 투철한 이식자들이었다.

둘째, 공동경영에서 나타난 교육과 협력정신은 야마가타촌을 모범집단으로 이끄는 모멘텀이라 할 수 있다. 이주 직후 이주민이 가지는 개척 초기의 불리한 점을 해결하고자 공동경영을 하였으나 야마가타촌을 제외하고 2년을 넘지 못하였다. 야마가타촌 세대는 평균 연령층이 비교적 젊은 신혼가정이며 가토의 정신교육에 단련된 졸업생이 중심이었다. 이 때문에 야마가타촌은 다른 마을과 달리 상당기간 공동경영을 지속하였다. 그들은 개인경영이행 이후 협력정신이 마지막까지 계속된 것은 공동경영의 정신이었다는 자존감을 갖고 있었다.

셋째, 저리자급 상환문제의 위기에도 야마가타촌은 이탈보다 공동체적 해결을 추구하였다. 저리자금 상환문제는 불이농촌을 해산할 것인가, 안 할 것인 가하는 불이농촌의 위기와 관련된 문제였다. 소금기로 쌀 생산력이 낮고 경제공황으로 쌀 가격이 아주 낮아 이주민의 5년 거치 25년 융자금 상환은 불가능한 상황이었다. 금융기관(조선식산은행)은 상환을 요구하여 불이흥업주식회사와 격심한 분쟁이 일어났다. 조선총독부가 양자 간 조정을 통해 저리자금상환문제는 해결되었다. 이 과정에서 야마가타현 자치강습소장과 조합장간의 대립, 이주민의 상환금 감액 탄원운동의 전개와 불이농촌산업조합의 쌀 자유판매금지 및 조선인 밀매 감시원 배치, 마을 간의 갈등 등 여러 가지 분규와 대립이 상존했다. 상환과 관련된 쌀 밀매와 관련하여 양과 관계없이 밀매한 가족들의 퇴촌은 속출하였다. 한 부락의 구성원 전원이 퇴출되는 경우도 있었지만, 야마가타촌에서 마을을 떠난 사람은 없었다.

넷째, 야마가타촌은 암거배수법을 개발하는 등 불이농촌의 농업기술 진전에도 기여하였다. 소금기를 없애는 암거배수법의 도입은 쌀 수확량을 높이는 뛰어난 기술이었다. 야마가타촌의 타케다는 시험삼아 암거배수를 실시하여 제염에 성공하였다. 암거배수법의 수용은 간척지쌀 수확량을 높여 야마가타촌은 물론 불이농촌의 토지생산력 향상에 크게 기여하게 되었다. 그러나 조합의 최고책임자가 자신이 암거배수법에 의해 제염을 성공하였다고 널리 선전하는 일이 일어났다. 이의 반론 기사를 게재하는 것으로 대응하였지만. 암거배수법 도입 경위에 대한 내부 마찰은 계속되었다.

다섯째, 불이농촌에 이주한 일본인들은 현지사회와 분리된 자신만의 세계를 구축하고 있었다. 외부세계와의 접촉인 조선인과의 만남은 극히 제한적이었다. 그들의 경제활동은 불이농촌산업조합을 통하여 이루어졌고, 일상생활은 그들만의 커뮤니티에서 영위하였다. 조선인과의 만남은 생활에 필요한 물자를 배달시키거나 부업적인 노동으로 고용하는 것에 국한되어 있었다.

이와 같이 일본인의 이민농촌은 식민지이민정책과 이민자, 은행과 회사(조합), 조합과 이민자, 이민자와 이민자 간에 순응과 저항, 타협과 불화, 대립과 갈등 그리고 교류와 협력이라는 다면적이고 복합적인 역학관계에 있었다. 그리고 식민지 조선농민과는 일상적으로 분리된 그들만의 사회를 형성했다.

1 梶村秀樹著作刊行委員会(1992), 梶村秀樹 "Ⅲ 在朝日本人", 『梶村秀樹著作集 第一券 朝鮮史との日本人』, 明石書店, 木村健二(1989), 『在朝日本人の社会史』, 未来社, 高崎宗司(2003), 『植民地朝鮮の日本人』, 岩波新書76, 岩波書店. 高崎宗司의 책은 이규수에 의해 번역·출판되었다. (이규수 옮김, 타케다쇼지 지음, 2006, 『식민지 조선의 일본인들-군인에서 상인, 그리고 게이샤까지』, 역사비평사).

2 이에 대한 연구사적 동향은 이형식(2013), "재조 일본인 연구의 현황과 과제" 『일본학』, 제37권 및 전성현(2015), "식민자와 식민지민 사이, '재조일본인'연구의 동향과 쟁점", 『역사와 세계』, 제48집 참조.

3 李圭洙(1995), "植民地期朝鮮における集團農業移民の展開過程-不二農村を中心に", 『朝鮮史研究會論文集』, 第33集, 223쪽.

4 이토야마 켄스케 · 소순열 · 사카시타 아키히코(2005), "식민지조선에서의 산업조합의 일 특질- 불이농촌 산업조합을 중심으로", 『농업경제연구』, 제46권 제4호. 24쪽.

5 山形縣(1971), 『山形縣史』, 本篇 4 拓植編, 302쪽.

6 그 동안 일본인 농업이민 연구를 주제별로 보면, ① 일본의 농업식민론과 이주식민정책에 관한 연구 ② 개항장을 중심으로 이루어진 일본인 초기이주민의 실태에 관한 연구 ③ 동척이민과 집단이민과 같은 국책이민의 실시과정 ④ 농업이민의 농장경영사례연구 ⑤ 농업이민정책을 둘러싼 한국인의 대응으로 나눌 수 있다. 이러한 연구성과에도 불구하고 일본인 농업이민연구는 유형별 입안과정이 식민지 지배정책에서 차지하는 위치와 시기별 전개과정의 특징, 그리고 농업이민이 한국농업과 농촌에 미친 영향, 한국인과 일본인 이민과의 관계 등 농업이민의 실상을 보다 구체적으로 밝힐 필요가 있다. (이규수, 2003, "20세기 초 일본인 농업이민의 한국이주", 『대동문화연구』, 제43집, 28-29쪽).

7 최원규(2000), "東洋拓植會社의 이긴사업과 동척이민반대운동", 『韓國民族文化研究』, 16쪽.

8 鄭勝振 · 松本武祝(2013), "植民地朝鮮の日本人農村移民村と同化主義-全羅北道 · 大場村里の事例", 『東アジア近代史』, 第165號.

9 최원규(1993), "1920 · 30年代 日帝의 韓國農業殖民과 日本人 自作農村 건설사업-不二農村 事例-", 『東方學志』, 第82号, 83~184쪽. 불이농촌을 다룬 논문 가운데 이 논문이 가장 참조할 만하다. 최원규는 불이농촌 산업조합이 개척이민사업에서 저리자금융을 통해 조직화되었을 뿐만 아니라 미곡상품화를 촉진시켰다는 것을 지적하였다. 그러나 그는 금융기관으로부터 불이농촌의 자금 대

출이 국가독점자본에 농민을 더욱 예속시켜간다고 보고 "자작농촌, 자작경영을 목표로 하는 불이농촌 건설사업, 즉 자작농창정사업은 도리어 자본지배를 강화하게 되어 농촌내부의 분해현상을 촉진시켰다"고 한다. 그러나 그의 말대로 한다면 결국 식민지 조선에서의 '일본금융자본 · 국가자본의 일본인 자작농 예속'이라는 기묘한 관계로 된다. 결국 식민지 조선에서는 '일본 독점금융자본 대(對) 일본인 자작농=조선인 소작농이라는 민족, 계급관계가 하나의 관계로 되어 버리는 논리적 모순을 갖고 있다.

10 李圭洙, 앞의 논문, 223쪽.

11 앞의 "재조 일본인 연구의 현황과 과제", 272쪽.

12 武田恒(1983), 『土と遊ぶ-一開拓者の記録-』. 타케다 히도시(武田恒)는 1902년 야마가타현에서 12형제(생존은 9형제) 중 다섯째로 태어났다. 조부는 촌장, 부친은 촌회의원 및 학무위원을 지냈으며 집안은 논 1정보, 밭 3정보를 자작, 밭 전부 뽕나무밭으로 양잠전업농가로 매년 소작료가 200가마를 받는 20정보 소지주이었다. 형제는 당시 중학교 정도를 졸업하여 초등학교 교사, 지방 사무소, 농협 등에 근무하였으나 타케다는 소학교를 졸업한 뒤 성적이 좋지 않아 군립 실업학교를 거쳐 현립 자치강습소에 입소하여 2년간여 교육을 받고 1925-45년 21년간 군산 불이농촌에 거주했다. 그리고 패전 후 일본국민고등학교에 취직하여 이후 31년간 근무하다가 1974년 퇴직하였다. 2013년 101세의 나이로 작고했다.

13 일본국민고등학교는 1926년 중견인물을 양성할 목적으로 덴마크의 국민고등학교을 모델로 하여 이바라키현 도모베쵸(茨城県友部町)에 설립되었다. 초대 교장에는 야마가타현립 자치강습소 초대 소장이었던 가토겐지가 부임하였다. 소재지를 이바라키현 히가시이바라키군 나이하라마치(東茨城郡内原町)로 옮겼다. 현재 미도시 우치하라쵸(水戸市内原町) 일본농업실천학원로 남아있다.

14 앞의 이규수 논문, 37쪽.

15 17차례에 걸쳐 동척에 신청한 이주민호수는 13,095호였으며, 이에 대해 이민을 신청한 응모회수는 21,832호였다. 동척이 이민을 승인한 호수는 9,104호로서 모집예정 호수의 69.5%이었다. 그러나 실제로 이주한 호수는 6,221호로서 모집예정 호수 47.5%에 불과하였다. (이규수, 앞의 논문, 43쪽).

16 山形縣, 앞의 책, 303쪽.

17 최원규, 앞의 논문, 89~112쪽.

18 농업이민계획에 유의하였던 점은 ① 조선인 농민의 경영지, 경작지를 빼앗지 않을 것 ② 미간지 개간에 중점을 두고 특히 북조선지역의 토지개량사업, 수리사업을 우선하여 신전(新田)을 조성하는 것 ③ 일본농민을 산발적으로 조선농

촌에 입식시키는 일을 피하고 가급적 집단입식을 시킬 것이었다. (山形縣, 앞의 책, 303쪽).

19 불이흥업주식회사는 후지모토 합자회사(藤本合資会社)가 증자할 때 개명한 회사이다. 후지모토 합자회사는 1904년에 창업하여 미곡·우피의 이출과 수입품 판매를 주로 하고 높은 토지투기성에 주목하여 토지개량과 더불어 농장경영도 겸하였다. 최초의 농장경영은 전북농장(익산군 오산면 소재), 6년 후 수리조합 조례 제정에 의하여 임익수리조합(臨益水利組合)도 만들었다. 불이흥업은 임익수리조합의 조직화를 통해 전북농장의 수확량증대와 더불어 자산가치를 증대시켜 일본인 자본가의 신뢰를 얻게 되었다. 자본금 2만엔의 후지모토합자회사에서 1914년 4월 자본가의 지원으로 자본금 100만엔의 불이흥업주식회사로 성장했다. (不二興業株式會社, 1929.『農業及土地改良事業成績』, 9쪽).

20 不二農村產業組合(1936),『朝鮮全羅北道群山府外 不二農村移住案內』.

21 藤井寬太郎,,『不二興業株式會社自作農創設計案』, 1929年. 이토야마 켄스케 외, 앞의 논문, 13쪽.

22 不二農村產業組合(1930),『不二農村一覽』, 3쪽.

23 앞의『不二農村一覽』, 11-12쪽 및 앞의『朝鮮全羅北道群山府外 不二農村移住案內』.

24 최원규, 앞의 논문, 130쪽.

25 가옥구조에 대해서는 남궁봉(1997), "만경강유역의 개간과정과 취락형성발달에 관한 연구",『한국지역지리학회지』, 제3권 제2호, 70~77쪽이 좋은 참고가 된다. 일본인 농업이민자의 가옥구조는 1정보의 논과 약간의 부지를 가진 주택이 주어졌다. 불이흥업 옥구농장 조선인 소작농의 가옥구조를 비교하면 극명한 대조를 보인다.

26 동척의 기간지 이민에 대한 자금지원은 주로 토지대금에 한정되었고 60~70엔에 불과했다. (앞의 이규수 논문, 51쪽).

27 이토야마 켄스케 외, 앞의 논문, 14쪽. 이의 다른 통계에 의하면 1926년 3월 98호에 불과하여 계획 300호수의 1/3에도 미치지 못하였다. 그러나 이후 응모자가 증가하여 1942년 현재 불이농촌에는 총 19현 32부락 341호가 입주하였다. (최원규, 앞의 논문, 136~137쪽).

28 이토야마 켄스케, 앞의 논문, 14쪽.

29 불이농촌의 사업주체는 실질적으로는 불이흥업이었다. 명목적으로 불이산업조합에 사업주체를 이전한 형태로 사업자금을 조달하여 불이농촌의 건설을 마무리하였다. 이에 대해서는 이토야마 켄스케 · 소순열 · 사카시타 야키히코의

앞의 논문 참조.

30 不二農村産業組合(1941),『農村の概況』, 3쪽, 9~10쪽.

31 山形縣, 앞의책, 305쪽.

32 가토 간지(加藤完治)는 1911년 동경제국대학농학부를 졸업하고 내무성 지방국을 근무하던 중 1913년 아이치현 농림학교(愛知県安城農林学校) 교사를 하다가 1915년에 만들어진 야마가다현 자치강습소의 초대교장에 취임하였다. 1926년 이바라기현 가사마시에 농촌중심인물의 양성지도를 목적으로 한 일본국민고등학교를 창립하여 교장이 되었다. 만주사변 후 만주 이민을 추진하였고 1938년 만몽개척 청소년의용군제도를 발족하여 이바라기현 우치하라시에 중앙훈련소를 설치하여 소장으로도 근무하였다. 만몽개척이민의 아버지라고 불리운다(伊藤淳史 2004.6,"加藤完治の戦後開拓",『農林業問題研究』,第154号, 76쪽).

33 三原容子(2014), "資料紹介 山形村自治講習所日誌(第五回)-大正十一年",『東北公益文科大学總合研究論集』, 第25号, 10쪽, 44쪽, 67쪽.

34 山形縣, 앞의책, 307쪽.

35 1921년 1월 31일 수강 중이던 모리야 소우키치(27세, 森谷壮吉), 나루사와 기요타로(23세, 成沢喜代太郎), 도다 미지로(25세, 遠田三次郎) 3명이 가토관사를 방문하여 '자신들은 중견농가의 2·3남이어 자치강습소에 입소하여 농업의 중요성을 알고 있지만, 현재 야마가타현 농촌에는 2·3남이 취농할 경지는 없다. 이 때문에 2·3남은 농촌에 머무르지 못하고 이농할 수 밖에 없고, 장래 농촌자녀와 경지문제를 어떻게 해결해야 할지 모르겠다고 했다. 이에 가토는 큰 충격을 받고 일본 농촌의 경지확대를 위해서는 고랭지개척 특히 해외 농업이민을 할 수 밖에 없다는 것을 통감했다. 이것이 조선개척, 만주개척의 기초가 되었다. (山形縣, 앞의책, 305쪽).

36 山形縣, 앞의책, 311쪽.

37 1927년 7월 불이농촌은 간척이전에 약 2㎞ 떨어진 조그마한 섬이었던 입이도에 불이신사를 만들었다. 조선총독부 수원 농사시험장에서 '벼의 신'이라고 불리웠던 사키사카 사부로(向坂幾三郎)의 지도사무소가 있었던 자리이다.

38 山形縣, 앞의책, 312쪽.

39 앞의『土と遊ぶ』, 15쪽.

40 앞의『土と遊ぶ』, 17쪽.

41 앞의『土と遊ぶ』, 17쪽.

42 앞의『土と遊ぶ』, 24쪽. 여기서 도보여행은 자치강습소에서 졸업전 1개월간 수

학여행을 말하는 것이다. 자치강습소에서는 졸업여행을 야마가타현에서 아이치현까지 도보로 여행을 하였다.

43 앞의『土と遊ぶ』, 26쪽.

44 앞의『土と遊ぶ』, 24쪽.

45 큐우슈우(九州)방면에서는 호당 10명 전후의 대가족이 많았다. 야마가타현의 이주자는 청년들의 신혼가정이었다. (山形縣, 앞의책, 312쪽).

46 山形縣, 앞의책, 317쪽.

47 山形縣, 앞의책, 317쪽.

48 이주민 사이에 가토가 강제적으로 공동경영을 시킨 것이라는 이야기가 있었다. 이에 대해서 타케다는 가토가 젊은이를 개척지에 보냈기 때문에 낙오자가 나오지 않도록 상호 협력하도록 공동경영을 하게 한 것이라고 생각했다. 타케다가 가토에게 5개년 공동하여 이후 개인경영으로 하고 싶다고 할 때 가토는 흔쾌하게 좋다는 말씀을 하셨다고 하고 있다. (앞의『土と遊ぶ』, 30쪽).

49 山形縣, 앞의책, 310-311쪽.

50 야마가타촌의 된장, 간장의 자가(自家)양조는 1928년 불이농촌산업조합 초대 이사 야마가타현 지사 미우라 미노루(三浦實生)가 조합의 협동조합 정신을 함양하려는 목적으로 만들어진 것이다. 야마가타촌의 특징으로 하나로 조합원자녀의 척식학교에서 사용하는 된장을 야마가타촌에서 공급될 정도로 활성화되었다. 학교 된장공급은 1945년까지 계속되었다.(앞의『土と遊ぶ』, 40-41쪽).

51 소라고동은 소라끝부분에 피리를 부는 나팔고동이다. 소라고동은 야마가타현 자립강습소 여행객에게 받은 것으로 집회소 앞에서 불면 고동소리는 니이가타(新潟), 이시가와(香川), 가가와 촌(香川村) 및 입이도(入耳島) 및 불이농장에까지 소리가 울려퍼졌다고 한다. 주로 모임이나 마을축제때 신호용으로 활용된다. (앞의『土と遊ぶ』, 34쪽).

52 앞의『土と遊ぶ』, 31-34쪽.

53 山形縣, 앞의책, 317-318쪽.

54 山形縣, 앞의책, 319쪽.

55 불이농촌산업조합으로 바뀌게 된 이유 가운데 하나는 일본정부의 저리자금은 회사, 개인에게는 대부할 수 없다는 방침이 변했기 때문에 만들게 된 것이다. 산업조합이 차주(借主), 회사가 노증인되어 후지이 칸타로 사장이 조합장으로 취임하고, 이사는 야마가타현 지사이었던 미우라 미노오(三浦実生)가 이사로 취임하였다.

56 山形縣, 앞의책, 319-320쪽 및 최원규, 앞의 논문, 143쪽, 158-160쪽.

57 山形縣, 앞의책, 320쪽.

58 앞의『土と遊ぶ』, 50쪽.

59 앞의『土と遊ぶ』, 44쪽.

60 앞의『土と遊ぶ』, 45-46쪽. 당시 가토 간지가 교장으로 있었던 일본 국민고등학교에서는 졸업전에 1개월간 만주, 조선을 여행하는 관례가 있었다. 이 여행대가 경성에 왔을 때 후지이는 불이흥업주식회사 및 총독부 관리, 이시즈카씨(石塚) 등을 위해 환영회를 개최하였다.

61 앞의『土と遊ぶ』, 46쪽.

62 앞의『土と遊ぶ』, 48쪽.

63 앞의『土と遊ぶ』, 49쪽.

64 회의 때 나중에 도청 농무과장이라는 것을 알게 되었지만 타케다를 향하여 '자네나 모두에게 책임이 있다고 말하고 싶다'라고 발언을 하였다.

65 앞의『土と遊ぶ』, 50쪽.

66 앞의『土と遊ぶ』, 52쪽.

67 앞의『土と遊ぶ』, 52-53쪽.

68 앞의『土と遊ぶ』, 54쪽.

69 山形縣, 앞의책, 321쪽.

70 농사개량, 농산물 판매를 목적으로 설치된 농촌단체에서 발행하는 월간 잡지이다.

71 앞의『土と遊ぶ』, 64쪽.

72 앞의『土と遊ぶ』, 70쪽.

73 앞의『土と遊ぶ』, 70쪽. 이 암거배수법은 불이흥업주식회사 이외에도 널리 보급되었다. 1938년까지 김제군 광황면의 동진농업주식회사, 부량면 구마모토(熊本)농장, 월촌면의 이시가와(石川)농장 등 간척지와 보통 논 968정보에 공사를 마쳤다(中村總一郎,1940, "全羅北道於ける暗渠排水事業の趨勢",『朝鮮農会報』, 第14巻 第11号, 4쪽).

74 최원규, 앞의 논문, 145쪽.

75 山形縣, 앞의책, 321-322쪽.

76 해방전 까지 불이산업조합의 조합장은 3대, 이사는 4대에 걸쳐 조합장, 4대 이사를 역임하였다. 조합장은 2대까지 불이흥업 사장이 겸임하였다.

77 이사를 야마가타 현(山形縣) 지사로 임명한 것은 야마가타현 출신의 이주민들

이 가장 성실한 우량농민이었기 때문이다.

78 구체적인 것에 관해서는 이토야마 켄스케 외, 앞의 논문, 16쪽 참조.

79 앞의『土と遊ぶ』, 151쪽.

80 불이농촌 안에는 상점이 하나도 없었다. 1936년 조합사무소 앞에 조합 점포를 열어 가가와현(香川県) 사람을 책임자로 하여 한국인 조○○을 고용하여 조합원원 각호를 돌아다녀 주문을 받아 배달하였다. 그러나 끝내 이 일은 순조롭지 진행되지 못하고 파산되어 폐쇄되었다. (앞의『土と遊ぶ』, 63-64쪽).

81 앞의『土と遊ぶ』, 44-45쪽.

82 앞의『土と遊ぶ』, 105쪽.

83 앞의『土と遊ぶ』, 104쪽.

제6장
농촌인구의 유출구조

1. 농촌인구 유출 문제

이 장에서는 일제하 농촌인구 유출이 지주적 토지소유에 어떠한 영향을 미쳤는가를 전북을 대상으로 검토해 본 것이다. 농촌인구·농업인구의 유출은 자본주의의 발전정도에 따라 그 양과 질이 규정된다. 식민지 시대 특히 1930년대의 공업화와 관련하여 농촌인구 유출을 논할 경우, 종래에는 중화학 공업의 발전에도 불구하고, 농촌인구의 유출은 그다지 크지 못했다고 이해해 왔다(김철 1965 ; 정진성 1984). 그 당시 일본자본에 의해 추진된 공업화는 고정자본의 비율이 크고, 식민지 조선의 지역 내 관련산업이 적으며, 고용량이 많은 중소기업은 육성되지 않아 근대산업부문의 고용효과는 상대적으로 적었다. 더구나 일본기업의 진출이 조선인 가내공업과 영세기업의 몰락을 초래하였기 때문에 조선인의 고용량을 고갈시켜 농촌인구 유출은 적었다는 것이다.

이와는 달리 근래에 들어와서는 1930년대 막대한 농촌인구가 국내외로 유출되어 식민지경제의 재편성이 일어나고 있었다고 보고 있다. 광공업을 중심으로 한 자본주의적 생산의 발달로 새로운 노동력 수요가 발생하여 농촌인구가 대규모로 유출되었다는 것이다(堀和生, 1986). 그리고 인구유출이 남부에서 북부로의 이동보다는 인접도나 도내이동이 지배적이며, 2차 산업만이 아니라 3차 산업이 동시에 성장하면서 급격하게 진행되었다고 한다(박기주, 2000).[1]

그러나 이들 연구로서는 당시 농촌사회의 기본적 체제인 지주적 토지소유에 어떠한 영향을 미쳤는가에 대해 명확하게 설명하기 곤란하다. 왜냐하면 이들 연구는 주로 식민지 공업화에 주목하여 농촌인구의 유출을 검토하였기 때문이다. 공업화에 따른 농촌외부로의 유출뿐만 아니라 농촌으로의 유입까지 고려하여야만 지주적 토지소유 양상이 보다 명확하게 해명될 수 있다.

일반적으로 1930년대 특히 후반부터 지주적 토지소유는 정체기로 규정되고 있다(宮嶋博史, 1993; 박섭, 1994; 소순열, 1996).[2] 특히 박섭은 농업정책에 의하여 지주경영의 성장은 제약되고, 그 대극對極에 있는 농민경영이 성장함으로써 지주제를 정체하게 만들었다고 하고 있다. 그러나 그 당시 농업경영의 성장은 매우 한정적이었기 때문에 농업내부의 요인만으로 파악하기 어렵다(소순열, 1995). 따라서 지주제와 농업외부의 자본제와 관련하여 지주제의 양상을 검토할 필요가 있다.

토지소유와 자본과의 관계는 상호의존(혹은 상호보충)의 측면을 갖고 있지만, 상호대립의 관계라는 다른 측면도 함께 갖고 있다. 상호의존과 상호대립의 두 측면 가운데 어느 쪽이 주도적인가는 자본주의 발전정도에 따라 다르다. 식민지 조선의 경우 토지소유는 확실히 농외 자본투자보다 경제적으로 유리한 부문이었다(소순열, 1992).

이 때문에 1930년대 조선의 공업화와 자본시장, 노동시장, 상품시장이라는 세 가지 경제적 계기를 관련시켜 분석해야 일제하 지주제의 역사적 위치가 보다 분명해 질 수 있다.

이 장에서는 세 가지 경제적 계기 가운데 노동시장에 한정하여 1930년대 자본주의와 지주적 토지소유와의 결합관계를 검토하고자 한다. 이를 위해 먼저 전북 농촌의 구조와 특질에 대해 파악하고, 기존의 연구성과와 자료를 통해 농촌인구의 유출에 대해 검토한 뒤, 이것이 지주적 토지소유에 어떠한 영향을 미쳤는가를 살펴보기로 한다.

2. 전북 농촌의 구조적 특징

전북농촌은 전형적인 농업지역이다. 이를 전체조선과 대비하여 노동력 구성(투입 면)과 생산액구성(산출 면)에 의해 산업구조를 파악해 보자.

〈사진 6-1〉 정읍 용북면 부민협회 조선출장소 부근 농촌마을 (『財団法人富民協会十年史』, 1937)

<표 6-1>은 산업별 조선인 인구를 나타낸 것이다. 공업화가 진전된 1940년 직업별 인구구성에 있어서 전체조선은 농업이 74.8%, 상업이 6.0%, 공업이 4.8%였는데 반해 전북은 농업이 80.9%, 상업이 4.3%, 가사업이 2.9%, 공업이 2.0% 등으로 나타나 농업의 비중이 높은 것을 알 수 있다.

1938년 도별 및 산업별 생산액구성을 <표6-2>에서 보면 전체조선에서는 농산물 생산액이 54.3%, 공산품 생산액이 34.9%이였고 전북에서는 농산물 생산액이 63.5%, 공산품 생산액이 32.0%이었다. 여기에서 공산품 생산액은 주로 식료품 생산액으로서 주로 농산물을 원료로 하는 장류와 주류공업이 대부분을 차지하고 있다.[3] 전북은

<표 6-1> 산업별 조선인 인구구성(1940년)

(단위 : 인, %)

구분	전북	조선
농업	463,460(80.9)	6,670,360(74.8)
수산업	1,793(0.3)	129,408(1.5)
광업	2,833(0.5)	165,825(1.9)
공업	11,731(2.0)	425,397(4.8)
상업	34,377(4.3)	536,602(6.0)
교통업	2,701(0.5)	109,141(1.2)
공무자유업	8,984(1.6)	170,665(1.9)
가사업	17,016(2.9)	168,620(1.9)
기타	39,834(7.0)	537,823(6.0)
유업자계	572,729(100.0)	8,913,841(100.0)
무업자	991,312	14,633,624
총계	1,564,041	23,547,465

주: ( )안은 전체 유업자에 대한 비율임.

자료: 朝鮮總督府(1944),「昭和十五年國勢調査結果要約」.

인구나 생산액에서도 알 수 있듯이 전체 조선 가운데에서 가장 전형적인 농업지역이다.

편의상 도시는 부府, 농촌은 군郡이라 할 때 전북 전체 인구에 대한 농촌인구의 비율은 높다.[4] 〈표 6-3〉에 의하여 전북농촌 구조의 특징을 보면 첫째, 지주적 토지소유의 선진지역이다. 전북의 소작농가율과 소작지 비율은 전체 조선평균보다도 20%이상이나 높다. 1930년 대지주의 비율도 30정보 이상 소유한 지주는 15.3%, 100정보 이상 소유한 지주비율은 4.9%에 달하여 조선에서 가장 높으며 일본인 대지주의 비율도 각각 4.3%, 2.1%로서 대지주 집중지역과 일본

<표 6-2> 도별 산업부문별 생산액 구성비(1938년)

(단위 : %, 천원)

	농 업	임 업	수산업	공 업	계(생산액)
경 기	43.3	4.4	0.9	51.4	100.0(404,274)
충 북	88.2	2.6	0.0	9.2	100.0 (81,266)
충 남	86.6	4.1	1.7	7.6	100.0(145,983)
전 북	63.5	3.6	0.9	32.0	100.0(201,614)
전 남	57.2	5.9	6.9	30.0	100.0(300,162)
경 북	76.6	5.9	4.9	12.6	100.0(224,091)
경 남	54.4	4.1	9.3	32.2	100.0(250,403)
황 해	59.8	2.3	2.4	35.5	100.0(250,186)
평 남	45.9	1.5	0.5	52.1	100.0(256,846)
평 북	63.4	5.5	1.3	29.8	100.0(176,646)
강 원	63.6	7.8	19.6	9.0	100.0(138,355)
함 남	27.5	3.1	13.0	56.4	100.0(321,098)
함 북	25.7	7.3	32.9	34.1	100.0(152,946)
계	54.3	4.2	6.6	34.9	100.0(2,897,004)

자료: 1) 朝鮮總督府, 「農業統計表」, 1939.
2) 全羅北道, 「農業統計」, 1939.

<표 6-3> 전북의 농업지표(1935년)

구 분	전 북	조선 전체
· 인구		
– 총인구(천명)	1,607	22,899
– 농촌인구(천명)	1,524	21,293
– 농촌인구율(%)	94.8	93.0
· 농가상황		
– 농가율(%)	81.0	74.3
– 전업농가율(%)	94.6	94.9
– 0.5정보 미만 농가율(%)	53.1	38.4
– 소작농가율(%)	76.2	55.3
– 일본인지주에 소속 조선인 소작농가율(%)*	28.9	15.3
– 춘궁농가율(%)*	62.2	48.3
– 생활곤란하여 임노동하는 소작농가비율(%)*	48.1	37.0
· 경지조건		
– 답율(%)	61.3	37.9
– 이모작율(%)	71.6	74.2
– 소작지율(%)	77.2	57.3
– 호당경지면적(ha)	0.99	1.45
· 농업생산(1933~35년)		
– 미곡(%)	65.2	49.5
– 맥류(%)	10.6	11.3
– 채소 및 과수(%)	7.8	8.7
· 농업생산력(1931~35)		
– 미곡단보당 연 평균 수확량(석)	1.057	1.009

주: *는 1930년 수치임.

자료: 1) 朝鮮總督府(各年度), 『農業統計表』.
2) 全羅北道農務課(1936), 『昭和十年農業統計』.
3) 全羅北道(1936), 『農業統計』.
4) 全羅北道(1931), 『昭和五年農業統計』.
5) 久間健一(1950), 『朝鮮農業經營地帶の硏究』, 農業總合硏究刊行會.
6) 朝鮮總督府(1932), 『朝鮮ノ小作慣行(下)』.
7) 소순열(1992), 「植民地時期 全北의 農業構造」, 『農村社會硏究』, 제3집.

인 지주의 집중지역으로서의 특징을 갖고 있다(<표6-4> 참조). 전북에서 지주로의 토지집중은 식민지 이전부터 이미 현저하여 급속하게 진행된 것이다.

둘째, 영세한 농업경영지역이다. 지주적 토지소유의 대극對極에 있는 규모별 농업경영을 보면 전북의 0.5정보 이하의 영세농은 53.1%로 전체 조선평균 38.4%보다 약 15%나 많다. 전북농가의 호당 경지면적 역시 전체 조선보다 약 0.5ha나 적은 0.99ha로 영세한 규모의 농지를 갖고 있다.

<표 6-4> 30정보, 100정보 이상 소유 지주수의 전체 지주 수에 대한 비율(1930년)

(단위 : 호, %)

	지주수(A)	30정보이상지주수(B)	100정보이상지주수(C)	B/A	C/A
경 기	10,928	709(67)	156(30)	6.5(0.6)	1.4(0.2)
충 북	3,691	183(18)	14(4)	5.0(0.5)	0.4(0.1)
충 남	4,963	464(84)	102(25)	9.3(1.6)	2.1(0.5)
전 북	3,102	474(133)	152(64)	15.3(4.3)	4.9(2.1)
전 남	6,170	618(195)	188(80)	10.0(3.1)	3.0(1.3)
경 북	11,841	214(51)	55(12)	1.8(0.4)	0.5(0.1)
경 남	5,749	549(116)	118(28)	9.5(2.0)	2.1(0.5)
황 해	9,668	663(75)	118(31)	6.9(0.8)	1.2(0.3)
평 남	11,417	411(28)	88(9)	3.6(0.2)	0.8(0.1)
평 북	18,499	259(21)	56(11)	1.4(0.1)	0.3(0.1)
강 원	6,639	266(38)	47(11)	3.9(0.5)	0.7(0.2)
함 남	6,665	178(29)	15(6)	2.7(0.5)	0.2(0.1)
함 북	4,672	48(20)	8(4)	1.0(0.4)	0.2(0.1)
계	104,004	5,356(315)	1,117(315)	5.1(0.8)	1.1(0.3)

주: ( )안은 일본인 지주 수, 전체지주에 대한 일본인 지주의 비율임

자료: 1) 朝鮮總督府(各年度),『農業統計表』.
2) 白頭山人(1935),「統治二十五年朝鮮經濟の問答」,『改造』.

셋째, 미작지대이다. 전북의 답율은 전체 조선평균보다 약 25%나 높다. 농업생산액 가운데 미곡비중 또한 조선 전체는 49.5%인데 비해 전북은 조선전체 가운데에서도 가장 높은 65.2%이다. 이는 전북 농촌이 미곡생산의 전진기지임을 알 수 있다.

이상을 종합하면, 전북농촌은 지주제가 고도로 발달된 지역적 특징을 갖고 있다. 또한 지주가 영세소작농에 대해 생산력 증대를 꾀하여 미곡의 상품화를 실현시키는 미작중심의 농업구조를 갖고 있다. 이것이야말로 전북농촌에서 지주제가 고도로 발달하게 된 기반이었다.

3. 농촌인구의 유출과 지주적 토지소유

농촌인구의 이동을 파악할 때 지역단위를 어떻게 잡을 것인가에 따라 그 규모가 다르다. 먼저 <표 6-5>의 도道 차원에서 인구의 추이를 보면, 전북은 1930년대를 기점으로 인구유입지에서 인구유출

<표 6-5> 전북의 유출인구(도 차원 추계)

구 분	1925–30	1930–35	1935–40
순이동인구(명)	995	△43,717	△162,946
전체인구에 대한 순이동인구비율(%)	0.1	△2.8	△10.4
자연증가율(%)	8.6	9.3	10.0
조선외 유출자(명)	14,691	14,622	37,757

자료: 박기주(2000), 「1930년대 조선의 산업변화와 인구이동」, 『경제사학』, 제28호.

지로 변화하고 있다. 특히 1930년대 후반에 이르러서는 전북인구의 10%가 넘을 정도로 순이동자수가 급증하고 있음을 알 수 있다.

인구이동이 급증했던 1930년대 후반 유출입인구를 군郡 차원에서 보면 〈표 6-6〉과 같다. 1935-40년간 전북도내 유입군에 순유입인구는 없어 추계의 현실성에 의문이 있다. 이를 그대로 받아들인다면 도외로 유출된 전북인구 185,091명 가운데 약 80%가 조선 내 타도로, 20%가 만주, 일본 등의 조선 외로 유출되었다.

<표 6-6> 전북의 유출입 인구(군 차원 추계)

(단위 : 명)

구분	1935–40
순유입자수(A)	0
순유출자수(B)	△185,091
도외 순이동자수(C=A+B)	△185,091
조선외 순유출자수(D)	△35,757
조선내 순이동자수(E=C–D)	△149,334

자료: <표 6-5>과 동일.

이를 다시 면面 차원에서 보면 당연히 인구이동량이 달라진다. 〈표 6-7〉에 의하면 1936년 전북에 유입된 호수와 인구는 각각 1,434호, 6,269인이며 전북 외로 유출된 호수 및 인구는 각각 3,054호, 6,269인이다. 따라서 이 한 해에 전북에서는 1,620호, 5,727인의 순유출이 발생하고 있다. 기타까지 합치면 조선 내에 약 88%가 유출되고 12%가 만주, 일본으로 유출되었다. 조선 내에 유출된 인구 가운데 약 60%가 유출되었으며, 면외지역과 군외지역이 각각 절반씩을 차지하고 있다.

<표 6-7> 1936년 전북의 유출입인구(면 차원 조사)

구분	호수(호)	인구(명)
유입(A)	1,434	6,269
유출(B)	3,054	12,196
면외	855	3,634
군외	862	3,663
도외	636	2,459
만주	244	1,018
일본	183	453
기타	274	969
순이동(A-B)	△1,620	△5,727

자료: 中谷忠治(1937), 「農業恐慌の發展と農村社會の分化 - 特に全羅北道に於 ける槪觀」, 『全羅北道農會報』, 第42号.

이와 같이 전북농촌은 1930년대에 들어와서 인구유입지에서 인구유출지로 변화하고 특히 후반에 들어와서 전북 농촌인구의 유출이 급증하였다는 점을 확인하였다. 그러면 이러한 농촌인구의 유출이 지주적 토지소유에 어떠한 영향을 미쳤는가. 먼저 1930년대 전북지주제의 양상을 몇 가지 지표를 통해 확인해 보자.

<표 6-8>에 의하면 전북도내 100정보이상 소유한 지주는 1922년 89인에서 1930년 152인으로 증가하다가 1936년에는 140인으로 감소하고 1938년에는 약간 증가하였다. 1930년대 30정보이상 소유한 지주의 증감은 거의 정체적인 추세이다. 이 같은 전북지주의 추세는 조선 전체의 지주추세보다 상대적으로 안정적인 추이를 보인다. 소작지율을 보면 조선전체의 소작지율은 1922년 50.6%, 1926년에 50.7%로서 거의 변함이 없다가 1920년대 후반 급상승하여 1930년

<표 6-8> 전북지역 지주제의 전개(1922-38년)

	전북			조선		
	소작지율(%)	30정보이상 지주(인)	100정보이상 지주(인)	소작지율(%)	30정보이상 지주(인)	100정보이상 지주(인)
1922	72.8	–	89(35)	50.6	–(142)	–(122)
1926	72.4	–	132(46)	50.7	–	–
1930	75.6	474(133)	152(64)	55.6	5,032(870)	1,112(310)
1936	78.0	–	140(56)	57.6	–	972(317)
1938	77.2	475(137)	148(57)	57.9	–	–

주: ( )안은 일본인지주 호수이다.

자료 : 1) 朝鮮總督府(各年度),『農業統計表』.
2) 全羅北道(1923),『全羅北道農業槪要』.
3) 朝鮮總督府殖産局(1927),『朝鮮の農業』.
4) 全羅北道(1926),『內鮮人地主所有地調』.
5) 白頭山人(1935),「統治25年朝鮮經濟の問答」,『改造』.
6) 姬野實(1940),『朝鮮經濟圖表』, 朝鮮統計協會.
7) 全羅北道農村振興課(1939),『(秘)全羅北道大地主調』.

55.6%에 달한다. 이후 증가경향은 상당히 둔화되어 30년대 후반 57%대 수준을 보이고 있다. 전북의 소작지율은 1920·30년대 70%대 수준을 보이고 1930년대 후반에 들어서는 약간 감소하고 있다. 소작지율의 추세는 전체 조선과 비슷한 양상을 보인다. <그림6-1>에서 보는 바와 같이 1939년까지 소작지율은 북부지역의 상승으로 증가추세에 있지만 지주제가 진전된 남부지역은 대체로 1930년대 후반 이후 상대적으로 정체해 있다.

지주적 토지소유의 간접지표인 자소작별 농가의 추이를 나타낸 것이 <그림 6-2>이다. 전북의 총 농가호수는 1920년대까지 증가하다가 1930년대 이후 감소하고 있다. 소작농 또한 1920년대까지 계속

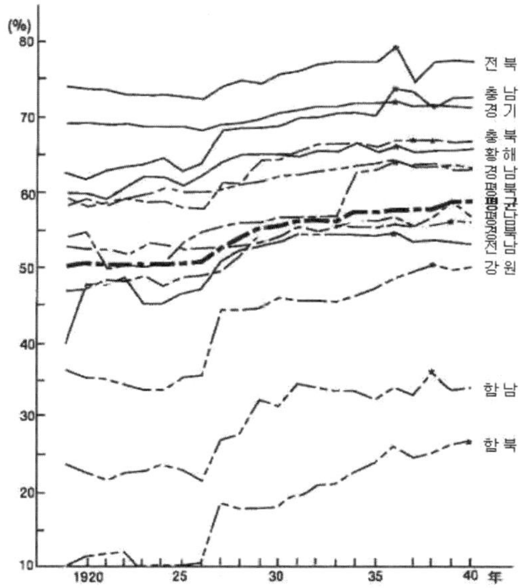

<그림 6-1> 소작지율의 추이 (원 자료는 朝鮮總督府, 各年度,『朝鮮總督府統計年報』)

주: *는 해당도의 최고치임
자료: 堀 和生(1995),「朝鮮工業化の史的分析」, 有斐閣.

증가, 30년대 정체에서 감소하는 비슷한 경향을 보이고 있다.

이상의 몇 가지 지표를 통해서 보면 1930년대 지주적 토지소유는 이전의 시기와 비교해서 상대적으로 정체되어 있다. 적어도 전북농촌에서는 1930년대 공업화에 따른 농촌인구의 유출이 지주적 토지소유의 기반을 제약하거나 붕괴하는데 이르지는 못했다고 할 수 있다. 그 원인은 무엇인가.

〈표 6-9〉는 전북 부안군의 3개 마을의 농가이동 상황을 나타낸 것이다. 이에 의하면, 1939년 일 년 동안 전체 농가 124 농가 가운데 10%

인 12호가 마을에서 나가고 4%인 5호 농가가 마을에 들어 와 농가 호수는 7호가 감소하였다. 유출된 농가 12호 가운데 6호는 소작료 미납으로 인한 소작권 상실, 생활곤란으로 일본노동자로 간 농가는 3호, 만주이민은 2호 등으로 생활곤란이 주된 원인으로 마을을 떠났다고 할 수 있다.[5] 인근 군으로 간 농가가 6호, 일본 3호, 만주로 간 농가가 2호이다. 이에 대하여 소작권을 얻기 위해 5호가 마을에 들어온 것은 주목된다. 이것은 농가의 감소에도 불구하고 지주적 토지소유는 크게 제약된 것이 아니었다. 아직도 농촌에는 과잉인구가 대량으로 존재해 있어 지주는 소작권을 농민에게 선택적으로 줄 수 있는 상황에 있었다.[6] 당시의 공업화가 농촌의 과잉인구를 완전히 흡수할 만큼 진행되었던 것은 아니었던 것이다.

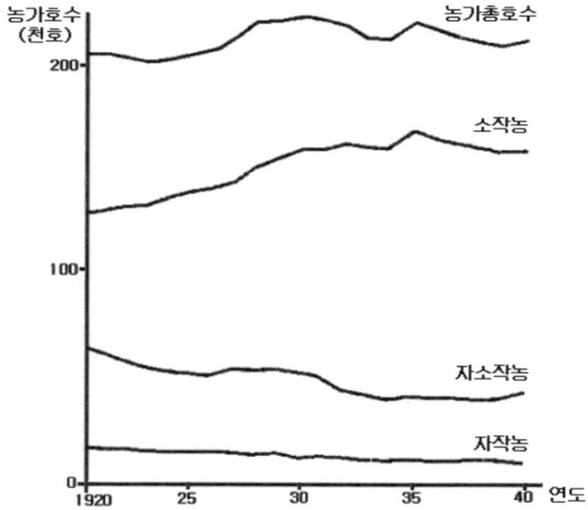

<그림 6-2> 전북 자소작별 농가호수 추이

자료: 松本武祝(1998),『植民地權力と朝鮮農業』, 社會評論社.

慘絶한社會相 = 全北道內窮民

五萬三千六百七十九戶에 二十二萬四千百五十一人

平南道評議會 最終日

〈그림 6-2〉 전북의 빈궁한 주민이 53,679호, 224,151명이라고 보도한 동아일보(1925년 1월 21일)

<표 6-9> 전북 3개 마을의 농가이동상황(1939년)

구분	조사당시 농가(흐)	유출농가(호)	유입농가(호)
성근리	34	3	1
묵정리	30	5	1
오중리	60	4	3
계	124	12	5

유출원인	유입원인
ㅇ 생활곤란으로 인해 일본 노동자로 : 3호 ㅇ 소작료 미납으로 인한 소작권 박탈로 인근 군으로 이동 : 6호 ㅇ 만주 이민 : 2호 ㅇ 범죄 : 1호	ㅇ 소작권을 얻기 위해 : 5호

자료: 山田龍雄(1941), 「全羅北道に於ける農業經營の諸相」, 『農業と經濟』, 8-8.

4. 공업화와 지주적 토지소유

이상과 같이 노동시장의 관점에서 전북을 대상으로 1930년대 농촌인구유출이 지주적 토지소유에 어떠한 영향을 미쳤는가를 검토하였다.

이를 요약하면 첫째, 전북농촌은 지주가 영세소작농에 대해 생산력 증대를 꾀하여 미곡의 상품화를 실현시키는 미작중심의 지주제 선진지역이었다. 둘째, 전북농촌은 1930년대에 들어와서 인구유입지에서 인구유출지로 변화하고 특히 후반에 들어와서 전북 농촌인구의 유출이 급증하였다. 셋째, 이러한 농촌인구 유출의 급증에도 불구하고 1930년대 공업화에 따른 농촌인구의 유출은 지주적 토지소유의 기반을 제약하거나 붕괴하는데 이르지는 못하였다. 넷째, 당시의 공업화가 적어도 농촌의 과잉인구를 완전히 흡수할 만큼 진행된 것은 아니었다.

이 장은 지주제 선진지역인 전북을 대상으로 한 것이기 때문에 이를 일반화하기 위해서는 보다 구체적인 지역별 분석이 필요하다. 그리고 공업화와 지주적 토지소유의 구조적 관련에 대해서 1930년대 조선공업화와 지주경영(주로 자본시장)과의 관련뿐만 아니라 농민경영(주로 노동시장 및 지주 · 소작관계(주로 상품시장)를 포함해서 분석할 필요가 있다. 이와 아울러 식민지 조선경제와 일본제국주의의 구조적 연관관계에 대한 해명도 중요하다.

이러한 해명은 자본주의 발전이 제3세계의 농촌인구 유출현상과 어떠한 관련을 갖고 있는 가에 대한 하나의 시사점을 줄 수 있다. 제3세계에 나타나고 있는 급격한 농촌인구 유출을 단순히 국내 농촌의 푸쉬push요인이나 도시의 풀pull요인과의 역학관계보다 제3세계 농촌에 대한 국제적인 자본주의의 역학관계로 규명할 수 있는 가, 없는가는 이 작업을 통해 보다 선명하게 밝혀질 수 있기 때문이다.

---

1 박기주는 호리 카즈오(堀和生)과 달리 막대한 농촌인구의 유출요인이 임금·생활수준의 격차 보다는 산업구조의 변화에 따른 취업기회의 지역 간 차이, 광공업만이 아니라 제3차 산업의 성장이 보다 중요한 것이라 이해하고 있다.

2 이에 대해서 아사다(淺田喬二, 1990)은 주로 대지주의 호수 및 소유면적 추이를 통해 전라북도 지주제의 특질 및 추진과정과 그것을 규정했던 정치적·경제적 요인을 검토하여 1930년대에 지주제는 확대하였다고 하고 있다. 1930년대 전북 지주제는 조선 지주제의 일반적 동향과 동일하게 지주의 민족적·계급적 이익을 위해 고율소작료 수취는 권력적·제도적인 보장에 의해 이루어진 1920년대에 이어 계속해서 강화해 왔다는 것이다. 1930년대 소작지율·소작농 비율의 변화가 거의 없었는데도 불구하고 이것이 왜 확대 혹은 정체의 지표로 되었는가는 명확하지 않다. 지주제 전개의 양적 지표를 보면 1930년대 이후 그 이전과는 다르게 농가의 소작화·소작지 및 지주수의 상승은 약간 정체적이다. 그 양적 규정의 배후에 있는 지주·소작관계, 농정의 성격, 자본주의 전개와 지주경영과의 관계 등의 질적 분석이 요구되지만 이 시기의 지주제는 복잡한 정치적·경제적 국면에 직면해 있기 때문에 사실상 확대하여 갔다고 말할 수는 없다.

3 농업생산액 비중이 충남북, 경북, 강원이 전북보다 높지만 전북의 주류와 장류 생산액은 농업관련산업으로서 1938년 공산품 생산액의 64%를 차지하고 있다.

4 군산부는 1914년 3월 부군폐합(府郡廢合), 전주부는 1935년 10월 전주읍의 승격에 따라 부(府)가 되었다.

5 호리 카즈오(堀和生,1995)은 2개 마을의 사례분석을 통해 1930년대에 들어와서 공업화의 확대에 따라 농촌인구의 유출은 증가하였으며, 이의 메카니즘은 ①궁핍화한 하층에서 유출 진행(농촌내 push요인)과 ②일본 자본주의 발전에 의한 노동력 시장의 급팽창(농촌외 pull요인), 상품경제화의 진행으로 교육열이 있는 중농층까지 흡인하였다. 그리고 이 두가지 요인에 의해 1930년대는 격렬한 이농유출이 일어나고 있다고 주장한다. 그러나 전북의 사례를 통해 보면

호리 카즈오(堀和生)가 지나치게 자본주의 발전의 흡인요인을 강조한 것이 아닌가 한다.

6 「조선 농지령」(1934년)실시 이후 소작 계약기간 만료기인 1937년에도 지주는 자의적으로 소작인을 엄선하여 불량한 소작인을 도태시킬 정도로 농촌에는 소작농이 될 농가는 충분했다.(全羅北道, 年度不明,『小作官會議諮問事項答申書』).

제7장

농민운동의 성격 변화

1. 농민운동의 주류적 경향

일제하 소작쟁의는 1920~22년 연 20건 내외가 발생한다. 그리고 소작쟁의는 1933년「소작조정령」을 계기로 급증하여 1934년 7,544건, 1937년에는 31,799건으로 최고치를 기록한 뒤, 그 후 감소하기 시작하여 1939년 16,452건을 끝으로 표연히 무대에서 사라진다.

이러한 1920·30년대 농민운동의 전개를 어떻게 이해할 것인가. 농민들은 왜 무엇 때문에 쟁의를 일으켰는가. 단순히 우발적이고 즉자적인 행동이었는가 아니면 더 나아가 목적의식적이고 조직적인 혁명적 농민투쟁이었는가. 이를 파악하는 일은 농민운동의 올바른 역사적 위치와 평가를 위해서 매우 중요한 문제이다. 왜냐하면 농민운동의 역사적 규명은 해방이후 농민이 70~80%인 한국 사회공간의 전망대로서 위치하고 있기 때문이다.

이제까지 소작쟁의의 성격에 대해서 "식민지에서의 대 일본인 지주쟁의는 일본인 지주가 일본 제국주의라는 민족 압박자의 일익을 담당하였기 때문에 민족적 저항투쟁의 유력한 일환으로서 항일 소작쟁의"(淺田喬二,1973: 16), "식민성 지주의 수취체계에 대한 항쟁", "일제하 지주는 일반적인 대지주가 아닌 식민성 지주였고, 소작쟁의는 근본적으로 식민체제를 부정하려는 독립운동"(조동걸, 1979:110-111)이라고 규정해 왔다.

이의 연장선상에서 1920 · 30년대 소작쟁의는 지주(특히 일본인 지주)가 소작농에게 고율의 소작료를 수탈함으로써 빈궁화한 농민이 조직을 주체적으로 결성하여 합법에서 비합법투쟁으로, 경제적 투쟁에서 정치적 투쟁이라는 민족해방 투쟁으로 발전해 갔다는 단선론적單線論的 도식으로 파악하고 있다.[1]

1980년대에 들어와서 이러한 성격규정을 대목적적對目的的으로 의식한 농조운동 특히, 적색농조로 대표되는 혁명적 농조운동 연구가 활발하게 진전되었다.[2] 예를 들어 1930년대 혁명적 농조운동은 "농민운동을 고립된 부문으로서가 아니라 전체 민족해방운동에 이바지하는 운동으로 변화시켰을 뿐만 아니라 농민들을 명실상부한 민족해방운동의 주체로 나설 수 있게 했다"(지수걸, 1993: 381)라고 파악하고 있다.

그러나 이러한 성격규정만으로는 1930년대 특히 「조선소작조정령」(1933년)이후 격증하고 보다 광범위하게 전개되었던 소작쟁의를 올바르게 이해할 수 없다. 농민운동이란 농촌의 사회경제구조의 반영이고 집중적인 표현이라 할 때, 복잡한 사회현상을 객관적으로 밝히기 위해서는 편향된 시각과 특정한 방법론에 치우치지 않는 균형적이고 실증적인 방법이 제시되어야 한다.

이런 점에서 본다면 신기욱과 김동노의 연구[3]는 매우 시사적이다. 그는 소작쟁의의 성격을 기존의 연구와 달리 "가난과 억압의 표출로서 또는 항일 민족 내지 사회주의 운동의 일환으로서 규정하기 보다는 1930년대 사회 정책적 변화에 따라 호전된 조건들을 유리하게 이용하려는 소작인들의 성장된 계급의식의 결과"이기 때문에 "1920년대와 1930년대의 쟁의 성격을 일반화할 수 없다"(신기욱, 1993:206, 187)라고 본다.

더 나아가 김동노는 이러한 계급운동의 전환은 토지조사사업, 지세제도 등의 근대제도의 이식으로 "전통적인 농민공동체의 약화라는 사회적 변화"를 가져오면서 농민들은 생존과 이익추구를 위한 새로운 전략을 수립해야만 했고 '지주의 착취와 시장경제의 무자비한 작동'에 맞서 스스로를 결속시켜야만 했다고 하고 있다. 이런 상황에서

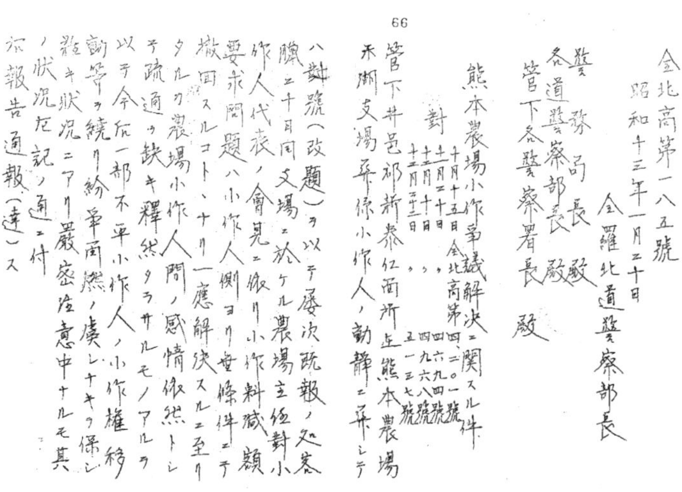

〈사진 7-1〉 전라북도 경찰부장이 경무국장 및 각 도 경찰부장과 관하 경찰서장에서 보낸 구마모토 소작쟁의 해결에 관한 공문(전북대학교 박물관 소장)

"농민들은 지주와 결합하여 제국주의 침략에 맞서는 민족적 투쟁으로 나아갈 수 있는 여건은 조성되지 못하고"(김동노, 2007:211, 216) 생존을 위한 계급적 투쟁을 전개해야만 했다고 하고 있다.

그러나 기존의 기계적 경향성에 대립한 근년에 제기되고 있는 소박한 비판성은 위로부터의 정책적 계기에서 농민운동 변화의 원인을 구하고 있기 때문에 아래로부터의 농민운동의 변화 원인과 사회경제적 의의에 대한 해명이 매우 불충분하다. 이 때문에 농민운동의 성격 변화를 가져오게 하는 내부적 요인으로서 경제적 계기를 충분히 시야에 넣어야만 농민운동의 성격변화 그리고 농정의 본질을 제대로 다 잡아 볼 수 있다.

이 장에서는 이러한 점에 유의하면서 전북지역을 중심으로 1920년대와 1930년대 특히 「조선소작조정령」(1933년)이후 농민운동의 성격변화에 대해서 검토하고자 한다. 전북을 대상으로 한 가장 큰 이유는 전북이 대지주 특히 일본인 지주 집중지대이기 때문이다.[4] 이래서 기존의 연구는 전북을 "제국주의자 지주에 대결하는 항일 소작쟁의를 선봉으로 한 대對 지주투쟁이 강력하게 전개되었던 지대地帶"(淺田喬二,1973: 247)라고 파악하고 있어 분석대상으로서는 아주 좋은 사례라고 할 수 있을 것이다.

이 장에서는 다음 세 가지 점을 명확히 하고자 한다. 첫째, 전북 농민운동 발생의 사회·경제적 기반을 농업과 조직(주체적 조건)에 의해서 살펴보고 소작쟁의의 추이에 대해서 살펴본다. 둘째, 쟁의의 주체, 요구, 전술 그리고 대응이라는 네 가지 측면에서 전북의 대표적인 두 사례를 대상으로 소작쟁의의 내용적 질적 변화를 검토한다. 두 사례는 이엽사二葉社 농장쟁의와 구마모토熊本 농장쟁의이다.[5] 이엽사 농장쟁의는 1927년 옥구군 서수면 이엽사 농장의 소작료 인상을 계기로 500여명의 옥구농민조합 서수지부 500여농민이 11월20일에서 11월 말까지 전개한 것이었다. 구마토모 쟁의 역시 지주측의 소작료 인상을 계기로 정읍군 신태인면, 김제군 부량면 192명이 1937년 11월6일부터 20여 일 동안 쟁의를 일으킨 조선 전체에서 유명한 쟁의였다.

셋째, 농민운동의 경제적인 측면에 주목하여 이 같은 변화에 대한 역사적 의의를 밝히고자 한다. 이렇게 함으로써 그간 농민운동을 항일운동화한다는 기계적 주류적인 경향이 비판되어 질 것으로 생각한다.

2. 농민운동의 발생기반과 추이

1) 농민운동의 발생기반

전북의 농업과 조직상황이라는 두 가지 측면에서 농민운동을 현실화시키는 소지素地인 농민운동 발생의 사회 경제적 기반을 보기로 한다. 전북은 전형적으로 지주제가 발달한 지역이었다. 전체 조선에 비해 소작농가, 소작지율이 높고 경영규모도 호당 0.99정보로 영세하며 0.5정보 미만 농가도 전체 전북농가의 반절이 넘는다. 특히 전북은 조선전체에 비하여 일본인 지주에 소속된 농가율이 두 배 정도나 되어 일본인 집중지대라는 것을 보여준다(소순열, 1992. 194쪽).[6]

전북의 소작료율에 대해서는 계통적인 조사가 이루어져 있지 않다. 다만 1930년에 총독부가 전체 조선에 걸쳐 대규모로 관행 조사한 보고서를 검토할 수밖에 없다. 이에 따르면 전북의 경우 소작료는 징수형태, 풍흉의 여하에 관계없이 정액을 납입하는 정조定租와 벼를 베기 전에 수확량을 예상하여 납입액을 결정하는 집조執租가 각각 45%, 49%를 차지하였는데 논 소작지율의 경우 전체 조선의 중간 평균수준인 50% 정도였다.[7] 이에 더하여 보통 소작농은 지주에게 빌린 비료, 종자, 경우耕牛, 농량자금農糧資金이자를 합쳐 생산량의 70~80% 정도를 지불하지 않으면 안 되었다. 전북농촌은 가장 빈궁한 지역이었다. 1930년의 수치를 보면 전북에서 봄에 식량이 떨어지는 춘궁농가와 임노동 농가의 비율이 각각 62.2%, 48.1%로 전국 평균보다 월등히 높다. 전체 조선에서 충남에 이어 두 번째를 기록하고 있었다.[8]

이렇게 보면, 전북은 경영규모가 영세하고 생산력이 높은 대지주 집중지대 특히 일본인 거대지주 집중지역에 속하였다. 또한 첨예한 지주·소작관계가 기본대항(=기본구조)을 이루고 이를 기본축으로 하여 소작농민의 빈궁화가 가장 첨예하게 진행되는 지역이었다고 할 수 있다. 경제적으로 만 본다면, 전북은 대규모적이고 조직적인 항일 농민운동이 발생할 항상적인 기반을 갖춘 지역인 셈이었다.

다음으로 전북의 농민단체 조직상황을 <표 7-1>에서 보자. 1926년 전북의 운동단체는 총 190개이다. 이 가운데 노동단체가 62개로 가장 많고 그 다음은 청년단체, 기타 등의 순이다. 농민단체는 주로 1921년 8월 서울에서 설립된 친일단체인 조선소작인 상조회 전북지역 지회가 대부분이었다.[9] 소작인 상조회는 1922년 3월 익산군 익산지회를 시작으로 임실, 부안을 제외한 19개 지역에 지회가 설립되었고, 각 지회에 가입한 회원 수는 23,696명에 이르렀다.[10] 그리고 이 단체에는 1922년에 설립된 화호노동친목회도 포함되어 있었다.[11]

그러나 농민단체의 조직율은 조선 전체의 10%에 불과할 정도로 농민의 조직화 정도가 낮은 편이다. 1930년대 조직현황을 보아도 마찬가지이다. 1932년 농민단체 수 및 인원수는 14단체, 2,465명으로 각각 전체 조선의 1%에 지나지 않아 농민의 조직화 정도가 아주 낮다(朝鮮總督府警務局, 1965,『昭和八年版』, 49쪽). 이러한 운동기반의 약체성은 3·1운동에서도 확인된다. 1919년 3·1운동 당시 전북의 만세 시위운동은 총 10건, 참가인원은 불과 3,000명 정도이다. 전북의 운동은 전남과 함께 농민층의 폭력적 항의 횟수, 소요도 적고 운동의 격렬성도 아주 약했다. "몇 군데에서 폭행사태가 일어나거나 교량에 방화하는 일이 있는 외에는 대체로 평온하다"라고 기록되어 있는 것처럼 전북지역에서는 운동의 고양이 보이지 않고 있다.[12] 그 원인에 대해서는 현 수준에서는 명확한 원인을 찾아낼 수 없다. 다만 동학농

<표 7-1> 전북의 운동단체 설립 상황

	1918	1919	1920	1921	1922	1923	1924	1925	계
사상단체							1		1
노동단체	2	2	3	5	2	11	18	19	62
소작단체				1	7	1	2	1	12
형평사단체						9	1	5	15
청년단체		3	18	3	3	2	11	13	53
기타단체	3		2	2	4	6	9	21	47
계	5	5	23	11	16	29	42	59	190

자료: 全羅北道(1926.6),『高等警察ニ關スル官內狀況』, 74쪽.

민전쟁과 한말 의병운동의 탄압[13]에 원인이 있는 것이 아닐까 하는 정도의 추론을 할 뿐이다. 다만 한 가지 명확한 사실은 기존의 공통적으로 파악해온 농민운동의 전개양상과는 틀리다는 점이다.

2) 소작쟁의의 추이

전북은 앞에서 본 바와 같이 민족의 억압자인 일본인 지주가 많고, 농민들도 가장 빈궁하여 많은 농민조직과 격렬한 항일운동이 전개될 소지가 있는 지역이었다. 그러나 실제로 전북은 정반대로 농민조직화의 저위성, 약체성을 가지고 있는 지역이었다.

〈표 7-2〉에서 보는바와 같이 전북의 소작쟁의 건수는 1928년을 예외로 한다면 1933년을 계기로 비약적으로 증가하여 1935년에는 5,500건의 최고치를 기록하고 있다. 1930년대에 들어와서 소작쟁의가 격증하고 있는 것이다.[14]

그런데 주목할 것은 「조정령」 이후의 소작쟁의 형태가 그 이전과 비교하여 뚜렷하게 변화하고 있다는 점이다. 첫째, 쟁의의 소규모화이다. 1930년 전후 소작쟁의의 건당 참가인수는 11~13인, 관계면적은 4~8정보이었던 것이 1934년 이후 전자는 2인 이하, 후자는 2정보 이하로 쟁의규모가 축소되었다.

둘째, 소작쟁의의 결말, 쟁의요구의 내용이 「일부관철」에서 「전부관철」로 변화했다는 점이다. 「조정령」 이후 「전부관철」의 비율이 계속적으로 증가하여 대부분을 차지하고 있으며 특히, 1926년 9.7%에 불과 했던 소작인 측의 「전부관철」율은 1936년에는 60.9%로 증가하고 있다.[15]

<표 7-2> 전북 소작쟁의의 상황(1926~39년)

	쟁의건수(건)	참가인수(인)			건당 참가인수(인)	건당 관계면적(정)	발생원인(건)							결말(건)				
														해결				
		지주	관리인	소작인			소작권이동	소작권감면	소작료체납	소작료인상	소작료고율	공조공과부담관계	기타	요구전부관철	요구일부관철	요구철회	자연소멸	미해결
1926	19	19	–	62	4.3	1.9	11	–	3	2	3	–	–	4	7	1	2	5
1927	33	31	–	179	6.4	2.8	27	–	4	–	2	–	–	2	18	4	8	1
1928	1,381	546	–	1,447	1.4	0.4	419	507	52	9	366	–	28	20	1,331	22	1	7
1929	40	40	–	498	13.5	4.6	34	1	–	1	1	–	3	6	27	–	–	7
1930	94	106	–	1,032	12.1	5.4	76	1	–	2	7	2	6	24	32	19	15	4
1931	84	87	–	872	11.4	7.9	50	–	1	9	9	1	14	19	26	4	31	4
1932	70	70	–	550	8.9	5.1	60	–	1	3	1	1	4	11	26	15	18	–
1933	598	494	–	1,927	4.2	3.4	418	64	46	4	5	–	61	327	104	109	44	14
1934	2,578	2,384	68	3,535	2.3	1.5	2,250	67	65	68	57	2	69	1,239	284	878	165	18
1935	5,500	5,149	241	5,908	2.1	0.3	3,318	1,364	251	21	166	3	377	2,820	1,350	1,200	89	41
1936	3,941	3,717	441	5,111	2.3	0.5	2,536	951	46	16	24	3	365	2,404	543	634	318	42
1937	4,336	3,873	210	5,525	2.3	0.6	3,364	500	186	91	–	–	99	2,369	976	624	158	209
1938	1,822		423															
1939	1,215	1,111	73	1,311	2.1	0.5	1,027	159	1	2	–	–	26	588	341	206	27	53

주: 1) 요구 일부관철의 항목은 타협·당사자 상호양보와 같음.
2) 결말내역의 총건수가 소작쟁의 총건수와 불일치한 경우도 있다.

자료: 1) 全羅北道(1938),『農業統計』, 62-63쪽.
2) 朝鮮總督府農林局(1937),『朝鮮小作年報(第1輯)』, 附表
3) 朝鮮總督府農林局(1938),『朝鮮小作年報(第2輯)』, 附錄 8-11쪽.
4) 朝鮮總督府農林局(1939),『朝鮮農地關係彙報(第1輯)』, 7-12쪽.
5) 朝鮮總督府 農林局(1940),『朝鮮農地年報(第1輯)』, 附錄 4-9쪽.

셋째, 평야부에 집중되어 있었던 전북의 소작쟁의가 산간부(조선인 지주 집중지역)로 확산되었다는 점이다.[16] 1933년에 전체 건수의 8.9%에 불과했던 산간부 소작쟁의가 1935년에는 21.4%, 1937년에는 42.4%로 증가하여 상대적으로 평야부의 비율이 낮아지고 있다.

전북은 전체조선에서 소작쟁의가 빈번하게 발생한 지역이었다. 1932~37년간 전체조선에는 소작쟁의 다발 상위 10군 가운데 3~6개 군이 독점하고 있다. 특히 김제의 소작쟁의는 1930~39년 간 5,998건으로 전체조선에서 1위를 차지하였다. 이는 1910~1939년 황해도의 쟁의수와 거의 맞먹을 정도였다.[17]

이들 소작쟁의의 대부분은 조정 또는 판정에 의해 완만히 해결된 것이다. 조정자의 성격에 대해서 보면 다음의 세 가지 점이 주목된다. 첫째, 「조정령」 실시초기부터 경찰권력에 의한 조정해결은 높은 비율을 차지하고 있는 것이다. 전북에서의 경찰단독에 의한 해결은 일본의 4.7%에 비해서 40.7%로서 아주 높은 비율이다. 이것은 소작쟁의의 해결이 일본보다 훨씬 큰 사회적·심리적 강권력을 근거로 하고 있다는 사실을 시사하는 것이다.

둘째, 소작위원회 구성에 있어서 소작인 측 참여가 사실상 배제되어 있다는 것이다. 1933년 1월 농림국장 통첩通牒에 의해 설치된 소작위원회는 「조선농지령」(1934)에 의해 법률상 효력이 부여된 4인의 위원(회장을 포함)과 4인 내외의 예비위원으로 구성된다.[18] 직접 직권에 의해 조정을 담당하던 4인의 위원 중 2인은 부府내무과장 또는 군郡내무계주임 및 관할경찰서장, 다른 2인은 민간에서 조선인·일본인 각 1인씩 선임되고 있지만 대부분은 지주 기타 농업관계인사가 선임되었다.[19]

구성면에서 보면 소작인에게 반드시 유리한 구성이라고 말할 수는 없었다. 그럼에도 불구하고 전술한 것처럼 소작인의 요구 실현 비율은 높았던 것이다. 이것은 소작위원회에 의한 조정이 운용과정에서 부분적이었지만 지주의 양보를 구하는 것으로서 기능을 하고 있었다고 볼 수 있다.

셋째, 지방유력자 등 민간차원에 의한 조정해결의 비율이 극히 낮다는 것이다. 전북에서 구장 혹은 부락의 유지에 의해 해결된 것은 일본의 12.9%에 비해 불과 0.1%에 불과하다. 민간차원에 의한 조정 가능성은 없어지고 총독부권력의 직접개입이 큰 역할을 담당하고 있는 것이다.[20]

실제로 「조정령」에 의한 해결(법상해결)상황은 이 점을 잘 반영하고 있다고 생각된다. 즉 소작 측의 신청율은 일본에 비해 압도적 비중을 차지하고 있으며,[21] 그 대부분이 소작인의 생존권을 거는 사활적 방어死活的 防衛인 것은 소작권 관계이다. 그리고 총 신청건수 대부분은 연내에 해결되고 연내의 기제건수旣濟件數가 겨우 4%미만이다. 연내 해결건수의 90%가 취하取下건수이지만 이를 일본과 비교한다면 훨씬 조선에서의 공적 소작조정이 훨씬 잘 기능하고 있다(연내 해결건수율 81.0%, 이 가운데 조정성립 건수율은 65.5%, 취하건수율은 14.2%).[22]

요컨대, 조선 소작인들은 일본 내 소작농 보다 빠듯한 생활수준을 약간이라도 향상시키기 위하여 조정방식을 적극적으로 활용해야만 했던 절실감이 작용한 것이라 할 수 있다.

3. 농민운동의 성격 변화와 특징

다음은 1920·30년대에 걸쳐 전북 농민운동이 어떻게 변화했는가를 두 쟁의사례를 통해 검토해 보자. 소작쟁의는 말할 필요도 없이 각각의 농민의 주체적 역량 차이나 지주의 대응 등에 의하여 각기 다른 전개양상을 보이는 것은 당연하다. 그러나 주체, 요구, 전술, 대응이라는 공통적 척도에 의해 1920·30년대의 대표적인 쟁의인 이엽사 농장쟁의와 구마모토 농장쟁의를 통하여 쟁의의 내용적·질적 변화를 검토하기로 한다.

1) 쟁의 주체의 변화

이엽사 농장쟁의는 옥구농민조합 서수지부에 의해 주도되었다. 옥구농민조합 서수지부는 1927년 8월 4일 조직되어 300여 명의 회원과 78동洞의 지역을 갖고 활동을 해 왔다.

서수지부장은 장공욱張公郁, 張台成, 김행규金杏圭, 박상호朴相浩 등 이었다.[23] 이들은 청년지식인들로서 장공욱은 신간회회원, 김행규는 고려공산청년회 옥구야체이카의 책임자와 신간회 옥구지회 회원으로 활동하고 있었다.[24] 이들 좌파청년지식인들은 서수청년회의 창립멤버였다. 이엽사 농장쟁의는 처음부터 농민운동과 청년운동이 결합되는 형태로 전개되었다.[25]

그리고 쟁의과정에서 옥구농민조합 서수지부는 다른 조직과 관련이 있었다. 예를 들어 임시총회시 조선농민총동맹의 김익우, 오사카 조선 노동조합의 강철, 군산 노동청년회의 이태로, 지경청년회의 신현기가 축사[26]를 하는 것을 보면 옥구농민조합 서수지부는 지역 노동조합과 청년회와 밀접한 관련이 있는 것으로 보인다. 또한 군산에 있는 금성청년회와 연산청년회가 검거된 조합원의 가족들을 위해 위안회를 열려고도 하였다.[27]

이에 비해 구마모토 농장쟁의 경우에는 개별적 쟁의의 형태를 띠었다. 즉,

> "11월 6일 이래 발송된 소작료 납입고지서를 보니 수확의 실정을 무시하여 소작료의 감액율이 근소할 뿐 아니라 부근의 다른 농장에 비추어 아주 고율로서 소작료를 완납할 전망이 보이지 않으므로 농장에 재고를 구하지 않을 수 없었다. 그러나 시국에 비추어 단체적 행동으로 나아감은 재미없다고 하여 하나 하나씩 감액을 교섭하려고 직접 농장을 방문하여 구두로 소작료 감면을 요구한 자가 김제군 22명, 정읍 군 1명 계 23명, 그리고 소작료 조정액에 불만의 의사를 표시하기 위해 고지서를 농장에 반송한 자가 김제군 83명, 정읍군 23명 계 106명에 달하였다."[28]

그러나 지주가 조정된 소작료는 절대 변경할 수 없다고 거절하자 소작인들은 부량면 월승리 김용석金用錫외 42명의 연명으로 된 진정서를 김제군수와 김제경찰서장에게 보내는 정도로 의사를 표시하였다. 이와 같이 1920 · 30년의 농민운동의 주체는 '집합'에서 '비집합', '집단에서 개별', '조직'에서 '조직 없는 조직'으로 뚜렷한 변화를 보이고 있다. 1930년대에는 농민운동이 즉자적 농민행동에서 목적의식적이고 조직적인 운동으로 전환되지 못하고 있는 것이다.

1930년대 소작쟁의는 소작권 관계의 개인적 쟁의이지만, 소작료 관계의 단체적 쟁의의 경우에도 지속적인 조직에 의하여 쟁의가 발생하는 것이 아니고 그 관계자인 대표자를 선출하여 지주와 교섭하는 형태로 바뀐 것이다. 이 점 또한 다음의 사실에서 확인된다.

"소작쟁의에서 소작인의 교섭방법은 사건의 내용 여하를 불문하고 사건이 개인관계인 것은 개인적으로, 그 렇지 못할 때는 대개 대표자를 선출하여 지주에 대해 간담적懇談的으로 구두口頭로써 애원哀願하는 것을 통례로 한다. 최근에는 내용증명 우편으로서 이를 요구하는 자도 상당히 느는 경향에 있다. 만일 요구를 들어주지 않는 경우, 소작인은 관헌官憲에 이의 조정을 신청한다. 1933년 소작조정령 시행이후는 동령同令에 의해 조정신청을 하여 대체적으로 조정에 의해 원만하게 해결된다.

일본에서와 같이 해당지역에서 소작인조합을 조직하거나 전국농민조합 기타 이의 계통적인 농민조합에 가맹하여 이의 지부를 설립하여 지도자 통제 하에 일치결속一致結束하여 각종 수단을 강구하여 지주에 대항 하거나 혹은 소작권 또는 소작지 반환 등과 같이 개인적이며 관계범위도 협소한 경우도 소작인이 소작인조합의 응원을 구하거나 조합을 배경으로 강경하게 대항하는 일은 거의 없다."[29]

2) 쟁의 요구의 변화

이엽사 농장쟁의의 경우, 옥구농민조합 서수지부의 농민대표들이 농장 측에 주장한 것은 다음과 같다.[30]

1. 납입할 소작료는 최고 표준 4할 5푼으로 감액할 것
2. 비료대금은 지주가 반액을 부담할 것
3. 소작료는 두 개를 사용할 것
4. 소작료는 두량斗量을 사용하고 근량斤量을 사용하지 말 것

5. 소작료는 당기唐箕를 사용하지 말 것

6. 소작료는 1리里 이상의 운임은 지주가 부담할 것

7. 포장은 고가高價의 가마니叺로 하지말고 섬俵으로 할 일

이를 보면 지주의 일방적인 소작료의 결정, 비료강제와 부당, 소작료의 용·중량, 포장 그리고 소작료 운임 강제에 관한 경제적인 요구이다. 옥구농민조합 서수지부는 이러한 경제적 요구에서 벗어나 정치적 요구를 지향하고 있었다. 대부분의 간부가 서수청년회 구성원과 거의 동일 인물이었다. 이들 청년지식인들은 학술강연회, 야학 등을 통한 농민의 지식향상[31]에 힘썼을 뿐만 아니라, 조선의 사회운동이 전선적全鮮的 정치운동으로 방향을 전환해야 한다는 의식을 공유하고 있었다.[32]

이와는 달리 구마모토쟁의는 시종일관 소작료 감면을 위한 경제적 생활 요구이었다. 이 같은 사실은 소작농민이 김제군수와 김제경찰서장에 우송한 다음의 「진정서」[33]에서 잘 나타나 있다.

"소작인 등은 동농장의 소작지를 경작상 다대한 비용과 허다한 비료 및 수수手數를 들여 1년간 간로汗勞를 했던 것은 진실로 가족의 생활을 유지하기 위한 방책이었다. 전수확의 17푼 중에서 13~4푼을 동 농장에 소작료로 납부한다면 그 나머지 3푼 혹은 4푼이 비료대금 변제에 충당될지 혹은 부족할지 이는 추측으로서 판단할 수 있다. 또한 전 가족의 하루 식량도 얻을 수 없을 뿐 아니라 농촌패망은 이에 비추어 명료한 것이다.

그리고 본 진정인들은 월승리에 사는 날까지는 위 동 농장의 토지

를 소작하지 않고서는 생명을 유지할 수 없는 상황이다. 따라서 동 농장의 후원을 얻어 해결을 얻을 것으로 생각하여 소작료의 감삭減削을 백방으로 애걸하였음에도 불구하고 동 농장에서는 이를 거절함으로 인하여 농지령에 의한 판정 청구 또는 조정 신청 등 정식의 수속을 하려고 하였던 바 동 소작료 납입고지서가 늦게 도착됨으로써 전부 수확을 마친 현재에는 누구도 좋은 방법으로 정식 수속을 할 수 없게 되었다. 이에 진정서를 수속의 일부로서 신청한다.

이상의 사실에 의하여 전가족의 생활을 구하기 위해 감히 엄위嚴威를 무릅쓰고 특별한 전의詮議로써 소작료를 공평하게 조정하여 결정되도록 해 주기를 바라며 삼가 눈물로써 진정한다."

이「진정서」에 의하면 소작농민 자신이 농업경영에 충실하여 지주에게 소작료를 지불하고 남은 잔액은 생산에 필요한 비료변제대금뿐만 아니라 가족생계비조차 충족할 수 없는 상태에 있었다. 이 때문에 소작농민들은 소작료의 인하를 조정해 달라고 김제군수와 김제경찰서장에게 진정하고 있는 것이다.

적어도 두 사례에 의하면 소작쟁의는 정치적·경제적 요구에서 소작권 회복, 지주의 소작료 인상에 반대하는 경제적 요구로 변화하고 있다. 이러한 변화는「조선농지령」(1934년)이후 다음과 같은 관변자료에서 확인할 수 있다.

"그 실시(농지령 실시-필자)를 보게 되자 모두 한천旱天에 자우滋雨를 만난 것처럼 기뻐 날뛰며 심지어는 (1)농지령의 발포에 자극되어 그 취지를 오해하여 소작조정의 신청이 격증하고, (2)계급적 자존

심 환기하여 지주에 대항하려고 하는 등 이상異狀의 충동을 느껴 소작분의紛議도 여러 곳에 빈발하여 전도前途가 심하게 우려되었다.

그러나 농지령의 주지 철저 혹은 소작위원회의 활동 등에 의해 최근에는 일반적으로 근면 착실하기 의무에 충실하는 한 소작권 이동의 염려가 없을 뿐 아니라 지주와 공존공생共存共生하는 데에 참 행복이 있는 것을 자각하고 자연 온순 착실한 태도로 전화하여 농사에 전념하려 하는 경향이 있다."[34]

3) 쟁의 전술의 변화

이엽사 농장쟁의와 구마모토 농장쟁의는 전술면에서 아주 대조적이었다. 이엽사 농장쟁의는 합법투쟁과 비합법투쟁을 유기적으로 결합한 반면 구마모토 농장쟁의는 합법적인 쟁의를 벌이고 있었다.

이엽사 농장쟁의의 경우 지주가 소작료를 인상하자 농민대표가 농장을 방문하여 소작료의 감면을 요구한다. 이에 지주가 거절하자 소작농민은 소작료감면 전에는 납부하지 않겠다고 통고를 했다. 그리고 경찰이 농민대표를 검거체포하자 소작농민들은 경찰주재소의 조선인 경찰에게 폭행을 가하여 농민대표를 구출할 정도도 비합법적인 폭력양상을 띠었다. 더 나아가 소작농민들은 군산경찰서 앞에서 시위를 하여 군산시가 마치 계엄상태와 같은 상황을 이루었다.[35]

이와는 달리 구마모토 농장쟁의는 개별방문, 진정서 우송이라는 합법적 운동으로 일관하는 쟁의였다. 지주의 소작료인상에 대해 소작농민의 개인적 소작료 감면요구가 실패하자 이에 대응하여 "서상

沃溝에爆發된小作爭議顚末

兩處駐在所襲擊

檢擧된幹部를奪還

五百農民興奮, 警官逃走

群山警察署總動員

廿六日夜組員一同

群山署로兩次殺到

消防隊까지出動驅逐

檢擧된組員의

밥도안주어

七割以上執租로

不納同盟通知

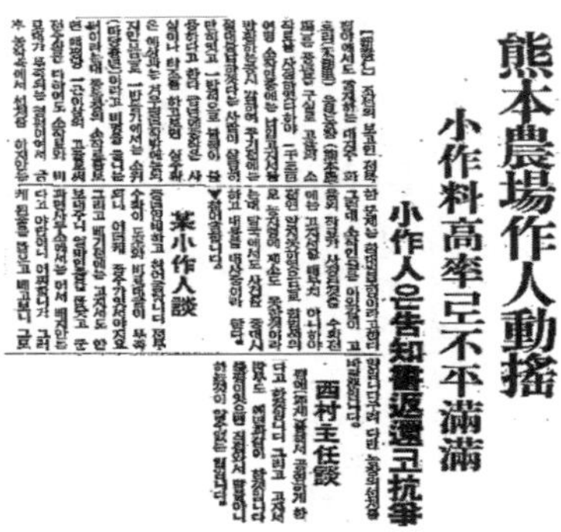

熊本農場作人動搖

小作料高率로不平滿滿

小作人은告知書返還코抗爭

某小作人談

西村主任談

〈사진 7-2〉 왼쪽, 주재소를 습격하여 검거된 간부를 구출했다는 옥구 이엽사쟁의(『동아일보』, 1927년 11월 29일)

〈사진 7-3〉 오른쪽, 구마모토 농장 소작인들이 고율소작료에 불평하며 고지서를 반환하며 항쟁하고 있다는 구마모토농장 쟁의(『동아일보』, 1937년 11월 23일)

敍上의 사실에 의하여 전 가족의 생활을 구하기 위해 감히 엄위嚴威를 무릅 쓰고 특별한 전의詮議로서 소작료를 공평히 조정해 주길 바라며 삼가 눈물로서 진정한다"[36]는 진정서를 김제군수와 김제경찰서장에게 우송하였다.

이러한 합법적인 운동은 다음기록에서도 잘 나타나 있다.

> "항쟁의 방법은 소작권에 관한 것은 개인적인 것이 많은데 반하여 소작료 관계에 있어서는 걸핏하면 단 체적으로 나가려는 경향이 있으며 양자 모두 먼저 개인적으로 또는 대표자로서 간원懇願함은 통례로 되어있다. 다만 최근에 내용증명우편으로써 이를 요청하는 자가 적지 않고 그것이 받아들여지지 않으면 곧바로 관원에 구제를 신청하고 혹은 조정령에 의한 조정을 신청하여 해결을 구하려하고 있는 데 대개는 합법적"[37]

이라고 하고 있다.

당시 소작쟁의는 "소작인의 진정 기타에 따라 관헌의 조정으로 이루어진 중재에 의하여 해결하는 것을 보통"[38]으로 하였다. 그러나 구마모토 농장쟁의의 경우, 소작농민은 공적 조정으로의 기대와 달리 "목적관철의 불가능함을 깨닫고 강경한 태도를 가지고 있었던 소작인들도 점차 연화軟化의 경향"[39]으로 되었다. 구마모토 농장쟁의는 요구철회 뿐만 아니라 오히려 "경거망동 또는 불근신不謹愼했던 것을 사과"하기까지 이르게 되었다. 결국 소작농민들은 합법적인 대응이 어렵다는 것을 알아차리고 일시에 패배주의, 청산주의가 만연하여 종식되어 버린 것이었다.

이른바 1930년대의 소작쟁의는 "합법적인 제도권 내에서의 비집합적non-collective 행위"[40]로 변화한 것이다. 그 결과,

> "소농 소작인은 소작권의 안정에 따라 농사에 정진하여 의무이행에 노력하고 지주계급도 역시 소작인의 권리를 존중하고 또 소작인의 선도에 힘을 다하여 서로 협조 융화의 태도로 나가고 있음으로 현하現下 소작안건은 심한 분규紛糾를 보지 않고 합법적으로 완만하게 해결되고 있다."[41]

4) 총독부 권력의 대응 변화

지주와 소작인이 대립하는 과정에서 총독부권력의 대응은 극명한 변화를 보였다. 이엽사 농장 쟁의의 경우 총독부권력은 쟁의가 발생하자 농민대표 등을 검거, 체포하는 등 물리적으로 진압하였다. 심지

어 군산경찰서에서는 수십 명의 무장경찰대를 현지에까지 파견할 정도로 제도적 사후적 개입형태를 취하고 있었다.

이와는 대조적으로 구마모토 농장쟁의의 단계에서 조선총독부는 쟁의가 발생하기 전에 공적조정으로 개입하는 사전적事前的 예방조처를 취하고 있었다. 구마모토 농장쟁의의 경우 도청·경찰 측은 지주의 소작료인상계획을 듣고 1937년 2월 6일 지주와 지사 응접실에서 사전조정회의를 열었다. 이 날 회의는 먼저 시산柴山지배인이 구마모토농장熊本農場소작료 증액계획을 설명하고, 이에 대해 도청 측과 경찰 측의 질문 그리고 시산柴山지배인의 답변식으로 진행되었다. 회의의 발언은 시산지배인 5회, 소작관 4회, 농무과장 1회, 고등과장 1회, 총 11회를 하였다.[42]

이 회의에서 지주 측은 금후 3년 간 영농방침인 지도기관의 정비, 토지개량(경지정리, 심경의 철저, 유축농업의 실시), 경종개선(종자개선, 묘대개량, 본답개량) 등에 대해서 구체적으로 설명하고 있었다. 그리고 지주 측 영농방침에 따라 생산력을 올릴 경우 "금일까지의 실적에서 과거 3개년 간 평균수량과 금후 3개년 간 평균수량을 최소한도로 보아 1할 5푼 내지 2할의 증수는 가능할 것으로 생각하고, 소작료 일부를 결정하였기 때문에 소작인에게 이는 무리가 아니라고 믿어진다"라고 하고 있다. 그리고 시산은 "본장 각지장本場 各支場을 통하여 반당 실수확 벼6석一千斤증진을 목표로 하고 소작료는 그의 4할 5푼 즉, 2석7두(450근)를 징수"하는 계획을 발표하였다. 그러나 도청 측은 농촌사회의 안정을 위해서 소작료 인상계획 철회를 설득하고 회유하였으나 지주의 소작료 인상 철회를 끝내 얻어내지 못하였다.

또한 쟁의 과정 중에서 경찰 또한 과거와는 달리 쟁의의 전 과정에 걸쳐서 "그 추이를 주시"하고 "관계자의 동정 특히 제3자 개입 등 불령책동不逞策動의 여지가 없게 하기 위해 사찰경계"하였다.

총독부권력은 "고등주임 세구치瀨口경부를 현장에 파견하여 실정을 조사한 뒤, 지주와 소작인들에게 시국에 비추어 서로 호혜정신에 따라 원만히 해결하도록 엄중한 경고"[43]만을 할 정도로 총독부 권력의 쟁의로의 대응은 크게 변화하였다. 1930년대 전반을 기점으로 소작쟁의에 대한 총독부 권력의 대응방식은 관헌의 사후 직접개입과 제도적 폭력진압으로부터 사전·사후 공적公的조정으로 변화하고 있었다.

이와 관련하여 지주의 움직임에 대해서도 주목할 필요가 있다. 앞에서 본 것처럼 1920·30년대의 소작쟁의는 지주가 먼저 토지반환과 소작료 인상을 요구하면, 이에 대하여 소작인이 대항하는 순서를 밟고 있었다. 그리고 쟁의과정에서 지주는 소작인의 계속적인 요구와 대항에 대하여 시종일관 자기주장을 고수하는 완고함을 보이고 있는 것이다. 그러나 적어도 1930년대에 이르면,

> "지주측은 쟁의의 발단 및 동기 여하에도 불구하고 자기의 주장을 고지固持하여 해결을 시도하려는 자 가 많으며 그 후 상대방인 소작인의 진정 기타에 따라 관헌의 조정으로 이루어진 중재에 의하여 해결 하는 것을 보통으로 한다."[44]

라고 하였다.

이와 같이 「소작조정령」 이후에는 소작쟁의 처리방식도 총독부 권력의 일방적 수호아래 지주의 주장이 관철되는 것이 아니고 소작인과의 조정에 의해 해결을 보는 방식으로 변화하였던 것이다.

4. 농민운동의 의의와 한계

이상에서 본 바와 같이 1920년대 농민운동의 주요한 부분인 전북의 소작쟁의는 항일 농민운동으로 고양되다가 1930년대에 들어와서 소작인의 대對지주투쟁으로 머물렀다. 1930년대 항일농민운동의 침체 속에서 소작쟁의가 격증하는 것을 어떻게 이해해야 할 것인가. 이 점은 위로부터의 농정 전개와 아래로부터의 농민의 지향을 상호 규정적으로 맞물리게 하는 것으로 파악이 가능하다. 즉, 우선 농촌의 사회 경제구조 분석을 전제로 한 다음 거기에 맞게 농정이 어떤 형태로 대응하고 구체적인 농민운동의 전개과정이 어떤 경제적 기초에 의거하여 어떤 의의를 달성했는가를 해명하면 될 것이다.

1920・30년대 농민운동의 성격변화는 바로 탄압의 본질, 즉 권력의 성격에서 이해하지 않으면 안 된다. 1920년대 소작쟁의는 확실히 공산주의 및 사회주의 운동과 결부되어 항일농민운동으로 진전되었다. 이에 식민지권력은 제국주의 체제유지 및 강화를 위해서 지주와 농민을 체제내화 하는 방향으로 모순을 조정하고 통합을 촉진해갈 필요가 있었다. 그것은 한편으로는 항일농민운동을 비롯한 사회운동, 민족해방운동을 탄압하기 위한 법으로 나타났고, 다른 한편으로는 소작쟁의의 공적 조정이라는 제도, 관제운동으로 나타났다.

먼저 식민지 권력은 항일농민운동을 규제 탄압하기 시작하였다. 「치안유지법」(1925년 4월), 「폭력행위 등 처벌에 관한 법률」(1926년 9월), 「치안유지법 중 개정 긴급칙령」(1928년 6월)을 만들어 운동지도자들을 농민들과 떼어 놓았다. 1930~33년에 사상범죄 검거인수는 1928~38년 총검거인수 1,694인 중 1,059인을 차지하고 있다. 이와

더불어 농민단체 내지 조직에 대해서 해산을 명령하거나 권고, 저지하여 주체적 농민조직을 해체시켰다.[45]

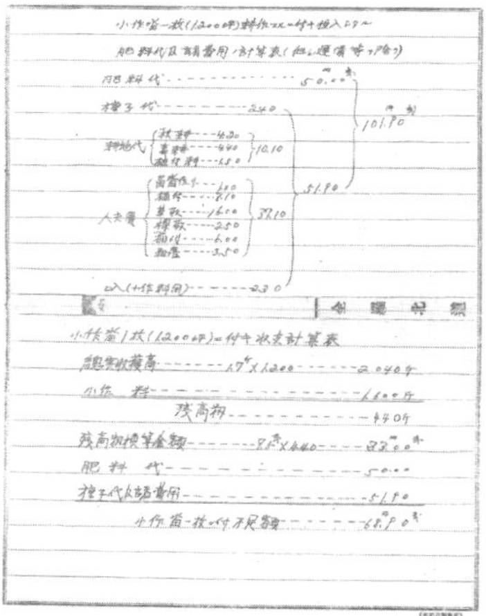

〈사진 7-4〉
구마모토 소작농민들이 진정서를 작성할 때 만든 소작수지계산서 (전북대학교 박물관 소장)

1922년에 전북도내 12군(2군 제외) 12지회의 회원 2만 3천인에 해당하는 농민조직은 1932년에는 14단체 2,456인, 다음해인 1933년에는 9단체 1,542인으로 급감하여 농민조직력은 현저하게 약화되고 있다.[46] 이 같은 식민지권력의 탄압책은 「조선소작조정령」(1933) 이후 소작쟁의의 방향을 결정하는데 기본적 요인이 되었던 것이다.

다른 한편으로는 소작쟁의 대책으로서 「소작조정령」(1933년), 「농지령」(1934년)이라는 소작입법을 만들었다. 공적 조정을 도입하여 쟁의를 대중적으로 조정하고, 지주 · 소작관계에 새로운 규제를 가하여 상당한 개선을 하였다. 또한 이 시기에 「농촌진흥운동」(1932~40년)을 통하여 강제적 동질화를 꾀하였다. 농촌진흥운동 결과, 1937년 전북에 있는 농촌진흥회, 청년단, 부인단, 식산계 등의 단체는 약 8천여 개, 회원은 약 34만으로 1호당 1인 이상(동년 전북의 총 농가호수는 약 23만 호)이 관제 농민조직의 회원으로 되었다.

「농촌진흥운동」의 일환으로 실시되었던 농가갱생계획의 실적을 보면, 동년 3대 목표(부채상환, 식량충실, 현금수지균형)를 달성한 농가는 계획농가(4,229호)의 75%(3,232호)를 달성하였다.[47] 또한 이데올로기적 역할을 담당했던 정신고양 면에서는 국기 게양율이 1936년 전북 총 호수의 89%, 색복착용色服着用은 동년 8만9천인, 단발장행률斷髮獎行率은 동년 91%를 달성하고 있었다.[48]

요컨대, 식민지 권력은 소작농민의 요구와 불만을 일단 체제 내에 흡수해 가면서 이를 통하여 본래적인 민족모순과 계급모순을 둔감화시켜 항일운동으로의 발전을 저지해 나간 것이다. 이는 동시에 소작인과 지주 쌍방을 체제내화하는 방향으로 모순을 조정하고 통합을 촉진하여 가는 파시즘체제의 구축과정이기도 하였다. 그러면 왜 소작인들은 이 시기에 쟁의를 일으켰을까.

이 점과 관련하여 주목되는 것은 구마모토 농장의 소작인이 김제군수, 김제경찰서장에게 소작료 감면의 정당성을 위해 작성한 다음의 소작수지계산서이다.[49]

소작답 1매(枚. 1,200평)를 경작하는데 투입된 비료대 및 제비용의 계산표

(단, 운임 등은 제외)

항목	세목	금액	소계	원 錢	원 錢
비료대				50.00	101.90
종자대			2.40	51.90	
경지대	가을갈이	4.20	10.10		
	봄갈이	4.40			
	모내기갈이	1.50			
인부임	묘판 만들기	1.00	37.10		
	모내기	8.10			
	풀뽑기	16.00			
	피뽑기	2.50			
	벼베기	6.00			
	벼줍기	3.50			
가마니(소작료용)			2.30		

소작답 1枚(1,200평)당 수지계산표

총실수확고 ········ 1.7근 × 1,200평 ····· 2,040근
소 작 료 ································· 1,600근

잔 고 벼 ·················· 440근

원 錢

잔고벼 환산금액 ··· 7.5전 × 440근 ········ 33.00
비 료 대 ···························· 50.00
종자대 및 제비용 ···························· 51.90

소작 답 1枚(1200평)당 부족액 · ············ 68.90

이러한 소작농민의 수량화 의식 즉, 자기의 경영성과를 수량화하여 이를 근거로 지주에게 정당성을 주장하는 의식은 어디에서 생긴 것일까. 그것은 말할 것도 없이 농촌에 있어서 상품경제의 발달이다. 이 시기 소작인들은 "농가경제의 상품화로 인한 전향적前向的 궁핍"[50]에 의해 자신의 농업경영내용을 현실적으로 파악하는 단계에 이르고 있었던 것이다. 이러한 농가경제에서 상품경제화의 진전이야말로 1930년대 소작쟁의발생의 기초조건이었다. 이 시기 조선농촌의 상품경제는 ① 농업생산수단의 구입(비료 등), ② 농산물의 판매증가, ③ 부업생산물의 상품화라고 하는 세 가지 경로를 통하여 심화, 확산되었다.[51] 이러한 상품경제의 진전이야말로 소작농민으로 하여금 경제의식을 크게 변화시키는 객관적 조건을 만들어 주었던 것이다.

「소작수지계산서」에 의하면, 당시 소작농민의 경영은 1,200평당 68원90전(반당 17원25전)이 적자였다. 따라서 소작농민이 이 적자

를 개선하고 최소한의 생계수준을 다소나마 유지하기 위해서는 먼저 소작료 인하를 지주에게 요구할 수밖에 없었던 것이다. 소작농민은 소작료부담을 주어진 것으로 받아들이지 않고 생산력의 상승이 화학비료의 증투 등 생산비의 증가, 소작료의 증징으로 이어져 경제적 곤란을 야기시킨다는 사실을 주체적으로 의식하게 되었다. 이러한 의식으로 소작농민은 「소작수지계산서」를 작성하여 가계비충족을 위해 생산력 상승의 증수분을 요구한 것이다. 1930년대의 소작쟁의는 상품경제의 발달과 이에 수반된 생산력 증가를 근거로 한 고액고율 소작료와의 모순을 소작농민이 자각하게 됨으로써 발생한 것이었다.

이 과정에서 1930년대 농민운동은 농민의 '생존권'방위를 위해 조정방식을 적극적으로 이용한 소작농민의 경제적 요구 형태로 변화하였던 것이다. 이러한 농민의 경제적 요구가 실제로 소작농민 몫의 증가로 나타나게 된 것이다.

〈표 7-3〉에서 구마모토 쟁의사례와 같이 소작농민(=직접생산자)은 쟁의의 결과 생산력의 일부분을 더 가질 수 있게 되었다. 1934~1937년 수확미는 단보 당 3.53석에서 4.15석으로 상승하고, 소작미가 2.06석에서 2.21석으로 증수되었음에도 불구하고 소작농민은 쟁의를 통하여 수확미 상승분의 76%에 해당하는 단보 당 0.47석을 취득하고 있는 것이다.

이러한 농민의 경제요구에 따른 생산력 상승분의 일정한 취득이 1930년대 농민운동이 항일운동으로의 질적인 발전을 가로막고, 소작쟁의가 격증하게 되는 하나의 조건을 형성한 것이었다. 그러나 이 조건은 소작쟁의의 체제내화 정책에서 생긴 것이며 항일운동을 침체케 하는 국면을 제공하는 또 하나의 원인이기도 했다.

<표 7-3> 단보 당 소작인 몫의 변화(구마모토 쟁의 발생지역의 경우)

	1934 ①	1937 ②	② − ①
수확미(A)	3.53석	4.15석	0.62석
소작미(B)	2.06	2.21	0.15
소작인 몫(C) (A) −(B)	1.47	1.94	0.47

주: 1) 1934년 수확미는 1937년의 수확미가 15%증수되었다고 상정한 경우이며, 소작료는 단보 당 330근(1.94석)과 370근(2.18석)의 중간치를 취했다.

2) 1937년 수확미는 지주측의 수량확정후 소작인측의 주장치이며, 소작미는 지주측의 요구 납입소작료이다.

자료: 「조선일보」, 1934년 12월 1일; 「熊本農場小作爭議ニ關スル件」, 1938년 1월 20일.

1930년대의 농민운동은 일본제국주의 체제내화 정책으로 농민이 자신을 권리주체로서 명확하게 인식하고 그 정당한 보수를 요구하는 성장과정을 의미하고 있으나 다른 한편으로는 소작농민의 의지와 무관하게 전쟁과 파시즘 재편의 길에 편입되어 가는 이율배반적인 과정을 의미하는 것이었다.

5. 농민운동과 전향적 궁핍화

이제까지 이 장은 1920·30년대의 농민운동에 대해서 경제적인 점에 주목하여 세 가지 점을 명확하게 하려고 노력하였다. 이 시기 농민운동발생의 기반이 무엇이고 소작쟁의의 성격이 어떻게, 왜 변화했으며 이 변화가 갖는 의의와 한계가 무엇인가 하는 것이었다. 이

세 가지 점을 정리하고 이글의 끝을 맺고 싶다.

본 논문의 대상지역은 일본인지주 밀집지대인 전북이다. 통설적으로 말한다면 '제국주의 지주', '민족적 억압자'가 타 지역에 비해 많은 지역이다. 또한 타 지역에 비해 생산력도 높다. 이에 반하여 봄에 식량이 떨어지는 이른바 춘궁농가는 충남에 이어 2위를 차지할 정도로 많다. 경제적으로만 본다면 전북지역은 대규모적이고 조직적인 항일 농민운동이 발생할 항상적인 기반을 갖춘 지역이었다. 그러나 전북은 농민단체의 조직화율이 낮고, 약체성을 면치 못하고 있다. 그럼에도 불구하고 소작쟁의 건수는 전남에 이어 두 번째로 많이 발생한 지역이었다. 김제군 같은 경우는 1930년대 가 약 6,000건이 발생하여 황해도에서 30년간 일어난 소작쟁의 건수와 맞먹는다. 그렇다면 왜 소작쟁의는 농민조직의 약체성에도 불구하고 1930년대 특히, 소작조정령」(1933년)을 계기로 급증한 것일까. 이 문제의식이 농민운동 3명의 출발선이다.

1920년대와 1930년대의 소작쟁의를 비교하면 다음의 네 가지 변화가 그대로 드러난다. 정치적·경제적 요구에서 경제적 요구로의 변화(쟁의요구의 변화), 집합적 집단쟁의에서 비집합적 개별쟁의로 변화(쟁의행동의 변화), 합법투쟁과 비합법투쟁의 보완에서 합법투쟁 일변도로의 변화(쟁의 전술의 변화), 관헌의 사후 직접개입과 제도적 폭력진압에서 사전·사후 공적公的 조정(총독부권력의 대응 변화)이 목격된다. 그리고 1920년대 소작쟁의는 항일 농민운동으로 고양되다가 1930년대에 들어와서는 소작인의 대對지주투쟁으로 머문 것이다. 이는 1930년대 소작쟁의의 성격을 민족주의, 사회주의 또는 민족해방투쟁 같은 정치적 이데올로기 시각만으로 보아서는 안 된다는 것을 의미하고 있다.

이러한 성격변화는 기본적으로 식민지권력의 회유와 탄압에 기인하고 있다. 식민지권력은 제국주의 체제유지 및 강화를 위해서 지주와 농민을 체제내화 하는 방향으로 모순을 조정하고 통합을 촉진해 가야 했다. 그것은 한편으로는 탄압으로 나타나고, 다른 한편으로는 제도, 관제운동으로 나타났던 것이다. 그 결과 본래적인 민족모순과 계급모순은 둔감되고, 소작쟁의는 자기체제내로 흡수하는 형식으로 진정되고, 민족해방운동은 후퇴하게 되었다.

이러한 가운데 상품경제에 편입된 소작농민은 생산력의 발달에 수반된 「전향적轉向的 궁핍화」에 직면하여 지주에 대해 경제적 개선을 요구하기 시작하였다. 소작료부담을 주어진 것으로 받아들이지 않고 생산력의 상승이 생산비의 증가, 소작료의 증징으로 이어져 경제적 곤란을 야기시킨다는 사실을 주체적으로 의식하여 소작쟁의를 일으키기 시작하였다. 이런 점에서 1930년대의 소작쟁의는 상품경제의 발달과 이에 수반된 생산력의 증가를 근거로 한 고액고율소작료와의 모순을 소작농민이 자각하게 됨으로써 발생한 것이었다.

요컨대, 1930년대 소작쟁의의 성격은 생산력의 발달을 둘러싼 지주와 농민이 상품경제와의 모순과 대항함으로써 전개하였다는 점에 있는 것이다.

---

1 이의 비판으로서는 소순열(1993) 참조 바람.

2 대표적인 연구로서는 飛田雄一(1982a, 198b, 1984), 이종범(1986), 姜貞淑(1984), 강호출(1991), 지수걸(1993), 이준식(1993) 등이 있다.

3 신기욱(1993), “1930년대 농촌사회 변화와 갈등: 그 기원과 유산”, 『동방학지』, 제18집 및 김동노(2007), “일제시대 식민지 근대화와 농민운동의 전환”, 『한국사회학』, 제41집.

4 전북의 전체지주 수에 대한 30정보이상 지주 비율은 15.3%, 일본인 지주 비율은 4.3%로 전체조선 가운데 가장 높다 (소순열, 앞의 논문, 6쪽).

5 그간 이엽사(二葉社)쟁의에 대해서는 淺田喬二(1973), 218~219쪽; 김민영(1997), 83~88쪽, 고승제(1982), 109~119쪽, 구마모토(熊本) 쟁의에 대해서는 졸고(1995), 2~21쪽의 연구가 있다. 두 쟁의의 경과에 대해서 이들 논문 참조.

6 소순열(1992b), “일제하 지주제의 지대구조”, 『농업정책연구』, 19(1), 194쪽.

7 朝鮮總督府(1932), 『朝鮮ノ小作慣行(上卷)』, 117쪽, 238-239쪽.

8 朝鮮總督府(1932), 『朝鮮ノ小作慣行(下卷)』(續編), 112-122쪽 및 졸고(1992b), 201쪽.

9 1920년 전반기농민단체는 조선노동공제회계열, 소작인조합계열, 조선소작인상조회 계열 운동의 3가지 유형으로 나눌 수 있다. 전북 농민운동의 중심적 역할을 한 단체는 조선소작인 상조회 계열이었다. 조선 소작인 상조회는 본래 친일파인 송병준이 자신이 장래 정치권에 나갔을 경우를 생각하여 농촌사회의 지주들을 자신의 정치적 세력으로 심기위하여 설립한 소작인 단체였다. 이 단체에 참가한 층은 처음에 직업적 친일파, 민족주의자, 실력양성론자들이었는데 각 지역에 지회를 설립하는 과정에서 선진적 청년지식인과 농민들이 참여하여 조직의 성격과 명칭을 변화시켰다고 한다 (홍영기, 2002, 『1920년대 전북지역 농민운동연구』, 중앙대학교 박사학위논문, 99-137쪽).

10 全羅北道(1926), 『高等警察ニ關スル管內狀況』. 7-8쪽. 이보다 앞서 1921년 6월 전라북도 부안군에 ‘부안소작공제회’가 설립되었으나(『동아일보』1921.10.12.), 여기에는 포함되지 않았던 것으로 보아 해산되거나 다른 명칭으로 변경한 것으로 생각된다.

11 화호노동 친목회(전북 정읍군 용북면 화호리)는 1922년 12월 22일 회원간의 상호부조(相互扶助) ,애경상문(愛慶相聞), 질병상구(疾病相救)를 표방하고 창립되었다. 창립당시 회장은 구성일, 부회장은 김홍두, 서기 박성두, 평의원장 박동수, 강대욱, 최태삼, 정필수이었다. (『동아일보』1923.1.26.).

12 馬淵貞利(1975), “第1次大戰期朝鮮農業の特質と3·1運動-農民的商品生産と植民地期地主制”, 『朝鮮史硏究會論文集』 第12集, 117쪽.

13 1909년 전북 의병의 전투회수는 전국에서 15.8%, 전투의병 수는 14.5%로 전남에 이어 두 번째로 높았다.

14 소작쟁의에 관한 통계는 ① 1933년「조정령」이전과 이후 통계의 불연속성 ② 農林系列資料와 警務系列資料와의 통계 불일치 등의 문제가 있다. 본장에서는 비교적 장기간에 걸친 소작쟁의의 추이를 파악할 수 있는 農林系列統計에 의존하고 있다.

15 朝鮮總督府農林局,『朝鮮小作年報(第2集)』, 1938년, 14쪽. 여기에서의「전부관철」율은 쟁의참가 소작인수에 대한 요구를 전부 관철한 소작인수의 비율이다.

16 1930년경 전북에서의 일본인 지주에 소속된 조선인 소작인 농가가 소작관계 농가 중에서 차지하는 비율을 보면 평야부는 38.8%, 산간부는 12.7%였다(졸고, 1992a, 13쪽).

17 淺田喬二(1973), 255-256쪽.

18 1936년 전북에서는 16개 소작위원회에 64인의 위원, 63인의 예비위원, 32인의 서기가 있었다(朝鮮總督府農林局, 1938, 附錄, 30쪽).

19 全羅北道農務課(1937),『全羅北道における小作問題の概要』, 66쪽.

20 소순열, 앞의 논문, 3-4쪽. 이에 대해서 마스모토 다케노리는 농민 스스로가 "촌락이 소작쟁의의 내재능력(內在能力)을 상실했기 때문에" "촌락에 대신하여 총독부에 조정자 더욱이 보호자로서 역할"(松本武祝 1998, 154쪽)을 구하였다고 파악하고 있다. 그러나 마스모토는 조정의 본질=발생계기와 조정의 평가를 구분하지 않고, 현실행동으로 나타난 소작농민의 조정신청만을 지표로 하여 촌락 내 새로운 질서 개편이라고 규정하고 있다.

따라서 마스모토의 주장은 그 당시 농민이 처한 사회적·경제적 상황을 경시하고 있는 것은 아닌가 생각한다. 당시 소작농민은 생활 곤란에 직면하여 무엇인가의 계기에 의해서라도 한푼 두푼 자신의 생활을 개선하지 않으면 안 되는 상황이었다. 이 가혹한 현실은 소작농민으로 하여금 체제와의「혁명적 고양」이 현실적으로 불가능함을 자각시키는 동시에, 체제 내에서 현행법에 의존하는 형태로 자신의 빠듯한 생활수준을 조금이라도 개선시키려 했던 것이다.

이러한 의미에서 공적 조정은 촌락 질서에 영향을 준 것은 부정할 수 없지만, 지배받는 측으로서 소작농민의 현실타협=보신(保身)의 논리가 작용하여 "총독부으로의 보호자 발견"과는 별도로 현행법 체제에 의존하게 된 것이다. 이러한 점을 경시하여 마스모토(松本)는 소작농민의 조정 신청율이 증가하는 추이를 피상적으로 의식하여 촌락 내 새로운 질서의 정착이라고 확대 해석하고 있다고 할 수 있다.

21 1935년 일본에서의 소작인에 의한 조정신청은 총건수의 61.7%, 지주에 의한 조정신청은 34.4%이다(全羅北道農務課 1937, 50쪽).

22 1935년 전체 조정건수에 대한 연내 미해결 건수율은 전북이 1.7%에 불과하지

만 일본은 19.0%이다(全羅北道農務課 1937, 56-57쪽).

23 『동아일보』, 1927. 11. 29.

24 조선공산당산하 옥구야체이카는 1927년 3월부터 군산공원 및 옥구 무명산 등에서 월 1회 회합하여 ① 옥구소작조합을 이용하여 지주에게 대항하게 하고 그것을 원조하여 소작쟁의를 철저하게 시킬 것 ② 공산청년회원을 가능한 한 다수 가입시킬 것 ③ 군산신간지회의 주도권을 장악할 것을 결의하였다. 홍영기(2002), 176쪽.

25 서수청년회는 1927년 8월 3일 창립되었다. 창립총회는 의장이 김영현(金寧炫), 서기 장공욱씨가 집행을 맡았다. 이날 결의된 사항은 다음과 같다(『동아일보』, 1927. 8. 8).

1. 우리는 자체의 함양과 농촌 문맹 퇴치를 적극적으로 기한다.
2. 우리는 대중의 일시적 영구적 모든 이해를 대표한다.
3. 우리는 대중의 전위가 되어 제1선 투쟁을 한다.
4. 교육문제에 관한 건.
5. 농민교육문제에 관한 건.
6. 농민운동 지지에 관한 건.
7. 신간회 지지에 관한 건.
8. 이류(異流)단체에 관한 건.

26 『동아일보』, 1927. 11. 17.

27 『동아일보』, 1927. 11. 30.

28 全羅北道 警察部(1938), 「熊本農場小作爭議ニ關スル件」, 『全北高』 第185號.

29 全羅北道農務課(1937), 18-19쪽.

30 『조선일보』, 1927. 11. 28.

31 『동아일보』, 1927. 11. 11.

32 『동아일보』, 1927. 11. 4.

33 1937년 12월 10일, 김제군 부량면 월승리 거주 소작농민 42인(실제 22인 연명)이 김제 군수와 김제경찰서장 앞으로 보낸 「진정서」임.

34 全羅北道(1937), 『小作官會議諮問事項答申書』.

35 『동아일보』, 1927. 11. 27.

36 『진정서』, 1937년 12월 10일.

37 全羅北道(1937), 『小作官會議諮問事項答申書』.

38 全羅北道(1937), 『小作官會議諮問事項答申書』.

39 全羅北道 警察部(1938),『熊本農場小作爭議ニ關スル件』.

40 신기욱(1993), 217쪽.

41 全羅北道(1937),『小作官會議諮問事項答申書』.

42 『熊本農場增額事情聽取顚末』,1937년 2월 6일.

43 『熊本農場小作爭議決ニ關スル件』, 1938. 1. 20.

44 全羅北道(1937),『小作官會議諮問事項答申書』.

45 朝鮮總督府警務局(1965),『昭和十八年版』, 15쪽.

46 全羅北道(1926), 9쪽 ; 朝鮮總督府警務局(1965),『昭和八年版』, 49쪽.

47 全羅北道(1938),『全羅北道道勢一斑』, 10쪽, 19-20쪽.

48 全羅北道(1936),『全羅北道要覽』, 81-82쪽.

49 『진정서』, 1937년 12월 10일.

50 栗原百壽(1981),『農民運動史(上)』, 栗原百壽著作集 第6卷, 校倉書房, 70쪽.

51 松本武祝(1989), "1930年代朝鮮의 農家經濟 -『農家經濟概況調査』分析을 중심으로-", 안병직 외,『近代朝鮮의 經濟構造』,비봉출판사, 143쪽.

• 제3부 •

해체와 고착

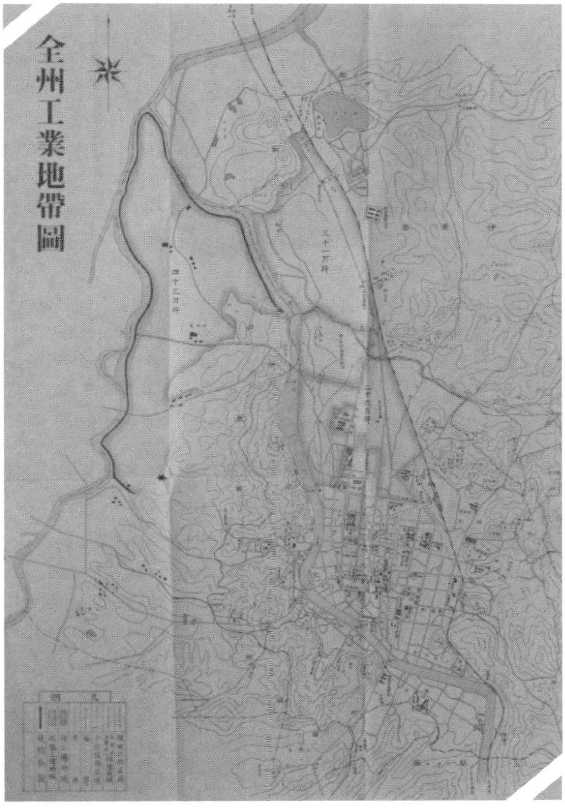

1930년대 기업유치를 위해 전주가 제시한 전주공업지대.
전주공업지대는 현재 진북동, 서신동, 덕진동 등을 포함한 106만평이었다.
(善生永助, 1939, 「朝鮮地方の都邑工業地帶化」,『拓植奬勵館季報』, 第1卷第3號)

제8장

농지개혁과 지주제의 해체

1. 토지개혁의 시대

해방 직후 우리나라의 시급한 과제는 농지개혁이었다. 농지개혁은 정부가 지주가 갖고 있는 농지를 일정한 기준에 의해 강제로 매수하여 소작농에게 팔아 지주·소작관계를 청산하고 자작농체제를 만드는 것을 말한다. 누가 보아도 지주의 사적 소유권을 침해하는 것이므로 이 자체가 혁명적인 일이었다. 단순히 정권의 문제만이 아니고 국가가 앞으로 어떤 방향으로 나아갈 것인가를 좌우하는 일이었다. 농지개혁(또는 토지개혁)은 제2차 세계대전 후 새로 독립한 나라들에 있어서 모든 국가에서 실시되었다. 세계적인 토지개혁의 시대였다.

농지개혁은 어떠한 내용을 가지고 농촌사회에 어떠한 변화를 주었는가, 우리나라 자본주의 발전에 어떤 영향을 미쳤는가. 이러한 농지개혁의 내용과 성격 그리고 역사적 의의에 관하여서는 오랫동안 농지개혁의 쟁점이 되어왔다. 기존의 연구에서는 농지개혁에 의해 반봉건적 토지소유가 타파되었다던가(반봉건제 타파설), 그대로 온존되었다(반봉건온존설), 그게 아니고 자본제가 재편되었다(자본제재

편설)이라는 성격논쟁이 활발하게 진행되었다.[1] 1980년대 중반 충남 서산군 근흥면의 실증연구는 지주제의 해체를 중심으로 농지개혁의 내용과 의의가 보다 구체적으로 밝혀졌다.[2] 이어 1989년 한국농촌경제연구원에서 정부의 공식적인 보고서인『농지개혁사연구』의 편찬으로 농지개혁은 나름대로 체계적으로 정리되었다.[3] 이후 연구는 농지개혁이 급속한 자본주의 발전을 촉진했다는 긍정적인 평가가 자주 행하여지고 있다. 그러나 농지개혁의 실태가 충분하고 구체적으로 밝혀졌다고는 할 수 없다. 주로 농지개혁의 쟁점은 배경, 주체, 실시시기, 북한에 의한 남한 토지개혁, 농지개혁 분배면적과 잔존 소작지 면적, 지주의 소작지 방매시기와 방매조건 그리고 농지개혁의 성격 등이다.[4]

이 장에서는 이러한 인식 아래 전북을 중심으로 농지개혁의 배경과 실시시기를 간단히 파악한 뒤, 미군정의 농지개혁 그리고 한국정부의 농지개혁을 살펴보고 그 결과에 대해서 검토하고자 한다.[5] 이 연구를 통해 농지개혁이 전북에 무엇을 가져다주었는가가 보다 선명해질 것이라 생각된다.

2. 농지개혁의 배경과 실시

1) 농지개혁의 배경

일제는 물러났지만 그의 유산으로서 지주·소작관계(및 고율소작료 수취관계)는 해방 후에도 지속되고 있었다. 해방이 되었다하나 절대다수의 농가는 대부분 소작농이었다. 전북의 상황은 더욱 심각하였다. 전체 23만호 농가 중 무려 67.7%가 소작농이었으며, 자소작농 및 소자작농은 각각 11%, 16%이었다. 자기 토지를 경작하는 자립농가는 5.4%에 불과하였다. 1947년 말 소작지율은 73%로 전국평균은 60%보다 높은 수준이었다. 전북의 소작지율은 일제 강점기 내내 70%이상으로 13개도 가운데 항상 수위首位를 차지할 정도로 지주·소작관계가 매우 성행하였다. 1930년 100정보 이상 소유한 지주 비율은 전북은 152명으로 3위를 차지하는 대지주 집중지역이었다.[6] 일본인지주가 소유하는 논 면적비율은 전북이 무려 도내 면적의 22.3%를 차지하여 조선전체에서 1위이었으며, 전남은 13.8%로 제2위, 3위는 황해로 11.4%였다.[7]

전북은 지주·소작관계가 아주 발달된 지역이었다. 농사짓는 농민 중 소작하는 농민도 많고 소작지율도 높았다. 타 지역에 비해 지주 특히 일본인 지주도 많은 지주 집중지대이었다. 많은 농민들은 바로 고율소작료 때문에 극심한 빈곤에서 벗어나지 못하였다. 이런 상황에서 지주·소작관계의 해체는 농업생산력의 향상과 농가경제의 향상을 위해서 긴요한 해방 직후의 과제였다. 38도선을 경계로 북한에는 소련군이 남한에는 미군이 점령하게 되었다. 1946년 3월 북한이 사회주의 토지개혁을 실시하자, 전북지역도 미국의 정치경제적 이해에 맞물려 1948년 4월 미군정에 의해 귀속 농지를 분배하게 되었다. 이어 대한민국 정부 수립 후 1949년 농지개혁법제정(1949. 6. 21.), 그 다음해인 4월에 농지개혁이 단행되었다. 이러한 과정은 단순히 한국의 농업·농촌의 변화뿐만이 아니라 사회정치적 변화라는 커다란 영향을 미쳤다.

농지개혁은 광범위한 지주·소작관계의 타파를 통하여 경자유전耕者有田의 실현을 목적으로 하였다. 어떠한 이유 때문에 농지개혁을 한 것인가.

첫째, 대다수의 농민이 토지개혁을 요구하였다. 해방직후 농민의 절대다수가 소작인인 상황에서 자발적으로 농민조합은 조직되었다. 이들의 조합운동은 처음에는 분산적 지역적으로 일어났지만, 1945년 11월에는 조선노동조합 노동평의회가 12월에는 전국농민조합총연맹(전농)이 결성되어 전국적인 통일조직을 결성하였다. 전농의 행동강령에서 보여주듯이 농민대중의 특수한 경제적·정치적·사회적 이익을 위한 토지문제의 해결이 전농의 주요한 투쟁목표였다.[8] 1945년 말 당시 전농의 조직상황은 남한 총 농가 호수가 대략 200만호, 전북은 24만호였었는데 농가호당 1명 이상이 농민조합에 참여하였다.[9] 농민운동의 역량은 지방마다 차이가 있지만 전북에서 토지개혁을 위한 기본적인 문제는 전국의 토지문제와 마찬가지로 소작불납, 일본인소유토지분배 등이었다. 예를 들면 전북 옥구군에서는 농민조합이 해방을 맞는 그 해에는 생산량의 10%만 지주 집에 소작료를 납부하도록 지도하였다.[10]

조선공산당의 토지문제의 입장들은 이 시기의 토지문제 해결에 직접적인 영향을 주었다. 그 내용은 일본인 소유지의 무상몰수와 무상분배 그리고 조선인지주에 대한 3·7제 소작료 실시였다.[11] 그러나 미군정은 농민운동 조직이나 좌익정치조직이 잠시 관리하였던[12] 일본인 소유토지나 동척소유지를 장악하게 됨에 따라 3·7제 소작료 인하가 제기되었지만 핵심적인 요구는 지주 소유지의 몰수와 분배였다. 이러한 끊임없는 토지투쟁은 농지개혁에 큰 영향을 주었다.

둘째, 북한의 무상몰수 무상분배에 의한 농지개혁 실시이었다. 북한은 1946년 3월 북조선 임시인민위원회에서 인민회의를 개최하여 북조선토지개혁법안(17조)을 결정 발표하고 그 다음날에는 세부규칙(6장 24항)을 발표하여 법령공포 후 불과 20여일 남짓한 기간에 무상몰수, 무상분배의 원칙에 따라 토지소유의 일대개혁이 시행되었다. 토지개혁법의 주요내용은 ① 일본국가, 일본인 및 일본인 단체 그리고 조선민중에 대한 반역자들의 소유지와 5정보 이상 지주의 소유지, 소작지를 무상으로 몰수하여 토지가 없거나 적은 농민에게 무상분배한다. ② 농가호당 가족원수 및 노력자수에 따라 토지를 분배하며 분배토지에 대해서는 매매, 저당, 일체 소작제도를 금한다. ③ 몰수한 산림, 관개시설, 과수원 및 농민이 경작하기에 불리한 토지에 대해서는 국유화 한다 등이다.[13] 토지개혁의 결과, 북한 경지면적의 약 50%인 98만 정보의 경지가 몰수되어 72만호의 농민들에게 무상으로 분배되었다. 토지개혁 전 자작농 20%, 자작 겸 소작농이 30%, 소작농이 50%였던 것이 토지개혁 후 농민의 100%가 자작농이 되었다. 이렇게 실시된 사회주의의 기초건설을 위한 물질적 조건으로서 구축된 토지개혁은 남한에 정치적 사회적으로 큰 파장을 일으켰다.

셋째, 미국의 정치경제적 요구이다. 미국은 북한이 사회주의체제를 점차 완비해 나가자 이에 대항하는 자본주의체제를 지키기 위해 농지개혁을 더욱 촉진시켰다. 더욱이 농민의 토지개혁요구를 수용함으로써 그들을 일단 변혁운동에서 떼어내 남한을 대소전진기지對蘇前進基地를 위한 반공보루로 재편하고자 했다. 미국의 의도는 우선 자신들의 뜻에 부합하는 정부를 세우기 위해 안정이 우선이었다. 이러한 점령정책은 맥아더가 말한 미군의 한국점령의 제1차적 임무는 공

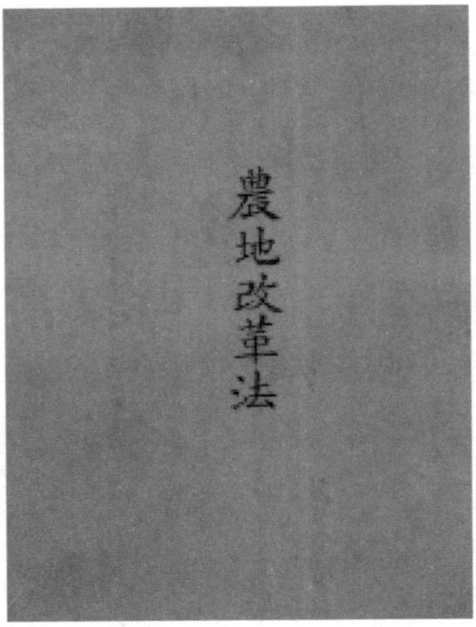

<사진 8-1>
1949년 6월 21일 농지개혁법은 제정 · 공포되었다.(대한민국역사박물관 자료)

산주의에 대한 방벽을 쌓는 것[14]에서도 잘 나타나 있다.

농지개혁의 배경은 미육군성 차관인 맥클로이의 다음 서술에서도 볼 수 있다. ① 공산주의를 선택하는 것을 막아야 한다. ② 미국이 지원하는 지도자들은 분별 있는 사람이어야 한다. 즉 그들은 미국의 세력과 국익의 정당성에 이의를 제기해서는 안 된다. ③ 이러한 의미에서 일단 반공적 지도자에 대한 굳건한 결단이 내려지면 그 지도력을 공고히 하기 위한 과정이 당연히 뒤따라야 한다. 그 반대자들은 공산주의자든 아니든 추방되고, 억압되고, 정치권력의 참가가 거부된다.[15] 이것이 대체로 남한을 점령한 미군정의 기본노선이었다. 이 정책의 기본적인 사업으로서 광범위한 농민들의 토지개혁 요구와 북한의 사회주의형성, 남한 내 공산주의와 급진적 민족주의 세력의 성장이라는 정치사회적 위기상황에 확실히 대응하는 방위로써 농지개혁은 실시하게 된 것이었다.

2) 농지개혁의 실시시기

한국 농지개혁은 일지대로 말하면 1949년 6월 21일 농지개혁법이

제정되고 그 다음해 1950년 4월 농지개혁이 실시되었다. 그런데 당시 시기는 한국전쟁이 일어났기 때문에 농지개혁의 실시 시기는 정확히 언제이었을까. 한국전쟁 이전 4월 혹은 5월이었을까 아니면 한국전쟁이 일어난 후 11월쯤이었을까. 이는 한국전쟁의 성격을 이해하는 데에도 중요한 현대사적 질문이었다. 사쿠라 히로시桜井浩는 1950년 6월 23일 '점수제 규정'이 공포되었으므로 한국전쟁이 일어나기 전에 실시되지 않았다고 하였다. 북한이 남한에 농민의 지지를 얻기 위한 농지개혁을 실시하기 위해 한국전쟁을 일으켰다고 하였다.[16] 이에 대하여 장상환은 충남 근흥면을 사례로 '분배농지예정증명서'가 대상농가에게 발부되는 1950년 4월이 실시시기라고 보고 있다.[17] '점수제규정'은 적용대상규모가 3정보 이하였기 때문에 실제로 적용하는 경우는 거의 없었다. 다라서 농지개혁의 실시는 농민에게 분배대상농지가 통보된 한국전쟁 이전이라는 것이다.

북한의 견해(조선민주주의 인민공화국과학원)에 의하면, 농지분배 점수제 규정이 1950년 6월 23일에 공포되었기 때문에 농지개혁이 6·25전쟁 발발 후 10월에 가서야 실시되었다고 주장한다. 그러나 당시 행정당국은 점수제규정을 무시하고, '농지소표', '경작지 농지 일람표', 이의 종람절차 및 '상환증서'의 교부, '농지대가상환' 개시를 한국전쟁 직전에 추진했다. 이러한 추진과정과 당시 논산군 농정계 행정주사의 증언을 통해볼 때, 일본인 학자나 북한의 견해는 실제 사업추진과정을 알지 못한 채 단순히 농지개혁 관계 입법 시기만으로 실시시기를 잘못 판단한 것이었다.[18] 농지개혁은 법률의 정비보다 빨리 진행되어 3~4월에 걸쳐서 농지조사 및 분배가 이루어져 한국전쟁이전에 실시되었다.

남한 농지개혁의 실시과정을 기존 문헌을 통해 간략히 정리하면 다음과 같다.[19] 해방 후 북한에서는 1946년 3월 무상몰수와 무상분배의 토지개혁이 실시되었다. 이에 미군정은 1945년 12월 소작료 3·1제 실시에 이어 1948년 3월에 귀속농지를 분배하였다. 정부수립 후 한국정부는 1950년 4월에 농지개혁을 실시하였다. 한국전쟁 중 1950년 7월 북한에 의해 남한 농지개혁이 일시적으로 실시되었다. 전쟁이 끝난 뒤 한국정부는 미루어왔던 상환, 보상, 필지분할에 따른 측량, 소유권 이전 등 농지개혁 사후처리사업을 완전히 완결하지 못하였다. 그러나 농지대가 상환은 1968년 '농지개혁사업정리에 관한 특별조치법'을 공포함으로써 농지개혁은 사실상 최종적으로 종결되었다.

1945. 10. 5 : 최고소작료 통제령 (미군정) : 3.1 제 실 시
당시의 소작지율 : 65.0% (2,226천정보 중 1,447천정보)
1948. 3. 22 : 중앙토지행정처 설치령 (미군정)
귀속농지매각처분 (일본인소유) ………… 246천정보
1949. 6. 21 : 농지개혁법제정 (한국정부)
분배대상농지……………………………… 601천정보
1950. 4. : 농지개혁실시(한국정부)
한국인 소작지……………………………… 404천정보
1945 - 1950 : 지주의 임의 처분 ………………………… 676천정보
은폐된 소작지…………… 158천정보(전체 농지의 8%)
1950 - 1953 : 6.25전쟁
1950. 7. : 북한에 의한 남한 농지개혁실시

몰수농지 분배

(남한점령 지역 내 한국정부 및 지주의 소유지)···· 573천정보

1957. 12. 31 : 현재 농지개혁실적

일반농지 분배실적 ································ 268천정보

귀속농지 분배실적 ···························· 202천정보

1968. 12. 31 : 농지대가 상환 업무 종료

3) 한국전쟁기 북한의 남한 토지개혁 실시

1950년 6월 25일 한국전쟁 발발 약 1개월 후 7월말 한국은 마산, 포항, 대구를 연결한 동쪽 밑 지역으로 몰렸다. 나머지 대부분 지역은 9월 13일 인천상륙작전까지 북한의 지배지역이었다. 1950년 7월 4일 북한은 '공화국 남반부지역에 토지개혁을 실시하는 것에 관하여'라는 정령을 공포하여 군, 면, 리 등의 지방인민위원회의 선거에 의해 토지개혁을 실시했다. 토지개혁에 관한 정령 내용은 ① 조선민주주의인민공화국 헌법 제7조에 기초하여 공화국 남반부에서 토지개혁을 한다. 개혁은 몰수, 무상분배를 원칙으로 한다. ② 몰수대상지: 미국과 이승만 정부 및 그 기관이 소유한 토지, 조선인지주의 토지와 면적의 다과를 부문하고 계속하여 소작하는 토지, 자작지 중 5정보 또는 20정보를 초과하는 토지 ③ 분배: 몰수토지는 고농雇農, 토지 없는 농민, 토지가 적은 농민에게 분배한다. ④ 분배방법: 각 리(동)의 고용농민, 토지 없는 농민, 토지 적은 농민의 총회에서 5-9명의 농촌위원회를 선출한다. 농촌위원회는 해당 리(동)의 몰수대상지를 조사하여 토지의 분배 안을 작성한다. 분배 안은 총회에서 결정한 후 지

방인민위원회의 승인을 얻어 실시한다. 토지 분배는 도 인민위원회가 '토지소유권증명서'를 농민에게 교부하여 이를 토지대장에 등록하는 것으로 하여 완료한다는 것이었다.[20]

<표 8-1> 한국전쟁 중 북한에 의한 전북 몰수면적과 분배상황

(단위 : 정보, 인, 호수)

	전북	전국
지목별 몰수지		
논	59,071	343,574
밭	25,847	229,160
기타	1,699	17,472
계	81,635	596,206
대상별 분배지		
고용농민	5,510	28,079
토지 없는 농민	27,630	196,493
토지 적은 농민	51,285	348,768
국유화	2,210	22,860
계	86,635	596,202
분배된 농가수	219,278	1,267,809

자료: 谷浦孝雄(1966),『韓国の農業と土地制度』, 日本国際問題研究所, 105쪽 (원자료는 조선중앙통신사, 1953,『조선중앙연감』).

당시 토지개혁사업에 농촌위원회 1만 8천개가 조직되어, 14만여 농민이 위원으로 참가하였다. 1시 9도 가운데 서울, 황해도(옹진, 연안), 경기도, 강원도 남부, 충남, 충북, 전북의 1시 6도에서 토지개혁은 완전히 실시되었다. 나머지 3도에서는 경북은 251면面 중 105면, 경남은 239면 중 99면, 전남은 252면 중 208면에서 부분적인 토지개혁이 실시되었다. 당시 북한이 차지했던 면(1,526면)에서 78.5%(1,198면)에서 실시된 것이다.

남한에서 몰수된 토지면적은 〈표 8-1〉에서 보는 바와 같이 596,206정보로 당시 총 경지면적의 43.3%에 달하였다. 전북은 86,635정보, 전체 22만 농가들에게 분배되었다. 토지 적은 농민, 토지 없는 농민, 고용농민 순으로 분배되었다. 그러나 9월 이후 북한 측이 후퇴함에 따라 분배받은 농민들은 분배지를 경작하거나 권리행사를 할 기회가 없었다. 뿐만 아니라 인민군이 무상몰수 · 무상분배방식의 농지개혁을 선포했을 때 남한의 농지개혁으로 농지를 받을 수 없었던 일부 고용농민(머슴)들은 적극적으로 동조하였다. 이 때문에 농민 대다수에게는 새로운 약속보다는 위협으로 다가왔다. 실제로 전남 담양군의 경우를 보면, 다소간에 농지를 소유한 일반농가들에게도 반감을 불러 일으켰다.[21] 한국전쟁 중 남한지역에 실시한 토지개혁은 신속하고 효과 있는 이데올로기였으나 실제로는 일시적이고 단기간의 토지개혁으로 끝났다.

3. 미군정의 토지정책

1) 소작료 3 · 1제

앞의 실시과정에서 보는 바와 같이 한국농지개혁과정은 크게 나누어 미군정의 농지분배와 정부수립 후 한국정부에 의한 농지개혁으로 나눌 수 있다. 먼저 미군정의 농지분배를 포함한 토지정책에 대해 살펴보기로 한다.

해방 후 인천에 상륙한 미군은 1848 8월 남한단독정부(이승만 정부)의 수립까지 만 3년동안 남한을 통치하였다. 미군정 기간동안 토지 문제의 해결을 위해 실시한 토지정책은 소작료 3·1제와 귀속농지(동양척식회사를 비롯한 일본법인과 일본인소유농지)의 분배이다.

소작료 3·1제는 1945년 10월 5일 '최고소작료통제령' (미군정법령 제9호)에 의해 제시된 것이다. 이 법령은 비상사태의 포고와 아울러 가혹한 '고율적 고문 소작료拷間小作料'[22]에 신음해 왔던 반노예상태의 소작인이 지주에게 지불하는 모든 종류의 소작료를 수확량의 1/3로 인하한 것이다.[23] 이것은 일제 강점기 고율소작료에 비한다면 과감하고 획기적인 조치였다.

그러나 이 법령은 소작료 납입 방식이 금납이 아니라 물납[24] 이었고 시행주체기관도 구성되지 못했다는 점, 단순히 소작료규제만으로 뿌리 깊은 소작관행을 일시적으로 해소하기는 곤란한 점이 있었기 때문에 당시 농민들의 요구나 정치사회적 혼란을 수습할 수 없었다. 실제로 3·1제라는 소작료인하는 미군정이 관리하던 구일본인 소작지에서만 지켜졌을 뿐 일선에서는 별로 지켜지지 않았다.[25] 결국 미군정 초기의 토지문제의 단서적 해결을 위한 3·1제 법령은 일종의 정치적 제스처에 불과하였다. 미군정의 3·1제는 토지문제의 해결을 위해 일차적 작업으로 소작료문제를 제시하는 것으로 다음 한국정부의 농지개혁으로 이어질 '전주前奏로서의 의의'[26]를 가진 것이었다.

2) 귀속농지 분배

초기 미군정은 3·1제 소작료를 단행하였으나 일본인 귀속농지의 분배에는 선뜻 나서지 않았다. 미군정은 귀속농지분배를 주장했던 미 국무성 경제고문 번스Bunce[27]의 견해에 대해서 여론조사를 실시하여 번스의 어리석음라고 일축하였다. 미군정은 당시 남한에 있어서 일본인소유의 귀속농지분배가 얼마나 중요한 것인지를 절감하지 못하였다.[28] 또한 미군정이 지주의 이익을 대표하는 한국 민주당을 중심으로 한 보수 세력에 의존하고 있는 데에 따른 한계이기도 하였다. 더욱이 아시아 사회에 대해 거의 무지했던 미군들이 지주의 소유권만을 강하게 제한하는 정책만으로 토지문제를 해결하고자 한데도 그 이유가 있었다. 말하자면 단순히 서구토지제도의 선입관에 따라 소작료율만 낮추면 별 문제가 없을 것으로 낙관하였다.

그러나 일본에서 실시한 농지거혁, 1946년 3월 북한의 농지개혁의 실시 소식이 요원의 불길처럼 전국지역에 유포되자 농민의 토지 요구는 거세어져 갔다. 이에 따라 각 정당이나 사회단체는 조속한 농지개혁의 실시를 요구하게 되었다.[29] 미군정도 이에 자극되어 1946년 2월 군정장관 직속 하에 토지개혁법안 기초위원회를 발족시키고 과도입법의원過渡立法議院[30]이 개원된 직후인 1947년 2월에 개혁안을 제시하였다. 그리고 4차에 결친 수정 끝에 합의에 도달하여 전문28조의 '남조선 토지개혁안'[31]을 1947년 12월 입법위원 본회의에 상정했으나 곧 휴회에 들어감으로써 법안심의는 보류되었다. 1948년 1월 입법의원이 개원되어 본회의가 재개됨으로써 재심의가 논의되었다.

우익 측 대다수의원의 사보타주와 보이콧 전략 그리고 재적의원 3분2이상의 출석 불성립 등으로 인하여 본회의는 유회되거나 혹은 법안심의가 저지되고 말았다.[32] 그러나 1948년 초 UN총회결의에 의해 남조선단독정부안이 가결되고 같은 해 5월에 남한 총선거가 실시되었다. 미군정은 5·10총선을 유리하게 하기 위해 한국인 지주를 제외한 일본인 지주의 토지에 대해 신한공사新韓公社[33] 소관의 귀속농지 불하를 단행하기에 이르렀다.

1948년 3월 22일자 법령 제173호로 신한공사를 해체시키고 이를 중앙토지행정처로 개편하여 귀속농지의 분배를 추진했던 것이다. 그 내용은 ① 미군정장관이 임명하는 중앙토지행정처의 이사가 농지를 분배한다. ② 농지분배의 우선순위를 현소작인, 농지주변에 거주하는농민, 농업노동자, 월남한 농민, 해외로부터 귀환한 농민 순으로 한다, ③ 분배를 받은 농가의 호당 면적은 2정보 이내로 한다. ④ 농지의 대가는 연평균 생산고의 3배로 하고 대금지불방법은 연간 20%씩 15년간 연부 현물 상환한다는 것이다.

이와 같이 하여 우리나라 전체에 분배된 귀속농지는 <표 8-2>에서와 같이 245,554정보로서 전체 관리면적의 91.4%에 해당하는 것이었다. 전북은 귀속농지의 98.5%인 65,438정보가 분배되었다.[34] 전북이 귀속농지의 분배가 많은 것은 일제 강점기에 일본인 소유지가 많았다는 사실과 이에 따른 분배가 잘 이루어 졌음을 알려준다. 전북 익산군 춘포면에서는 일반농지의 2배 이상을 차지할 정도로 귀속농지의 분배면적이 많았다.[35]

<표 8-2> 전북 귀속농지 분배상황(1952. 2. 29. 현재)

(단위 : 정보, %)

	분배건수	관리면적(A)	분배면적(B)	B/A(%)
전북	159,123	66,401	65,438	98.5
전국	727,632	268,619	245,554	91.4

자료: 농지개혁사 편찬위원회(1970), 『농지개혁사(상)』, 352쪽.

전북에서는 일반 농지 분배보다 일본인 소유의 귀속농지 분배가 많은 지역도 있었다.

4. 한국정부의 농지개혁

1) 농지개혁직전 전북 농지실태

1948년 8월 15일 대한민국정부가 수립됨에 따라 농지개혁논의가 본격화되었다. 농림부 안, 기획처 안, 산업위원회 안, 수원농대교수단 안, 대한독립총연맹 안, 이훈구의원 등 31명이 제출한 안을 비롯하여 사안私案까지 무려 45개 안이 난무하였던 우여곡절끝에 동년 6월 21일 「농지개혁법」(법령31호)이 공포되고 이어 동 시행령(1950.3.25)과 시행규칙 (1950. 4. 28)이 잇달아 발표됨으로써 역사적인 농지개혁사업이 시작되었다.[36]

1949년 6월 21일 농지개혁법이 공포되기 전 한국정부는 '농가실태조사요령'을 작성하여 이를 하달하였다. 농가실태조사는 농가가 경작면적, 경작농지의 생산량, 가족 수 등을 신고토록 하게 하는 것이었다. 이에 의하면, 1949년 6월 21일 현재 우리나라 전체 경지면적은 2,070,577정보로서 이 가운데 매수대상면적은 29.0%인 601,049정보(조선인소작지 597, 430정보, 3정보이상 초과분 3,619정보)이었다. 이 중에서 전북의 매수대상면적은 73,789정보로 도 전체 경지의 32.4%에 해당하였다.(<표 8-3>) 미군정이 이미 분배를 진행하고 있는 귀속농지까지 합치면 농민이 분배받을 면적은 전국이 40.2%임에 비해 전북은 59.4%로 매우 많았다. 그럼에도 불구하고 해방 후 농지개혁 전까지 4-5년간 소작지가 자작지로 많이 바뀌었다. 이는 그동안 지주의 소작지 방매가 이루어진 결과이었다. 이 때문에 농지개혁 공포일 6월 21일 분배대상면적이 해방당시의 소작지면적에 비해 크게 감소하였다.

<표 8-3> 전북 농지실태 (1949. 6. 21. 현재)

(단위: 정보, %)

	전북	전국
총경지	227,946 (100.0)	2,070,577 (100.0)
소작지	73,622 (32.3)	597,430 (28.9)
자작지	92,702 (40.7)	1,240,315 (60.0)
귀속농지	61,622 (27.0)	232,833 (11.1)
요매상농지	73,789 (100.0)	601,049 (100.0)
소 작 지	73,622 (99.8)	597,430 (99.4)
자작으로서 3정보이상 초과분	168 (0.2)	3,619 (0.6)

자료: 농림부 농지국(1951), 『농지개혁통계요람』, 42-43쪽.

2) 농지분배

본래 농지개혁은 1955년까지 완료될 예정이었다. 농지개혁사업이 실시단계에 들어갈 무렵 한국전쟁이 발발하였기 때문에 농지개혁은 일시 중단되었다가 수복 이후 다시 착수하게 되었다. 농지개혁에 의한 분배면적은 694,894정보였다. <표 8-4>에서 보는 바와 같이 한국정부의 농지개혁에 의한 실제 분배면적은 미군정의 귀속농지분배면적을 제외한 403,463정보였다.[37] 이것은 1943년 말 소작지의 48.0%, 1947년 말 소작지의 52.5%에 불과했다. 1949년 6월 농가실태조사결과 집계된 분배대상면적(요 매수분배농지)는 해방 후 1947년 말 소작지 가운데 약 63만정보가 분배에서 빠졌다. 전북의 분배면적은 137,687정보로서 1949년 6월 분배 대상면적 135,411정보의 101.7%나 되었다. 1943년 말 소작지의 70%수준에 해당된 면적으로 4-5만정보가 분배에서 제외되었다. 이러한 누락분은 해방 후 매수하지 않는 농지도 있다고 생각되지만, 농지개혁이 실시된

<표 8-4> 농지개혁 전후 전북 소작지면적과 분배면적

(단위: 정보, 호, %)

	소작지면적		분배 대상면적 1949.6 (D)	분배 면적 1970.12 (E)	농가호수 1970.12	비율(%)		
	1943년말 (A)	1947년말 (B)				E/A	E/B	E/D
전북	190,315	176,704	135,411 (73,789)	137,687 (61,797)	322,821 (174,451)	72.3	77.9	101.7 (83.7)
전국	1,447,359	1,324,806	833,882 (601,049)	694,894 (403,463)	1,655,074 (1,006,615)	48.0	52.5	83.3 (67.1)

주: 1) 분배대상면적(1949.6)은 미군정의 귀속농지분배면적과 한국정부에 의한 분배대상 면적의 합계임. ( )는 한국정부에 의한 분배대상면적으로 귀속농지를 제외한 분배대상농지(소작지와 자작지로서 3정보 이상 초과분)과 분배농지(일반농지)임.
2) 분배면적 및 농가호수(1970.12)는 미군정의 귀속농지 분배면적과 한국정부의 분배면적 및 호수의 합계임. ( )내는 한국정부 농지개혁에 의한 분배면적 및 호수임.

자료: 1) 농림부 농지국(1951), 『농지개혁통계요람』, 42-43쪽.
2) 대한금융연합회조사부(1955), 『한국농업연감』, 98-99쪽.
3) 농지개혁사 편찬위원회(1970), 『농지개혁사(상)』, 359쪽.
4) 농수산부, 한국농촌경제연구원(1984), 『농지개혁사관계자료집』, 제3집(통계편), 30-31쪽.

1950년까지 주로 지주들에 의해 임의로 사전 방매가 많이 이루어졌기 때문이었다.

3) 지주의 사전 소작지 방매

농지개혁을 의식한 지주들은 분배대상이 되어야 할 소유농지를 사전에 임의 처분했다. 구체적으로 ㉠ 지주의 소작지방매 ㉡ 형식적인 소작지명의변경 ㉢ 산림미간지, 분묘지, 학교재단으로의 지목변경 ㉣ 일시이농으로 위장, 지주의 자영화 등의 형태를 취한 것으로, 특히 ㉠ ㉡이 대부분이었다.[38] 소작지의 대부분은 농지개혁 이전에 지주의 방매에 의해 자작지가 되었다. 1945-47년 사이 12만 2천정보의 소작지가 감소했고, 1947-1949.6월까지 조선인 지주 소유의 소작지가 45만 5천정보가 자작지로 되었다. 이후 1949.6-1951년 사이에는 12만 1천정보가 자작지로 된 것으로 추정된다.[39] 해방 후부터 농지개혁이 되기까지 5년간 70만 정보의 소작지가 자작지가 된 셈이었다.

지주의 소작지 방매는 〈표 8-5〉의 500석 이상 추수하는 전북 대지주의 변화를 통해 확인할 수 있다. 대지주의 지주 수나 추수량秋收量, 면적을 보면 1943-46년 사이 전국 전체의 30%이상이 차지할 정도로 감소하였다. 특히 전북은 3년 동안 지주수가 123명, 추수량은 17만석, 면적은 1만 3천여 정보가 감소하여 이 시기에 소작지방매가 현저하게 이루어졌음을 알 수 있다.

지주들은 소작지를 언제 어떤 가격으로 얼마나 팔았는가. 충남 서산군 근흥면의 경우 1948, 49년에 전체 농지의 61%가 매각되어 농지개혁이 임박할수록 방매량이 증가했다. 방매가격은 1947년까지는

<표 8-5> 500석 이상 추수하는 전북 대지주의 변화

	지주 수(인)			추수량(석)			면적(정보)		
	1943.6 (A)	1946.12 (B)	(A)-(B)	1943.6 (A)	1946.12 (B)	(A)-(B)	1943.06 (A)	1946.12 (B)	(A)-(B)
전북	393	270	123	476,327	393,291	173,136	35,136	21,983	13,163
전국	1,630	1,084	564	2,106,842	1,360,507	800,335	172,731	114,945	57,689

자료: 농림부 농지국(1951), 『농지개혁통계요람』, 6-8쪽, 44쪽.

연평균 수확고의 1.0배 이하로 판 사례가 없었으나, 1950년까지 연 수확고의 1.0배 이하로 판 사례가 30%이상이 되었다. 1948년 이후에는 헐값에 대부분 기존 소작농에게 방매한 사례가 증가했다.[40] 이외의 몇 가지 사례에 의해서도 알 수 있듯이 방매 시기는 1946년 3월 북한 토지개혁 직후와 농지개혁을 입법화하려는 논의가 본격화되는 1947년 말 이후 1948년부터 1949년까지 60%이상이 집중되었다. 방매가격은 사례에 따라 연간 수확량의 1.5-2배, 0.83-1.8배, 1년 수확량 정도 등 다양하게 나타나는 데 대체로 연간 평균 생산량의 1-2배 정도, 자작농지 시세의 70%정도 수준이었다.[41] 이렇게 보면 실제로 소작지 방매로 지주에게 보상받은 것은 연간 수확량의 1.5배라는 명목보상액의 10%정도에 불과했다.[42]

전북 지주들 또한 농지개혁을 피할 수 없는 것이라 여겼기 때문에 몰리는 입장에서 소작지를 팔고 이에 따라 자작지를 매매할 때 가격보다 낮을 수박에 없었다. 지주의 소작지 방매는 미군정 및 한국정부의 농지개혁 지연으로 광범위하게 이루어졌다.

4) 농지 대가의 보상과 상환

농지매수에 대한 지주의 대가보상은 '당해농지의 평년작 주생산물 생산량의 150%' (농지개혁법 제7조)를 지가증권으로 교부하고 정부가 정한 곡물가격으로 계산하여 5분의 1씩 5년간(1951-55년)지불하는 방식이었다. 이를 지주에 대한 직접보상으로 일반보상이라고 불렀다. 또한 정부는 농지개혁으로 희생된 지주를 보호하여 그들을 산업자본가로 전환시킬 것을 약속하였다. 농지개혁법이나 시행령에 지주를 국가 경제발전사업에 우선적으로 참여할 수 있도록 했다. 또 정부가 보유한 공장, 광산, 양조장, 도정 설비, 간석지 등 희망과 능력에 따라 농지보상액과 비등한 사업체의 매수와 참여를 신청할 수 있게 하였다.

<표 8-6> 전북 농지 대가 일반 보상 실적(1968.12.31)

(단위 : M/T, 원)

	요 보상액 (A)		지불액 (B)		미지불액 (A–B)	
	수량	금액	수량	금액	수량	금액
전북	85,748	97,500	83,527	81,448	2,221	16,052
전국	1,166,315	1,782,217	1,158,983	1,759,242	7,333	22,975

자료: 농수산부, 한국농촌경제연구원, 앞의 책, 50-51쪽.

〈표 8-6〉은 실제로 보상이 완료된 1968년 전북 농지 대가 일반 보상 실적이다. 이에 의하면, 전북 지주들은 전체의 69.9%, 무려 16,052원을 지불받지 못함으로써 큰 타격을 입었다. 더구나 실제

보상금 지불은 늦어졌다. 1957년 12월 31일 현재 전국의 보상률은 35.2%, 전북의 보상률은 37.3%에 불과하였다. 이러한 처분 농지보상의 부진함과 전시 하 인플레이션의 피해와 맞물려 지주는 지가증권에 표시된 현물을 시가의 1/3~1/2밖에 안 되는 법정가격으로 받으면서 그나마도 법정기간 내에 28% 밖에 보상받지 못하였다.[43] 이에 따라 대부분의 지주는 현금의 필요에서 액면가액의 3-7할의 가격, 지가증권 액면의 20-30%의 감가[44]로 팔아버림으로써 소수의 지주를 제외한 대다수의 지주들 특히 중소지주는 당초의 목표인 산업자본가로 되지 못하고 대량적으로 몰락하였다.[45]

농지를 분배 받은 농가는 '평년작 주생산물 생산량의 150%'(농지개혁법 제 13조)를 5년간 분할상환으로 정부에 납입하는 것으로 정해졌다. 농지대가(지가)의 상환시기는 1950년에 시작되어 1954년 말 종료될 예정이었다. 1950년 추곡부터 상환을 하기 시작했는데

地價證券
一, 補償數量 正租
No.
一, 被補償者 住所 姓名
約定
一, 補償期間
一, 年支拂額
一, 支拂期日 每年五月三十一日까지
一, 支拂場所
本證券은農地改革法第五條第八條와同施行令第十五條에依하야政府가買收한農地에對한地價로서發行한다
附記
農林部長官

<사진 8-2> 정부가 농지 보상으로 지주에게 발행해 준 지가증권 (자료: 한국중앙연구원)

대부분의 지역에서는 한국전쟁으로 북한 인민군이 점령했기 때문에 불가능하였다.[46] 1957년말 현재 농림부 집계에 의하면 상환율은 85.8%이고 14.2%가 미납이었다. 전북의 경우는 76.3%가 상환되고 나머지인 23.8%가 미납이었다.[47] 이와 같이 지가상환이 순조롭게 되지 못한 것은 농민의 궁핍이 그 이유이었지만, 보다 자세히 말하면 과중한 지가상환부담과 전비조달 목적의 임시 현물수득세, 각종 명목의 잡부금 때문이었다.[48] 이를 합치면 총수확고의 50-70%를 정부에 납입[49]해야만 하였다. 이로 인해 농지를 분배받은 농민은 고리대에 의해 부채농화 되거나 농지를 불법 전매하여 다시 소작농화 또는 임노동자화되기도 하였다. 이러한 어려운 상황 속에서 〈표 8-7〉에서 보면, 전북 농민들은 470,420M/T로 전국 전체의 23.3%에 해당하는 농지대가를 상환하였다. 전북지역의 귀속농지는 전체 귀속농지의 대가상환의 31% 정도가 될 정도를 상환할 정도로 대규모 상환되었다.

<표 8-7> 전북 농지대가 상환실적 (1970. 12. 31.)

(단위 : M/T)

	귀속농지	일반농지	합계
전북	272,241	198,179	470,420
전국	888,947	1,145,131	2,034,077

자료: 농수산부(1984), 한국농촌경제연구원, 『농지개혁사관계자료집』, 제3집(통계편), 64-65쪽.

이상과 같이 보상과 상환으로 보았을 때, 종래의 농민은 농민대로 가혹한 부담 때문에 재생의 길이 막혀 농지를 분배받자마자 다시금 방매하지 않으면 안 되었다. 지주는 지주대로 지가보상이 순조롭게 되지 못함으로써 그 지가증권을 염가로 방매하여 몰락할 수밖에 없었다. 이러한 어려운 상황 속에서도 농지를 분배받은 농민들은 분배농지의 대가 상환을 일정하게 수행하였다.

5. 농지개혁의 결과

1) 지주제의 해체와 자작농 체제 구축

반봉건적 지주·소작관계를 기본적으로 해체하고 자작농체제를 만들었던 것이 농지개혁의 가장 큰 역사적 의의라 할 수 있다. 지주들은 간척지 등 특수한 경우를 제외하고 모든 소유지를 상실하거나 자작농으로 됨으로써 계급으로서 지주가 타파되었다. 반면 소작농들은 개혁을 통하여 다소간에 토지를 소유함으로써 자작농화되었다.

전체 분배농지가 1947년 말 소작지의 반에 불과하며 나머지 소작지는 지주의 방매, 형식적인 소작지 명의변경, 지목변경, 지주의 자영화형태로 제외되었다. 이같이 개혁법 시행 전에 이루어진 소작지의 자작지화는 농지개혁의 효과를 감소시킴으로써 농지개혁 자체의 의의를 극히 한정된 것으로 만든 것도 사실이었다. 농지개혁은 논·밭에 대해서만 실시되고 유지溜池, 농로 등의 경지부속 시설이나 산림, 원야原野 등은 개혁대상에서 제외되어 토지를 유기적으로 이용하는데 불리한 것도 사실이었다.

이와 더불어 분배농가 가운데 영세농들은 상환대가의 과중한 부담, 토지수득세의 부담 등으로 수지가 곤란하자 분배농지를 팔아 소

<표 8-8> 전북 분배농지의 매매실태 (1950-1957, 호당평균)

(단위 : 평)

	호수	구입면적(A)	매각면적(B)	A-B	소작면적
김제군 황산면 황산리 강정부락					
대 농	4	2,9901	421	2,569	–
중 농	11	784	667	117	–
소 농	17	1,053	1,016	37	–
세 농	10	184	834	△650	75
비농	3	7	–	7	–
계 또는 평균	45	896	769	127	17
남원군 주생면 지당리 대지부락					
중 농	5	280	–	280	–
소 농	14	78	43	35	65
세 농	23	57	137	△80	88
계 또는 평균	42	91	90	△1	72

주: 1) 대농은 2정보이상, 중농은 1-2정보, 소농은 0.5-1.0정보, 세농은 0.5정보이하, 비농(非農)은 대지(垈地)의 채원이외 경지가 없는 농가임.
2) 각 계층별 호당 평균 면적은 가중 평균임.

자료: 장현규(1958.7),「농지개혁이후의 농지이동」,『전북대논문집』, 215-222쪽에서 작성.

작농화되기도 하였다. <표 8-8>에서 보는 바와 같이 1950-57년 동안 김제군 황산면과 남원군 주생면 두 마을의 경우 영세농일수록 분배농지를 매각하고 소작농화되었다. 그러나 농지개혁은 반봉건적 지주적 토지소유를 타파하고 농민적 자작농적 토지소유를 확립시켰다.

농지개혁전후 전북농가의 농지소유 형태 변화를 <표 8-9>에서 보면, 자작농(자소작 포함)의 비율이 1945년 5.4%(16.2%)에서 1947년 7.0%(18,8%)이었으나 농지개혁 이후인 1960년에는 76.8%(89.2%)로 급증하였다. 반면에 소작농의 비율은 1945년 67.7%, 1947년

62.7%이었으나 농지개혁 이후 1960년에는 5.9%로 대폭 감소하였다. 농지개혁은 전체 농민의 90%정도가 짧은 시간 내에 자작화를 이루게 되었다. 농지개혁전후 농가의 농지소유 형태 변화를 〈표 8-9〉에서 보면, 자작농(자소작 포함)의 비율이 1945년 5.4%(16.2%)에서 1947년 7.0%(18,8%)이였으나 농지개혁 이후인 1960년에는 76.8%(89.2%)로 급증하였다. 반면에 소작농의 비율은 1945년 67.7%, 1947년 62.7%이었으나 농지개혁 이후 1960년에는 5.9%로 대폭 감소하였다. 농지개혁은 전체 농민의 90%정도가 짧은 시간 내에 자작화를 이루게 되었다. 농지개혁으로 인해 확실한 자작농체제를 갖추게 되었다.

<표 8-9> 농지개혁전후의 농지소유형태별 농가구성비의 변화

(단위 : %)

	자 작	자 소 작	소 자 작	소 작	계
1945년 말					
전 북	5.4	10.8	16.1	67.7	100.0
전 국	14.3	16.9	18.8	50.0	100.0
1947년 12월					
전 북	7.0	11.8	18.5	62.7	100.0
전 국	17.0	19.1	20.5	43.4	100.0
1960년					
전 북	76.8	12.4	4.9	5.9	100.0
전 국	73.6	14.2	5.4	6.8	100.0

자료: 1) 조선은행조사부(1948), 『조선경제연보』, 1948, I-31쪽.
2) 농림부 농지국(1951), 『농지개혁통계요람』, 6-8쪽, 44쪽.
3) 대한민국농림부(1964), 『1960년 농업국세조사』(전국편), 26쪽, 398쪽.

2) 지주의 산업자본가화 실패

농지개혁과정에서 대부분 지주계급은 몰락했다. 농지개혁 때 지주들은 농지를 상실하고 그 대신 지가증권을 받았지만, 대부분의 지주들은 농지개혁 후 자본가 계급으로 변화하는데 거의 실패하였다.[50] 당시 정부는 매수토지의 보상으로 지급한 지가증권을 기업자금에 사용할 때 융자보증을 해주는 지주전업알선대책을 발표하였다. 1958년 9월 전업신청건수는 181건, 이 중 알선자는 90건이었으며 경영을 유지한 것은 20건에 불과했다. 전북의 신청건수와 알선 건수는 각각 14건이었으며 경영유지건수는 8건으로 지주의 산업자본가화가 현실화되지 못하였다. 당시 전업대상자 수(지가증권의 액면가격400석 이상) 3,400명에 대하여 신청건수는 5.3%, 알선건수는 2.3%에 불과하였다.[51]

지가증권을 가장 성공적으로 활용하여 사업에 성공한 사례는 전북 제일의 대지주였던 정읍 고부 김연수金季洙였다. 김연수는 선친에게 물려받은 농지를 기반으로 1919년 형인 김성수金性洙와 함께 경성방직을 세우고 1927년 삼양사를 설립하였다. 삼양사三養社는 장성, 고창, 영광, 법성, 신태인 등 7개 농장을 가지고 있었다. 농지개혁과정에서 김연수는 지가증권을 고스란히 경성방직, 삼양사, 교육에 증자로 활용하여 사업을 성공시켰다.[52] 이 경우는 매우 예외적인 성공사례였다.

전북 지주가 산업자본가로 얼마나 되었을까. 이지수는 농지개혁시 20정보이상 피분배 지주명부와 1950년대 각종 기업체(사업체)를 대조하는 방법을 활용하여 호남지역 거주 피분배지주명단을 〈표

<표 8-10> 1950년대 기업체 경영의 전북 거주 피분배지주

(단위: 정보, 석, 명)

이름	기업체명	주소 (업체소재지)	업종	분배 면적	보상	종업원수 최고/최저
권이겸	삼남정미소	전북 전주(전주)	식품(도정)	20.4	856.4	97(마력)
박명규	호남학원도정공장	전북 정읍(정읍)	식품(도정)	89.4	3465.5	15/13
	삼화전분공장	(정읍)	식품(전분)			
	정읍착유공장	(정읍)	화학(유지)			
이영일	부안정미소	전북 부안(부안)	식품(도정)	131.0	4869.9	
임종엽	김제도정공장	전북 김제(김제)	식품(도정)	46.9	1361.6	
정세환	고창정미소	전북 고창(고창)	식품(도정)	65.8	2405.1	
홍종철	홍해산업사(주)	전북 고창(고창)	식품(도정)	44.3	1334.7	36
	홍해제염공사(주)	(고창)	식품(제염)			
권일용	삼례주조장	전북 완주(완주)	식품(양조)	24.2	1151.6	9
김재철	평화주조장	전북 정읍(군산)	식품(양조)	49.6	1929.4	20/11
나홍균	영원주조장	전북 정읍(정읍)	식품(양조)	112.3	3847.7	6
이병규	정읍양조(주)	전북 정읍(정읍)	식품(양조)	46.1	1483.8	13
이승호	부안양조(주)	전북 부안(부안)	식품(양조)	84.4	2862.0	
최만흥	용진주조(합명) (전북주조 주)	전북 전주(전주)	식품(양조)	25.7	978.9	30/5
	전북국자 Co. (남선국자 주)	(전주)	식품(양조)			5
신동근	남선제염(주)	전북 부안(부안)	식품(제염)	62.3	1319.1	114
박용근	남선농공(주)	전북 완주(익산)	식품(식료품)	29.7	918.9	11
유상은	이리장유양조장	전북 익산(이리)	식품(장유)	98.5	2771.4	
이화영	전주방적사	전북 익산(전주)	섬유(면방)	44.4	1606.5	82
장태창	동아염직(주)	전북 옥구(서울)	섬유(직물)	193.9	6366.6	22
	군산직물공장(주)	(군산)	섬유(직물)			161/149
인창섭	삼공제유소(주)	전북 전주(전주)	화학(유지)	55.4	2040.6	28/8
박문기	죽산제지공장	전북 남원(장수)	화학(제지)	40.0	1556.4	33
박경수	임실제재소	전북 임실(임실)	제재	22.2	1923.2	8
신달용	동문제재소	전북 남원(남원)	제재	50.4	1779.3	
이춘옥	혜화제재소	전북 전주(전주)	제재	41.5	1161.2	
김수천	금강기업(주)	전북 전주 (전주, 서울)	금속기계 (차부품)	33.0	1021.7	41
이동석	효자 토와공장	전북 옥구(전주)	질업(기와)	25.5	699.7	
장병선	남선연료(주)	전북 전주(전주)	연료	31.9	1476.0	

자료: 이지수(1994), 『해방후 농지개혁과 지주층의 자본전환문제』, 연세대학교 석사학위논문, 63-65쪽에서 작성.

8-10>과 같이 정리하였다.[53] 문교법인이나 회사법인은 제외하였다. 시기가 1950년대로 한정되어 1945-50년, 1960년대 이후의 전업지주를 넣는다면 실제 전업지주 수는 이 보다 많을 것이다. 그러나 전북 거주 피분배지주의 대부분은 자본전환에 성공하지 못한 것으로 생각되기 때문에 분석에는 큰 무리가 없다.

이에 의하면, 1950년대 기업체 경영의 전북거주 피분배지주는 총 25명이었다. 전북 피분배 지주들의 전업 상황을 보면 산업 자본가로의 전환은 질적으로도 크게 성공하지 못하였다. 이러한 점은 <표 8-11>에서 보면 몇 가지 특징을 보인다. 첫째, 전업지주는 소수이었다는 점이다. 전업지주는 전북 지역의 20정보이상 피분배 대지주 257명[54] 가운데 10.1%에 불과한 25명이었다. 이들은 이 시기 격심했던 인플레이션이나 한국전쟁, 당시 정책이나 기업경영의 동기 및 경험 유무 등에 크게 작용을 받으며 상대적으로 안정된 업종에 투자하였다. 이러한 투자를 곧 바로 근대적인 의미로서의 산업자본화라고 보기 어렵다. 이 점은 다음 특징과 관련된다.

둘째, 전업지주는 농업과 관련된 식품공업에 진출한 자가 많았다. 관련지주 수 26명 전부가 제조업분야에 투자하였다. 이 가운데 식품공업이 차지하는 관련지주 연인원은 15명(57.7%), 관련업체수는 18개(60.1%)이었다. 식품공업의 대부분은 정미 및 양조업으로 산업자본으로의 진출 및 연관파급효과는 적었다.

권이겸(삼남정미소, 전주), 박명규(호남학원도정공장, 삼화전분공장, 정읍), 이영일(부안정미소, 부안), 임종엽(김제도정공장, 김제), 정세환(고창정미소, 고창), 홍정철(홍해산업사, 고창), 권일용(삼례주조장, 완주), 김재철(평화주조장. 군산), 나홍균(영원주조장, 정읍), 이병규(정읍양조, 정읍), 이승호(부안양조, 부안), 최만홍(용진주조, 전북국자, 전주), 신동근(남선제염, 부안), 문영호(선일천일제염조합, 무안), 박용근(남선농공, 익산), 유상은(이리장유양조장, 이리)

<표 8-11> 1950년대 전북 전업지주의 업종별 분포

(단위: 명, 개, %)

구분	제조업							비제조업			계
	식품	섬유	화학	제재	기계·금속	질업	기타	금융·상업	운수	기타	
관련 지주수	15 (57.7)	2 (7.7)	3 (11.6)	3 (11.6)	1 (3.8)	1 (3.8)	1 (3.8)	– (–)	– (–)	– (–)	26 (100.0)
관련 업체수	18 (60.1)	3 (10.0)	3 (10.0)	3 (10.0)	1 (3.3)	1 (3.3)	1 (3.3)	– (–)	– (–)	– (–)	30 (100.0)

주: 관련지주 수 총계는 연인원임.
자료: <표 8-10>에서 작성.

셋째, 대부분 지주들의 진출 기업체가 규모가 영세하여 새로운 산업의 선도 내지 내적 성장을 하기에 미약하였다. 기업체 중 종업원 200명 이상 대기업체는 없으며, 종업원 100-200명 의 기업체는 남선제염(114명, 부안), 군산직물공장(149-161명, 군산) 2개소 밖에 없었다. 기업체 대부분이 종업원 수가 50명이하 소기업체이거나 10명 이하의 영세기업체이었다. 넷째, 전북 전업지주들은 공업화를 주도할

분야에 거의 진출하지 못하였다. 1950년대 우리나라에서는 소비재 중심의 공업화가 전개되는 가운데 원조에서 들어오는 수입의존형 공업인 '3백공업三白工業'이 중심축이었다. 이들 면방직·제분·제당업체는 국가재정금융정책과 원조의 집중적인 지원을 받으면서 성장해갔다. 이와 관련된 전북의 기업체(지주 명, 업체소재지)는 7개 업체에 불과했으며, 전주방적사, 군산직물공장을 제외하고 30인 이하의 기업체로 규모가 영세하여 근대적 산업자본가로 성장은 어려웠다. 결국 농지개혁으로 전북지주의 대부분은 산업자본가화에 성공하지 못하고 몰락했으며, 해방 후 자본주의 재편과정에서 새롭게 등장하는 신흥자본가 계급으로 되는 계기를 잡지 못하였다.

> 삼화전분공장(박명규, 정읍), 전주방적사(이화영, 전주), 동아염직(장태창, 서울), 군산직물공장(장태창, 군산)

3) 자본주의적 공업화 기여

농지개혁은 소작농이었던 농민들을 대부분 자작농을 만들었다. 과거 소작농과 달리 농민들은 영농의욕이 고취되고 자기토지의 생산력 발달에 더욱 관심을 가지게 되었다. 정부는 농지개혁을 통해 조성된 재정자금의 일부를 수리시설 확충 등에 투자하여 생산기반을 조성하였다. 그 결과 농업생산력은 늘고 식량공급은 보다 확대되어 1960년대 이후 자본주의적 공업화에 크게 기여하게 되었다.

식량공급은 1950년대를 지나 1960년대가 되면서 어느 정도 성과가 나타나기 시작하였다. 1960년대 전반 농업생산력을 1930년대 전반과 비교하면, 경기도와 강원도를 제외한 경지면적은 171만 정보에서 188만정보로 17만정보 증가하였다. 수리시설 확충으로 천수답비율은 34.3%에서 19.4%로 줄었으며 노동력은 증가하여 농가호수는 같은 기간 204만호에서 240만호로 증가하였다. 이에 따라 농가 호당 평균 경지면적은 1.17정보에서 0.87정보로 감소했다. 쟁기, 탈곡기, 양수기 등 농기구도 증가하고 호당 한우두수도 증가하여 노동생산성은 향상되었다. 비료 시비량도 늘어 토지생산성도 향상되고, 전체 농업생산성은 단보당 쌀 생산량이 1.03석(149.2kg)에서 1.54석(224.2kg)으로 증가하였다.[55]

농업생산력의 증가는 식량공급의 확대로 나타났다. 미곡은 일제하 200만톤 수준에서 1960년대 초에는 350만톤 수준으로 증가했고, 맥류는 백만톤에서 1945-55년까지는 60-70만톤 전후로 감소했다가 1960년대에 100만톤으로 다시 증가한다. 과일은 1949년의 10만톤에서 1965년에는 30만톤으로 증가했다. 채소는 1949년을 전후하여 100만톤 전후에서 1965년 전후로 150만톤 전후로 증가하였다.[56] 논농사 지대인 전북 지역은 주로 미곡을 공급하는데 일익을 담당하였다. 이러한 식량증산의 역할은 1960년대와 70년대 공업화 우선 산업을 키우는데 큰 기여를 하게 되었다.

농지개혁과 동시에 과거의 소작농이 바로 가난에서 완전히 벗어난 것은 아니었다. 그러나 종래 소작료로 지주에게 납부했던 소작료가 새로운 소득으로 귀속되어 소작농은 자녀가 중등교육을 받을 수 있게 되었다. 소작농의 자녀를 교육할 수 있는 기회를 얻게 되었다. 소작료로 납부하던 연간 478만석의 쌀이 새롭게 소득으로 귀속되어 그들의 자제들이 교육할 수 있는 기회를 얻게 되었다.

해방 당시와 1960년을 비교했을 때 초등학교 수는 2,834개교에서 4,602개교로 61.3% 증가했다. 학생 수는 136만 명에서 360만 명으로 2.6배나 증가하게 되었다. 이러한 증가치는 다른 나라와 비교하여도 매우 높은 수치였다. 1960년 1인당 GNP가 90달러인 국가에서 아동(5-14세)의 초등학교 취학률은 평균 22%였으나 한국은 59%로 2배 이상 높았다. 1960-65년 중등학교(15-19세) 취학률은 약 27%로 1인당 GNP가 380달러인 국가의 평균취학률보다 높은 수준이었으며, 고등학교 취업률도 1인당 GNP가 한국보다 3-4배 높은 나라들과 대등한 수준이었다.[57] 대학교와 대학생 수가 1945년 19개 대학 7,819명에서 1960년에 63개 대학 97,819명으로 늘어난 것을 보아도 농지개혁은 양질의 우수한 노동력을 제공할 수 있는 기회를 부여하였다.

교육받은 노동자들은 1960년대와 1970년대 공업화 우선의 경제성장에 기여했다. 1950년대의 농촌과잉인구는 1960년대 경제개발 과정에서 풍부한 저임금의 노동력으로 동원되었다. 대졸자는 관리직으로, 고졸자 이하는 생산직으로 취업했다. 1960년부터 1975년까지 농촌인구의 도시유출 규모는 약 686만 명이다. 16년간 47.2%의 농촌인구가 유출되어 연평균 유출량은 약 45만명, 유출률은 2.95%에 이르렀다. 이에 따라 농가인구수는 1967년 이후 절대규모에서 감소하여 1967년 1,608만 명에서 1975년 1,324만 명으로 줄었다.[58] 농업부문에 유출된 노동력의 대부분은 제조업 분야 노동자로 되어 우리나라 공업화의 핵심인력이 되어 우리나라의 공업화는 크게 촉진되었다.

전북은 전남, 충남북과 더불어 GDP증가에 큰 기여를 하였다. 1965-69년 서울과 경기도, 부산을 포함한 경남, 강원지역에서 감소경향을 보였다. 반면 전북 농업은 식량 및 노동력 공급 면에서 우리나라 경제성장에 큰 역할을 하였다. 미르달G. Myrdal이 말한 '역류효과 backwash effect'의 작용으로 1960년대 한국경제성장은 서울과 부산이 더욱 촉진되었다.[59]

그러나 이러한 경제발전에 대한 전북의 역할은 소득을 낮추게 하는 직접적인 요인이 되었다. GDP 배분율과 인구분포율과의 격차를 지역적으로 비교해보면, 1955년 서울 +10.7로부터 -3.3으로 전북은 그 격차가 더욱 커져갔다. 1968년 지역별 1인당 소득은 서울과 부산이 8만원 이상 높은 수준을 보이고 있는 것에 비하여 전북 지역은 4만원 미만의 가장 낮은 소득으로 나타났다. 농지개혁의 결과 전북은 자본주의 공업화에 따라 상대적인 낙후를 겪게 되었다.

6. 농지개혁과 전북의 낙후

이상, 전북을 중심으로 먼저 농지개혁의 배경과 실시 시기를 살펴보고 미군정의 농지개혁과 한국정부의 농지개혁 그리고 이의 결과에 대해서 검토해보았다. 전북의 농지개혁은 우리나라 농지개혁의 실시과정과 내용을 같이 하고 있다. 해방 후 1946년 3월 북한에서 무상몰수와 무상분배의 토지개혁이 실시되자, 미군정은 1945년 12월 소작료 3·1제 실시에 이어 1948년 3월에 귀속농지를 분배하였다. 이어 정부수립 후 한국정부는 1950년 4월에 농지개혁을 실시하였다. 한국전쟁 중 1950년 7월 북한에 의해 남한 농지개혁이 일시적으로 실시되었으나, 전쟁이 끝난 후 한국정부는 미루어왔던 상환, 보상, 소유권 이전 등 농지개혁 사후처리사업을 완전히 완결하지 못하다가

1968년 농지대가 상환 업무가 종료됨에 따라 농지개혁은 사실상 최종적으로 종결되었다.

농지개혁과정에서 전북은 다른 지역에 비해 잘 수행되었다. 농지개혁 전 1949년 6월 농가실태조사에도 전북농가가 분배받을 면적은 전국평균의 20%정도가 많았다. 일본인 농지가 많았던 전북의 귀속농지는 보다 분배가 잘 되었다. 익산군 춘포면의 사례에서는 일반농지보다 미군정기의 귀속농지가 두 배나 많을 정도이었다.

한국정부에 의한 일반농지의 분배 또한 다른 지역보다 잘 이루어졌으나 다른 지역과 마찬가지로 지주의 소작지 방매가 현저하게 이루어졌다. 1943-46년 3년 동안 500석 이상 전북 대지주의 지주 수는 123명, 추수량은 17만석, 면적은 1만 3천여정보가 감소하였다. 이는 각각 전국 전체의 20%정도를 차지할 정도로 큰 규모이었다.

농지개혁을 통해 전북 또한 반봉건적 지주・소작 관계의 자작농체제가 구축되었다. 소작농에서 자작농이 된 농가 특히 영세농가들은 김제군 황산면 강정마을과 남원군 주생면 대지마을에서와 같이 과중한 상환대가, 토지수득세의 부담 등으로 농가수지가 맞지 않아 다시 소작농화되기도 하였다. 그러나 농지개혁을 통하여 전북은 반봉건적 지주적 토지소유가 타파되고 자작농적 체제를 확실하게 구축하게 되었다.

농지개혁 후 전북도내 20정보 이상 분배당한 지주(피분배지주)들은 산업자본가로 성장한 자는 거의 없었다. 1950년대 기업체 경영의 전북거주 피분배지주 257명 가운데 전업지주는 10%에 불과한 25명이었다. 투자업종 또한 정미 및 양조업 등 식품공업에 투자하여 근대적 의미의 산업자본가로 질적으로는 크게 성공하지 못하였다. 이러한 지주의 산업자본가로의 실패는 신흥 자본가 계급 창출의 소재가 되었다.

농지개혁은 자본주의적 공업화에도 크게 기여하였다. 소작농에서 자작농이 된 농가들은 영세화, 소작화되어 갔지만, 1960년대 이후 농업생산력을 향상시켜 식량공급을 확대하였다. 많은 농촌인구가 도시, 공장으로 이농하여 임금노동자가 되어 우리나라의 공업화를 위한 풍부한 노동력을 공급해 주었다. 농민들은 자녀를 교육시켜 우수한 노동력 공급을 해 줌으로써 우리나라 경제성장에 크게 기여하였다. 그럼에도 불구하고 전북은 고도경제성장에 따라 상대적으로 지역소득이 낮아지게 되었다. 농지개혁은 자본주의 공업화과정에서 전북의 상대적인 낙후가 출발하는 원점이 되었다.

---

1 농지개혁의 의의가 무엇인가에 대해 많은 논의가 전개되어 왔는데 일반적으로 ① 반봉건제 온존설 ② 반봉건제타파설(농민적 토지소유 확립설) ③ 자본제설로 분류한다. 여기서는 대부분의 논자가 동의하는 제 ②의 설을 채택하고 있는데 농민적 토지소유란 농민이 지대지불의무나 경제외적 강제에서 해방되는 토지소유를 말한다.

2 장상환(1984), 「농지개혁 과정에 나타난 실증적 연구 (상)-충남 서산군 근흥면 실태조사를 중심으로 -」, 『경제사학』 8 및 장상환(1985), 「농지개혁 과정에 관한 실증적 연구(하)」, 『경제사학』 9.

3 김성호 외, 『농지개혁사연구』, 한국농촌경제연구원, 1989.

4 장상환, 「농지개혁을 둘러싼 쟁점은 무엇인가」, 『쟁점 한국근현대사』 3, 1993.

5 도 단위 농지개혁연구로서는 장상환(2002), 「농지개혁과 한국자본주의 발전-경남지역의 사례연구를 중심으로-」, 『경제발전연구』 6-1 등이 있을 정도로 빈약하다.

6 주봉규·소순열(1996), 『근대지역농업사연구』, 서울대 출판부, 41-43쪽, 69-76쪽.

7 허수열(2005), 『개발 없는 개발』, 은행나무, 97쪽.

8 전농의 12월 8~9일에 열린 결성대회에서 채택한 농민운동의 행동강령의 내용은 ① 일본제국주의자, 민족반역자의 토지를 몰수하여 빈농에게 분배할 것 ② 친일파나 민족반역자가 아닌 조선인 지주의 소작료를 3·7제로 하되 원칙적으로 금납임 ③ 토지세 및 수세 등 일체 공과금은 지주가 부담하고 종자 값, 비료 값은 절반부담으로 하자 ④ 수리조합은 국가경영으로 하고 그 관리는 농민이 하자 등 28개항이었다. (민주주의 민족전선, 1998, 「해방조선 Ⅰ」, 『과학과 사상』, 204-205쪽).

9 농민조합 등이 결성되지 않은 지역에서는 인민위원회가 결성되어 농민운동을 주도하였다. 남원의 예를 보면 해방직후 인민 위원회, 청년동맹, 건국준비대가 9월 15일 일본군의 무장해제를 시키고 남원군 인민위원회는 사실상 통치기관으로 일본인 재산을 몰수 관리하였다. (민주화운동협의회,1988, 「최초증인-미국의 남원학살」, 『말지』, 28-34쪽).

10 장상환(1984), 「농지개혁 과정에 나타난 실증적 연구 (상)-충남 서산군 근흥면 실태조사를 중심으로 -」, 『경제사학』 8, 218쪽.

11 자세한 내용은 이경숙(1986), 「한국농지개혁 결정과정에 관한 재검토」, 김홍상 외, 『한국자본주의와 농업문제』, 아침 참조.

12 지방에 따라서는 분배도 행한 곳도 있었다 한다. (이경숙, 「앞의 논문」, 105쪽).

13 田村武夫(1971. 3), 「北朝鮮の土地改革」, 『朝鮮史研究会論文集』 8, 138~143쪽.

14 조이스콜코·가브리엘콜고(1982), 「미국의 한국해방」, 『한국현대사의 재조명』, 돌베개, 35쪽.

15 브루스커밍스(1984), 「미국의 정책과 한국해방」, 프랭크 볼드윈편, 『한국현대사』, 사계절, 57쪽.

16 桜井浩(1976), 『韓国農地改革の再検討』, アジア経済研究所.

17 장상환(1984), 앞의 논문 및 장상환(1985) 「농지개혁 과정에 관한 실증적 연구 (하)」, 『경제사학』 9.

18 김성호 외,(1989) 『농지개혁사연구』, 한국농촌경제연구원, 66-67쪽.

19 농지개혁의 실시과정은 다음의 자료에 의거해서 작성하였다.

① 農林部農地局(1951), 『農地改革 統計要覽』, 42~43쪽.
② 農業銀行調査部(1958), 『農業年鑑』, 44쪽.
③ 谷浦孝雄(1966), 『韓国の農業と土地制度』, 日本国際問題研究所, 92쪽.
④ 김성호 외(1989), 『농지개혁사연구』, 한국농촌경제연구원.

20 谷浦孝雄, 앞의 책, 101-102쪽.

21 양지은(2000),『농지개혁과 농촌사회 변동-전라남도 담양군 사례를 중심으로』, 이화여대 석사학위논문, 63쪽.

22 김준보,(1980),『농업경제학서설』, 고려대학교출판부, 187쪽.

23 이 법령은 전문 9조로 구성되었는데 참고로 제1조의 규정은 다음과 같다. 제1조(국가비상사태포고) 현행계약에 의하여 소작인이 그 논밭에 대하여 지불하는 가혹한 소작료 및 이율과 그 결과로 소작인의 반노예화와 생활수준은 군정청이 목표로 하는 수준 이하에 있음을 이유로 조선국가에 비상사태의 존재를 여기에 포고함. 군정청이 실시한 수준은 한국 사람들에게 번영과 안정을 주는 수준이었다.

24 전농의 3·7제와 미군정의 3·1 제의 차이점은 불과 비율이 0.3% 정도의 차이이지만 근본적인 것은 소작료의 물납(전농)이냐, 금납(미군정)이냐 라는 소작료 납입방식의 차이였다.

25 장상환,「앞의 논문」, 227-228쪽.

26 유인호(1975),『한국농지개혁의 연구』, 박문당, 121쪽.

27 번스는 조선농촌에서 6년 동안 YMCA 보급에 노력한 조선어에 유창한 인물이다. 미국무성은 1946년 1월 남조선군 사령부에 번스를 공사로 발령하였다.

28 이 점은 미군정과 미 국무성과 견해 차가 있다는 것을 말해준다. 미군정의 여론조사에 의하면 "소작인들은 현시점에서 농지를 바라지 않는다. 그러나 장래의 조선정부가 그들에게 농지를 줄 것으로 대망(待望)한다"라고 되어있다. (桜井浩,1976, 『韓国農地改革の再検討』 アジア経済研究所, 47쪽). 그렇지만 그 당시 대다수의 농민이 주장한 것이 일본인 소유지의 분배라는 사실과 관련하여 볼 때 미군정의 여론조사 결과는 조선농민의 진정한 의견을 제대로 수렴하지 못한 것이었다.

29 해방 후 토지개혁에 관한 작 정당 및 사회단체의 입장은 다음 문헌을 참고할 것.

① 桜井浩,「앞의 책」, 25~44쪽. ② 이경숙,「앞의 책」 109~121쪽. ③ 신기현(1988),『미군정기 정당 · 사회단체의 토지개혁 인식』, 문학과 지성사, 279-323쪽.

30 과도입법의원은 1946년 6월 28일 미군정 장관이 '한국인이 요구하는 법령은 한국인 스스로의 손으로 제정케 하기 위해' 한국지역 진주군사령관에게 건의하여 같은 해 8월 24일(법령 제18호)에 창설된 남한과도입법의원이다. 입법의원 수는 90명으로 이중 45명이 선국 (민선)에 의해 45명은 군정 장관에 외한 임명(관선)이었다. 그러나 선거가 실시된 1946년 10월경 좌익세력에 대한 탄압으로 구성원은 주로 지주 또는 그들의 대표자들인 한국민주당, 독립촉성국민회 (이승만을 중심으로 한 우익단체), 한국독립당 등 3당을 중심으로 한 우익의원들이었다. 일본주둔미군이 패전한 일본정부를 정부로서 인정하였고, 북한의 소련

군 또한 임시조선인민회에 자치권을 부여했었다는 점과 비교할 때 미군정의 자치권이 없는 입법의원의 설치 의도는 분명하다. 결국 이것이 농지개혁을 실시하려던 미군정의 의도를 오히려 곤란하게 만드는 원인으로 된다.

31 이 법안은 한국정부수립 후에 제정된 농지개혁법에 많은 영향을 주었다. 그 골자는 한국정부의 농지개혁법과 거의 비슷하여 자경자영(自耕自營) 의 상한을 3정보로 하고 경지의 유상몰수·유상분배를 규정하고 있다 양자의 차이는 전자가 생산물의 300%에 의한 매상과 15년 연부상환을 규정하고 있는 점에 비해 후자는 생산물의 150%에 의한 매상과 5년 분할상환을 규정하고 있는 점이었다.

32 농협중앙회(1965), 『한국농정20년사』, 93쪽.

33 신한공사는 과거 동척을 비롯한 일본인, 토지회사가 소유하고 있었던 토지는 물론 일본인 지주의 소유농지 전체를 관리하는 미군정 직속하의 특수기관이었다. 일제의 동척해방과 더불어 일본인이 물러간 뒤 조선인 사원들에 의해 동척관리위원회가 구성되어 운영을 맡아왔다. 그러나 미군정당국은 1946년 2월 21일 군정법령 제152호에 의해 동척재산과 여기에 일본인 및 일본법인 소유농지를 흡수하고, 이를 관리할 신한공사를 설립 하였다.

신한공사는 구 동척의 조직과 기구를 활용하여 구 동척 조선 지사를 신한공사 본사로 동척지점인 서울, 대전 대구, 부산, 이리, 목포 각 지점을 그대로 공사 지점으로 개편하였다. 1948년 2월말 현재 신한공사의 관리면적 (경지면적)은 282,480정보로 전체 경지의 13.4% 농가호수는 554,067로 전체농가호수의 27.0%이었는데 전북(이리지점관리)은 각각 도내 전체 경지면적의 28.0%, 농가호수의 43.0%로 남한 9개시 도에서 가장 높다. (농림신문사편, 1949, 『농업경제연보』, 92쪽).

34 미군정청이 발표한 이 수치는 상당히 의심스럽다. 미군정이 일제 강점기의 토지대장, 지적도를 1945년 말부터 그 다음해 봄까지 철저하게 조사하였다고는 하지만 이 당시 폭주하던 작업량에 밀려 토지 면적이 제대로 집계 되었는지 의문스럽다. 1945년 말 외국인(주로 일본인)의 토지소유면적은 446.729정보(전북157.843정보)였는데 미군정이 구일본인 소유지를 조사하여 이를 관리한 면적은 268,619정보 (전북 66.401정보)에 불과하였다.

또한 미군정의 분배면적 발표가 매우 과대평가된 것 같다. 농지개혁이 일단락되었던 1957년 2월 당시 귀속농지 분배는 202,144정보(전북 62,502정보)였는데 이것은 1952년 분배면적보다 오히려 43,410정보 (전북 2,936정보)나 감소한 것이었다. 따라서 해방직후 구 동척농지, 일본인 개인 및 법인 소유지, 국유지, 군용지 등이 얼마인지, 신한공사의 관리농지가 어느 계통의 소유였는지, 어떻게 처리되었는지 등이 앞으로 밝혀져야 할 중요한 과제이다.

35 정승진·松本武祝(2006), 「토지대장에 나타난 농지개혁의 실상(1945-70)-전북

『익산군춘포면토지대장』의 분석-」, 『한국경제연구』 17, 44쪽.

36 일본학자 (谷浦孝雄, 櫻井浩)나 북한의 견해(조선민주주의 인민공화국과학원에 의하면, 농지분배 점수제 규정이 1950년 6월 23일에 공포되었기 때문에 농지개혁이 6.25전쟁 발발 후 10월에 가서야 실시되었다고 주장한다. 그러나 당시 행정당국은 점수제규정을 무시하고, 「농지소표」, 「경작지 농지 일람표」, 이의 종람절차 및 「상환증서」의 교부, 「농지대가상환」의 개시를 6.25전쟁 직전에 추진하였다. 이러한 추진과정과 당시 전북 논산군 농정계 행정주사의 증언을 통해볼 때, 일본인 학자나 북한의 견해는 실제 사업추진과정을 알지 못한 채 단순히 농지개혁 관계 입법 시기만으로 실시 시기를 잘못 판단한 것 같다. (김성호 외, 「앞의 책」, 66~67쪽.)

37 한국정부에 의한 농지개혁법에 의한 농지분배는 1950년 4월에 이루어졌지만 추가로 분배되던가, 분배된 면적을 취소하던가 혹은 지적정리나 공공용지 편입 등으로 수시로 증감되어 수치가 차이가 많다. 이 글은 공신력있다고 평가되는 농수산부, 한국농촌경제연구원의 자료(『농지개혁사관계자료집』, 제3집(통계편), 1984)를 이용하였다.

38 황한식(1984), 「현행소작제도의 성격에 관한 연구」, 박현채 외,『한국농업문제의 새로운 인식』, 돌베게, 108쪽.

39 농림축산식품부(2015), 『농업 · 농촌 70년』, 한국농촌경제연구원, 175쪽.

40 장상환, 앞의 논문, 268쪽.

41 농림부(2003), 『한국농업 · 농촌 100년사(하)』, 한국농촌경제연구원, 885쪽.

42 장상환(1993), 「농지개혁과 한국자본주의 발전」, 『쟁점 한국근현대사』 3, 146쪽.

43 김병태(1981), 「농지개혁의 평가와 반성」, 김윤환 외, 『한국경제의 전개과정』, 돌베개, 49쪽.

44 장상환, 앞 논문, 75쪽.

45 한국은행조사부(1955), 『경제연감』 I -79쪽. 이에 대해서는 다음 절에서 보다 상세하게 다룬다.

46 1957년 말까지 연장했으나 1957년말에도 지가상환은 이루어지지 못하여 정부는 1961년 5월 「농지개혁사업정리요강」을 제정하여 1964년까지 완결되도록 했으나 이것 역시 부진하여 1965년 말까지 다시 연기하였다.

47 소순열(1989), 「전북토지 문제의 역사적 전개」, 『남민』 3, 114-166쪽.

48 30여종의 잡부금이 있었다한다.

49 황한식, 앞 책, 109쪽.

50 농림부, 앞 책, 897쪽.

51 김성호 외, 앞 책, 776쪽.

52 장상환, 앞 논문, 144쪽.

53 이지수, 『해방후 농지개혁과 지주층의 자본전환문제』, 연세대학교 석사학위논문, 1994, 63-65쪽.

54 한국농촌경제연구원, 『농지개혁시 피분배지주 및 일제하 대지주 명부』, 농지개혁사편찬자료 X, 1985, 45-56쪽.

55 김준보(1987), 「해방전후의 농업생산력 비교」, 『농업경제연구』 9, 6-7쪽, 12-15쪽, 17-20쪽.

56 농림부, 앞 책, 894-895쪽.

57 장상환(2002), 「농지개혁과 한국자본주의 발전」, 『경제발전연구』 6-1, 159쪽.

58 농림축산식품부, 앞 책, 185쪽.

59 김동희 · 최양부(1971), 「지역경제의 불균형 성장과 농업발전의 지역성」, 『농업경제연구』 13, 3쪽.

제9장

전주의 경제구조와 변화

1. 조선시대 대도읍, 전주

이 장은 일제강점기 전주의 경제구조 및 그 변화를 살펴보려 한다. 경제구조란 생산요소나 가격 같은 경제적 요인이 재화 및 서비스를 생산·유통·소비시키는 기본 틀을 말한다. 경제 구조 변화는 생산되는 상품과 생산주체들의 성격과 구성이 변하는 것이다. 그리고 구조정책은 생산되는 상품과 생산주체가 사회경제적 여건변화에 신속하게 대응할 수 있도록 제반 여건을 조성하여 경지적 성과를 향상시키는 것이다.

이 장은 '상품구성'과 '생산주체 구성'에 주목하여 일제강점기 전주 경제의 '구조', '구조변화', '구조정책'을 분석하고자 한다. 이를 위해 먼저 전주가 전북 경제에서 어떠한 위치를 점하는지에 대해 살펴보고 산업구조를 중심으로 경제구조의 변화에 대해서 검토할 것이다. 그리고 새로운 공업도시로의 전환을 꾀한 1930년대 후반의 공단조성에 대해 검토한 뒤, 그 연장선상에서 근대 전주경제구조가 가지는 역사적 의의에 대해 짚어보고자 한다.

본문에 들어가기에 앞서 몇 가지 언급할 점이 있다. 첫째, 근대 도시, 특히 지방도시의 경제를 다룰 때 자료의 제약 문제이다. 손정목의 일련의 통사론적 도시사적 연구 이래[1] 개항 100주년을 맞아 항구 지방도시의 전체상을 묘사하는 저서들이 출판되었다.[2] 이 업적들은 나름대로 전형적인 근대식민도시의 전형을 밝히는 데 의미 있는 성과를 거두었다. 그러나 근대 지방도시에 대한 종합적이고 다양한 연구 수준에서의 검토에까지는 이르지 못하고 있다. 특히 도시 경제분야에서는 서울이나 부산을 제외하면 자료가 거의 전무하다고 해도 과언이 아니다. 최근 근대 부산경제에 관한 체계적인 연구 성과물[3]이 나왔지만, 전주 경제에 대한 연구는 본격적으로 이루어지지 못했다. 이 장은 자료의 발굴이나 충분한 검토가 이뤄지지 않은 상태에서 시도한 입문적 성격의 작업이다. 다소 부조적 수법으로나마 근대 전주 경제구조의 변화 양상을 도출하면서, 새로운 연구가 촉진되는 계기가 되길 기대한다.

둘째, 전주경제구조를 어떻게 보아야 하는가이다. 근대 식민도시에 대한 기존연구들은 대부분 이중도시론으로 식민지 도시구조의 내부공간을 이해해 왔다. 지배자와 피지배자 구역으로 분리된 이분법적 틀은 주로 도시경관이나 인구분포, 상업 및 금융 시설 분포에 관한 기본적인 분석틀로 고정되었다. 식민도시 전주와 관련된 연구도 이러한 연구경향을 벗어나지 못했다.[4] 이 글은 이러한 인식론의 한계를 벗어나고자 한다. 도시구조가 근대와 전근대, 지배와 피지배, 중심과 주변으로 보이더라도 경제구조는 경제체제를 구성하는 여러 부문 사이의 상호의존 혹은 상호배타 관계를 띠고 있기 마련이다. 근대화 과정에서 경제구조는 전통적인 재래성을 기반으로 변용해 나갈 수 있다.[5] 어떻게 변용하느냐는 각 지역의 사회전체의 질, 즉 재래적인 문화성·전통성에 달려 있다. 따라서 전주라는 사회를 전체적으로 파악한다면 이중도시론을 지지해 주는 도시경제의 내부구조와 변화에 대해 해명해야 한다.

셋째, 전주구역의 확대 문제이다. 전주는 1914년 고산군을 통합하여 전주군이 되었고 1930년 전주군 이동면 노송리 등 6개리를 편입하여 전주군 전주면으로 되었다가 1931년 전주읍으로 바뀐다. 이후 전주는 1935년 전주부가 되고,[6] 이전의 전주군은 완주군으로 분리된 뒤, 1940년에 완주군 이동면이 전주부로 편입된다. 이의 구역을 분리해 낸다는 것은 보다 정밀한 작업이 필요하다. 행정구역의 변화가 당시 사회경제적 상황이 반영하고 있다고 생각되기 때문에 행정구역을 대상으로 검토한다.

2. 전주의 경제적 특성

전주는 예로부터 서울에 버금가는 대도읍으로 평양과 함께 조선 3도라 칭했으며 호수도 1만이 넘었다. 그러나 조선 말기에 이르러서 호수는 매년 감소하다 1894년 동학혁명 때 병화로 인해 수백 호가 사라지면서 급격히 쇠퇴하였다.[7]

전주는 '전라도는 한국 가운데 중진重鎭, 중진의 수뇌首腦 전주, 이조李朝 발상의 영지靈地'로 알려져 있었다.[8] 러일전쟁이후 일본인 인구는 점점 증가하여 1909년에는 320호, 820명이 되었다. 당시 진출한 일본인들의 직업은 매우 다양하였다(<표 9-1>). 행정관할 도시답게 전주의 관리는 212명(전체 유업자의 37%)으로 가장 많고, 대공직大工織이 76명으로 다음을 잇고 있다. 그러나 잡화상·과자상 등 소자본이 필요한 업종, 숙박업·작부·잡업·이발업·요리실 등 서비스업에 종사하는 자는 244명으로, 서비스업이 전체 유업자의 절반 가까이를 점하고 있어 전주는 소비도시의 색채를 띠고 있다. 또한 농업경영을 목적으로 한 일본인은 18명으로 상당히 많은 수를 차지하고 있다. 이들은 전주를 교두보로 삼아 전주의 배후지인 서부평야지역에 진출한 자들이다.[9]

1910년경 주요 농공산물의 생산액(또는 생산량)을 보면, 미곡 156,00석, 대맥 27,000석, 소맥 12,000석, 대두大豆 7,000석, 소두小豆 2,000석, 생강 18,000관, 실면實綿 18,000관, 엽연초 15,000관, 부채 15,000원, 종이 52,000원[10]이다.

당시 전주의 정례시장은 매월 2, 7일로 한 달에 6회 정도 서문, 남문 박 천변에서 차례로 열렸다. 1회 거래액은 약 3천5백원 내지

<표 9-1> 1909년 전주의 직업별 인구 순위(10위 이상)

(단위 : 명)

	조선인	일본인
1위	농업 3,132	관리 212
2위	잡화상 2,374	대공직 76
3위	주막업 910	잡업(雜業) 64
4위	관리 572	잡화상 49
5위	무직 361	과자상 46
6위	일용직 331	숙박업 31
7위	남초(연초)상 253	작부 21
8위	소목공 210	농사경영 18
9위	과자점194, , 면직상 194	이발업 17
10위	상여업155, 교자군 155	은행원16, 요리실 16
유업자총수	8,480	566

자료: 福島士朗 編, 『李朝の全州』, 1909, 93-100쪽.

4천원 정도이었다. 주로 전주의 정례시장에서는 주로 금구, 원평, 임실, 남원, 진안 등에서 온 생산물과 함께 전주는 물산의 집산기능을 담당하였다.[11]

다음에는 경제구조의 기초인 전주의 인구추이를 살펴보자. 전주 인구 증가 추세를 볼 때 행정구역의 변화에 유의할 필요가 있다. 전주는 1930년 7월, 1940년 11월 두 번의 행정구역 개편이 이루어졌다. 이에 따라 1914년 528천평이었던 전주는 1930년 약 2,895천평, 1940년 7,746천평으로 확대되었다.[12] 1930년의 행정구역 확장으로 철도의 개통에 따른 전주발전과 학교조합구역과의 일치, 1940년의 확장은 주택문제의 완화, 공단 조성이 주된 이유였다.[13]

〈표 9-2〉, 〈그림 9-1〉은 시가지를 기준으로 한 것으로, 1930년

<표 9-2> 전주의 인구 추이

(단위 : 명)

구분	조선인	일본인	외국인	계	구분	조선인	일본인	외국인	계
1919	10,551	3,232	74	13,857	1930	32,136	5,204	502	37,842
1920	13,036	2,804	97	15,937	1931	32,575	5,440	395	38,410
1921	13,024	2,920	193	16,137	1932	32,807	5,513	306	38,626
1922	13,168	3,143	172	16,483	1933	33,267	5,673	270	39,210
1923	14,437	3,767	178	18,382	1934	33,672	5,884	321	39,877
1924	15,763	3,724	202	19,689	1935	34,386	5,841	366	40,593
1925	17,283	3,496	198	20,977	1936	34,688	5,837	411	40,936
1926	17,602	3,998	245	21,845	1937	36,647	5,776	97	42,520
1927	17,663	4,103	269	22,035	1938	37,120	5,849	81	43,050
1928	17,838	4,154	266	22,258	1939	38,527	5,933	89	44,549
1929	18,122	4,274	290	22,686					

주: 1) 1930년 까지의 인구는 전주군 전주면(전주읍)만의 인구임.
2) 1933년 인구합계의 원자료가 틀려 바로 잡음.

자료: 전주시 · 전주부사국역편찬위원회, 『국역전주부사』, 2009, 2002-201쪽.

까지 전주 인구는 전주면이 아닌 전주군 전체 인구를 포함한 것이었다.[14] 이후의 인구는 전주군 전주읍(1931년 4월 전주군 전주면에서 승격), 전주부(1935년 전주군 전주읍에서 승격)의 인구를 뜻한다.[15] 따라서 1930년까지는 대체로 현재의 완주군을 포함한 인구라 할 수 있다.

전주인구는 1919년 13,857명에서 1930년 44,549명으로 약 3만명이 증가하였다. 연 평균 약 1,500명 정도가 증가한 것이다. 1930년 전주의 급격한 인구증가는 제2차 구역변경에 따라 구역면적이 5.5배 확장되어 그 인구도 약 9,400명이 증가하였다. 1930년대 이후 인구의 증가경향은 주로 일본인 인구의 감소보다 조선인 인구의 절대적인 증가가 주된 원인이다.

이제부터 전주 인구의 특징을 익산, 군산과 비교하여 살펴보자(표 〈9-3〉). 1930년 전주는 농업적인 성격이 강했다. 전주군 자체가 농

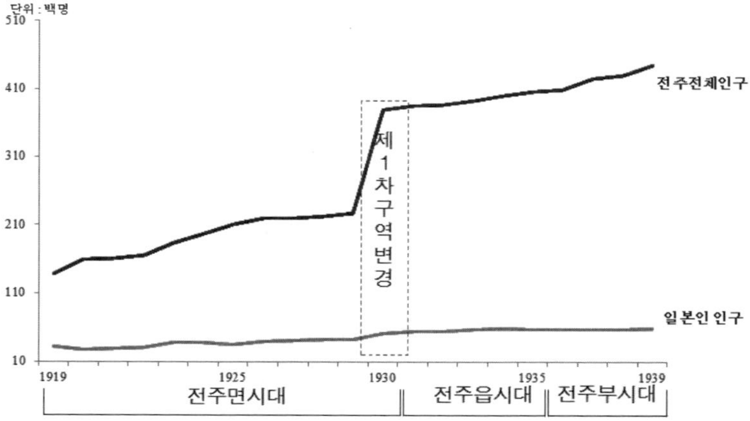

<그림 9-1> 전주의 인구 추이(1919~1939)
자료: <표 9-2>에서 작성

촌 지형을 띠기도 했지만, 무직을 포함한 직업구성에서 34.2%가 농업에 종사하고 있어 익산과 흡사한 현상을 보이고 있다. 하지만 한 지역의 산업을 전국의 동일 산업과 비교하여 그 중요도를 측정하는 입지계수location quotient: LQ만 놓고 보더라도 전주의 농업은 입지계수가 0.83으로 나타나, 농업으로 특화되었다고 보는 1.25이상을 넘지 못한다. 공업도 상업도 마찬가지로 입지계수가 각각 1.04, 1.05로 나타나 전주라는 지역에 특정 산업이 발달했다고 말하기에는 어렵다. 1930년 전주는 산업적 정체성이 희박한 도시라 할 수 있다.

이와 달리 군산은 상업도시 성격을 띠고 있다. 직업구성에서 상업 종사자의 비율이 높고 입지계수도 무려 5.99에 달한다. 군산은 전체 인구에서 일본인 구성비가 33.1%로 목포, 마산에 비해 10%나 높게 나타나고 있다. 무직을 제외한 군산의 유업자 중 상업, 공무·자유업, 공업, 교통업 4개 직종에 종사하는 일본인은 무려 90%나 된다. 특히 상업에 종사하는 일본인은 무역상이나 각종 상품의 도매상, 소매상들로서 배후지와 일본을 연결하는 상품유통의 주된 담당자였다. 상권뿐만 아니라 금융, 교통, 행정을 장악하고 있었다.[16]

예로부터 전주는 관청소재지·교육의 도시로 발달해 왔다. 최근에는 각종 공장의 유치·가내공업의 보급과 개선에 힘쓰고 있지만 전반적으로 전주는 여전히 소비 도시를 면하지 못하고 있다.[17] 전주는 상품 공급측면에서의 생산지이기보다는 수요측면에서 소비지로서의 특성이 강한 곳이다.

3. 전주경제의 구조와 변화

일반적으로 산업구조는 취업인구나 생산액(또는 부가가치)을 기준으로 나타낸다. 1938년 전북의 산업구조를 생산액 기준으로 보면 농업비중이 63.5%로 농업 지역으로서의 성격이 강하다. 공업비중은 34.5%를 차지하지만 농업생산액의 약 30%에 불과하다. 경기도와 비교하면 31.1% 수준이다. 그 내용에 있어서도 농업과 관련된 단순 식료품 가공공업이 거의 절반을 차지하여 농업위주의 산업구조를 보이고 있다.[18]

〈표 9-4〉는 전주의 직업구성을 나타낸 것으로 산업구조를 가장 개괄적으로 보여주고 있다. 이표에 의하면 전주의 산업구조는 농업의 격감과 공업 및 상업, 공무자유업의 증가로 특징 지울 수 있다. 직업구성을 보면 1916년에는 농업이 91.2%로 압도적 수치를 차지하다, 1930년 34.2%, 1940년 16.7%로 감소하여 점점 약화되고 있음을 알 수 있다. 실제 1916년 전주에는 15,867정보의 경지가 있었으나, 1930년 제1차 행정구역 개편으로 1937년 312정보로 격감하고, 농가호수도 21,612호에서 814호로 크게 줄었다.[19] 이에 반해 전주가 점차 시가지 중심으로 변모함에 따라 상업은 1916년-1940년간 5.0%에서 22.5%, 공업은 1.6%에서 9.8%로 증가하였다. 관공리官公吏가 대부분인 공무자유업 역시 행정구역개편으로 같은 기간 1.1%에서 19.6%로 급증하였다. 이제부터 좀 더 구체적으로 농업의 축소와 상업·공업의 확대를 살펴보기로 하자.

농가호수, 경지면적, 농업생산액이라는 세 가지 측면에서 전주 농업에 대해 검토해보기로 한다. 〈표 9-5〉을 보면, 농업생산액에 농산

<표 9-4> 전주의 직업구성

(단위: 명, %)

<table>
<tr><th>구분</th><th>1916년</th><th>1930년</th><th>1940년</th></tr>
<tr><td>농업</td><td rowspan="2">679,793(91.2)</td><td>63,487(34.2)</td><td>9,331(16.7)</td></tr>
<tr><td>수산업</td><td>8(0.0)</td><td>16(0.0)</td></tr>
<tr><td>광업</td><td rowspan="2">12,029(1.6)</td><td>18(0.0)</td><td>456(0.8)</td></tr>
<tr><td>공업</td><td>5,385(2.9)</td><td>5,478(9.8)</td></tr>
<tr><td>상업</td><td rowspan="2">37,153(5.0)</td><td>5,920(3.2)</td><td>12,598(22.5)</td></tr>
<tr><td>교통업</td><td>813(0.4)</td><td>1,184(2.1)</td></tr>
<tr><td>공무자유업</td><td>8,442(1.1)</td><td>1,940(1.0)</td><td>9,478(16.9)</td></tr>
<tr><td>가사사용인</td><td>0(0.0)</td><td>1,975(1.1)</td><td>0(0.0)</td></tr>
<tr><td>기타유업자</td><td>3,558(0.5)</td><td>5,207(2.8)</td><td>10,443(18.7)</td></tr>
<tr><td>무직</td><td>4,166(0.6)</td><td>100,717(54.3)</td><td>6,983(12.5)</td></tr>
<tr><td>계</td><td>745,141(100.0)</td><td>185,470(100.0)</td><td>55,978(100.0)</td></tr>
</table>

자료: 朝鮮總督府全羅北道,『大正五年朝鮮總督府全羅北道統計年報』, 1918 ; 朝鮮總督府,『昭和五年朝鮮 國勢調査報告』, 1933 ; 全州府,『全州府勢一斑』, 1941.

물가공액은 제외되어 있다. 1935~1937년 동안 농가호수, 경지면적, 농업생산액 모두 절대적으로 감소한 것으로 나타나고 있다. 같은 기간 농가호수는 1,496호에서 814호, 경지면적은 334.7정보에서 312정보으로 감소하였다. 자소작별 농가호수 구성을 보면 피용자의 감소에 의해 자작과 자소작·소작농가가 증가하였다.

농업생산액은 1,898천원에서 331천원으로 떨어졌다.[20] 전주 경제의 농업 비중이 점점 약화되는 추세였다. 그런데 농업생산액 부문에서 적지 않은 변화를 보이고 있다. 미맥류의 비중은 감소하고 상품경제화와 직결되는 채소, 과일, 축산부문이 증가하고 있다. 미맥류는

<표 9-5> 전주농업 개황

(단위: 호수, 원, 정보, %)

구분	1935년	1937년	구분	1935년	1937년
농가호수(호수)	1,496 (100.0)	814	농업생산액(원)	1,898,188 (100.0)	331,152 (100.0)
자작	125 (8.4)	78 (9.6)	미맥류	1,467,605 (77.3)	120,140 (36.3)
자소작	175 (11.7)	104 (12.8)	두류	1,744 (0.1)	2,860 (0.9)
소작	779 (52.1)	520 (63.8)	잡곡	10 (0.0)	20 (0.0)
피용자	417 (27.8)	112 (13.8)	채소	36,779 (1.9)	46,266 (14.0)
경지면적(정보)	334.7 (100.0)	312.0	과실	8,351 (0.4)	8,787 (2.7)
논	210.8 (63.0)	197.7 (63.4)	축산물	383,699 (20.2)	153,079 (46.2)
밭	123.9 (37.0)	114.3 (36.6)			

주: ( )내는 구성비임

자료: 全羅北道農務課,『昭和十年農業統計』, 1936 ; 全羅北道『昭和十二年農業統計』, 1938.

1935년 77.3%에서 1937년 36.3%로 낮아진 반면, 채소·과실·축산은 같은 기간 동안에 62.9%로 상승하고 있다. 특히 채소와 축산의 증가가 현저하여 각각 14.0%, 46.2%를 차지할 정도로 근교도시농업이 나타나고 있다. 1930년대에 들어 배추·우엉·당근·파·토마토·가지·오이 등 일본계 품종도입과 온실재배 보급 등 재배기술의 발달이 크게 진전되었다. 우전면에 24,000평을 가진 한 조선인은 생산물 대부분을 직접 들고 다니면서 남문 부근 시장이나 어채시장 등에서 판

매를 하는 상품생산자로 성장한 예도 있다.[21]

다음은 전주 상업의 변화에 대해서 살펴보기로 한다. 상업의 변화는 시장 거래액의 추이로 파악할 수 있다. 〈표 9-6〉에서 보는 바와 같이 1935~1939년 동안 보통시장(전주부시장)의 연 거래는 해마다

<표 9-6> 전주의 보통시장 거래액

(단위: 원, %)

구분	개시수	1년 매매고					
		농산물	수산물	직물	축류	기타잡품	합계
1935년	72	113,480 (17.0)	82,530 (12.4)	28,292 (4.3)	331,140 (49.7)	110,252 (16.6)	665,694 (100.0)
1936년	73	128,600 (19.2)	89,500 (13.4)	31,800 (4.8)	297,170 (44.4)	121,500 (18.2)	668,550 (100.0)
1937년	73	132,700 (17.2)	91,200 (11.8)	32,600 (4.2)	392,507 (50.8)	123,100 (15.9)	772,104 (100.0)
1938년	72	119,430 (12.6)	82,080 (8.6)	35,860 (3.8)	595,108 (62.7)	116,945 (12.3)	949,423 (100.0)

자료: 전주시 · 전주부사국역편찬위원회(2009), 536쪽.

증가폭에 차이는 있지만 666천원에서 949천원으로 계속 증가하고 있다. 거래액구성비는 축류가 60~70%, 여기에 농산물, 수산물까지 합하면 시장에서 매매되는 생산품의 80% 내외가 직접 소비되는 1차 생산물이다.[22] 〈표 9-7〉을 보면 전주 경제를 더 눈에 띄게 이해할 수 있다.

〈표 9-7〉은 1939년 전주역에서 이뤄진 반출입물량 중 천톤 이상

<표 9-7> 전주의 주요 물품반출입 내역 (1939)

(단위: 톤)

반입품명	수량	반출품명	수량
목재	7,416	휘발유	1,202
비료	6,888	잡곡	1,132
시멘트	4,707	신	1,096
엽연초	4,414	쌀	16,988
석탄	4,331	제조연초	5,648
인	4,255	시료	2,713
식염	3,349	목재	1,719
쌀	1,450	엽연초	1,365
목탄	1,438	입연승	1,037
광석	1,317		

주: 전주역의 반출입물품임
자료: 전주시 · 전주부사국역편찬위원회(2009), 591쪽

의 물품을 정리해 놓은 것이다. 이를 통해 철도운송을 통한 전주의 대내외적 유통을 알 수 있다. 물량이 큰 순위로 열거하면 반입물품은 목재, 비료, 시멘트, 엽연초, 석탄 등 10개 물품이고, 반출물량은 쌀, 제초연초, 시료, 목재 등 완제품위주의 9개 물품이다. 대체로 반입은 원료자재용이고, 반출은 완제품이다. 하지만 반입물량이 반출물량보다 커 전주가 소비도시의 성격을 띄고 있음을 알 수 있다. 반입과 반출을 엮어보면 전주 가공제조업의 유통 흐름을 발견할 수 있다. 즉 전주의 대표적인 유통경로는 외부에서 쌀, 연초를 반입하여 각각 정미공장, 전주전매지국 담배공장을 거쳐 가공, 제조하여 외부로 반출하는 경로이다. 이 같은 전주의 상품유통은 전북공업의 발전에 의거

하고 있다.

다음은 유통주체에 대해서 살펴보자. 1938년 전주중심가에 상설점포는 199개소(일본인은 97개소, 조선인은 93개소, 기타 9개소)였다. 그러나 영업세 규모로 보면 일본인점포(97개소)는 480~1,360원, 조선인점포(93개소)는 340~620원으로 일본인점포규모가 조선인에 비해 훨씬 크다는 것을 알 수 있다. 이를 도소매 업태별로 보면 1935년 도매업 영업세는 1,281원, 소매업 영업세는 3,315엔 정도로 전주의 상설점포는 소매업이 많다.[23]

이를 앞의 〈표 9-6〉과 관련하여 어떻게 이해할 수 있을까. 이는 바로 유통부문의 범위와 경로 차에 기인한 것이다. 일본인 상인들은 군산의 무역상 수입품이나 지역 제조품을 취급하는 도소매상이 주류를 이루지만 조선인 상인들은 지역수입상을 통한 일상의 수요품을 취급하는 도소매상이 주류를 이루고 있다.[24] 즉 일본인 상인들은 지주·자본가·관료 등을 대상으로 한 주요 고급소비재나 주요 공산물의 기간유통부문을 장악하였다. 새로운 생활양식에 맞는 소비재, 새로운 제조업에 맞는 주요 제조품의 유통을 주도하고 있는 것이다. 반면 조선인 상인들은 주로 조선인의 일상 수요품의 전통적인 유통부문을 담당하고 있다. 그래서 전주의 상업공간을 조선인과 일본인으로 나눠 대립된 형태로 이루어져 있다는 견해[25]는 옳지 않다. 시장은 공간대립이 아니라 오히려 상품교환의 상호작용으로 발전된 사회구조라 할 수 있다. 전주에서는 조선인과 일본인의 각기 다른 핵심적인 상품 교환의 장으로 나타난 것이다.

전통적인 남문 정기시장이 매일 열리는 것으로 바뀌고, 상설점포가 열리면서 전주에 상업회사가 등장하였다. 근대적 회사는 개항기에 출현하였지만 본격적으로 발전한 것은 회사령이 철폐된 1920년대 이후였다. <표 9-8>은 경영규모를 고려하지 않는 단순한 자본액과 회사수에 불과하지만 1922년 5개의 전주 상업회사는 1938년에 17개로 증가하였다.[26] 같은 기간 자본액은 225천원에서 566천원으로 2.5배가 증가하였다. 여기서 주목할 만한 것은 조선인 상업회사의 성장이다. 1922년에 1개에 불과했던 조선인 상업회사가 1938년 12개로 늘었으며 총자본액에서도 100천원에서 410천원으로 증가하였다. 이 수치는 일본인 상업회사를 능가한다. 같은 기간 전주 상업회사 총자본금 구성액에서 44.4%에서 72.3%, 회사당 자본액에서도 약 2,800만원이 늘어났다. 조선인 상인이 새롭게 유통범위를 확대하였거

<표 9-8> 전주의 상업회사

(단위: 원, %)

구분	1922년	1938년
조선인		
회사수	1	12
자본액	100,000 (44.4)	410,074 (72.3)
일본인		
회사수	3	5
자본액	125,000 (55.6)	156,750 (27.7)
계		
회사수	4	17
자본액	225,000 (100.0)	566,824 (100.0)

자료: 박선희, 「전주의 금융·상업공간 형성과 변화에 관한 연구」, 서울대학교 대학원 박사학위논문, 2003, 134쪽에서 재인용 (원자료는 京城商工會議所, 『朝鮮會社表』, 1922, 1938).

나 기존 일본 상인의 유통부문을 어느 정도는 잠식했음을 보여준다.

다음에는 산업구조를 주도하는 공업의 변화를 보자. 1930년대 공업은 증가 추세를 보이고 있다. 전북공업의 추이를 보면 1921년 26개에 불과했던 공장이 1930년 195개로 늘어나고, 자본액도 약 15배 이상, 종업원 수는 2.4배 증가하였다.[27] 전주의 공업 비중도 증가할 것으로 생각되나,[28] 직업구성 비중에서 보듯 공업발전의 속도나 규모는 그다지 크게 진전되지 못했다.[29]

현재수준의 생산액, 생산주체, 종사자 등의 추이로 전주공업구조의 변화를 파악하기는 쉽지 않다. 여기에서는 몇 가지 자료로밖에 추론할 수 없는데 먼저 전주에서 어떤 공산품을 생산했는가를 검토하자.

〈표 9-9〉는 공산품 구성 비중을 1940년 조선총독부의 산업분류 기준을 참조하여 정리한 것이다. 『商工の全州』(1938), 『全州府史』(1943), 『全州府勢一斑』(1941) 자료를 통해 각각 1937년, 1938년, 1940년의 공산품 내역을 추론해 볼 수 있다. 세 자료 모두 품목명, 생산액(수량, 가격), 제조호수가 기재되어 있다. 그러나 1937년 자료에는 민족별 제조호수는 기록되어 있으나 만원 이상 생산액 13개의 소품목만 기록되어 있는 반면, 1938년 자료에는 36개의 소품목은 기재되어 있으나, 민족별 제조호수가 기록되어 있지 않다. 따라서 세 자료 가운데 가장 유효한 1940년 자료를 기초로 40개 소품목의 민족별 제조업체수와 생산액을 정리한 것이다.

이 표를 검토해 보면 전주공업의 특징을 유추해 볼 수 있다. 첫째로 소비재공업이라는 점이다. 생산과정에서 필요로 하는 기계기구공업, 금속공업은 2% 미만에 불과하다. 그것조차도 농구 및 토공기, 공구

<표 9-9> 전주 공산품 구성(1940)

(단위: 원, %)

구 분	제조 업체수	생산액	구 분	제조 업체수	생산액
방직공업			포장용 나무상자	2	1,500 (0.2)
목면	1	–	술통	–	–
양말	3	12,650 (1.3)	나막신	8	36,400 (3.7)
금속공업			식료품공업		
함석판 제품	14	3,650 (0.4)	소주	3	32,000 (3.2)
자물쇠 등	7	–	청주	4	215,000 (21.6)
금·백금 및 온기	6	935 (0.1)	약주	1	–
기계기구공업			탁주	1	–
농구 및 토공기	8	14,160 (1.4)	간장	5,497	7,500 (0.8)
공구 및 날붙이류	8	2,380 (0.2)	된장	5,491	15,500 (1.6)
짐차	2	2,990 (0.3)	술지게미(酒粕)	2	–
요업			과자	29	123,000 (12.4)
시멘트와(瓦)	2	6,030 (0.6)	축산품	1	835 (0.1)
시멘트관(管)류	5	19,751 (2.0)	식염	5	17,640 (1.8)
벽돌	2	81,870 (8.2)	면류(麵類)	8	18,730 (1.9)
화학공업			기타		
참기름	4	2,200 (0.2)	선자(扇子)	3	38,000 (3.8)
동백기름	1	240 (0.0)	단선(團扇)	3	75,000 (7.6)
들기름	4	5,200 (0.5)	대나무 제품	11	18,960 (1.9)
박하기름	1	1,000 (0.1)	등나무 제품	4	1,530 (0.2)
비료	4	2,500 (0.3)	짚 제품	13	5,300 (0.5)
제재 및 목제품			신	14	28,594 (2.9)
창호(建具)	4	46,500 (4.7)	양복류	28	73,500 (7.4)
서양 가구	8	57,650 (5.8)			
일본 가구	11	24,500 (2.5)	계	11,223	993,195(100.0)

주: ( )내는 생산액 비율.

자료: 全州府, 『全州府勢一斑』, 1941, 41-42쪽.

및 날붙이류, 짐차, 비료 등으로 구성되어 기계공업 생산부문은 극히 빈약하다, 둘째, 식품공업이 전체의 40%이상을 차지하고 있다. 소주,

청주, 면류, 과자 등은 새로운 수요가 일어난 품목들이다. 셋째, 생활양식의 변화에 따른 공산품 위주로 생산품목이 이루어지고 있다. 청주 등의 식료품과 마찬가지로 창호·서양가구·일본가구 등 제재 및 목제품, 시멘트와 시멘트 관류 등 요업, 함석판제품·자물쇠 등의 금속제품이 등장하고 있다. 넷째는 일본으로부터 조선에 새롭게 도입된 기술에 의해 생산된 것이다. 마지막으로 매우 특기할만한 점은 전통재래공업이 일정부분 차지하고 있다는 점이다. 선자·단선·대나무제품·짚 제품의 전통적인 생산물이 전체생산액의 14%를 차지하고 있다. 이 품목은 조선재래의 전통적인 생산방법·응용에 의한 것으로 지역을 뛰어넘은 하나의 상징적인 생산품목이라 할 수 있다.[30]

여기서 주목할 점은 전주의 태지苔紙, 종이우산紙傘, 단선團扇 등 전통적인 가내공업이 공업화과정에서 어떻게 변화하였는가이다. 당시 자료에는 공업은 공장제 공업과 가내공업으로 구분되어 있다. 공장 범위는 시기에 따라 조금씩 차이가 있지만 '5인 이상의 직공을 사용하는 설비를 갖추거나 상시 5인 이상의 직공을 사용하는 공장'이다. 그 이하는 가내공업으로 간주하였다. 공장이라 하더라도 반드시 기계제 공업일 필요는 없으며, 가내공업 중에서도 시장판매를 통하여 공장공업으로 성장하는 경우가 많았기 때문에 양자의 차이가 질적인 것은 아니다.[31] 따라서 가내공업이 공장공업으로 성장하는 추이를 살펴보면 전통적 재래공업의 발전을 찾아볼 수 있다. 그러나 현재에는 유감스럽게도 자료상으로는 가내공업과 공장공업의 추이를 파악할 수가 없고, 전북자료로 추론할 수밖에 없다. 왜냐하면 전라북도도 대체적으로 전주 가내공업의 공장공업화 경향을 보일 것으로 생각되기 때문이다.

<표 9-10>는 1937년 전북의 가내공업 및 공장공업의 생산액을 나타낸 것이다. 통계에는 공장 수만 나와 있다. 당시 자급적 가내공업은 압도적 수치를 차지하고 있고 상품경제화를 가늠하는 공장공업의 수치는 적음을 알 수 있다. 전주 공업의 3/4를 구성하고 있는 제재 및 목제품 공업, 식료품 공업, 기타 공업에서 조선인 생산액구성은 각각

<표 9-10> 전북의 가내공업 · 공장공업(1937)

(단위 : 개소, 원)

구분	가내공업			공장공업			
	조선인	일본인	계	공장수	조선인	일본인	계
방적공업	1,032,098 (97.8)	22,741 (2.2)	1,054,839 (100.0)	10	33,029 (1.9)	1,686,097 (98.1)	1,719,126 (100.0)
금속공업	154,434 (80.0)	38,721 (20.0)	193,155 (100.0)	10	11,629 (3.0)	382,424 (97.0)	394,053 (100.0)
기계 기구공업	86,649 (33.0)	176,057 (67.0)	262,706 (100.0)	7	138,094 (76.7)	41,960 (23.3)	180,054 (100.0)
요업	328,707 (78.6)	89,397 (21.4)	418,104 (100.0)	3	6,934 (34.8)	12,980 (65.2)	19,914 (100.0)
화학공업	2,606,799 (97.9)	55,799 (2.1)	2,662,598 (100.0)	47	216,593 (12.2)	1,564,370 (87.8)	1,780,963 (100.0)
제재 및 목제품공업	139,570 (49.1)	144,471 (50.9)	284,041 (100.0)	4	9,660 (4.6)	198,836 (95.4)	208,496 (100.0)
인쇄업	–	–	–	18	36,106 (9.6)	341,832 (90.4)	377,938 (100.0)
식료품 공업	7,832,092 (73.7)	2,801,391 (26.3)	10,633,483 (100.0)	157	15,767,697 (41.3)	22,374,981 (58.7)	38,142,676 (100.0)
전기업	–	–	–	2	–	500,401 (100.0)	500,401 (100.0)
기타공업	3,703,563 (81.4)	845,856 (18.6)	4,549,419 (100.0)	2	12,698 (10.7)	105,812 (89.3)	118,510 (100.0)

주: 1) 가내공업 중 외국인의 목제품공업 생산액 320원과 식료품공업 생산액 6,330원은 일본인에 포함.
2) 공장공업 중 외국인의 금속공업 생산액 38,600원은 일본인에 포함.

자료: 全羅北道,『全羅北道道勢一斑』, 1938, 71-72쪽.

4,6%, 41.3%, 10.7%를 차지하고 있다.

조선인 생산액은 대부분이 원료조달 등에서 지역성을 띠고 규모가 영세한 식품공업을 예외로 하면 많아야 10% 미만이다. 여기서 필자가 주목하고자 하는 것은 조선인의 가내공업이 얼마나 상품생산화되었는가 그리고 얼마나 공장공업화가 되었는가에 관한 것이다. 아쉽게도 현재로서는 어느 쪽도 분명하게 확인할 길이 없다. 가내공업 대부분은 자가 생산·자가 소비의 완전 자급제품이기 때문에 가내공업의 상품경제화는 미약하다는 정도로밖에 추론할 수가 없다. 다만 어떤 전통적인 재래품목이 상품생산을 했는가는 파악할 수 있다. 이전의 자료로 돌아가 보자.

생산액 만원이상 전주의 공산물을 정리한 것이 〈표 9-11〉이다. 제조업체수가 적고 생산액이 만원이라면 완전 상품생산화된 것으로 볼 수 있다. 이런 점에서 간장 등과 같은 식료품은 특성상 영세업체라 할 수 있다. 간장 업체당 생산액 비율도 영세한 가내공업 형태를 띤다. 이 품목을 제외하고, 1937~1940년 동안 제조업체당 생산액 추이를 나눠 살펴보면, 벽돌·청주·소주 세 품목은 감소품목으로, 일식가구·면류·죽제품 등 세 품목은 정체 품목으로, 창호·양식가구·단선·과자·식염·선자 등 여섯 품목은 증가 품목으로 나뉠 수 있다. 특히 이 가운데 조선인전통재래산업에 해당되는 단선, 선자의 업체당 생산액은 각각 16,167원, 3,833원으로 전체 생산품목 가운데 1위와 3위를 차지하고 있다. 즉 전주 공업의 변화에서 완전 상품생산화된 전통재래산업의 역할이 결코 적지 않다고 할 수 있다.[32]

〈표 9-12〉를 통해 다시 한 번 확인해보자. 이 표는 만원 이상 규모별 생산액을 조선인과 일본인으로 나눠 정리한 것이다. 조선인 제

조업체 생산액의 증대와 상향이동이 눈에 띤다. 만원 이상 생산액을 보인 조선인 제조업체는 1937년 71개에서 116개로 증가하였다. 그 상당부문은 보다 큰 생산액을 띤 제조업체로 성장하였다. 3만원 이상의 생산액을 낸 조선인 제조업체도 33개에서 58개로 증가하였다. 이렇게 성장한 조선인 업체 가운데에는 일본으로터 신기술을 도입한 업체뿐만 아니라, 앞서 언급한 대로 재래기술을 적용하거나 연장하고, 신기술을 응용한 전통 재래 업체도 포함된다.

<표 9-11> 생산액 만원 이상 전주의 공산물

(단위 : 개, 원)

구분	1937			1940		
	제조업체수 (A)	생산액 (B)	제조업체당 생산액(B/A)	제조업체수 (A)	생산액 (B)	제조업체당 생산액(B/A)
벽돌	1	10,500	10,500	–	–	–
창호(建具)	4	22,800	5700	4	46,500	11625
서양 가구	8	33,750	4218	8	57,650	7206
일본 가구	11	24,392	2217	11	24,500	2227
청주	4	255,000	63750	4	215,000	53750
문(團扉)	3	26,500	8833	3	75,000	25000
소주	2	20,142	10071	–	–	–
간장	5,498	45,100	8	5,497	7,500	1
과자	42	100,440	2391	31	123,000	3967
식염	5	13,601	2720	5	17,640	3528
면류(麵類)	8	14,771	1846	10	18,730	1873
대나무제품	9	15,710	1745	11	18,960	1723
선자	3	26,500	8833	3	38,000	12666
계	5598	609,206	108	5587	642,480	115

주: ( )는 일본인 제조업체수임.
자료: 全州商工會議所(1938), 『商工の全州』, 13-14쪽; 全州府(1941), 『全州府勢一班』, 41-42쪽.

<표 9-12> 생산액규모별 제조업체 수(만원 이상 생산액)

(단위 : 명)

구분	1937년		1940년	
	조선인	일본인	조선인	일본인
10,000~20,000원	19	4	36	3
20,000~30,000원	19	4	22	3
30,000~50,000원	6	2	9	9
50,000~100,000원	–	–	36	5
100,000원 이상	27	19	13	20
계	71	29	116	40

자료 : <표 9-8> 과 같음

요컨대, 1930년대에 발전해 온 전주 공업은 생활양식의 변화, 신기술에 의한 소비재 부문의 등장으로 60%를 넘는 식료품공업, 제재 및 목제품 부문이 차지하고 있음을 알 수 있다. 그리고 조선의 공업화가 진전되면서, 전주에서도 재래전통산업을 기반으로 한 산업화가 이루어지고 있다는 사실을 발견할 수 있다.

4. 공업도시로의 좌절[33]

행정도시官廳街로서의 전주는 행정구역 변경에 따라 도시의 색채를 띠어 갔지만 경제적으로는 앞에서 본 바와 같이 소비도시를 벗어나지 못했다. 1930년대 후반 전주는 공업용지를 조성하여 공장을 유치하여 일약 공업도시화로의 전환을 모색하였다.

그 계기가 된 것은 조선총독부의 공업화 정책이었다. 1931년 만주사변이후 조선은 지리적 조건으로 말미암아 중국침략의 전진기지=대륙병참기지로서의 중요한 지역이 되었다. 이에 따라 조선총독부는 산업정책, 특히 중화학을 중심으로 하는 군수공업정책을 적극적으로 추진하였다. 전기사업계획의 실시에 따른 동력원을 확보하고, 공장용지를 조성하는 등 공장유치에 관한 모든 지원을 아끼지 않았다.

당시 일본에서는 경제공황이 절정기에 달할 때 만든 '중요산업 통제법'으로 정부가 물자 생산 판매의 수량, 가격을 통제하고 있는 상황이었다.[34] 이에 비해 조선은 이 법의 시행권 밖에 있어 생산·판매에서 자유였다. 더구나 일본에서의 '공장법' 과 같은 노동자 보호입법이 전혀 없어서 노동력을 거의 무제한적으로 이용할 수 있었다. 일본에 있는 기업가들이 마음만 먹으면 '자본이 적고 땅값이 싸며, 임금이 낮고, 원료가 싼' 조선에 투자를 하면 엄청난 이득을 얻을 수 있었다. 노구치野口, 미쓰이三井, 미스비씨三菱, 수미모토住友 등 재벌기업과 그 아류들은 앞을 다투어 자유로운 투자시장에 뛰어 들기 시작하였다.[35] 이러한 상황에서 지방 각 도시는 앞을 다투어 공업용지를 조성하여 적극적인 공장유치운동을 벌였다. '지방적 조정', '지방적 분포의 통제'라는 말[36]이 나올 정도로 치열한 유치전이 전개되었다.

당시 전주는 공업의 어떠한 입지조건을 가지고 있었을까. 전주는 군산, 목포, 광주와 함께 호남공업지대에 속하여 경공업으로의 발전 가능성이 있었다.[37] 이러한 상황에서 같은 공장지대에 속한 전주도 군산도 공장유치운동을 활발히 전개하였다.

남선공업지대 - 부산을 중심으로 한 울산, 마산, 진해를 포함한 일대
호남공업지대 - 군산, 목포, 전주, 광주를 포함한 일대
경인공업지대 - 서울 및 인천과 그 중간지대
삼척공업지대 - 강원도 삼척, 영월, 묵도 일대
서선공업지대 - 신의주, 평양, 진남포 및 해주를 연결한 일대
북선공업지대 - 홍남, 성진, 청진으로부터 만주국경에 이르는 일대[38]

전주와 군산이 어떤 공장유치 환경을 가지고 있었을까. 먼저 전주의 공장 유치환경자료를 보자.[39] 이 자료에는 공장지대의 사진과 지도와 더불어 전주부에 대해 연혁, 위치, 지형, 시가市街, 토지, 호구戶口, 기후 풍토 등에 대해서도 소개하고 있다. 그 가운데 전주공장유치 관련 내용은 다음과 같다.[40]

| 공장용지

공장부지로 예정된 것은 부내 소화정昭和町(현 진북동), 노송정老松町(현 노송동), 이동면 검암리, 중산리 서신리(가까운 시일에 전주 부내로 편입구역)르 하고 첨부한 그림 표시의 구역으로 한다. 총면적은 약 백만평, 현재는 논 또는 밭으로 농경 중에 있어도 지반이 대체로 높아 건축상 지반공사를 요하지 않는다. 그리고 1949년 4월 현재 면적 평균 지가는 개략 다음 <표 9-13>과 같다.

전라북도청 및 전주부청에서는 공장용지 선정, 구입, 직공유치 등에 관해서선에 노력하며 진면목한 기업가의 진출을 환영하고 있다.

<표 9-13> 전주공업지대의 공장용지

(단위 : 만평, 원)

구분	논		밭		대지		임야		계	
	면적	평균지가	면적	평균지가	면적	평균지가	면적	평균지가	면적	평균지가
昭和町	20	4	5.5	3	0.5	5	–	–	26	3.60
檢岩町	29	3	1	2	0.2	3.50	0.8	0.70	31	3.00
西新町	34	3	4	15	0.5	2.50	4.5	0.50	43	2.60

자료: 善生永助(1939),「朝鮮地方の都邑工業地帶化」,『拓植奬勵館季報』, 第1卷第3號, 89쪽.

| 용수

수도는 시내를 관류하는 전주천 상류 약 10km의 지점으로부터 자연유하自然流下에 의해 시내 정수장을 이용하여 배급한다. 수질은 양호하고 수량은 풍부하다. 공장예정지 부근 지하수의 용출로 윤택하고 공업용수는 현재 충분하다. 전주부는 현재 상수도를 더 확장하여 한해 구제공사로 공사비 30만원을 들여 수도정수지 공사를 착수하였다. 1940년 가을이 되면 완성되어 상수도를 겸한 공업용수가 다량공급 되는 것을 볼 수 있게 된다.

| 원료

호남지방은 농업의 보고寶庫로 쌀·보리·대두·조·고구마·감자·면화·담배·누에고치·대마·모시·과일·채소·새끼줄과 가마·소·돼지·닭·죽림·목재·제지원료·약품원료 등이 풍부하다. 금·사금·기타 광산뿐만 아니라 연해에서의 어획량도 많아 이들을 원료로 공업경영을 하기에 아주 좋은 곳이다.

| 전력

전력은 남선 전기 주식회사에서 공급한다. 아직도 전력이 많이 남아돌며 1kw당 규정단가는 저압(200V)의 경우 월 만 kw 이상 사용 시 3전 7리 정도이다. 고압(3,300V)인 경우 월 10만kw 이상 사용 시 3전 2리 정도이며 월 2만 kw이상 사용 시 3전 2리 이상이다. 전압은 동력용 200V 및 3.300V 2종류이며 전등용은 100V이다. 최근 조선전력 주식회사와 동양척식 주식회사가 총 공사비 4천5백만원을 투자하여 금강 및 섬진강 수원지의 물을 완주군 고산부근에 끌어드려 약 8만kw 출력의 발전소를 3개년 계획으로 건설할 예정이다. 이 계획이 끝나면 관개용 및 공업용수와 함께 보다 싼 전력을 공급할 수 있어 이 지방의 공업발전에 큰 역할을 할 것이다.

<사진 9-1> 전주 지방공장지대 전경(善生永助, 1939,「朝鮮地方の都邑工業地帶化」,『拓植奬勵館季報』, 第1卷第3號)

| 직공

이 지방은 조선 전체에서 인구밀도가 제일 높아 직공 모집은 수월하다. 특히 이 지방의 부녀 노동은 풍부하고, 그들의 문화는 발달되어 있으며, 교육수준도 높아 일본어를 할 수 있는 이가 많고 소질도 있어 직공으로서 최적이다. 현재 직공 초임금은 남자가 하루 70전 내지 90전, 여자는 하루 30전 내지 50전이다. 근로시간은 하루 10시간 내지 12시간이며 손재주는 일본인 여성에 비해 조선인 여성이 우수하다.

| 연료

전주 경계에서 약 1km 떨어진 완주군完州郡 우전면雨田面 석불리石拂里 전주탄광에 무연탄의 채굴항이 있다. 현재 시굴기試堀期에 있지만 품질이 양호하고 천만톤 정도의 매장량이 있어 앞으로 매우 기대된다. 이외에도 대동광업 주식회사가 채굴 반출중에 있는 비봉탄광(전주경계로부터 24km)에는 3천만톤의 매장량이 있으며 일본에서의 석탄반입은 군산항이나 여수항을 통하면 된다. 특히 군산항에는 철로 외 포장도로를 통한 트럭운수가 용이하다.

| 운수관계

철도는 호남선 이리역에서 분기하여 여수항까지 가는 전라선 전주역을 이용하면 된다. 전주역은 이리역에서 25km 떨어진 지점에 있으며 전주역으로부터 북쪽으로 3km 지점에 덕진역이 있기 때문에 공장 위치에 따라 덕진역을 이용할 수 있다. 군산항까지는 직선 포장도로로 60km(자동차로 50분) 거리이며 도내 주요 도로

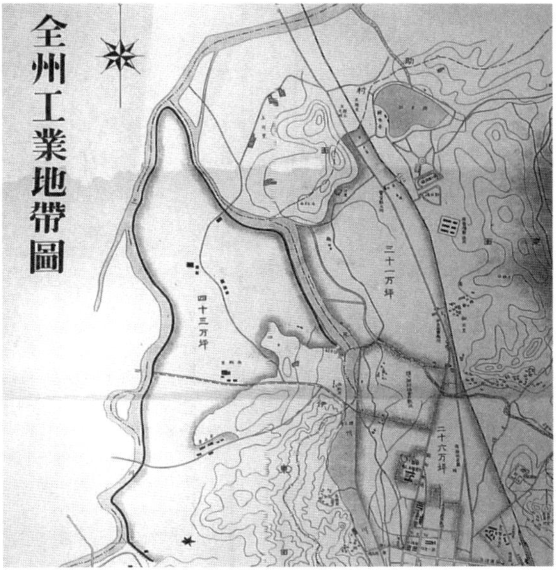

<사진 9-2> 전주공업지대도(善生永助, 1939,「朝鮮地方の都邑工業地帶化」,『拓植獎勵館季報』, 第1卷第3號)

는 대부분 전주를 기점으로 사통팔달四通八達로 연결되어 있다.

또한 전주는 군산, 인천, 목포, 여수, 부산 다섯 항구를 이용할 수 있다. 특히 여수항 완공으로 중국, 만주, 일본과의 수이출輸移出이 편리해져 전주 공업경영은 한층 더 유리해질 것이다.[41]

이에 대하여 군산에서도 공장용지, 공업용수, 동력, 공장연료, 육운, 해운, 노동자, 수해, 무역, 교육기관, 의료기관 등 공장입지조건의 유리성을 적극 강조하였다. 그 내용을 보면 다음과 같다.[42]

공장용지

· 항만에 직접 닿은 것으로 지평고사를 요하지 않는 평당 7원이

하4원 면적 50만평

· 항만에 인접한 적부한 구역(2km이내) 평당 2원이하 1원 면적 150만평

공업용수

· 삼례로부터 취수 1일 8만천㎥(45만석). 부족용수는 금강양수계획에 의해 공급

동력

· 조선전력주식회사 15만kw로 쉽게 확보, 화력발전소 설계중 준공후 군산에 송전가능

공장연료

· 군산은 항구도시이기 때문에 석탄의 확보가 쉽고 타지역보다도 저렴

교통기관의 현상

· 육운: 군산항역을 종점으로 하여 철도는 이리를 거쳐 전주, 대전, 목포로 저렴한 운임으로 물자 수송 편리. 도로는 이리를 거쳐 전주까지 전군도로, 부안군, 대전 등 사통팔달로 화물수송 편리

· 해운: 대판상선, 우편선, 등 각 기선정기항로 또는 부정기 항로 개설

노동자

· 전라북도, 충청남도를 통하여 나며 약 18만명, 임근은 저렴.

수해피해는 절대 없음

· 상류지방 7~8m의 증수하여도 상지(常地)는 침수가 없고 하수가 양호하기 때문에 누수 없음

무역

· 화물 등을 더해 150만톤, 1억1천만원에 달하고 해마다 증가.

교육기관

· 중학교, 고등여학교, 보습학교, 사립가정하교 초등학교

의료기관

· 도립의료의원을 비롯하여 다수의 의사가 있음

그러면 전주와 전주의 공장유치는 어떻게 되었는가. 전주는 일찍이 공장유치활동을 전개하여 종연방직鐘淵紡績이 1935년 2월 전주에 이미 3천여명 직공을 수용할 대마포大麻布공장 부지 1만8천평을 10만원으로 매수완료하는 성과를 올렸다.[43] 이에 군산은 군산부회에 공장위원을 선임하고, 1936년과 1937년에는 군산부윤과 군산상공회의소 회장, 부회장이 네 차례이상 일본을 극비밀리에 방문하여 일본의 대재벌을 상대로 공장유치운동을 벌였다.[44] 두 도시의 공장유치경쟁은 조선총독부가 관여할 정도로 치열하여 '군산과 전주와의 공장유치쟁탈전' 이라고 일컬었다.[45]

전주와 군산간 가장 치열한 공장유치쟁탈전은 미쓰이三井계열의 일본 최대의 종합섬유방적기업인 종연방직(이하 종방)유치이다. 1935년 종방은 이미 광주, 대전, 전주공장 설치를 염두에 두고 원료로 사용할 저마苧麻를 확보하기 위해 1차계획으로 전남 100정보, 전북 200정보에 대만산 저마종자를 무상보급하여 시작하였다.[46] 이어 1935년 2월 대전, 광주와 병행하여 전주에 공장부지 10만8천평을 구입하여 1936년 5월말 준공예정으로 매립공사을 진행하였다.[47] 그러나 공사가 무기연기되거나 공업용수 및 원료확보 문제로 순조롭게 공사가 진행되지 못했다.[48]

군산 또한 1936년 9월 군산 상공업자를 모아 놓고 종방공장 유치

가 확정되었다는 내용의 보고서를 개최할 정도로 종방유치에 주력하였다. 실제로 조선총독부에서 개최한 산업조사위원에 참석한 종방 사장이 1937년에 군산에 공장을 세우기로 하였다고 발표한 데 이어 1937년 6월 공장부지 매립기공식이 열렸다.[49]

그러나 1937년 9월 종방이 군산과의 경쟁관계이었던 전주에 '시국時局'을 이유로 취소하게 되어,[50] 전주도 군산도 공장유치는 실질적으로 실패로 돌아가게 되었다.[51] 이미 북부지방에 공업화정책이 시작되고 통제경제체제가 접어들기 시작한 상황에서 전주도 군산도 공장을 유치하는 것은 결코 쉬운 일이 아니었던 것이다. 이로써 전주와 군산의 공장유치 쟁탈전이 막을 내렸다. 공업도시계획을 수립하면서까지 심혈을 기울린 전주의 공업도시로의 꿈은 좌절되었다.[52]

5. 전주의 소비도시화

지금까지 일제강점기 전주경제구조 및 그 변화에 대해 검토하였다. 몇 가지 특징적인 점을 도출하면 다음과 같다. 첫째, 근대 전주경제는 일본자본의 침투에 의해 구조적 변화가 나타났다. 전주는 조선시대 3대 대도읍의 하나였으나, 경제 부문에서는 중심적인 역할을 하지 못한 채 일개 지방 소비도시로 전락하고 말았다는 점이다. 둘째 여느 식민 도시와 마찬가지로 도시화가 되면서 농업이 축소하고, 상·공업이 확대되고 있다는 점이다. 셋째 농업이 축소되면서도 한편으로는 미맥米麥을 중심으로 한 지주·소작관계로부터 채소 등 상품경제화된 근교농업으로 전환되기 시작하였다. 그리고 상업부문에서는 공산물유통을 장악한 일본인 상업상인의 지배체계 속에서도 상업회사 등과 같은 새로운 조선인 상업회사가 나타났다. 공업 역시 일본 자금 및 기술에 기반한 근대적 공장생산이 보급되는 한편, 선자, 단선 등 전통적 부문에 기반한 재래산업에서 완전상품경제화가 이루어지고 있다는 점도 특징적이라 할 수 있다. 넷째 1930년대 조선공업화 정책 속에서 전주는 행정도시에서 공업도시로 전환하기 위하여 공장 유치에 다양한 노력을 경주하였으나 실질적인 성과를 거두지 못하였다는 점이다. 다섯째 그 결과 전주는 여전히 소비도시로 고착되고 말았다는 점이다.

그렇다면 근대 전주 경제구조의 식민지적 유산에 대한 역사적 의의는 무엇일까. 현재 전주는 첨단 탄소산업도시라는 기치를 내걸고 있다. '탄소산업은 향후 전주의 100년 먹거리가 될 것'이라며 많은 기대를 하고 있다. 이를 위한 공장부지 마련, 인력양성, R&D, 기업 유치 등의 노력을 기울이고 있다. 산업이 취약한 지역에 큰 공장이 들어서면 경제구조가 변한다. 산업구조는 고도화되고, 생산 및 수출구조도 변하며, 관련산업도 발달한다.

그간 전주에는 많은 도시상都市像이 등장했다. '생물산업의 메카', '영상산업의 수도', '디지털도시', 'IT도시', '첨단영상산업도시', '전주 전통문화도시', '한스타일도시' 등이 그렇다. 아직 전주 도시상은 정리되지 않아 보인다. 도시상은 다양한 이해관계를 둘러싼 정치적인 산물이기 때문에 역동적인 변화과정을 거칠 수밖에 없다(진양명숙, 2007).

그러나 한 지역의 경제구조의 변화는 단기간에 바꾸어지는 것이 아니다. 앞서 살펴보았듯이 전주 소비도시의 형성은 결코 짧지 않은 역사를 지녔다. 전주가 첨단산업만을 좇다 자칫 지역의 역사적이고 내재적인 자원을 소홀히 여기는 것은 아닐지 짚어 볼 필요가 있다. 첨단산업도시는 과학기술의 새로운 외피일 뿐, 첨단산업도시라 하더라도 그 지역의 사회경제적 구조와 형태가 바뀌는 것이 아니다.

지난 10여 년 간 전주는 일본 가나자와시를 벤치마킹하여 전통문화도시를 구상해 왔다. 그 일환으로 문화예술 측면에서 가나자와시를 모델로 한 전주한옥마을을 조성하였다. 전주한옥마을을 방문한 관광객이 500만이라고 하니 이는 대단한 성과가 아닐 수 없다. 그러나 전주시가 진정으로 가나자와시로부터 배워야 할 점은 경제발전과정이다. 가나자와시는 전통적인 직물업을 지역중소기업을 중심으로 지역향토 산지기구 형성과 관련시켜 이를 발전시키고 염색업, 금융산업, 기계 등의 관련 산업을 육성시켰다. 그 결과 가나자와시에 중견 중소기업과 기업의 본사 기능이 집적되고, 동시에 금융, 상업, 서비스업 등 다양한 산업도 집적될 수 있었다. 이로 인해 전통문화와 자연을 중요시하는 시민 의식이 높아져, 문화도시로 성장하고 발전할 수 있었다. 급격한 사회경제의 변화 속에서 전통적 재래산업이 어떻게 발전할 수 있는지를 보여주는 좋은 예이다. 일제강점기 재래성에 기반한 전통산업이 쇠퇴하지 않고, 발전해 갔던 전주의 모습에서도 이러한 예를 찾아볼 수 있을 것이다.

---

1 이 글과 가장 관계가 깊은 저서는 손정목(1996), 『일제강점기 도시화과정연구』, 일지사.

2 허정도(2005), 『전통도시의 식민지적 근대화: 일제강점기 마산』, 신서원, 고석규(2005), 『근대도시 목포의 역사 공간 문화』, 서울대학교출판부, 김영정 외, 『항구도시 군산의 형성과 변화』(2006), 한울, 坂本悠一 · 木村建二(2007), 『近代植民地都市 釜山』, 桜井書店 등.

3 박섭·장지용편, 『부산의 기업과 기업자 단체 1900~1945』, 해남, 2010. 이 저서는 1999년 지역연구자를 중심으로 부산경제사연구회를 만들고 2년간에 걸쳐 공유재산으로서 1945-2000년 생산·노동·교육·문화·무역·금융·재정 통계를 일관된 기준으로 정비하고 근대 부산의 경제성장과정을 해석한 성과물이다.

4 박선희는 일제강점기 전주의 상업공간은 대정통(大正通)을 중심으로 일본인의 상업공간이 남부시장을 중심으로 조선인의 상업공간이 각각 형성되어 있었다고 한다 (박선희, 2003.3, 「전주의 금융·상업공간의 형성과 변화-일제강점기를 중심으로」, 『대한지리학회지』, 제38권 제5호).

5 이러한 '재래산업발전론'의 시각은 전주경제구조를 이해하는데 퍽 도움이 된다. 대표적인 것으로서는 勝部眞人編(2010), 『近代東アジアにおける外来と在来』, 清文堂 등.

6 전주가 1935년에 가서야 부(府)로 승격된 것은 전주가 식민지지배의 새로운 거점도시로서의 기능, 통제의 중요성이 증대되었기 때문이다(김영정, 1996, 「일제시대의 도시성장-군산시의 사례」, 『한국사회학』, 제30권 제1호, 615쪽). 1914년 인구 18위의 군산이 인구 12위의 전주를 제치고 부로 지정된 것은 조선총독부가 정한 부의 기준인 '일본인 거주자가 많은 시가지'에 따른 것이다(손정목 1996, 55쪽). 조선총독부의 의도는 다수 일본인이 거주한 사실상 일본화한 도시를 부로 하여 집중개발하려 한 것이다.

7 전주시·전주부사국역편찬위원회(2009), 『국역전주부사』, 204쪽.

8 福島士朗 編(1909), 『李朝の全州』, 3-4쪽. 이 책은 일본인들에게 본격적으로 소개한 안내서이다. 이 시대의 안내서처럼 일본인들의 전주평야(만경강과 동진강 유역에 펼쳐진 전주, 익산, 군산, 김제를 비롯한 완주, 부안, 고창 등의 서부평야)에 대한 식민을 장려하고 농업경영에 차질이 없도록 하려는 일종의 지침서이다.

9 대표적인 농업경영자는 당시 전주군 월곡리에 농장사무소를 둔 미츠비시(三菱)계열인 동산농장(東山農場) 전북지부이다. 동산농장은 1908년 자본금 43만원을 들여 전주군 외 2개면에 1,500정보를 소유하고 있었다(소순열·원용찬, 2003, 『전북의 시장경제사』, 신아, 205쪽).

10 全北日日新聞社(1914), 『全羅北道案内』, 120쪽(全四).

11 福島士朗 (1909), 92쪽.

12 전주시·전주부사국역편찬위원회(2009), 141쪽. 1930년 전주군 이동면 노송리 외 7개군 편입인구는 4,626명, 1940년 이동면 검암리 외 5개리 편입인구는 7,200명이다.

13 이에 대해서는 후술한다.

14 당시 전주군에는 전주면 이외 초포면, 용진면, 상관면, 난전면, 우림면, 조촌면, 봉동면, 소양면, 삼례면 등 20개의 면이 있었다(越智唯七, 1917, 『新舊對照朝鮮全道府郡面里洞名稱一覽』, 中央市場).

15 1931년 익산면이 익산군으로 승격한 익산인구추이에 대한 이해도 동일하다.

16 김영정 외(2006), 『항구도시 군산의 형성과 변화』, 한울, 104-105쪽.

17 전주시 · 전주부사국역편찬위원회(2009), 564쪽.

18 소순열 · 원용찬(2003), 『전북의 시장경제사』, 신아출판사, 215쪽.

19 朝鮮總督府全羅北道(1918), 『大正五年朝鮮總督府全羅北道統計年報』, 132-133쪽 및 全羅北道(1938), 『昭和十二年農業統計』, 2-3쪽.

20 1935년의 미맥류 중 나맥(裸麥) 생산액은 873,949원으로 1937년의 19,684원에 비해 무려 40배 이상이다. 재배면적, 단당수확량, 총 수확량의 수치를 확인해 보아도 오류는 발견할 수 없다. 1935년의 나맥생산의 격증의 원인을 알 수 없지만 수치의 정확성 여부와 관계없이 전주농업생산의 전체적인 경향과는 크게 배치되지 않는다.

21 전북최초로 온실 등에 의한 야채재배는 1924년에 시작한 上野山平八이다. 그는 우림면에 온실 등을 설치하여 가지, 오이를 속성 재배하여 전주에 팔았다(전주시 · 전주부사국역편찬위원회, 2009, 570쪽).

22 이에 대해 1939년 경성의 시장에서는 직물 · 피복, 면사 · 편조물, 기계 · 차량, 연료 · 공업용 유지 4부문이 판매액 전체의 50%를 넘고 있다(안병직 외, 1993, 『근대조선의 공업화의 연구』, 일조각, 79쪽).

23 박선희(2003.8), 『전주의 금융 · 상업공간 형성과 변화에 관한 연구-일제강점기를 중심으로』, 서울대 교육학박사학위 논문, 127쪽.

24 이 점에 대해서는 다음 글이 참조할 만하다. '일본인의 상업은 무역상 또는 각종 상품의 도매 및 소매이다. 무역상은 곡물, 우피, 기타 조선 물산의 수출하고 각종잡화, 면포류, 소맥분, 사탕, 식염, 주류 등의 수입을 하하는데 그 중 군산의 미곡취인소가 으뜸이다. 일용잡화를 비롯한 일본포목(吳服)을 비롯한 장유(醬油), 문방구 등은 전주, 군산, 이리 기타 요지의 도매상, 소매상에게 공급된다. (중략) 조선인의 거래는 대부분 시장에서 이루어지는 것이 대부분 관례이다. 이들 시장은 군산, 전주, 이리에서 미곡 또는 어채 등의 특수한 것을 제외하고 매월 5회 또는 6회 정기 개장되어 부근 주민은 물론 원격지에서 온다. 그리고 시장을 순회하는 행상인이 있으며 지방에서의 일상 수요품은 대부분 이들 시장을 거쳐서 공급되는 상황이다. 조선인 간에 주요 상업이다 (全羅北道, 1933, 『全羅北道要覽』, 169-179쪽).

25 박선희(2003.3),「전주의 금융·상업공간의 형성과 변화-일제강점기를 중심으로」,『대한지리학회지』, 제38권 제5호, 763쪽.

26 상업회사는 도매업을 주로 담당하면서 지역상품에서 중심적인 역할을 담당하였다. 주로 상업회사, 공업회사, 금융회사, 운수회사 등이 있다. 전주의 상업회사는 1922년 전체회사 5개 가운데 4개, 1938년에는 42개 가운데 17개를 차지해 가장 많다(박선희, 앞의 논문, 763쪽).

27 소순열·원용찬(2003), 215쪽.

28 '전주는 중소공업이 번성한 곳으로 면포, 죽제품, 제면, 일식 및 양식 가구류, 벽돌, 주철물 등의 산출은 해마다 증가하고 있다. 전주단선(團扇), 선자(扇子) 등은 전주의 특산으로 내외로 알려지고 있고 조선우산도 유명하다. 이들의 생산액은 백오십만원이상이라고 말해 진다. 근년에 이르러 주목할 만한 것은 전주에 대공업의 부흥이다. 片倉제사, 전북제사와 같은 대규모 공장이 생기고 鐘紡라미공장이 조업을 개시하려하고 있다'(阿部薰編, 1937,『朝鮮都邑大觀』, 民衆時論社, 42쪽).

29 ' 그때 공장이란 건 전매청 제조공장하고 전북제사, 가다구라제사, 이 세 군데 뿐이여. 그런데 제사공장은 제설작업을 해. 말하자면 누에고치가 있으면 작업이 되고 없으면 작업이 안돼요. 그러니까 직공도 100명 이내였을 거여. 70~80명이었을 거요'(전주문화재단(2007),『제1권 일제식민시대 구술실록(1907~1945)』, 335쪽).

30 전주의 태지(苔紙), 종이우산(紙傘,) 단선(團扇) 등은 지방색을 상징하는 특산품으로서 조선은 물론 일본지방에서도 애호되고 있다(全北日報社, 1933,『全北案內』, 25쪽).

31 김낙년(2003),『일제하 한국경제』, 혜남, 177쪽.

32 당시 이러한 재래산업에 대한 다음의 기사는 매우 흥미롭다. '전주의 우산의 비약'(『중선일보』 1935.10.22), '전조선 제일 의 단선, 선자와 더불어 전조선에 으뜸(覇)을 제창한 특산물'(『군산일보』 1936,12.9), '날개 돋친 부채 미국으로 수출, 여름의 총아 전주단선'(『동아일보』 1938.3.26.), '명물 전주 부채선 참신한 의장으로 등장 멀리 만주에서까지 주문 쇄도'(『동아일보』 1939.5.21.), '날개 돋쳐 팔려나가는 명산 전주 단선'(『조선일보』 1940.7.16).

33 이 글은 소순열·원용찬(2003), 225-232쪽을 수정·보완한 것이다.

34 小林英夫(1967),「一九三O年代朝鮮'工業化'政策の展開過程」,『朝鮮史研究會論文集』,第三集, 142-143쪽.

35 허수열(1985),「1930년대 군수 공업화정책과 일본 독점자본의 진출」, 차기벽외『일제의 한국 식민통치』, 정음사, 279-272쪽.

36 川合彰武(1941), 『朝鮮工業の現段階』, 東洋經濟新報社, 84-85쪽.

37 '호남지대- 경공업지대로서의 가능성을 가진다. 방적업, 식물유공업이 대공업으로서 현존하지만 미곡 및 면화의 산지에 머물러 그 외에 유력한 자원을 가지고 있지도 못하고 목포, 군산, 장항에 항만가치가 불충분하고 공장입지조건에 혜택을 받지 못한다. 이 지대는 노동력이 가장 풍부하여 과잉이 현저한 현상이기 때문에 그 이용을 목적으로한 경공업은 진흥 여지가 있다' (川合彰武 1934, 86쪽).

38 川合彰武(1934), 84-85쪽.

39 이 자료는 善生永助(1939), 「朝鮮地方の都邑工業地帶化」, 『拓植奬勵館季報』, 第1卷第3號에 의한 것이다. 이 내용의 일부는 全州府 編(1943), 『全州府史』, 729-733쪽에 실려 있다. 왜 善生永助이 '경공업경영지로서의 전주지방'이라는 글을 썼는지 그리고 어떤 연유로 『全州府史』에 싣게 되었는지 그 이유는 명확하지 않다. 다만 ᄉ자료르에도 서술되어 있으나 내용면에서 빈약하다.

40 善生永助(1939), 88-92쪽.

41 육상운송에 관한 거리, 운임 등은 생략한다.

42 『중선일보』, 1936.10.22. 이 기사는 요점만을 게재한 것이다. 원본이 된 보고서는 군산부가 1936년 조선산업경제조사위원회의 개최에 맞추어 발표한 「공업적 요소로 본 군산」이다(홍성찬 외, 2006, 450쪽).

43 『조선중앙일보』, 1935.2.5. 전주의 공장유치활동은 전주부가 주도가 되고 전북도청이 지원하며 전개된 것이 아닌가 싶다. 왜냐하면 적극적인 활동을 펼쳐야 할 전주상공회의소의 설치 준비는 1931년 8월부터 시작되었으나(『매일신보』, 1931.8.14), 1935년 10월에 가서야 인가가 났다(『매일신보』, 1935.10.27.). 또한 1936년 5월 전주상공회의소에서는 역원회를 개최했는 데 소득세부가방법 개정요망에 관한 건, 영업세를 소득세로 전환토록 요망할 사(事), 소득조사위원외 공선에 관한 건이 정기총회에 제출할 제안사항의 전부였다(『매일신보』, 1936.5.28.).

44 극비밀리 일본을 방문한 것은 타지방과 쟁탈을 피하기 위해서이다. 홍성찬 외(2006), 『일제하 만경강 유역의 사회사』, 혜안, 448-449쪽.

45 川合彰武(1934), 90쪽.

46 『매일신보』, 1935.1.21.

47 주43) 및 『매일신보』, 1935.9.30. 및『매일신보』, 1935.5.9.

48 『매일신보』, 1935.9.30. 전주부에서는 공업용수 부족분은 구이저수지 활용, 원료확보는 공장규모를 다소 축소하는 방법으로 대안을 강구하였다 (『매일신보』,

1936.11.17.).

49 홍성찬 외(2006), 449쪽.

50 홍성찬 외(2006), 450쪽.

51 1942년 12월에 가서야 전주에 일본 종방계(鐘紡系) 조선마방(痲紡)주식회사 전주공장이 입주하게 되었다. 그러나 세계 제2차세계대전 중이라 공장건물과 기계시설이 30-40%정도 진척되었다. 해방후 미군정때 이 공장은 귀속사업체로써 불하되어 고려방직이란 이름으로 1947년 첫 조업을 하였으나 면방 원료조달이 여의치 못해 모방공장으로 바꾸었으나 6·25로 재기 불능상태가 되었다. 이후 전주방직사로 간판을 바꾸어 달고 운영에 노력하였으나 계속 적자를 면치 못하여 이 공장은 중앙학원의 설립자이며 이사인 수당(秀堂) 김연수가 인수하여 삼양모방주식회사로 출범하였다 (소순열·원용찬, 2003, 101-102쪽).

52 당시 2, 3개 도시만이 공업도시계획을 수립하였다(川合彰武 1934, 88쪽). 이 공장지대는 1940년 전주 제2차 구역변경에 포함된다.

제10장

전북경제의 전개와 고착화

1. 전북의 유위전환(有爲轉換)

전북의 발전에 대해 다음 글에서는 이렇게 적고 있다.

> "조선의 보고라고 불리는 전라북도의 부는 모든 범위에 걸쳐있다. 바다에 육지에 땅 밑에 포용하고 있는 산물은 실로 무진장하다. 전라북도는 근래 현저하게 행정, 경제가 발달하였고, 상공업, 산업, 교통, 위생 등 모든 기관이 정연하게 완성되어 신진의 전라북도라고 부를 만큼 일 구획을 형성하는데 이르렀다. 현재의 전북과 20년 전의 전북을 비교한다면 격세지감을 금치 못한다"[1]

> "전주에 공업단지가 생길 때 전주의 인구는 30만명 가량 되었다. 그때 전주 토박이들은 대체로 공단조성을 반대하였다. 그 이유는 더 이상 사람이 늘어나면 환경이 오염되고 살기가 복잡해진다는 것이었고 전원도시 전주가 파괴된다는 것이었다. 이런 주장에 많은 시민들이 동조를 했다. 아름답고 살기 좋은 전주를 유지하기 위한 지

역 유지들의 바람이었지만 당시 필자는 '무슨 망발이냐'며 묵살하거나 지역발전의 저해 요소라고까지 들먹이며 공단조성의 필요성을 대서 특필했다 신문기자의 정년이 55세로 못 박혀도 멀고 먼 얘기라며 나이든 선배를 전혀 의식치 않았던 시절의 얘기지만 얼마나 단견이었는지 후회만 남을 뿐이다'[2]

지금, 이 내용을 어떻게 이해할 수 있을까. 그가 말하는 놀랄만한 전북의 발전은 누구에 의해, 누구를 위하여, 어떻게 하여 이루어진 것일까. 그리고 우리에게 무엇을 남겨준 것일까. 이 장에서는 지난 시기 동안 전북의 경제활동이 어떻게 이루어져 왔는가를 간략히 살펴보면서, 전주와의 관련 하에 이의 역사적 의미를 파악하고자 한다.[3]

전북의 경제활동은 전북에 거주하는 사람이 필요로 하는 재화와 서비스를 생산·분배·소비하는 모든 활동이다. 사람이 살아가기 위해서는 무언가를 만들어 내야하고 무엇인가를 써야 된다. 단순히 먹고사는 일 외에도 공장에서 또 다른 물건을 만들어 내거나 서비스를 생산하기도 한다. 사회가 발달할수록 제1차 산업 보다 제2차 산업 그리고 제3차 산업이 더 많아지게 되는 것이다. 이 같은 관계는 어느 국민경제에서든지 공통되고 보편적인 것이며 하나의 통계법칙 또는 경험법칙이라고 할 수 있다. 이를 연구한 17세기 영국의 학자 윌리엄 페티의 이름을 따서 '페티의 법칙' 또는 '페티-클라크 법칙'이라고 부른다.

전주는 조선시대 3대도시로 이름났다. 전주는 호남제일의 곡창지대로 물산이 풍요롭기가 한양, 평양이라는 구시대 수도를 방불케 할 정도였다. 전라도 관찰사가 전주에 있어 지금의 전라남도와 전라북도 및 제주도를 관할하다가, 1896년(고종 33년) 전라북도(이후 전북으로 약함)은 전국이 13개도로 개편되면서 전라남도와 전라북도가 분리되었다. 1906년 전북은 구례군을 전라남도에 떼어 준 대신에 전라남도 영광군에 속했던 무장면과 홍덕면을 전라북도 고창군에 편입시켰다. 일제 강점기 전북은 1부 14군으로 되었고, 1935년에는 전주읍이 전주부로 승격되면서 완주군과 분리되었다. 1963년에는 금산군과 익산군 황하면이 충남으로 옮겨갔고, 전남 영광군의 위도면이 부안군으로 편입되는 등 몇 차례의 행정개편을 통해 오늘에 이르고 있다.

전북의 경제활동은 유위전환有爲轉換, 많고 다양한 사건과 사태를 경험하였다. 한일합방과 8·15 해방, 농지개혁, 한국전쟁, 경제개발 5개년 계획, 경부고속도로 건설, 새마을 운동, 오일쇼크, IMF위기, 반도체 특수와 정보혁명 등등. 우리나라는 지난 시기 동안 눈부신 경제발전을 거듭해왔다. 이처럼 많고 다양한 사건과 사태에도 불구하고 전북은 내우외환의 개방화 시대를 맞았다. 전북 경제의 장래에 불안감을 느끼며 도시로 이농·탈농하는 농민이 속출하고 있으며, 많은 사람들은 전북경제 활동의 지위가 저하하는 것을 당연한 현상이라고 믿고 있다. 그러나 과연 그럴까.

돌이켜보면 지난 시기는 그야말로 격동의 시대였다. 전북이 직면하고 있는 오늘의 문제는 우리나라 공업 우선적 경제발전전략이 구현된 결과이며 격동해 왔던 지난 반세기의 도달점이다. 이제 전북이 당면하고 있는 문제를 진정 해결해 나갈 수 있느냐의 관건은 전북의 사회경제 및 농업의 진정한 발전정도에 달려있다. 이런 점에서 지난 시기동안 전북경제활동의 발자취를 살펴보는 것은 나름대로 중요한 역사적 의미를 가지고 있다.

전북경제의 전개에 대해서 파악하기 위해서는 우선 통계자료가 필요하다. 현재 일제강점기 근대적 통계를 현재의 국민계정의 체계로 맞추는 노력이 여러 곳에서 확다 되고 있다. 이러한 상황에서 전북의 경제활동을 가능한 한 수량적으로 활용하여 파악한다. 일제강점기와 해방 후 경제활동을 상대화하여 파악하고 이러한 시기별 차이가 무엇 때문에 발생하는지 어떤 특징을 가지고 있는 지를 살펴본다. 또 다른 하나는 전북이라는 지역의 경제활동에 대해서 살펴보고 한다. 경제적 자원의 중앙적 집중과 지역적 분포는 경제발전의 상징적 표징이지만 여기서는 전북지역이 중앙(혹은 중심)과 어떠한 관련을 맺고 어떠한 특성을 가졌는가를 중심으로 검토해 보고자 하는 것이다.

제10장에서는 전북경제의 전개시기를 일제강점기, 경제개발기로 구분하여 전북의 경제활동이 어떻게 변화하였는가에 대해 살펴본다. 그리고 이를 기초로 시기별로 나누어 재구조화의 특징을 정리하고자 한다. 최근 저성장, 청년실업과 조기퇴직, 경기침체, 양극화 등 여러 경제 문제가 표출되고 있다. 이러한 논의 전개에 유용한 참고자료로서 전북의 경제활동이 걸어온 발자취를 돌아보고 이에 의거하여 전북경제가 가진 문제점과 향후 과제를 논의하고자 하는 것이다. 이 장의 주요 쟁점은 전북경제의 전개에서 재구조화된 낙후성이 우리나라 사회의 구조적 정책에 의한 필연적 결과인지 아니면 지역사회를 구성하는 각 행위주체의 결과인가 하는 점이다.

2. 일제 강점기 전북 경제의 전개

1) 전북의 인구 및 총생산

경제활동의 결과를 집약적으로 보여주는 지표는 전북지역 총생산이다. 전북총생산은 전북인구 수와 1인당 생산액으로 나뉜다. 옛날로 가면 갈수록 인구수가 1인당 생산보다 전북 총생산을 훨씬 더 많이 규정한다. 전라도가 전라남도와 전라북도로 나누어지게 될 때 정확한 인구수는 알 수 없다. 다만 이 시점과 가장 근접한 자료는 1909-1910년간에 걸쳐 이루어진 민적조사이다.[4] 이 조사에 의하면 한일합방 직전 1909년 전북 관내 당시 전북의 조선인 호수는 211,149호이다. 그 가운데 농업이 175,693호로 전체가구의 83.2%를 차지하여 가장 주된 직업으로 조사되었다, 다음은 상업이 18,857호(8.9%)이며, 날품팔이 4,923 (2.3%), 무직 2,379 (1.1%) 등의 순이다. 전주 또한 이와 비슷한 양상을 보인다. 총 18,794호 가운데 86.0%(16,161호)가 농업으로 가장 많고, 상업이 8.1%(1,518호)로 그 다음이며 날품팔이 2.1%(402호), 광공업 1.2%(225호) 등의 순이다. 이 가운데 양반이 직업으로 구분되어 조사되었다. 양반 호수는 우리나라 전체의 1.9%(54,217호)로 역시 충남이 전체가구의 10.3%를 차지하여 가장 많았다. 전북은 1.0%(2,113호), 전주는 0.3%(49호)에 불과하였다.

최근 낙성대경제연구소는 역사적 통계자료를 공개적으로 제공하고 있다. 이 자료는 비교적 소상하게 전북의 인구와 총생산, 산업별 경제활동에 대해서 파악가능하게 해준다(<그림 10-1>, <그림 10-2>). 1910년 전북인구는 1,210천명에서 1920년에는 1,319천명

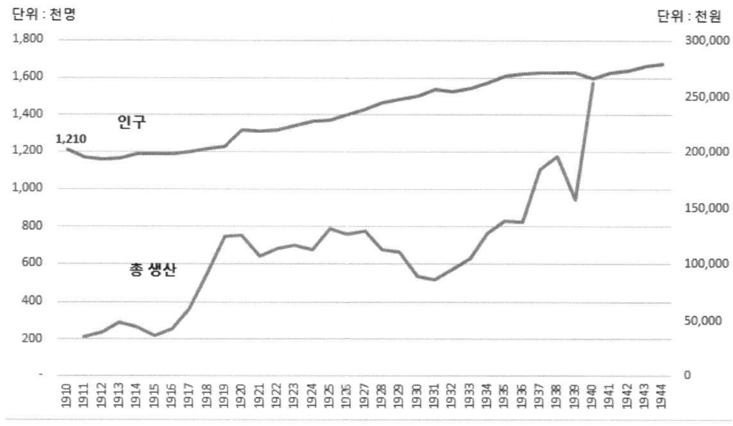

<그림 10-1> 일제강점기 전북의 인구 및 지역총생산 추이
자료: http://www.naksung.re.kr

을 거쳐 1930년에는 1,504천명으로 증가하여 1944년에는 1,673천명으로 늘었다. 이 같은 증가 추세는 전북의 지역총생산에도 보인다. 1939년 대흉년을 제외하고 점차적으로 특히 1910년대 후반 증가하여 1920년대에 유지하다가가 1930년대 후반에 다시 증가하였다.

이러한 추세는 당시 일본제국주의가 식민지조선을 식량 및 원료의 공급기지로 삼고 일본 상품의 판매시장을 확대· 강화하는데 있었다. 식민지 조선에는 값싼 지가, 풍브한 노동력, 저렴한 임금, 값싼 식량 및 원료, 경쟁자본의 부재 등 유리한 조건이 있어 막대한 식민지 초과이윤을 얻을 수 있었기 때문이다.

전북은 일제강점기 전 기간에 걸쳐 일본 공업화를 위한 식량 공급기지였다. 30년대 후반 대륙전진의 군수공업화가 북부지방을 중심으로 진전되었지만, 전북경제의 기초는 일제강점기 내내 농업이었다. 1940년의 경우 전북 10명중 8명이 농업에 종사하여 총생산의 약 60%인 농산물(그 가운데 64%는 쌀)을 생산하였다. 10명 가운데 채 1명도 되지 않는 공업종사자가 총생산의 32%의 공산물(조선전체는 35%)을 생산했다. 그러나 이 가운데 반 이상이 농산물을 원료로 하는 주류, 장류 등의 식료품이었다. 이러한 상황은 <그림 10-2>에서 보는 바와 같이 일제강점기 전 기간에 걸쳐 농림수산업이 가장 우위의 생산액 구성비를 보이는 바와 같다.

1932년경 각 부군의 주요 공업상황에 의하면,[5] 전북의 공업은 식품공업, 공장은 정미공장이 중심이었다. 시군별로 보면 군산은 주로 정미, 양조, 철공, 조선, 전기, 고무, 인쇄, 농구, 연와 등 30여개의 공장이 있었다. 이들 공장의 자본금은 천만 원, 종업원은 1,500명 정도로 연 생산액은 천만원정도이다. 이 가운데 정미를 제외하고 가장 큰

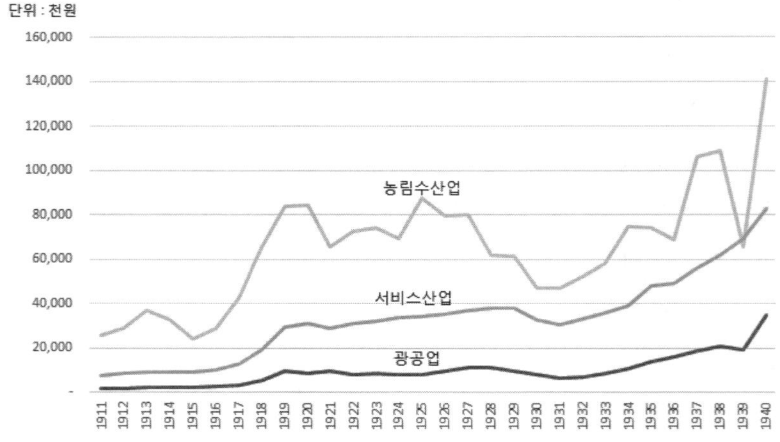

<그림 10-2> 일제강점기 전북의 산업별 인구 추이
자료: <그림 10-1>과 같음

것은 주류 약 40만원, 금속제품, 고무제품 11만원, 비료 및 과자류가 각각 8~9만 원정도, 그리고 비누, 선박, 목제품, 기계류, 장유 등이 각각 4~5만 원 정도이다.

전주는 삼례, 전주, 동산 세 곳이 공업 중심지이다. 이 세 곳에 22개의 정미공장이 있으며 공장 생산액은 15만석, 3백만원 정도, 전주의 두 개의 제사 공장은 약 10만근, 백만원, 이외에도 주류 50만원을 비롯하여 봉제품, 고제품藁製品, 직물, 종이류, 주물 및 금속제품, 과자 등 약 5백41만원 정도이다. 그 가운데 전주의 종이우산, 부채 등은 지방색을 상징하는 특산품으로서 조선 안에서는 물론 일본에서도 애호되고 있었다. 익산의 공업은 특산물로서 유명하였다. 생산액은 주류가 약 18만원으로 가장 많고 마포, 부채가 각각 3만여 원, 그 다음에 금은세공, 조선한지, 목기, 도예, 죽제품 등이다.

2) 전북경제에서의 전주의 위치

〈표 10-1〉은 전북에서의 전주 경제를 농업, 공업, 금융, 시장이라는 네 가지 측면에서 살펴본 것이다. 전북 대비 전주의 인구비율 기준을 3.7%로 한다면 전주의 농업 및 공업 생산은 각각 2.2%, 1.9%를 차지하고 있다. 반면 금융은 10.3%이상(은행회사 기준)을 시장은 13.1%(거래액기준)을 차지하고 있다. 단순한 대비이지만 전주는 농업·제조업 보다는 금융·시장, 제1·2차 산업보다는 제3차 산업이 발달한 도시라 할 수 있다.

예로부터 전주는 관청소재지·교육의 도시로 발달해왔다. 최근에는 각종 공장의 유치·가내공업의 보급과 개선에 힘쓰고 있지만 전반

<표 10-1> 1930년대 후반 전북과 전주

	전주(A)	전북(B)	A/B(%)
총인구(1940)			
인구(명)	55,978	1,557,190	3.6
농업(1935)			
농가호수(호)	8,373	241,435	3.5
생산액(천원)	1,529	70,223	2.2
구성비(%)			
미곡	2.4	63.1	–
맥류	71.7	13.1	–
채소 및 과수	2.8	7.7	–
축산	22.7	3.5	–
기타			
공업(1940)			
생산액(천원)	993	51,916	1.9
방직	13	5,130	0.3
금속	5	434	1.2
기계기구	20	2,545	0.8
요업	108	963	11.2
화학	11	8,458	0.1
제재 및 목제품	167	739	22.6
인쇄 및 제본업	–	338	0.0
식료품	430	12,113	3.5
기타	241	21,196	1.1
금융(1937)			
은행회사			
개수	3	29	10.3
금융조합			
개수	4	54	7.4
시장(1937)			
시장 수	3	66	4.5
개시회 수	480	6,224	7.7
매매액(천원)	1,484	11,314	13.1
농산물	765	2,601	29.4
수산물	171	3,187	5.4
직물	33	1,061	3.1
축류	392	2,793	14.0
기타	123	4,506	2.7

자료: 소순열(2013), 「근대 전주경제의 구조와 변화」, 『전주학연구』, 제7집에 재인용(원 자료는 朝鮮總督府, 각년도, 『朝鮮總督府統計年報』; 全州府, 1941, 『全州府勢一斑』, 주봉규 · 소순열, 1996, 『근대 지역농업사연구』, 서울대출판부).

적으로 전주는 여전히 소비 도시를 면하지 못하고 있다. 전주는 상품 공급측면에서의 생산지이기보다는 수요측면에서 소비지로서의 성격이 강한 곳이다.

일반적으로 산업구조는 취업인구나 생산액(또는 부가가치)을 기준으로 나타낸다. 1938년 전북의 산업구조를 생산액 기준으로 보면 농업비중이 63.5%로 농업 지역으로서의 성격이 강하다. 공업비중은 34.5%를 차지하지만 농업생산액의 약 30%에 불과하다. 경기도와 비교하면 31.1% 수준이다. 이와같이 농업과 관련된 단순 식료품 가공업이 거의 절반을 차지하여 농업위주의 산업구조를 보이고 있다.[6] 이러한 전북의 식민지적 경제구조는 식량공급이라는 일본의 요구와 토지경영 소득증대라는 지주의 요구에 의해 이루어졌다. 조선 총독부의 강권적 농정과 지주적 강제가 유착한 합작품인 셈이다. 전북 경제의 구조는 군산개항(1899)을 계기로 식민지 경제지배의 원형이 만들어지기 시작하였다. 이후 어느 정도 구조 틀을 형성하기 시작하여 러일전쟁(1904)을 획기로 식민지적 경제구조는 체계적으로 완성되었다.

군산항을 통해 일본에 수출되고 있는 상품 가운데 90%가 쌀이었다(<표 10-2>). 그 대신 군산항에 들어온 수입품은 면제품, 잡화 등과 같은 일본 공산물이었다. 이른바 미면교환체제米棉交換體制이다. 쌀은 주로 오사카大阪를 중심으로 한신阪神지방의 하층노동자, 도시잡업층이 주로 소비하였다. 군산에 들어온 수입 면제품 및 잡화품의 주요 생산지는 일본 한신阪神지역이었기 때문에, 전북 경제는 전북의 농촌지대와 한신 공업지대가 구조적으로 연관된 식민지적 분업체제이었다.

근대적인 수리시설을 갖추기 시작하여 관개용수가 확보되고 농업기술이 발달함에 따라 미곡생산도 확대되었다. 1910~14년 전북 쌀 생산량은 연평균 1,126천석이었던 것이 1930~40년은 연평균 2,047천석으로 82%나 증가하였다. 쌀 생산량은 두 배로 증가했지만 일본으로 실어 나른 이출 쌀은 4배로 늘어났다. 실제로 전북에서 생산된 쌀은 군산항을 통해 1916년 234천석이었던 것이 1926년 980천석, 그리고 1929년에는 894천석이 일본으로 이출되었다.

<표 10-2> 일제강점기 전북의 무역 추이(1900-1935)

(단위 : 원, %)

	1900	1910	1915	1921	1926	1930	1935
수이출(총액)	82,272	2,210,156	7,288,737	20,159,165	47,328,364	24,330,444	63,302,996
1위	쌀 60.1	쌀 82.1	쌀 93.5	쌀 97.7	쌀 98.3	쌀 97.1	쌀 97.1
2위	대두 27.4	우피 6.0	우피 2.8	대두 0.9	대두 0.3	우피 0.1	대두 0.9
3위	대맥 4.5	대두 5.1	대두 1.4	조면(繰綿) 0.7	금광 0.2	대두 0.04	쌀겨 0.3
4위	우피 2.8	들깨(荏) 깨(胡麻) 2.9	들깨(荏) 깨(胡麻) 0.5	비료 0.3	우피 0.1		금광 0.23
5위		소맥 1.9	우지·비료 0.2	우피 0.1	쌀겨 0.1		우피 0.22
수이입(총액)	13,305	1,186,481	2,292,919	6,328,128	19,284,876	15,167,713	24,088,067
1위	성냥 19.5	생광목(生金巾)·시팅 28.2	생광목(生金巾) 26.9	생광목(生金巾) 및 日西金巾 29.2	쌀 및 벼 19.5	화학비료 20.2	비료 17.4
2위	원판 9.9	가마니 11.2	일서광목(日西金巾) 6.2	소맥분 25.3	비료 10.9	쌀 및 벼 12.7	면직물 4.9
3위	목재 6.4	방적사 5.0	면직사 4.0	철조장대(竿板) 10.7	생광목(生金巾)·시팅 9.5	기타 면모 5.9	소맥분 3.9
4위		정당(精糖) 3.5	철류 3.5	사탕 9.8	조 3.7	생광목(生金巾) 및 생(生)시팅 5.4	엽연초 3.6
5위		술 3.3	사탕 3.4	비단광목(綾金巾) 및 운제포(雲齋布) 5.0	소맥분 3.2	소맥분 3.4	기계류 3.3

자료: 소순열(2013), 「근대 전주경제의 구조와 변화」, 『전주학연구』, 제7집에서 재인용(원전은 「통상휘찬」, 「명치43년 조선무역요람」, 「군산부세요람」, 「군산안내」).

3) 지주·소작관계와 전북농업

1909년 말 금강, 만경강, 동진강 3대유역의 30여만 정보의 10분 1을 일본이 소유했다. 50정보이상 경지를 소유한 일본인 지주는 38명이며, 1,000정보 이상 거대지주는 오오꾸라(2,500정보), 후지이(1,042정보), 구마모토(1,700정보), 이와자키(1,135정보) 4인이나 되었다. 1910년 일본인의 토지소유는 전북경지의 18.9%를 차지하여 조선 내에서 가장 높았으며 이 가운데 김제 · 옥구 · 익산의 3군은 전체 경지의 70%를 일본인이 소유하고 있었다. 일본인들은 주로 전북의 서부평야의 토지를 집중적으로 매수하여 일본을 위한 식량공급 기지를 구축해 갔던 것이다. 전북은 러일전쟁이후 독점자본주의 단계에 들어선 일본의 식량공급을 위한 전초 기지화하였다. 일본의 1/10에 불과한 지가에 많은 토지수익을 거둘 수 있는 일본인의 지주화가 이루어졌다. 1935년 전북의 24만 농가 중 1만 2천 농가가 자작을 하고 있었고, 열 농가 중 아홉 농가는 소작농가였다. 일본인 지주에 속한 농가는 열 농가 중 세농가로 김제, 옥구, 익산과 같은 군은 다섯 농가 이상이 일본인 지주에게 속한 소작농였다.

일본인지주는 중세의 봉건영주를 방불케 하였다. 구 구마모토번舊熊本藩의 번주藩主의 4남이었던 호소가와 후작細川護立은 1904년 집사 쓰다津田靜一의 진언에 따라 전주 평야 3개 군의 100개 촌락에 걸치는 약 1,000정보의 대농장으로 설립하였다. 이 농장에는 관리사무소, 사택 등을 건립하고 넓은 땅이라 해서 대장大場농장이라고 불렀다. 더구나 농장 사무소가 있었던 대장농장 근처에는 구마모토 사람들이 크고 작은 농장에 만들었기 때문에 대장촌(현 익산시 춘포면 춘포리)

은 일본의 지명을 따 비후촌肥後村이라고 불리기까지 하였다. 대장촌은 한 일본인이 촌락인 2,100여명의 소작인을 지배하는 마치 일국의 왕국과 같았다.

일본인 지주가 기술을 발전시킨 노하우는 특유의 농장경영방법에 있었다. 농장에 시험포를 설치하고 여러 가지 시험연구를 하였다. 가와자키 농장은 80여종의 품종수량시험을 하였으며, 구마모토 농장은 10정보나 되는 시험답을 설치하여 품종비교, 시비배양, 토양조사 등을 하였다. 어떤 일본인 농장에서는 총독부 농정당국보다 농업기술개발이 10년 정도 앞섰다고 자부할 정도였다.

소작농에 대한 지도는 농장직원이 담당하였다. 종래 중간 착취자로 악명이 높았던 마름은 직원의 보좌역으로 낮추고, 농장직원이 소작인 관리를 담당하였다. 구마모토 농장 직원은 경도제대, 구주제대, 가고시마고농 등 명문교 출신이었으며, 조선인 직원은 이리농고, 정읍농고 출신이 많았다. 해방 전후 초등학교 출신이 면서기가 된 것을 생각하면, 지주의 에이전트격인 직원은 엘리트 중의 엘리트인 셈이다.

직원-마름-소작인이라는 중층적인 소작인지배하에 일본인 지주는 매년 2월에 소작인과 5인의 연대 보증인이 날인하는 소작계약을 맺었다. 소작증서의 내용은 품종의 지정, 경운, 파종, 식부, 비료사용, 제초, 예취, 탈곡 등 생산과정, 수확물의 품질, 처분 등의 유통·분배에 이르는 모든 사항을 규정해 놓았다. 소작료는 대개 수확량의 50~80%을 지불하고, 내지 못할 때는 년 20%의 연체율을 지불했다.

뿐만 아니라 일본인 지주는 일본시장에 내다 팔 수 있는 양질미를 더 많이 확보하기 위해 소작인 품평회를 열었다. 조선농회보에 의하면 "매년 3, 4월이 되면 소작미의 품질, 건조, 형상, 색깔을 심사하여 소작인이 출품한 미곡에 등급을 매겨 1등 탈곡기, 2등 대두, 3등 삽, 4등 호미를 각각 수여하고 우승한 소작인 단체에게는 우승기를 수여했다. 품평회 후 향응에서는 소작인의 우열에 따라 좌석배치를 하여 우승자에게는 우월심을 열등자에게는 분투심을 고취시킨다"는 것이다. 즉 소작인들의 경쟁심을 이용하여 양질미를 확보하는 전근대적 대인보상방식을 채용하고 있었던 것이다. 소작미 품평회는 바로 소작인 품평회였다.

일본인 지주는 이 같은 농업 내 시험연구, 유능한 농사전문가, 엄격한 소작계약, 전근대적 보상방식 등에 의해 전북 농업의 기술을 향상시키고 조선 전체의 농업기술을 선도하였다. 우량품종 보급률이 약 80% 수준에 이르기까지의 소요시간이 조선전체의 평균은 20년이 걸린 것에 비해 전북은 절반밖에 안 되는 10년이 걸릴 정도로 농업기술은 발전하였다.

4) 농업개발의 귀결

쌀 생산은 벼 품종의 능력을 발현시킬 수 있는 경종법과 수리개선으로 인해 큰 폭으로 증가하였다. 쌀 생산력도 전북 10a당 1석에 비해 1.5석 내지 2.0석이나 높아졌다. 쌀 생산은 거의 2배 정도 늘었는데도 불구하고 1년 주민 쌀 소비량은 0.77석에서 0.44석으로 격감하였다.

농업선진지인 전북지역의 빈곤화는 타 지역에 비해 훨씬 심했다. 1930년 조선총독부의 조사에 의하면, 4~5월의 춘궁기 때 양식이 떨어지는 농가 즉 춘궁농가는 전체 농가의 48%정도였으나 동진강 유역의 김제는 66%나 되었다. 김제지방에서 절량농가는 전체농가의 70%, 농자農資가 없어진 농가는 전체의 92%나 되었다.[7] 조선 제일의 곡창지대에서 전체 농가 절반 이상이 3월에 이미 양식이 떨어졌고 보리 고개를 그나마 무난히 넘길 수 있는 농가가 20%, 가을 추수기까지 견딜 수 있는 농가가 10%에 불과하였다. 동진강 유역에 정읍이나 부안의 빈곤화 현상도 대체로 이와 비슷하였다. 정읍과 부안의 춘궁농가율은 각각 59%, 52%여서 반 이상 농가가 초여름 보리가 수확될 때까지 식량이 절대 부족하여 버티기 힘든 농가였다. 그 결과 대다수의 지역주민은 쌀 소비량의 감소를 잡곡으로도 보충하지 못하고 야산에서 채취한 나물, 풀뿌리, 나무껍질을 먹는 경우가 허다하였다.

1927년 김제에 신임군수가 부임함에 따라 군청회의실에서 면장회의를 가졌다. 이 회의에서 두 면장의 발언은 당시 김제농민들의 참담한 생활상을 보여준다.

> "관내 총면적은 약 2,400정보에 달하고 있지만 일본인 소유가 80%이며 조선인 소유가 20%에 불과합니다. 농가호수는 대략 1,000호이지만 자작농은 4농가뿐이어서 대부분 소작농가로 생활은 실로 비참하기가 이를 데 없습니다. 특히 작년은 소작료가 고율이어서 초근목피상태에 있는 농가가 허다합니다."

> "경지면적 2천여 정보 가운데 70%이상이 다키多木농장의 소유이다. 게다가 소작료가 아주 높기 때문에 소작인은 생활을 이어갈 수 없는 상태입니다."[8]

이러한 경제적 파탄으로 농민은 더욱 불리한 조건을 감수할 수밖에 없는 소작농으로 전락하든지, 산이나 도시로 가서 빈민이 되든지 그렇지 않으면 조선을 떠나 일본으로 가거나 만주로 이주해야 했다. 당시 전라북도 경찰부 자료에서도 다음과 같이 전북의 궁핍화를 보고하고 있다.[9]

"세민의 궁핍은 말로 다할 수 없다. 식량이 다 떨어져 먹을래야 먹을 것이 없어 부근 재산 있는 자의 문을 두드려 밥찌꺼기를 구걸하거나 그게 없으면 초목근피로 이슬과 같이 덧없는 목숨을 이어가는 상태이다. 이 때문에 영양부족에 빠져 정력감퇴하고 안면창백하게 되고 죽을 고비를 방황하게 되어 염세의 극에 빠져 자살한 자자 1931년에 18명, 금년 1932년 1월부터 4월까지 6명 합계 24명에 달하고 그 가운데 전주서의 12명을 최다로 해서 금산, 정읍 양서兩署의 각 4명, 이리서의 3명이다"

"읍군 내장면 교암리 김인동 당 16세는 어려서 부모를 사별하고 누이 2인을 데리고 조부모에 양육되고 있으나 일가의 생계를 담당하여 매일 이른 아침부터 소나무 낙엽을 긁어모아 20리 길 정주읍까지 지고 가서 20전 내외의 돈을 받아 겨우 일가 5명의 가냘픈 생활을 이어나가고 있는데 4월 27일 평일과 같이 소나무 낙엽을 지고 정주읍에 나갔으나 이를 사는 사람이 없어서 밤 11시가 넘어도 팔지 못하고 읍내를 방황하다가 배가 고프고 기력이 쇠해서 길거리에 쓰러져 있는 것을 발견하였다."

1932년 1월에서 4월까지 3개월 동안 전북에서 생활이 곤란하여 자살하거나 굶어죽은 이가 56명이라는 사실에서 보는 바와 같이 전북 주민 생활은 그야말로 참담하기 이를 데 없었다. 이러한 경제적 파탄으로 농민은 더욱 불리한 조건을 감수할 수밖에 없는 소작농으로 전락하던가, 산이나 도시로 가서 빈민이 되든가 그렇지 않으면 조선을 떠나 일본으로 가거나 만주로 이주해야 했다. 1939년 부안군 동진면 성근리 3개 마을에는 124호가 있었는데 한 해 동안 13호가 정든 고향을 떠났다. 이들을 원인별로 나누어 보면 다음과 같다.[10]

생활 곤란으로 일본 노동자로 3호
소작료를 납부하지 못해 다른 곳으로 6호
만주이민으로 2호
범죄자 1호

전북 농업개발의 결과, 확실히 농업기술은 향상되고 쌀 생산은 비약적으로 증가하였으나, 곡창지대에서 농민들의 가난은 상품경제의 진전 속에서 농사의 풍·흉과 관계없이 일상적인 것이 되어있었다. 이는 농업개발의 목적이 지역주민의 경제적 지위향상이 아니고 지주와 조선총독부 더 나아가서 일본 자체의 이익을 위한 것이었음을 여실히 보여준다. 개발의 시대이자 수난의 시대였던 것이다.

그러나 이러한 개발이 조선인에게 어떤 의미를 가지는 것인가. 이민족에 의한 지배가 본질인 식민지 사회에서 민족을 빼고 식민지 사회를 어떻게 이해할 수 있는가. 물론 민족이라는 이데올르기는 타민족을 배타하고 전쟁의 정신적인 기초를 이루는 '독'과 같다. 그러나 다른 한편으로는 민족이라는 개념은 '전통'을 만드는 근원이 되어 전혀 다른 별개의 전통이 유입될 때 독자적인 새로운 전통을 창조한다. 이른바 전통에 기초한 근대화이다. 이것은 한 사람의 인간이 개성이 있듯이 지역이나 민족의 개성을 존중하고 이의 발휘를 보장하는 입장이다.

일제강점기 전 기간에 걸쳐 일본제국주의는 조선의 문화적 기술적 개성(전통)을 경시 내지 무시해 왔다.

> '조선의 미작농업의 개발은 팽창하는 내지 인구에 대한 식량공급이라는 국방경제적인 자급정책의 필요 때문에 무엇보다도 먼저 개시되어야 할 것이었다. 그러나 지도의 대상인 농민은 기술면에서나 자력면에서나 아무것도 소유하지 못했기 때문에 가장 극단적인 권력적 지도를 받았던 것이다. 게다가 그 권력적 개발은 일본 특유의 성급함을 갖고 시행됐던 것이므로 농민의 이해 여부는 고려되지 않았고, 뒤돌아 볼 여유도 갖지 못했다. 농민은 오직 관청의 지도에 따라 배급받은 종자를 배운 모내기법으로 뿌리고, 전식승田植繩에 의해 정조식正條式을 하고, 정해진 날에 비료를 뿌리고 제초를 하고, 명령받은 날에 기장을 뽑고 풀을 베고, 보인 대로 건조를 할 뿐이었다. 거기에는 오직 감시와 명령만 있었다. 농민의 창의 같은 것은 전혀 존재하지 않았다.'[11]

일본제국주의는 식민지 이전까지 해 왔던 농업기술체계를 무시한 채 일본 농업기술을 보급시키기 급급했다. 이러한 기술 보급은 전통의 단절과 기술개발체계의 붕괴를 초래하는 과정이었다. 대다수 조선농민이 새로운 기술개발의 노력은 없고 단지 총독부 시책에 순응적이고 수동적이었던 것은 당연한 귀결인 것이다.

전북은 간접통치를 포함해서 40년 동안 줄곧 일본의 식량보급기지로서 기본적인 역할을 담당해왔다. 전북 경제에서 농업의 지위는 식민지적 성격에 규정되어 의연하게 높고, 농업생산의 확대에 기인하였다. 그러나 이 본질은 전북의 사회적 분업의 발전과 시장에 목적이 있는 것이 아니라 일본제국경제와 미곡시장의 발전에 두고 있었다. 전북 경제활동의 전개는 점점 전북의 대 일본 미곡을 위한 모노컬처 무역구조를 강화하고 식민지적 종속경제를 더욱 촉진시켰다. 이러한 과정은 일본인 지주를 중심으로 농업기술의 향상은 미곡생산의 확대를 가져오고, 곧 바로 그것이 대對일본 식량공급에 의하여 전북 농민의 궁핍화라는 메카니즘이었다. 일본인 지주와 조선총독부는 이러한 메카니즘을 실질적으로 보장하였다. 다른 한편으로 일본은 이 메커니즘을 통해 대량의 전북미를 항상 공급받고, 그리고 이를 통해 궁극적인 목적인 저임금유지를 하고 이를 통해 제국의 식량문제를 해결하였다. 양적인 측면뿐만 아니라 질적인 측면 즉 가격안정화 측면에서도 도움을 받으며, 외국쌀의 수입을 억제하여 국제수지의 악화를 완화하였던 것이다.

3. 경제개발과 전북 경제의 전개

1) 농지개혁과 전북

해방이후 농업은 전 국민의 80%가 종사할 정도로 주된 산업이었다. 식민지 체제의 해체와 함께 새로운 국민경제의 발전을 위해서 우선적으로 해결해야 할 중심적인 과제로 되었다. 해방이 되었다 하나 아직도 전체 농가의 가운데 자립농가는 14%에 불과하였고 나머지는 소작(49%), 자작 겸 소작(24%)이었다. 전북농업의 경우는 더욱 심하였다. 전체 농가 가운데 5.4%가 자작농 나머지는 소작 67.7%, 자작 겸 소작농 26.9%이었기 때문에 지주·소작관계를 기초로 하던 식민지 경제구조 청산과 일제의 실물적 유산인 귀속재산 처리는 향후 전북 경제활동의 전개방향을 규정하는 것이었다.

당시 농지개혁은 새로운 국민경제의 형성과 발전이라는 경제적인 측면 이외에 공산주의세력에 대한 견제와 농촌사회의 안정이라는 정치적, 사회적 측면에서 중요한 의미를 지닌 것이었다. 이 때문에 구체적인 내용과 방법에 대해서 각 사회단체나 정치조직들에 의해 대립적인 안까지 대안으로 속출하였다.[12] 결국 자본주의적 경제질서에 기초한 사유재산제도의 원칙에 의해 '유상몰수', '유상분배'의 개혁방법이 채택되고 이에 따라 구체적인 절차와 분배내용이 결정되었다. 미군정은 전체 일본인 귀속농지의 91.4%에 해당하는 약 25만 정보를 분배하였으며 전북은 귀속농지의 98.5%인 65.4천 정보를 분배하였다. 5·10 총선을 유리하게 하기 위해 조선인 지주를 제외한 일본인 지주의 토지 불하를 단행한 것이기 때문에 그 자체가 부분적이었고 불완전하였다. 그러나 미군정의 귀속농지 분배는 미군정이 의도한 것처럼 공산주의의 진출을 저지하고 한국정부에 의한 농지개혁에 지대한 영향을 미쳤다.

1948년 정부수립 후 정부는 농지개혁을 위한 입법적 조치를 진행하는 것과 아울러 1949년 6월 농지개혁법을 공포하고 동 시행령(1950.3), 동 시행규칙 (1950.4)을 잇달아 발표하였다. 1949년 6월 농가실태조사를 기초로 분배농지면적이 확정되었다. 이에 의하면 농민이 분배받게 될 분배면적은 60여만 정보(소작지와 자작으로서 3정보 이상 초과분)과 귀속농지 약 23정보(이미 분배가 진행되고 있는 구 일본인 소유농지) 총 83만 정보이었다. 전북의 분배면적은 전체 경지의 약 60%로 전국 평균에 비해 20%나 많은 면적이었다.

본래 1955년까지 완료될 예정이었던 농지개혁사업은 6·25 전쟁이 일어나 일시 중단되었다가 수복 후 재착수하게 되었다. 1957년 말 당시 농림부가 농지개혁이 일단락되었다고 발표한 자료에 의하면 분배 전체 호수와 면적은 각각 155만호(일반농지 매수호수 약 95만호, 귀속농지 매수호수 약 50만호), 47만 정보(일반농지 27만 정보, 귀속농지 20만여 정보)에 이르렀다. 이 가운데 전북의 수배농가호수는 28만여 호(일반농지 매수호수 15만호, 귀속농지 매수호수 13만호)이었으며 분배면적은 총 11만 정보(일반농지 5만 정보, 귀속농지 6만여 정보) 이었다.

이를 〈표 10-3〉에서 1949년 6월 현재 분배대상면적과 비교하면 그 실적은 귀속농지 분배분을 포함하여 56.4%, 일반농지의 경우 44.6%이었다. 소작지 면적은 1945년 말 32.5%, 1947년 말 35.5%, 그리고 1949년 6월 소작지의 56.6%가 분배되었다. 이에 비하여 전북의 농지개혁 성과는 대단한 것이었다. 1949년 6월까지 전북의 분배 일반농지는 65.3%, 귀속농지를 포함하면 무려 81.8%의 소작지가 분배된 것이었다. 농지개혁 이전 1947~49년간 무려 4만 정보 이상의 소작지가 자작지화 되었던 것이다. 순소작의 감소는 농지개혁을 의식한 지주에 의한 임의 처분, 지목변경 등의 음성소작지의 잔존, 분배농지에 대한 형식적 소유권 이전 때문이다. 이에 따라 지주들은 계급으로서 타파된 반면, 소작농들은 농지개혁을 통해 다소간 토지를 소유함으로써 자작농이 되었다. 1945년 전체 농가의 14.3%이었던 자작농이 1960년에는 73.6%로 급증한 반면 순소작농은 50.0%에서 6.8%로 급감하였다. 같은 기간 전북의 경우 자작농은 5.4%에서 76.8%로 급증하였으며, 순소작농은 67.7%에서 5.9%로 급감하여 자작농화가 다른 어느 지역보다 더욱 광범위하게 이루어졌다.

<표 10-3> 농지개혁전후 소작지면적과 분배면적

(단위 : 정보)

	소작지면적			분배 대상면적 1949년 6월 (D)	분배 면적 1957년 12월 (E)	비율(%)			
	1945년 말(A)	1947년 말(B)	1949년 말(C)			E/A	E/B	E/C	E/D
전북	190,315	176,704	135,243	135,411 (73,789)	110,709 (48,207)	58.2	62.7	81.9	81.8 (65.3)
전국	1,447,359	1,324,806	830,263	833,882 (601,049)	470,022 (267,878)	32.5	35.5	56.6	56.4 (44.6)

주: 1) 1943년말 전북의 소작지 면적임.
2) ( )는 1949년 6월 21일 현재 귀속농지를 제외한 분배대상 농지 (소작지와 자작지로서 3정보 이상 초과분)와 분배농지(일반농지)임

자료: 소순열, 앞의 논문, 112쪽에서 재인용

그러나 농지개혁은 철저하게 실시되었다고 볼 수는 없다. 이는 농지개혁이 가지고 있는 당초의 목적인 '농가경제의 자립과 농업생산력 증진에 의한 농민생활의 향상과 국민경제의 균형과 발전'에 대해서는 큰 성과를 내지 못하였다. 개혁 후 6.25 전쟁을 거치면서 과중한 토지수득세 부과와 농산물 가격 하락 등의 요인으로 농가경제는 계속 위축되었다. 그 결과 개혁이 실시된 지 얼마 되지 않아 소작 재생현상이 나타났다. 농지개혁을 통한 토지재분배 효과를 크게 위축시키고 말았다.

이러한 불완전한 개혁임에도 불구하고 농지개혁은 지주계급의 몰락이라는 매우 큰 역사적인 의미가 있는 것이었다. 지주는 농지개혁에 의한 자산 재분배의 결과 가장 피해가 큰 계급이었다. 농지대가를 지가증권으로 보상받았지만 인플레이션 등 여러 상황이 크게 지주에게 불리하였고 대다수가 전쟁 중에 할인 판매함으로써 계급으로서의 지주가 해체되었다. 지주세력의 해체는 전북의 경제활동뿐만 아니라 정치적 활동의 침체를 의미하는 것이었다. 더욱이 정부는 농지개혁에 이어 귀속재산 불하, 원조물자 배분에서 지주계급의 부가 신흥자본가 층으로 재분배될 수 있는 가능성을 열어 놓았다. 정부는 농지개혁, 귀속재산불하, 원조물자 배분을 활용하여 자본주의체제의 기초를 다졌으며, 원조자금의 배분을 독점함으로써 신흥 자본가의 육성에 성공할 수 있었다. 그러나 전북은 토지자본을 산업자본으로 전환하지 못한 채, 산업화를 위한 물질적 토대를 마련하지 못했다. 이 때문에 1960년대 이후 전북 경제활동은 농지개혁에 의한 사회계급/계층의 변화가 가져온 새로운 국면을 맞게 되기 시작했다.

2) 공업화와 전북의 경제구조

1962년부터 정부주도의 경제개발 5개년 개획이 출발하였다. 1960년대의 경제개발이 공업화 우선의 불균형 개발전략을 채택함에 따라 지역 간 경제력 격차는 한층 심화되어 갔다. 경제활동의 성과인 지역총생산GRDP를 보면, 1963~78년 15년간 평균 10.0%라는 높은 평균성장을 가져왔으나 전북의 지역총생산은 7.0%의 성장률을 보이는 저성장지역이었다.[13] 지역총생산 성장률의 지역 간 격차는 다양한 변화를 보이고 있다. 전국 성장을 주도하고 있는 제조업을 비롯하여 전기가스·수도위생, 교통·창고·통신 등의 부문에서 전북은 전국 평균을 하회하는 상대적 저성장지역이었다. 실제로 같은 기간 성장률은 각각 -8.2%, -7.7%, -7.5%로 크게 낮았다(<표 10-4>).

1960년대 초 경제개발 5개년 계획이 시작되면서 전북의 산업구조 역시 농업위주의 전통적인 산업구조로부터 벗어나기 시작한다. 전체산업 비중에서 1963년 64.0%를 차지하는 농림어업이 1975년에는 49.1%로 감소한 반면, 광공업은 같은 기간 12.3%에서 16.3%, SOC 및 기타 서비스업은 23.7%에서 34.6%로 증가하였다 (<표 10-5>). 이러한 경향은 전북의 취업구조의 변화양상과 유사하다(<표 10-6>). 그러나 농림수산업의 비중감소와 광공업 및 서비스 산업의 비중 증대라는 정도는 내용적으로 매우 상이하다. 이 때문에 전북의 낙후성은 지역상공업자의 위기감으로 집약되어 중앙의 정책적 투자로부터 배제된 소위 '전북 푸대접론'으로 나타났다. '전북 푸대접론'은 1966년 공업화에서 철저하게 소외되고 있다는 지역상공업자의 위기감의 표현이었다. 이 시기부터 전주상공회의소를 비롯하여 지역 내의 각 경제단체와 언론이 참여하여 공업화위주의 전라북도 발전전략을 추진하기 시작하였다.

1970년대에 들어와서 전북은 종업원 수, 생산액 등 제조업의 각종 지표에서 전국 대비 2% 수준으로 떨어졌다. 이에 따라 전북에서는 '2% 경제론'이 유포되기 시작하였다. 이는 1960년대의 '전북 푸대접론'의 연장선상으로 전북경제의 낙후성 극복을 위해서는 공업화 위주의 성장전략이 필요하다는 이데올로기에 염두를 두고 있는 것이었다. 전북 지역 내 자생적 산업화에서 외부기업 유치를 통한 산업화로 개발전략을 전환하게 된 것이다. 전북경제의 위기의식은 언론을 거쳐 지역 주민 전체에게로 확산되기 시작하면서 지역격차의 문제는 정치적 쟁점으로 부각되었다. 1971년 대통령 선거가 정책적 쟁점보다 후보들의 지역적 배경을 중심으로 이루어지게 된 것은 이러한 정치적인 표현이었다. 전북의 낙후성이 정치적 쟁점으로 부가됨에 따라 1970년대부터 전북 지역 내에서 국회의원 등 정치인의 활발한 참여가 이루어지기 시작하였다.

<표 10-4> 전북의 지역총생산 성장 추이(1963~1978)

(단위: %)

연도별	총 산업	농림 수산업	광업 채석업	제조업	건설업	전기가스 수도위생	금융보험 부동산업	기타 서비스업
전북 GRDP(A)	7.0	3.6	7.7	10.8	23.5	12.3	12.2	6.7
전국 GDP(B)	10.0	4.1	6.9	19.0	16.5	20.0	13.2	6.8
A–B	–3.0	–0.5	0.8	–8.2	7.0	–7.7	–1.0	–0.1

주: 1975년 불변가격임
자료: www.kostat.go.kr, 『전북통계연보』에서 작성

<표 10-5> 전북의 산업구조 변화 추이(1963~1975)

(단위 : %)

연도	농림어업		광공업		SOC 및 기타서비스업	
	전북	전국	전북	전국	전북	전국
1963	64.0	42.2	12.3	16.6	23.7	41.2
1966	60.3	35.3	11.6	20.1	28.1	44.6
1969	54.6	28.7	12.4	21.8	33.0	49.5
1972	54.5	28.3	14.5	24.4	31.0	47.3
1975	49.1	25.4	16.3	29.7	34.6	44.9

자료 : 『전북통계연감』(1977), 『한국경제연감』(1977).

이와 같이 1960년대 국가적 종속적 개발전략을 유지하면서 1970년대를 기점으로 내재적 발전에 의한 자생적 산업화로부터 외부기업 유치로 개발전략으로 전환하게 되었다. 이는 당연한 과정이지만 지역 내 자본이 영세하였기 때문에 자생적 산업화 전략이 실패로 돌아가게 되자 외부기업의 유치를 통한 산업화로 전략적 수정을 하게 된 것이다.[14] 1980년대에 들어서도 전북경제는 여전히 침체상태를 벗어나지 못하였다. 1985년 공업화 추진만이 주요과제이라는 '생산도시화 선언'이 이루어지고 1980년대 후반 세계화, 개방화 등 대내외적인 경제 환경이 변화함에 따라 국가의 공간 전략도 변화하게 되었다. 특히 1980년대 말 중국과의 수교관계가 맺어지면서 서해안 개발 사업은 그동안 공업화정책에서 소외되었던 전북에서 커다란 희망으로 다가왔다. 이에 따라 전북에서는 1980년대까지 '서해안시대의 주역'이라는 새로운 구호가 추가되어 '2% 경제론'과 함께 전북경제의 낙후성을 극복할 수 있는 개발전략으로 자리 잡게 되었다.

<표 10-6> 전북의 취업 구조 변화 추이(1970~1985)

(단위: 천명, %)

연도별	전체 취업자	농림어업 비중	광공업 비중	SOC 및 기타 서비스업 비중
1970	723(100.0)	471(65.2)	67(9.3)	185(25.5)
1975	999(100.0)	689(69.0)	70(7.0)	240(24.0)
1980	861(100.0)	464(54.0)	131(15.1)	266(30.9)
1985	819(100.0)	443(54.0)	94(11.5)	282(34.5)

주: 1) 본 표의 전북 취업자 수는 14세 이상 인구임
2) (　)내는 %임

자료 : <표 10-4>와 같음

이 기간 동안 전북농업의 성장은 우리나라 경제성장에 큰 역할을 담당하였다. 특히 1970년대 통일벼의 등장은 세계적으로 유례없는 녹색혁명의 풍요를 가져다주었다. 쌀 생산은 1966년 392만 톤에서 1976년 521만 톤, 같은 기간 단위면적당 수확량도 각각 287kg에서 429kg로 거의 두 배 가까이 늘어났다. 1977년에는 쌀 생산 4,000만 석을 돌파하고 단위 면적당 수확량이 494kg에 달해 세계 쌀 생산 역사상 최고기록을 기록하기도 하였다. 쌀을 자급하는 녹색혁명의 성과를 이룰 수 있었던 것은 통일품종의 개발, 벼 특성에 맞는 재배기술의 개발이 있었지만 그 중심은 강력한 증산시책의 추진에 있었다. 농림부 등 계통기관에 식량증산 상황실을 두고 쌀 다수확 시상 등 농민의 증산의욕 고취, 적기적작업適期適作業을 위한 시한영농, 지역별 책임생산제 등을 마치 군사작전같이 추진하였다.

전북 농업지역에서는 1971년 통일벼 재배부터 이의 한계를 개선한 유신, 밀양, 이리 등 통일계 품종을 재배하여 쌀 증산을 달성하는데

노력을 경주하였다. 과거 일반 물 못자리에서 탈피하여 비닐 피복 보온 절충 못자리 설치 등 새로운 농업기술을 적극적으로 수용하여 벼 기술의 선진지대로서 쌀 자급에 크게 기여하였다. 우리나라에서 한 해 생산되는 쌀의 1/20, 전북에서 생산되는 쌀의 1/3분이 동진강 유역 평야에서 나왔다. 동진강 유역 평야는 벼농사의 선진지로서 쌀 증산을 통하여 우리나라 녹색혁명에 일익을 담당하였다. 쌀 자급을 이루고 쌀값을 안정시켰으며 인력을 제공하는 등 여러 가지 측면에서 수출과 중공업 육성을 지원하였다. 식량 문제 뿐만 아니라 경제발전을 추진하는 원동력이 되었던 것이다.

그러나 이 같은 사정은 당시 부안군 동진면 신금마을 한 농가의 사정이 대변해 주고 있다. 괄목할간한 우리나라 고도경제성장의 뒷모습이었다.

> "건국 30년 농어촌의 변모는 이것뿐만이 아니다. 우선 영농구조의 변화가 괄목할 만하다. '기적의 볍씨' 통일벼가 나오면서 농촌의 '녹색혁명'은 시작된 것이다. 으레 5월이 되면 적당히 못자리를 만들어 볍씨를 뿌리던 시절은 이미 지났다. 당국의 불같은 성화도 없지 않지만 요즘의 농민들은 당연히 이른 봄 보온 못자리를 해야 하는 것으로 알고 있다.
>
> 논갈이에 소가 주역을 맡았던 시대도 막을 내렸다. 영농기계화의 기수 경운기가 등장했기 때문"

> "30년전 개펄을 막아 논을 일구었던 이 마을 농토에서는 단보다 쌀 한가마 수확하기가 어려웠지요. 뒤로는 동진강이 배수진을 치고 앞

에는 큰 산이 가로막아 농토를 더 이상 넓힐 수 없다고 체념했지요. 그래서 많은 사람들이 이 마을을 떠났습니다."[15]

1980년대에 들어와서 밥맛과 품질이 떨어지는 통일계 품종은 급격히 퇴조하였다. 1978년의 도열병, 1980년의 냉해 피해를 겪으면서 병에 강하고 다수확 품종인 일반계 품종의 중요성이 강조되기 시작하였다. 1992년부터는 통일계를 이용한 수량증대정책을 수정하여 통일계 품종을 쌀 수매대상에서 제외시켰다. 전북 쌀은 옛날 보릿고개를 없애고 고도성장에 크게 기여하였으나 전북경제에는 그다지 일익을 담당하지 못하였다.

3) 경제여건의 변화와 전북 경제의 고착화

광복이후 공업화과정에서 우리나라 제조업은 연평균 10%이상 높은 성장률을 기록하면서 우리나라 경제구조의 변화를 주도해왔다. 산업구조의 측면에서 경공업의 대명사인 섬유산업부터 시작하여 석유화학, 철강, 자동차, 조선, 전자 등 중공업에 이르기 까지 세계적인 생산 및 수출국이 되었다. 그리고 이 과정에서 외환·금융 위기를 겪으면서 국가부도는 겨우 면했지만 외채를 상환하기 위한 혹독한 구조조정을 겪어야 했다. 수많은 금융기관이 합병·폐지되고 기업이 줄줄이 도산했으며 많은 이가 직장을 잃고 거리로 내몰렸다.

이 과정에서 전북경제가 어떠한 과정을 거쳤는가를 보면, 전국 대비 전북의 지역총생산은 3%대에 머물고 있다 (<표 10-7>). 전국대비 1인당 소득은 1985년 후 조금씩 증가하여 2005년에는 전국대비

<표 10-7> 지역총생산 및 산업구조 추이(1985 ~ 2014)

구분			1985	1995	2005	2014
지역총생산 (경상가격10억원)	전북(A)		3,427	14,772	26,570	44,242
	전국(B)		90,350	437,585	920,027	1,485,505
	A/B(%)		3.8	3.4	2.9	3.0
1인당소득 (천원)	전북		1,428	6,749	13,462	23,431
	전국		2,234	9,794	18,963	28,421
	전국대비(%)		63.9	68.9	71.0	82.4
산업구조 (%)	농림어업	전북	35.4	18.0	11.2	8.6
		전국	13.0	6.2	3.2	2.3
	광공업	전북	19.2	21.8	24.6	27.9
		전국	27.4	27.7	28.5	30.3
	SOC 및 기타	전북	45.4	60.2	64.2	63.5
		전국	59.6	66.1	68.3	67.4

자료: 통계청(각년도), 「e-지방지표: 일인당 지역내 총생산(시도)」, 통계청(각년도), 「지역소득 : 행정구역(시도)별/경제활동별 지역내총생산」.

70%수준을 넘어 2014년에는 82.4%수준에 이르렀으나 전국 평균수준에 가까이 가기 위해서는 아직은 어렵다. 이를 산업구조면에서는 보면 일반적인 구조양상과 유사하지만 전북경제는 농어업이 전국평균보다 매우 크다는 점이다. 실제로 2014년 전북 농어업비중은 전국평균보다 3배 이상인 8.6%이었다. 취업구조면에서 보면 이러한 상황은 더 명백하다. 농어업 취업인구 비중이 전국에 비해 약 3배 이상 많은 것이다(<표 10-8 >).

다음은 전북의 공업화 기반정도를 파악하기 위해 제조업 부문을

<표 10-8> 취업 구조 변화 추이

(연평균 기준, 천명, %)

연도별	전체 취업자수		농림어업 비중		광공업 비중		SOC 및 기타 서비스업 비중	
	전북	전국	전북	전국	전북	전국	전북	전국
1985	–[1)]	14,970	–	24.9	–	24.4	–	50.6
1995	854	20,432	29.7	13.4	13.9	23.6	56.3	64.0
2005	827	22,856	20.1	7.9	13.1	18.1	66.8	74.0
2015	894	25,936	15.7	5.2	13.1	17.4	71.2	77.4

주: 1) 전북 취업자수는 1989년부터 조사됨
자료: 통계청(각년도), 「행정구역(시도)/산업별 취업자」.

살펴본다(<표 10-9>). 전북의 제조업 구조를 보면 2014년 기준(경상가격) 업체 수로는 기계장비가 39.6%로 가장 많고 그 다음은 석유화학이 17.6%, 음식료품 15.0%, 1차 금속 8.0% 등 순이다. 이의 변화를 보면 대체적으로 기계장비, 석유화학, 1차 금속 등 중화학 공업이 증가한 반면에 섬유의복, 나무제품 등의 경공업 소비재 산업이 감소하는 경향을 갖고 있다. 그러나 이의 경향을 전국적인 수준에서 살펴보면 제조업 전체뿐만 아니라 업종별로도 전국대비 비중이 낮게 나타나 나름대로 전북경제의 성장가능성을 담보하고 있다고 보기 어렵다.

2014년 한국상공회의소가 매출액 기준 1,000개 기업을 조사한 바가 있다.[16] 이에 의하면 2013년 전북지역 본사기업은 총 11개사(전국대비 1.1%)에 불과하고 100대 기업은 단 1개 업체도 없는 것으로 조사되었다. 1,000대 기업 가운데 전국에 대한 전북 기업의 매출액은 0.3%, 종업원 수는 0.4%에 불과하여 전국대비 면적이나 인구에 크게

<표 10-9> 전북의 제조업구조 변화(1995~2014)

(단위 : 개소, 억원, %)

구분	업종별 업체 수						업종별 부가가치 생산액					
	1995		2005		2014		1995		2005		2014	
	개소	%	개소	%	개소	%	억원	%	억원	%	억원	%
음식료품	366	17.2	240	18.9	327	17.8	7,359	17.6	13,123	18.1	21,077	15.0
섬유의복	495	26.7	209	16.5	174	9.5	5,269	12.6	3,123	4.3	3,280	2.3
나무제품	182	10.9	36	2.8	46	2.5	763	1.8	1,094	1.5	1,488	1.1
종이인쇄	123	6.3	58	4.6	61	3.3	4,682	11.2	4,645	6.4	4,354	3.1
석유화학	177	7.6	58	4.6	120	6.5	7,099	17	9,869	13.6	24,758	17.6
비금속	371	13.7	148	11.7	160	8.7	4,295	10.3	4,939	6.8	6,757	4.8
1차금속	21	1.0	29	2.3	76	4.1	1,244	3.0	2,969	4.1	11,189	8.0
기계장비	216	10.9	279	22.0	526	28.7	1,678	400	25,485	35.2	55,496	39.6
기타	343	5.7	213	16.8	345	18.8	9,417	22.5	7,253	10.0	11,904	8.5
계	1,906	100.0	1,270	100.0	1,835	100.0	41,086	100.0	72,500	100.0	140,303	100.0

자료: 통계청(각년도), 「시도/산업분류별 사업체수, 부가가치액」.

못 미치는 영세함을 보이고 있다. 이러한 전북경제의 구조는 1980년대 이후 급격한 변화의 결과물이다. 1980년대까지만 해도 전북의 노동자는 10%도 미치지 않으며 농민층도 거의 변화가 없었다. 그러나 1980년대 중반 이후 농민층 비중이 대폭적으로 감소한 반면 노동자의 비중 또한 급속하게 증가하고 있었다. 이는 공업단지 조성을 통한 외부 대자본의 지역 내 투자가 증가한 탓이다. 결국 전북은 우리나라 산업화 과정에서 기술집적의 장소가 아니라 단순한 노동력 공급의 배후지로 기능하고 있는 것으로 나타나고 있다.

1960년대 이후 '공업화론'으로 집약되는 전북경제의 성장전략은 기대만큼의 별다른 성공을 거두지 못했다. 계속되는 지역경제의 침체 속에서 전북은 공업화를 통한 지역발전에 대해 강한 요구를 지니게 되었다. 공업화를 통하여 경제개발이 지역산업을 활성화시키고 일자리를 만들어 소득을 증대시킬 수 있을 것이라는 기대 때문이었다. 그러나 전북은 우리나라의 고도성장과정에서 상대적으로 낙후성을 경험하게 되어 이러한 기대는 무산되었다. 이어 1980년대 후반부터 중앙에 전적으로 의존하는 성장을 포기하고 자체적인 활동을 통해 공장을 유치하자는 움직임이 나타나기 시작하였다. 더욱이 당시 발표된 서해안개발사업계획은 중국과의 수교 등 국제정세의 변화와 맞물려 하나의 희망으로 나타났다. 이러한 여건변화는 1970년대 후반부터 전북에 보편화된 '2% 경제론'과 어울려 소위 '서해안 시대의 주역'이라는 새로운 이데올로기를 생산할 수 있는 기반을 제공하였다.

또한 1995년 지방자치단체장 선거를 비롯한 4대 지방선거는 전북경제의 발전 방향에 중요한 계기를 마련하였다. 서해안 시대라는 새로운 경제적 발전여건에 대한 기대감이 높아지면서 중앙정부로부터 배제될 수 있다는 지역의식이 '민간주도론'으로 이어졌다. 이러한 변화는 1990년대 중반 이후 친환경적 개발전략, 지역특화전략 등이 나오는 배경으로 작용하였으며, 결과적으로 정치적인 기존 성장전략에 대한 보다 합리적인 인식의 준거틀을 마련할 수 있는 기반을 제공하게 되었던 것이다.

전북경제에서 전주가 어느 정도를 차지하고 있는가를 보면 매우 흥미있는 사실이 발견된다(<표 10-10>). 2014년 전주는 205㎢의 면적에 인구 65만 명이 거주하고 있다. 그러나 전북의 3%의 면적도 채 안된 전주에서 전북전체의 30% 넘는 인구가 산다. 전북대비 전주

<표 10-10> 전북경제과 전주 경제

<table>
<tr><th colspan="2" rowspan="2">구분</th><th rowspan="2">단위</th><th rowspan="2">전국</th><th rowspan="2">전북</th><th rowspan="2">전주</th><th colspan="2">대비(%)</th><th rowspan="2">비고</th></tr>
<tr><th>전북/전국</th><th>전주/전북</th></tr>
<tr><td colspan="2">인구</td><td>천명</td><td>50,801</td><td>1,869</td><td>652</td><td>3.7</td><td>34.9</td><td>2014년 12월 말</td></tr>
<tr><td colspan="2">면적</td><td>㎢</td><td>100,295</td><td>8,067</td><td>205</td><td>8.0</td><td>2.5</td><td>2014년 12월 말</td></tr>
<tr><td rowspan="2">무역</td><td>수출</td><td>백만$</td><td>526,756</td><td>7,952</td><td>1,036</td><td>1.5</td><td>13.0</td><td>2014년 실적</td></tr>
<tr><td>수입</td><td>백만$</td><td>436,498</td><td>4,281</td><td>528</td><td>1.0</td><td>12.3</td><td>2015년 실적</td></tr>
<tr><td rowspan="4">금융</td><td>예금[1)]</td><td>10억원</td><td>1,163,727.4</td><td>18,907</td><td>9,059</td><td>1.7</td><td>48.0</td><td rowspan="4">전국 및 전북, 전주는 2014년 12월말 기준</td></tr>
<tr><td>대출금</td><td>10억원</td><td>1,346,815.8</td><td>24,625</td><td>11,103</td><td>2.0</td><td>45.1</td></tr>
<tr><td>어음교환액</td><td>10억원</td><td>2,774,317.5</td><td>11,439</td><td>5,901</td><td>0.4</td><td>52.0</td></tr>
<tr><td>부도율</td><td>%</td><td>0.17</td><td>0.52</td><td>0.49</td><td>3.1배</td><td>94.2</td></tr>
<tr><td colspan="2">국세수입</td><td>억원</td><td>1,957,271</td><td>17,794</td><td>10,698</td><td>0.9</td><td>60.1</td><td>2014년 실적</td></tr>
<tr><td colspan="2">지역내총생산</td><td>10억원</td><td>1,485,504</td><td>44,242</td><td>11,104</td><td>3.0</td><td>25.0</td><td>2014년 실적</td></tr>
<tr><td colspan="2">1인당 GRDP</td><td>천원</td><td>29,460</td><td>24,620</td><td>17,014</td><td>83.6</td><td>69.0</td><td>2014년 실적</td></tr>
<tr><td rowspan="4">광공업[2)]</td><td>사업체</td><td>개</td><td>65,742</td><td>1,857</td><td>221</td><td>2.8</td><td>11.9</td><td rowspan="4">2013년 실적</td></tr>
<tr><td>종사자</td><td>천명</td><td>2,824</td><td>92</td><td>8.2</td><td>3.3</td><td>8.9</td></tr>
<tr><td>출하액</td><td>10억원</td><td>1,494,752</td><td>43,990</td><td>3,513</td><td>2.9</td><td>8.0</td></tr>
<tr><td>부가가치</td><td>10억원</td><td>481,386</td><td>12,367</td><td>1,014</td><td>2.6</td><td>8.2</td></tr>
</table>

주: 1) 요구불예금 + 저축성예금
2) 종사자 10인 이상 업체(광업 · 제조업)

자료: 전주상공회의소(2016),『2015 전주권 경제현황』.

의 예금 비중은 반절정도 되고 국세 비중은 60%이상이다. 사업체나 출하액 등이 전북대비 10% 내외이면서 전북총생산의 1/4정도를 가지고 있다. 낙후된 전북경제 속에서도 굴지의 지역 몫이 전주에게 배분되어 있는 것이다.

도시란 원래 자연과의 조화 속에서 자급자족을 영위했던 농촌으로부터 상업 및 공업을 분리하고 인구를 흡수하면서 생겨나는 것이다. 전주경제는 다른 지역과 분리해서 파악할 수 없다.

전주 시민은 전주에서 생산하는 농산물만으로는 소비하지는 않으며 전주에 있는 시장 역시 전주 시민만을 위해 기능하지 않는다. 이런 면에서 전주는 전북 전체에 대해 많은 빚을 지고 있다. 전주가 '맛과 멋의 예향'이라고 불리게 된 것은 배후지 전북 농촌의 도움을 많이 받았기 때문이다.

전주는 농업·농촌의 희생을 통해 성장한 도시이다. 1980년대 후반 효자동을 시작으로 한 외연적 도시개발은 그 많은 논, 밭, 과수원을 주택용지, 상업용지, 도로 등으로 바꾸어 놓았다. 평화동의 미나리꽝은 거의 자취를 감추고 완산동 용머리 고개 너머 그 많던 복숭아밭이 사라졌다. 재배면적의 반 이상이 없어졌고, 아파트와 아스팔트 도로로 기온이 상승해도 무엇 하나 제대로 자랄 수 없다. 현재 전주가 안고 있는 모든 도시문제는 시장경제와 농업문제가 결부되었다고 볼 수 있다. 이제 전주는 도시와 농촌, 생산자와 소비자, 소외된 인간관계를 재통합하고 힘을 모으는 새로운 동력을 만들어야 한다. 모든 지역을 연결할 수 있는 균형발전이 가능하도록 새로운 길을 열어 나가야 할 것으로 보인다.

4. 전북의 낙후성 고착화

이상, 전북의 경제활동이 어떻게 변화하였는가를 통계자료를 이용하여 검토하였다. 이를 시기별로 나누어 정리하면 다음과 같다. 일제강점기 전북경제는 줄곧 일본제국 주의의 식량보급기지로 기본적인 역할을 수행하였다. 조선전체 중에서 농업기술은 높고 그 성과물 또한 많았다. 그러나 이것의 목적은 전북의 사회적 분업의 발전과 시장에 두는 것이 아니라 일본제국경제와 미곡시장에 두고 있었다. 전북경제구조의 전개는 점점 전북 대對 일본 미곡을 위한 식민저직 무역구조를 강화하고 종속경제를 더욱 촉진시켰다. 이러한 과정은 일본인 지주를 중심으로 한 '농업기술의 향상→미곡생산의 확대→대對 일본 식량공급→농민의 궁핍화'라는 메카니즘을 형성하고 있었다. 일본인 지주와 조선총독부는 이러한 메카니즘을 실질적으로 보장하였다. 다른 한편으로 일본은 이 메카니즘을 통해 대량의 전북미를 항상 공급받고, 이를 통해 일본의 저임금유지를 위한 식량문제를 해결하였다. 가격안정화 측면에서도 도움을 받고, 외국쌀의 수입을 억제하여 국제수지의 악화를 완화하였던 것이다. 그 결과 식민지 전북 주민의 생활은 더 심각한 상대적인 빈곤화를 경험할 수밖에 없었다.

이러한 식민지적 경제의 메커니즘은 해방과 농지개혁(1949)에 의해 해체되었다. 1960년대 이후 정부주도의 공업화 추진과정에서 전북은 우리나라의 경제발전을 위하여 값싼 식량, 저렴한 노동력을 제공해주었다. 1970년대 중반 이후 중화학공업을 추진하는 과정에서 개발성장전략은 자생적 산업화에서 외부 기업의 유치를 통한 산업화로 전환하게 되었다. 1985년의 '생산도시화 선언'이 성장전략의 전환을 단적으로 보여주고 있으나 국가의 정책적 지원을 호소하는 소극적 건의 활동 정도였다. 이 때문에 전북의 공업화에 의한 지역개발이 지역산업을 활성화 시키고 낙후된 주민소득을 증대시킬 수 있는 기대만큼의 성과를 거두지 못했다. 1990년대 이후 경제영역에 대한 국가 개입이 완화되면서 민영화는 진전되었다. 이에 전북은 보다 적극적인 성장전략을 위해 외부기업의 유치에 직접 나서기 시작하였다. 핵심 사업영역도 중화학공업에서 첨단산업 유치로 전환되어 전북은 국내외적 경제여건의 변화에 따라 점차 적극적이고 직접적인 참여로 변화를 꾀하고 있다. 그러나 전북은 여전히 상대적 낙후성에서 벗어나지 못하고 있다.

---

1 宇津木初三郎(1928),『全羅北道發展史』, 文化商會, 1쪽.

2 문치상 칼럼,『새전북신문』, 2001.11.16.

3 이 글은 소순열(1988, 1989, 1995 등)에 기초하여 수정 보완하여 작성된 것이다.

4 조선총독부, 1909,『조선총독부통계연보』로 이 조사는 실제 인구의 70∽80%정도로 파악한 것으로 추정된다.

5 全北日報社(1933),『全北案內』.

6 소순열 · 원용찬,『전북의 시장경제사』, 신아, 2003, 215쪽.

7 『조선일보』, 1931.3. 25.

8 『동아일보』, 1927. 2. 23.

9 全羅北道 警察部(1932),『細民の生活實態調査』, 弟2報.

10 山田龍雄(1941),「全羅北道に於ける農業經營の諸相」,『農業と經濟』8-8.

11 久間健一(1943),『朝鮮農政の課題』, 成美堂書店, 8쪽.

12 해방이후 3년간 미군정을 거치고 1948년 8월 15일 대한민국정부가 수립됨에 따라 농지개혁논의가 본격화되었다. 농림부안, 기획처안, 수원농대교수단안, 대한독립총연맹안, 이훈구 의원 등 31명이 제출한 안까지 합쳐 무려 45개 안 정도가 제출되었다.

13 이를 주민소득 측면에서 확인하면 1971년 전국수준에 비하면 79.9%에서 1977년 75.3%로 낮아지고 있으며 전국평균과의 소득 편차는 24.7%이었다(전라북도,『78 주요기본통계』, 1978)>.

14 이의 결정적인 계기가 된 것이 '제지공장 유치추진위원회'의 경험이다. 이 위원회는 1964년 전라북도 출신 사업가인 김광수가 제지공장 건설계획을 세우고 있었는데 전북의 토착세력을 중심으로 이 제지공장을 전주에 유치하자는 움직임이 일어 추진위원회가 만들어졌다. 차관도입이 승인되어 1965년 새한제지공업주식회사가 설립되었으나 자금난에 봉착하여 1965년 10월 새한제지는 삼성측에 인수되었으며 1968년 회사명을 '전주제지'(현재는 한솔제지)로 바꾸어 1969년 완공을 보게 되었다. 결국 전북지역 내부에서 자본이 미약하였던 관계로 지역성장전략은 외부기업의 유치를 통한 산업화로 바뀌지게 된 것이다.

15 『동아일보』, 1978. 1. 4.

16 http://jcci.korchan.net

종장

지주제·기술과 지역

이 책은 지주제와 농업기술을 중심으로 전북의 근대농업에 대해서 3부 10개장에 걸쳐 검토하였다. 이를 서장에서 제시한 다섯 가지 논점과 관련하여 요약하면서 정리하고자 한다. 다섯 가지 논점 가운데 제1부는 '지주제의 유형론'과 '일본인 지주와 소작농', 제2부는 '기술의 선진성·후진성'과 '소작쟁의의 항일운동화', 제3부는 '전북의 상대적 낙후성'과 관련되었다.

제1부(구조와 전개)는 지주제를 중심으로 검토하였다. 이것은 첫 번째 논점인 지주제의 지주유형론과 관련된다. 제1장에서는 지주제를 기존과 달리 「대지주집중형(Ⅰ형)」, 「중소지주집중형(Ⅱ형)」, 「지주희소형(Ⅲ형)」으로 유형화하였다. 세 유형은 각각 지주제의 선진, 중진, 후진지역의 순이다. Ⅰ형(대지주집중형)은 전북, 전남, 경남, 충남, 경기에 해당하며, Ⅱ형(중소지주집중형)은 충북, 경북, 황해, 평남, 평북 그리고 Ⅲ형(지주희소형)은 강원, 함남, 함북지역에 속해 있다. 이들 유형을 통해 확인할 수 있는 점은 ① 지주·소작관계의 발달지역은 농업생산력(=농업기술)의 향상한 지역이었으며, ② 지주·소작관계는 농가경영의 소작화와 경영규모의 영세화를 수반하면서

발달하였고, ③ 지주·소작관계는 영세소작경영을 통해 농업생산력의 증대를 가져오지만 한편으로는 농가의 궁핍화를 심화시킨다는 것이다. 지주제는 지주·소작관계를 기반으로 하여 기술의 발달(선진성)과 농가의 궁핍화(수탈성)가 동시에 진행되어가는 사회경제적인 제도인 것이다.

전북지주제는 경영규모의 영세성이 뚜렷하고 생산력이 높은 대지주집중형 특히 일본인 거대지주 집중형인 Ⅰ형에 위치하고 있다. 전북은 대토지 소유의 압도적 우위와 영세소작경영의 압도적 열위라는 기본구조를 기반으로 하여 기술과 생산력의 발달과 고율소작료의 수취에 의해 농민의 궁핍화가 가장 첨예하고 현저한 지주제 선진지역이었다.

이러한 지주제의 지대유형地帶類型은 '식민지 지주 양분론', '조선인 지주 2유형론', '전북형 지주' 등의 기존 견해와는 달랐다. 지주제가 발달하면 할수록 궁핍화가 진행되며 소작쟁의가 발발하는 경향이 있다. 이 때문에 '동태적 지주', '조선인 지주의 동태 지주화' 같은 기능론적 파악과는 달리 지대별로 유형 구분하여 지주제의 성격을 파악하는 것이 보다 바람직하다. 이 책이 지주제가 발달하면 할수록 농업기술이 발달하였기 때문에 지주제의 매개환媒介環으로서 농업기술에 주목한 것도 이 때문이었다.

또한 제1장에서는 지주제의 전개에서 전 생애적 입장에서 지주제의 정체론을 제시하였다. 지주·소작관계는 「조선토지조사사업」(1910-18)에 의해 확립되어, 1920년대 산미증식계획에 의해 크게 확대되었다. 이 확대는 농업기술 향상과 소작경영의 증대를 수반하여 농가를 영세화, 궁핍화하는 과정이기도 하였다. 지주는 소작농에 대해 생산과정, 전대자본前貸資本의 대부, 신분적인 지배를 강화함으로써 생산력을 증대시켰다. 이에 대해 일본제국주의는 공산주의·사회주의 운동과 결부되어 진전되어간 소작쟁의를 규제·탄압하는 한편, 궁핍화되어 가는 소작농의 생활안정을 위하여 「조선농지령」 등 소작 관련 정책을 세우기에 이르렀다. 그 결과 지주·소작관계는 다소 개선되어 1930년대 중반 그 진행이 정체국면을 맞게 되었다. 1930년대 후반 지주제의 정체는 소작지율, 농가구성비나 지주 및 소작료의 사례 조사에서도 나타나, 1930년대가 지주제의 '확대기'가 아니라 '정체기'라는 점을 분명히 하였다. 제2장에서 일본인 지주의 제한된 농외투자에서도 정체기라는 점을 확인할 수 있다.

다음 2장과 3장에서는 전북지주제의 정점에 있는 일본인 지주경영에 관해서 검토하였다. 두 번째 논점인 일본인 지주경영의 전개와 소작농과 관련되어 있다. 일본인들은 낮은 지가, 높은 소작료와 이에 연동된 높은 수익성이 있는 유리한 투자조건하에 토지를 집적하여 지주가 되었다. 일본인 지주경영은 소작료 수입이 다른 부문보다 시종 압도적 부분을 차지하고 있었다. 일본인 지주는 공업화에 대응하여 소작료를 수취·판매하여 축적한 화폐를 직접 경영이나 유가증권에 투자하는 등의 농외투자에는 소극적이었다. 식민지조선에서는 자본주의가 지주제 자체를 붕괴할 만할 정도로 성숙되지 못하여 기업에 대한 농외투자보다는 농업에 여전히 상당한 토지수익을 유지할 수 있는 조건이 존재하였다. 지주수익의 기축基軸이 농외로 이동하고 토지경영의 축소가 행해졌던 같은 시대의 일본 지주제, 특히 킨키형近畿型과는 다른 모습이었다.

일본인 지주는 일본 내 소작쟁의의 증가, 소작료 수입의 저하라는 지주경영이 위기를 맞는 상황에서 식민지 조선에 진출하였다. 조선에서의 지주 경영은 일본인 지주들이 직면했던 위기를 벗어나게 하는 주요한 기능을 하였다. 일본인 지주는 일본 지주제의 후퇴기에 일본 내 지주경영의 실지失地를 회복하기 위하여 토지소유의 기축을 조선으로 이전했던 것이 아니고 일본에서의 지주경영의 악화를 완화하기 위한 것이었다. 이에 대해 조선인 소작농은 「소작계약증서」, 「소작규약」 등을 통해 생산, 자본, 신분에 철저한 지배를 받았다, 경영면에서 상당한 부채를 지고 있으며 매년 수입이 부족한 상황에서 소작료를 감면하고, '과도노동과 과소소비'를 기축으로 하여 농가수지를 개선할 수밖에 없었다. 지주에게 지출해야할 높은 소작료 지출을 전제로 하는 한 자립적 성장이나 경영규모의 확대는 곤란한 상황이었다.

제3장에서는 일본인 지주경영의 한 사례로 부민협회를 검토하였다. 부민협회는 1927년 매일신문사每日新聞社사장 모토야마 히코이치本山彦一가 기부한 조선의 토지와 공로표창금의 일부를 기본재산으로 하여 설립된 공익법인이었다. 부민협회는 농사개량, 부업장려의 조사활동 및 실시를 주된 목적으로 하고, 미맥 기타의 다수확 장려, 농사공로자의 표창, 강습회 및 전람회 개최, 농업박물관 개설 등 공적법인의 기능을 담당했다. 그러나 식민지 조선에서 부민협회는 식민지모국 일본의 사업운영자금을 위해서 생산력 향상을 꾀하고 소작료를 수취하는 단순한 사적 일본인지주에 불과하였던 것이다. 부민협회는 식민지조선에서 일본인 사적 지주, 일본에서는 일본 공익법인의 성격을 상징적으로 뚜렷하게 보여주었다.

제2부(변화와 성격)는 농업기술과 일본인 이민농촌, 농촌인구 유출, 농민운동과 관련하여 살펴보았다. 세 번째와 네 번째 논점인 기

술의 선진성과 수탈성, 소작쟁의의 항일운동화에 관련된 내용이다. 전북의 수도작 기술은 품종보급과 비료 증투, 수리조합의 설립에서 나타나듯이 조선 전체에서 가장 선진적이었다. 전북의 전통적인 재래농법은 종자선택이나 묘대설치, 못자리 개량과 정조식 이앙법의 보급, 그리고 심경과 시비, 방제, 제초 등 철저한 비배관리체계로 바뀌었다. 재배기술 이외에 벼의 건조와 조제기술도 크게 향상되어 일련의 경작체계가 크게 변화하게 되었다. 전북의 조방적인 재래농법은 상대적으로 노동투입을 많이 하게 하는 노동집약적인 기술, 비료를 투입하게 하는 생물화학적 기술체계로 변화하였다. 일련의 기술체계의 변화는 재래농업기술의 생태적 합리성을 크게 쇠퇴(내지 소멸)시켰으며, 상품경제의 발달에 따라 수익 증대를 추구하는 근대적 경영으로 변모하게 만들었다. 근대농업기술의 선진성과 수탈성은 지주와 소작간의 새로운 사회적 대립으로 나타나게 되는 소지가 되었다(제4장).

제5장은 재조선在朝鮮 일본인 이민농촌의 몇 가지 단면을 개인기록을 통해 밝혔다. 군산 불이농촌의 일본 이주민들은 옥구 불이농장에 입식된 소작농 조선인 이민과 달리 상당한 규모의 각종 지원과 혜택을 받아 입식되었다. 공동경영이나 저리상환자금 문제는 내부 마찰, 퇴촌 등 불이농촌의 위기까지 가져왔으나 조선총독부의 조정에 의해 해결되었다. 또한 일본 이주민들은 일본에서의 암거배수법을 활용하여 간척지쌀 수확량을 높여 토지생산력을 크게 향상시켰다. 그러나 일본인 농촌이주민들은 조선농민들과 일상적으로 분리된 자신만의 커뮤니티를 구축하고 있었다. 이와는 달리 전북농촌의 농민들은 전북이 쌀 중심의 지주제 선진지역임에도 불구하고 자신의 지역사회로

부터 유출되었다. 1930년대에 들어와서 전북농촌은 인구유입지에서 인구유출지로 변화하였다. 특히 1930년대 후반에 들어와서 전북 농촌인구의 유출이 급증하였다. 그러나 농촌인구가 급격하게 유출되었음에도 불구하고, 당시의 공업화는 농촌의 과잉인구를 완전히 흡수할 만큼 진행된 것은 아니었으며 지주제 기반을 제약하거나 쇠퇴시키는 데에는 크게 미약하였다(제6장).

제7장은 네 번째 논점인 소작쟁의의 항일운동화와 관련된다. 전북의 소작쟁의는 농민조직의 약체성에도 불구하고 「조선소작조정령」(1933년)을 계기로 급증하였다. 1920년대 전북의 소작쟁의는 항일농민운동으로 고양되다가 1930년대에 들어와서는 소작인의 대對지주쟁의로 양적으로 증가하였다. 1920년대와 1930년대의 소작쟁의를 비교하면, 농민운동은 정치적·경제적 요구에서 경제적 요구로의 변화(쟁의요구의 변화), 집합적 집단쟁의에서 비집합적 개별쟁의로 변화(쟁의행동의 변화), 합법투쟁과 비합법투쟁의 보완에서 합법투쟁 일변도로의 변화(쟁의 전술의 변화), 관헌의 사후 직접개입과 제도적 폭력진압에서 사전·사후 공적公的 조정으로의 변화(총독부권력의 대응 변화)를 보여준다.

이러한 소작쟁의의 변화는 일제 식민지권력의 회유·탄압에 의해 소작쟁의의 항일운동화는 휴면화되었음을 의미하는 것이다. 이러한 상황에서 상품경제에 편입된 소작농민은 생산력의 발달에 수반된 '전향적轉向的 궁핍화'에 직면하여 지주에 대해 경제적 개선을 요구한 것이다. 전향적 궁핍은 단순히 높은 소작료가 아니고, 상품경제의 발달에 따른 기술향상과정에서 지주적 토지소유 하의 소작농이 직면하게 되는 경제적 곤란이었다. 성산력의 증가와 지주의 수탈에 의해 초래되는 전향적 궁핍이 소작농민들을 투쟁에 나서게 만든 것이다. 1930년대 소작쟁의는 소작농민들이 상품경제의 발달과 이에 수반된 기술향상 그리고 생산력 증가를 근거로 한 고액고율 소작료와의 모순을 자각함으로써 일으킨 것이다.

제3부(해체와 고착화)는 다섯 번째 논점인 전북의 상대적 낙후성과 직접 관련된다. 해방 후 농지개혁에 의해 전북 지주제는 해체되었다. 전북의 농지개혁은 다른 지역보다 훨씬 잘 이루어졌다. 전북농가가 분배받을 면적은 전국 평균에 비해 20% 정도가 많았다. 전북에서도 다른 지역과 마찬가지로 반봉건적 지주·소작 관계가 해체되고 자작농체제가 구축되었다. 전북은 우리나라 자본주의적 공업화에도 크게 기여하였다. 농업생산력을 향상시켜 식량공급을 확대하였을 뿐만 아니라 많은 농촌인구가 도시, 공장으로 이농하여 임금노동자가 되어 우리나라의 공업화를 위한 풍부한 노동력을 공급해 주었다. 농민들은 자녀를 교육시켜 우수한 노동력 공급을 해 줌으로써 우리나라 경제성장에 크게 기여하였다. 그러나 농지개혁에 의해 소작농에서 자작농이 된 농가들은 영세화, 소작화 되어갔다. 농지개혁 후 전북 도내에서 20정보 이상 분배당한 지주(피분배지주)들 중 산업자본가로 성장한 자는 거의 없었다. 투자업종 또한 정미 및 양조업 등 식품공업에 집중되어 있었다. 즉 전북의 지주계급은 근대적 의미의 산업자본가로 질적으로 전환하는데 실패하였다. 전북에서 농지개혁은 자본주의 공업화과정에서 상대적인 낙후의 출발점이 되었다(제8장).

제9장에서는 전주를 사례로 경제구조와 변화에 대해 살펴보았다. 전주는 조선시대 3대 대도읍의 하나였으나, 근대에 들어와서 일본자본의 침투에 의해 구조적 변화가 나타났다. 경제 부문에서는 중심적

인 역할을 하지 못한 채 일개 지방 소비도시로 전락하고 말았다는 점이다. 농업이 축소되면서도 한편으로는 미맥米麥을 중심으로 한 지주·소작관계로부터 채소 등 상품경제화된 근교농업으로 전환되기 시작하였다. 상업부문에서는 공산물유통을 장악한 일본인 상업상인의 지배체계 속에서도 새로운 조선인 상업회사가 나타났다. 공업 역시 선자, 단선 등 전통적 부문에 기반한 재래산업에서 상품경제화가 이루어지고 있었으나, 일본자금 및 기술에 기반한 근대적 공장생산이 보급되었다. 1930년대에 들어와 전주는 조선의 공업화정책이 추진되는 가운데 행정도시에서 공업도시로 전환하기 위하여 공장유치전을 벌였으나 실패하고 여전히 소비도시로 고착되었다.

제10장은 일제강점기 이후 1990년대까지 전북의 경제활동의 전개에 대해서 총괄적으로 검토 한 장이다. 일제강점기 전북경제는 일본제국주의의 식량보급기지로 기본적인 역할을 수행하였다. 전체 조선 가운데 전북의 농업기술은 높고 그 성과물 또한 대단하였다. 전북의 경제활동은 그 기반을 지역 내 사회적 분업의 발전과 시장에 둔 것이 아니라 일본제국 경제와 미곡시장에 두었다. 전북은 일본인 지주를 중심으로 한 '농업기술의 향상→미곡생산의 확대→대對일본 식량공급→농민의 궁핍화'라는 메카니즘을 형성하고 있었다. 이 메카니즘을 통해 일본은 저임금유지를 위한 식량문제를 해결하였으나, 전북 주민의 생활은 더 심각한 상대적인 빈궁화를 경험할 수 밖에 없었다.

이러한 식민지적 경제의 메카니즘은 해방과 농지개혁(1949)에 의해 해체되었다. 농지개혁은 성공적으로 끝났지만 전북 지주의 산업자본화는 실패하였고, 농지를 분배받은 농민들은 영세화, 소작화되었다. 1960년대 이후 정부주도의 공업화 추진과정에서 전북은 우리나라의 경제발전을 위하여 값싼 식량, 저렴한 노동력을 제공해주었다. 1970년대 중반 이후 중화학공업을 추진하는 과정에서 전북의 개발성장전략은 자생적 산업화에서 외부 기업의 유치를 통한 산업화로 전환하게 되었다. 1990년대 이후 경제영역에 대한 국가 개입이 완화되면서 민영화는 진전되었다. 이에 따라 전북은 공업화를 위하여 외부기업 유치에 직접 나섰다. 그러나 전북의 공업화에 의한 지역개발이 지역산업을 활성화 시키고 낙후된 주민소득을 증대시킬 수 있는 기대만큼의 성과를 거두지 못했다. 전북의 상대적 낙후성은 역사 그대로 고착화되고 유지되었다.

표 및 그림, 사진 일람

• 표 일람

• 그림 일람

• 사진 일람

1983,『土と遊ぶ-一開拓者の記録-』)

〈사진 6-1〉 정읍 용북면 부민협회 조선출장소 부근 농촌마을 (『財団法人富民協会十年史』, 1937)

〈사진 6-2〉 전북의 빈궁한 주민이 53,679호, 224,151명이라고 보도한 동아일보(1925년 1월 21일)

〈사진 7-1〉 전라북도 경찰부장이 경무국장 및 각 도 경찰부장과 관하 경찰서장에서 보낸 구마모토소작쟁의 해결에 관한 공문(전북대학교 박물관 소장)

〈사진 7-2〉 주재소를 습격하여 검거된 간부를 구출했다는 옥구 이엽사쟁의(『동아일보』, 1927년 11월 29일)

〈사진 7-3〉 구마모토 농장 소작인들이 고율소작료에 불평하며 고지서를 반환하며 항쟁하고 있다는 구마모토농장 쟁의(『동아일보』, 1937년 11월 23일)

〈사진 7-4〉 구마모토 소작농민들이 진정서을 작성할 때 만든 소작수지계산서(전북대학교 박물관 소장)

〈사진 8-1〉 1949년 6월 21일 농지개혁법은 제정·공포되었다. (대한민국역사박물관 자료)

〈사진 8-2〉 정부가 농지 보상으로 지주에게 발행해준 지가증권

〈사진 9-1〉 전주 지방공장지대 전경 (善生永助, 1939,「朝鮮地方の都邑工業地帶化」,『拓植奬勵館季報』, 第1卷第3號)

〈사진 9-2〉 전주공업지대도 (善生永助, 1939,「朝鮮地方の都邑工業地帶化」,『拓植奬勵館季報』, 第1卷第3號)

참고문헌

• **자료**

농림부(2003), 『한국농업 · 농촌 100년사(하)』, 한국농촌경제연구원.

농림신문사편(1949), 『농업경제연보』.

농림축산식품부(2015), 『농업 · 농촌 70년』, 한국농촌경제연구원.

농수산부(1984), 『농지개혁사관계자료집』, 제3집(통계편), 한국농촌경제연구원.

농업은행조사부(1958), 『농업연감』.

농지개혁사 편찬위원회(1970), 『농지개혁사(상)』.

농협중앙회(1965), 『한국농정20년사』.

대한금융연합회조사부(1955), 『한국농업연감』.

민주화운동협의회(1988), 「최초증인-미국의 남원학살」, 『말지』.

전국경제인연합회(1977), 『한국경제연감』.

전라북도(1978), 『78 주요기본통계』.

________ (1977), 『전북통계연감』.

전주문화재단(2007), 『제1권 일제식민시대 구술실록(1907~1945)』.

전주상공회의소(1995), 『전주상공60년사』.

________ (2016), 『2015 전주권 경제현황』.

전주시사편찬위원회(1964), 『전주시사』.

전주시 · 전주부사 국역편찬위원회(2009), 『국역전주부사』.

통계청(각 연도), 『 행정구역(시도)/산업별 취업자』.

________ , 『지역소득 : 행정구역(시도)별/경제활동별 지역내총생산』.

통계청, 『e-지방지표 : 일인당 지역내 층생산(시도)』.

한국농촌경제연구원(1985), 『농지개혁시 피분배지주 및 일제하 대지주 명부』, 농지개혁사편찬자료 X.

한국은행조사부(1955), 『경제연감』.

故本山社長傳記編纂委員會(1937), 『松陰本山彦一翁』, 大阪毎日新聞社.

高山峰雄編(1936),『朝鮮土地改良株式會社誌』, 朝鮮土地改良株式會社.

群山繁榮會編(1907),『湖南鐵道と群山』.

群山新報社(1907) ,『富之群山』.

吉川祐輝(1903),『韓國農業經營論』, 大日本農會.

農林局(1934),『不二農村產業組合ニ関スル件』.

農商務省農務局(1910), 『韓國農業概說』.

農業書協會編(2001),『日本農業書總目錄』.

農政調査会農地改革記録委員会(1951), 『農地改革顚末概要』.

大阪每日新聞社編(1932),『大阪每日新聞五十年』, 大阪每日新聞社.

藤田強(1940),「水稲品種の変遷」,『殖產銀行月報』, 第5卷 第25号.

藤井寶太郎(1917),『不二農場事業』.

________ (1924),「朝鮮に於ける未墾地開拓と移民」,『朝鮮農会報』, 第19巻 第5号.

________ (1929),『不二興業株式會社自作農創設計案』.

________ (1929), 『不二興業株式會社及ビ土地改良事業成績』.

藤井寶太郎(不明),「移民事業と不ニ農村の建設」,『藤井寶太郎自敍傳』.

不明(1925),「不二興業株式会社の水利開墾及移民事業」,『朝鮮農会』, 第20巻 第11号.

____ (1937),『熊本農場小作料增額聽取事情顚末』,『陳情書』.

____(1938),「熊本農場小作爭議ニ關スル件」,『全北高』, 第185號.

____ (1929.9.19),「朝鮮干拓事業に成功せる不二興業株式會社」,『大阪朝日新聞』.

富民協會(1937),『財団法人富民協会十年史』.

富民協會(1977),『富民協會50年の步み』.

不二農村產業組合(1930),『不二農村一覽』.

________ (1936),『朝鮮全羅北道群山府外 不二農村移住案內』.

________ (1937),『不二農村產業組合定款』.

________ (1937),『昭和十三年度事業計劃書』.

________ (1939), 『第十一期昭和十三年四月至昭和十四年三月不二農村產業組合事業報告書』.

________ (1939),『農業形態並農業所得調農』.

________ (1941),『農村の概況』.

不二農村産業組合農業倉庫(1938),『特別會計收支豫算書』.
不二興業株式會社(1929),『農業及土地改良事業成績』.
________(1931)『不二興業株式會社第七期(1930.4.1.~31.3.31)營業報告』.
________(不明),『不二農場之事業』.
毎日新聞百年史刊行委員會(1972),『毎日新聞百年史』. 毎日新聞社.
山田龍雄(1941),「全羅北道に於ける農業經營の諸相」,『農業と經濟』, 第8巻第8号.
松本貞一(1926),『不二農村に関する調査(復命書)』.
社史編纂委員會編(1952),『毎日新聞七十年』, 毎日新聞社.
石井千明(1973.2),「木舛富安左衛門·テルコ夫婦の信仰と事業のあと」.『三田評論』.
永友辰吉(1937.7),「ヘアリベッチ栽培法」,『全羅北道農會報』, 全羅北道農會, 第42號.
全羅北道(1914),『全羅北道統計年報』.
________(1923),『全羅北道農業概要』.
________(1924),『不二農場干拓地』.
________(1926),『高等警察ニ關スル管內狀況』.
________(1926),『內鮮人地主所有地調』.
________(1928),『內鮮人地主所有地調』.
________(1926),『高等警察ニ關スル管內狀況』.
________(1928),『昭和2年農業統計』.
________(1927, 1928, 1931, 1933, 1935),『全羅北道要覽』.
________(1931),『昭和五年農業統計』.
________(1931, 1938),『全羅北道道勢一斑』.
________(1935),『農家ノ経営』.
________(1938),『農業統計』.
________(1939),『農業統計』.
________(年度不明),『小作官會議諮問事項答申書』.
全羅北道 警察部(1932),『細民の生活實態調査』, 弟2報.
全羅北道內務課(1933),『小作慣行調査書』.
全羅北道農務課(1936),『昭和十年農業統計』.
全羅北道農會(1927),『全羅北道の農業事情』.

全羅北道農務課農政係(1936),『昭和內十二年道內地主一覽』.

全羅北道農務課(1937),『昭和11年度全羅北道農業情勢』,

________ (1937),『全羅北道における小作問題の概要』.

________ (1938),『昭和12年農業統計』,

全羅北道農村振興課(1939),『(秘)全羅北道大地主調』.

全羅北道農事試驗場(1937),『昭和十一年度事業報告』,

全北塩道見技士(1928),『不二農村の概況』.

全北日報社(1933),「全北案內」.

全北警察部 (1928),『高等保安衛生概況』.

全北日日新聞社(1914),『全羅北道案內』.

全北日報社(1933),『全北案內』.

全州府(1941),『全州府勢一斑』.

全州府編(1943),『全州府史』.

全州商工會議所(1938),『商工の全州』.

全州種苗場(1910. 5),「稻作改良の利益」,『朝鮮農會報』, 第5卷 第1號.

帝國公民教育協會編(1936), 市町村別日本國勢總攬(下卷), 帝國公民教育協會.

朝鮮殖產銀行調查部(1942, 1943),『朝鮮事業成績』.

朝鮮銀行調查部編(1948),『朝鮮經濟年報』.

朝鮮總督府(1925),『市街地の商圈』.

________ (1932),『朝鮮の小作慣行(上)(下)』.

________ (1933),『昭和五年朝鮮國勢調查報告』.

________ (1944),『昭和十五年國勢調查結果要約』.

________ (各年度),『農業統計表』.

________ (各年度).『朝鮮總督府統計年報』.

朝鮮總督府警察局編(1933),『最近に於ける朝鮮の治安狀況』.

朝鮮總督府警務局(1965),『最近に於ける朝鮮治安狀況(昭和八年, 昭和十三年)』, 復刻版, 嚴南堂書店.

________ (1934),『不二農村產業組合ニ関スル件』.

________ (1934),『朝鮮ニ於ける小作ニ關スル參考事項摘要』.

________ (1938), 『朝鮮農地關係例規集』
________ (1937), 『朝鮮小作年報(第1輯)』.
________ (1938), 『朝鮮小作年報(第2輯)』.
________ (1939), 『朝鮮農地關係彙報(第1輯)』.
________ (1940), 『朝鮮農地年報(第1輯)』, 附錄.
________ (1931), 『朝鮮の農業』.
朝鮮總督府殖產局農務課(1928), 『水稻在來耕作法ト改良耕作法トノ經濟比較』.
朝鮮總督府全羅北道(1918), 『大正五年朝鮮總督府全羅北道統計年報』
中谷忠治(1937), 「農業恐慌の發展と農村社會の分化-特に全羅北道に於ける概觀」, 『全羅北道農會報』, 第42号.
中村總一郎(1940), 「全羅北道於ける暗渠排水事業の趨勢」, 『朝鮮農会報』, 第14巻 第11号.
平田又二郎(1931), 『全州案內圖』, 朝鮮閑通社.
横山要次郎(1930.8), 「全鮮第一位を占める全北米-天下の龍兒-」, 『朝鮮農會報』, 第4巻 第8號.
向坂幾三郎(1925), 「移住者指導の第一年」, 『朝鮮農会報』, 第 20巻 第1号.
横山要次郎(1930. 11), 「全北に於ける水稻銀坊主種の回顧一年」, 『朝鮮農會報』, 4-11.
『東亞日報』, 『朝鮮日報』, 『群山日報』, 『南鮮日報』, 『每日申報』, 『中鮮日報』, 『朝鮮中央日報』, 『전북일보』, 『새전북신문』.

• **단행본**

권두영(1979), 「일제하 한국농민운동」, 윤병석 외 『한국근대사론』Ⅲ, 지식산업사.
고석규(2005), 『근대도시 목포의 역사 공간 문화』, 서울대학교출판부.
김낙년(2003), 『일제하 한국경제』, 혜남
김도형(1993), 「1920년대 경북지역의 농민운동」, 『한국근현대지역운동사』Ⅰ 영남편, 여강출판사.
김도형(2009), 『일제의 한국농업정책사 연구』, 한국연구총서 76, 한국연구원.

김민영(1997), 『일제하 군산 · 옥구지역 민족사회 운동사』, 군산문화원.
김병태(1981), 「농지개혁의 평가와 반성」, 김윤환 외, 『한국경제의 전개과정』, 돌베개.
김성호 외(1989), 『농지개혁사연구』, 한국농촌경제연구원.
김영정 · 소순열 · 이정덕 · 이성호(2006), 『항구도시 군산의 형성과 변화』, 한울.
김용섭(1992), 『한국근현대농업사연구』, 일조각.
김준보(1978), 『농업경제학 서설』, 고려대학교 출판부.
______ (1982), 『한국자본주의사연구』 일조각.
데루오카 슈조엮음, 전운성 김(2004), 『일본농업 150년사 1850-2000)』, 한울아카데미.
민주주의 민족전선(1988), 「해방조선 Ⅰ」, 『과학과 사상』.
박섭(1997), 『한국근대의 농업변동 -농민경영의 성장과 농업구조의 변동-』, 일조각.
박섭 · 장지용 편(2010), 『부산의 기업과 기업자 단체, 1900~1945), 해남.
박찬승(1993), 「일제하 나주지역의 민족운동과 사회운동」, 『한국근현대지역운동사』 Ⅱ 호남편, 여강출판사.
브루스커밍스(1984), 「미국의 정책과 한국해방」, 프랭크 볼드윈편, 『한국현대사』, 사계절.
소순열 · 원용찬(2003), 『전북의 시장경제사』, 신아.
손정목(1996), 『일제강점기 도시화과정연구』, 일지사.
신기현(1988), 『미군정기 정당 · 사회단체의 토지개혁 인식』, 문학과 지성사.
안병직(1985), 「조선에 있어서 (반)식민지반봉건사회의 형성과 일본제국주의」, 한국사연구회, 『한국근대사회와 제국주의』, 삼지원.
______ (1989), 「한국근대사에 있어서 '식민지 반봉건사회론의 적용을 둘러싼 이론적 · 실증적 제문제」, 이산 조기준박사 고희기념논문집발간위원회, 『한국자본주의의 성격논쟁』, 대왕사.
안병직 외(1989), 『근대조선의 경제구조』, 비봉출판사.
______ (1993), 『근대조선의 공업화의 연구』, 일조각.
안승택(2009), 『식민지조선의 근대농법과 재래농법』, 신구문화사.
염정섭 · 소순열(2021), 『농업기술과 한국문명』, 한국의 과학과 문명 총서 제21권, 들녘.
유세희(1978), 「한국농민운동사」, 『한국현대문화사대계 Ⅳ』, 아세아문제연구소.
유인호(1975), 『한국농지개혁의 연구』, 박문당.
이경숙(1986), 「한국농지개혁 결정과정에 관한 재검토」, 김홍상 외, 『한국자본주의와 농업문제』, 아침.
이규수(2007),『호남지역 일본인의 사회사 식민지 조선과 일본 일본인』, 다할미디어.
이영훈 외(1992),『근대조선수리조합연구』, 일조각.
이준식(1984),『농촌사회 변동과 농민운동-일제침략기 함경남도의 경우』, 민영사.
이춘녕(1964),『이조농업기술사』, 한국연구총서 제20집, 한국연구원, 9.
이헌창(2002),「서울경제의 변화」,『서울 20세기 생활·문화변천사』, 서울시정개발연구원.
장명수(1994),『성곽발달과 도시계획 연구-전주부성을 중심으로』, 학연문화사.
장시원(1984),『식민지반봉건사회론』,『한국자본주의론』, 까치.
______ (1985),『일제하 농민분해의 양상과 그 성격』,『일제의 한국통치』, 정음사.
______ (1988),「한국 근대사에 있어서 "식민지반봉건사회론"의 적용을 둘러싼 이론적 실증적 제문제」,『한국자본주의의 성격논쟁』대왕사.
장시원 외(1988),『한국근대농촌사회와 농민운동』, 열음사.
전주백년사편찬위원회(2001),『신문으로 본 전주, 전주사람들』하나, 전주시.
정진성(1984),「일제하 조선에 있어서 노동자 존재형태와 저임금」, 박현채 감수,「한국 자본주의와 임금노동」, 화다.
조동걸(1979),『일제하 한국농민운동사』, 한길사.
조이스콜코, 가브리엘콜고(1982),「미국의 한국해방」,『한국현대사의 재조명』, 돌베개.
주봉규·소순열(1996),『근대지역농업사연구』, 서울대 출판부.
지수걸(1993),『일제하 농민조합연구 -1930년대 혁명적 농민조합운동-』, 역사비평사.
최낙필(2003),『지방경제의 이해』, 박영사.
하지연(2018),『식민지 조선 농촌의 일본인 지주와 조선 농민』, 경인문화사.
황한식(1984),「현행소작제도의 성격에 관한 연구」, 박현채 외,『한국농업문제의 새로운 인식』, 돌베게.
허수열(1985),「1930년대 군수 공업화정책과 일본 독점자본의 진출」, 차기벽외『일제의 한국 식민통치』, 정음사.
______ (2005),『개발 없는 개발』, 은행나무.
______ (2011),『일제초기 조선의 농업』 한길사.

허정도(2005),『전통도시의 식민지적 근대화: 일제강점기 마산』, 신서원.

홍성찬(2006),「일제하 전북지역 일본인 농장의 농업경영-1930,40년대 熊本農場 地境地場의 사례를 중심으로-」, 홍성찬 외,『일제하 만경강 유역의 사회사-수리조합, 지주제, 지역정치』, 혜안.

홍성찬 편(2001),『농지개혁 연구』, 연세대학교출판부.

홍승권 외(2009),『일제강점하 부산의 지역개발과 도시문화』, 선인.

加藤末郎(1904),『韓國農業論』, 裳華房,

加藤完治全集刊行委員會編(1968), 『開拓(加藤完治全集第五卷』, 加藤完治全集刊行會事務局.

高崎宗司(2003),『植民地朝鮮の日本人』, 岩波新書 76, 岩波書店.

谷浦孝雄(1966),『韓国の農業と土地制度』, 日本国際問題研究所.

久間健一(1943),『朝鮮農政の課題』, 成美堂書店.

________ (1950),『朝鮮農業経営地帯の研究』, 農林省農業総合研究所, 科學技術廳計劃局(1967),『朝鮮の米作技術發展史』, 低開發國科學技術事情調査資料, No. 2.

堀和生(1995),「朝鮮工業化の史的分析」, 有斐閣.

宮嶋博史(1982),「植民地下朝鮮人大地主の存在にする試論」, 飯沼二郎・姜在彦論『植民地朝鮮の社會と抵抗』, 未來社.

宮嶋博史(1993),「朝鮮における植民地地主制の展開」, (『近代日本と植民地3, 植民地化と產業化』, 岩波書店.

金哲(1965),『韓國の人口と經濟』, 岩波書店.

南亮三郎編(1972),「韓國人口の經濟分析」, アジア研究所.

農林省熱帶農業センタ-(1976),『舊朝鮮における日本の農業試驗研究の成果』, 農林統計協會.

東畑精一(1936),『日本農業の展開過程』, 岩波書店.

東畑精一・大川一司(1935),『朝鮮米穀經濟論』, 日本學術振興會.

大石嘉一郎編(1985)『近代日本における地主經營の展開-岡山縣牛窓町西服部家の研究-』, 御茶の水書房.

大野保(1941),「朝鮮農村の實態的研究」, 滿洲行政學會『論叢』, 第 4 編.

武田恒(1968),「群山共同經營の得失」, 加藤完治全集刊行委員會編,『加藤完治先生逸話集』(加藤完治全集 別册).

______ (1968),「時に急じて活動する奇智」, 加藤完治全集刊行委員會編,『加藤完治

先生逸話集』(加藤完治全集 別册).

武田恒(1983),『土と遊ぶ-一開拓者の記録-』.

桜井浩(1976),『韓国農地改革の再検討』, アジア経済研究所.

梶村秀樹著作刊行委員会(1992), 梶村秀樹 「Ⅲ 在朝日本人」,『梶村秀樹著作集 第一券 朝鮮史との日本人』, 明石書店.

福島士朗 編(1909),『李朝の全州』.

飛田雄一(1982),「永興農民組合の展開-1930年代の赤色農民組合の事例-」,『朝鮮1930年代研究』. 三一書房.

山田盛太郎(1934),『日本資本主義分析』, 岩波書店.

山形縣(1971),『山形縣史』, 本篇 4 拓植編.

森元辰昭(1985),「朝永土地株式會社による農場經營」, (大石嘉一郎編『近代日本における地主經營の展開-岡山縣牛窓町西服部家の研究-』, 御茶の水書房.

石塚峻(1976),「不二農村」,『不二』, 第5號.

盛永俊太郎(1956),「育種の發展」, 農業發達史調査會,『日本農業發達史』第9卷.

蘇淳烈(1996),「1930年代の植民地(朝鮮)地主制の展開をめぐって」, 荒木幹雄編『近代農史論爭-經營・社會・女性』, 文理閣.

蘇淳烈(2022),「韓国における近代農業技術の変容—「統一稲」の開発·普及過程を中心に」, 足立芳宏編著,『農業開発の現代史—冷戦下の農村建設·テクノロジーと地域社会』, 京都大學學術出版會.

小早川九郎(1944),『朝鮮農業發達史 發達編』, 朝鮮農會.

松本武祝(1990),「1930年代朝鮮の農家経済」, 中村哲 외,『朝鮮近代の経済構造』, 日本評論社.

________(1991),『植民地朝鮮の水利組合事業』, 朝鮮近代史研究双書 8, 未來社.

________(1998),「植民地權力と朝鮮農業」, 社會評論社.

勝部眞人編(2010),『近代東アジアにおける外来と在来』,清文堂.

阿部薰編(1937),『朝鮮都邑大觀』, 民衆時論社.

安秉玲(1991),『朝鮮社會の構造と日本帝國主義』, 龍溪書舍.

永原慶二ほか(1972),『日本地主制の構成と段階』, 東京大學出版会.

宇津木初三郎(1928),『朝鮮の寶庫 全羅北道發展史 一名, 全北案內』.

越智唯七(1917),『新舊對照朝鮮全道府郡面里洞名稱一覽』, 中央市場.

栗原百壽(1978),『現代日本農業論』栗原百壽 著作集, 제VI卷, 校倉書房.

李圭洙(1996).「小作慣行の変遷過程と植民地地主制-全羅北道を中心に」,『近代朝鮮における植民地植民地地主制と農民運動』, 信山社.

印貞植(1940),『朝鮮の農業機構』, 白揚社.

林炳潤(1977),『植民地における商業的農業の展開』, 東京大出版會.

田中愼一(1979.3),「土地調査事業史の一斷面」, 旗田巍先生古稀記念會,『朝鮮史論集(下)』, 龍溪書舍.

________ (1985),「服部家の朝進出」, 大石嘉一郎編『近代日本における地主經營の展開-岡山縣牛窓町西服部家の硏究-』, 御茶の水書房.

中村政則(1979),『近代日本地主制史研究』, 東京大學出版會.

坂本悠一・木村建二(2007),『近代植民地都市 釜山』, 桜井書店.

淺田喬二(1989),『增補 日本帝國主義と日植民地地主制』, 龍溪書舍.

川合彰武(1941),『朝鮮工業の現段階』, 東洋經濟新報社.

河合和男(1986),『朝鮮における產米增殖計劃』, 未來社.

姬野實編(1940),『朝鮮經濟圖表』朝鮮統計協會.

• 논문

강정숙(1984),『일제하 안동지방의 농민운동에 관한 일 연구』이화여자대학교 대학원 사학과 석사학위논문.

강철규, 이재형(2018)「한국의 농지개혁은 어떻게 경제성장에 영향을 미쳤는가」,『경제발전연구』, 24-1.

강호출(1991),「식민지시대 충북영동지역 농민운동연구」,『사총』제39집.

권숙인(2008),「식민지배기 조선내 일본인 학교-회고록을 통해본 소·중학교 경험을 중심으로」,『사회와 역사』.

고승제(1982),「식민지 예농체제의 전개와 소작쟁의의 사회경제적 성격」,『대한민국학술원논문집』, 제21집.

기무라 겐지(2004),「식민지하 조선재류의 일본인의 특징-비교사적 시점에서-」,『지역과 역사』, 15.

김동노(2007), "일제시대 식민지 근대화와 농민운동의 전환", 『한국사회학』, 제41집 1호.

김기원(1986), 「미군정의 경제정책에 관한 연구」, 『방통대 논문집』, 5.

김동희 · 최양부(1971), 「지역경제의 불균형 성장과 농업발전의 지역성」, 『농업경제연구』, 13.

김민숙(1998), 『일제시대의 산업별 인구분포와 공간구조에 관한 연구-1930년대를 기준으로-』, 강원대 교육대학원 석사학위논문.

김민영, 「군산지역경제 100년-전개과정, 성격, 전망-」, 『군산대학교 산업개발연구』, 제16집.

김영모(1971), 「일제시대 대지주의 사회적 배경과 이동」, 고려대 『아세아연구』, 제14권 제2호.

김영정(1996), 「일제시대의 도시성장-군산시의 사례」, 『한국사회학』, 제30권 제1호.

남궁봉(1997), 「만경강 유역의 개간과정과 취락형성발달에 관한 연구」, 『한국지역지리학회지』, 제3권 제2호.

박기주(2000),「1930년대 조선의 산업변화와 인구이동」, 『경제사학』, 제28호.

박명규(1985), 「일제하 전북 농민운동」, 『남민』, 지양사.

박선희(2003), 「전주의 금융 · 상업공간의 형성과 변화-일제강점기를 중심으로」, 『대한지리학회지』, 제38권 제5호.

_____ (2003), 『전주의 금융 · 상업공간 형성과 변화에 관한 연구-일제강점기를 중심으로』, 서울대 교육학박사학위 는문.

박석두(1987), 「농지개혁과 식민지지주제의 해체 -경주이씨가의 토지경영사례를 중심으로-」, 『경제사학』, 제11호

_____ (1993), 「대한민국의 수립과 농지개혁」, 『쟁점 한국근현대사』, 한국근대사연구소.

박섭(1994), 「식민지후기의 지주제」, 『경제사학』, 제18호.

박정근 · 박임구 · 정지영(1992), 「전북경제의 현황과 과제」, 『논문집』, 제22집, 전북대학교 산업경제연구소.

박천우(1984), 『한말 · 일제하의 지주제 연구 -암태도문씨가의 지주로의 성장과 그 변동-』, 연세대 석사학위논문.

배영순(1983), 「한말 · 일제초 일본인대지주의 농장경영」, 영남대 『인문연구』, 제3호.

소순열(1989), 「전북 토지문제의 역사적 전개」, 『남민 3』.

______ (1990),「식민지(조선)지주제론」, 전북대『논문집』32쪽.

______ (1992),「식민지시대 전북의 농업구조」,『농촌사회연구』, 제3집.

______ (1992),「식민지기 전북에서의 수도품종의 변천」,『농대논문집』제23집.

______ (1992),「일제하 지주제의 지대구조」,『농업정책연구』, 제19권 1호.

______ (1992),「식민지기 전북에서의 수도 품종의 시험연구와 그 보급」,『전라문화논총』, 제6집.

______ (1995),「지역구조 · 지역문제 · 지역개발」,『호남사회연구』,제2집.

______ (1998),「일제하 배후지농업과 식민지 도시화의 전개- 군산을 사례로」,『농업정책연구』, 제25권 2호.

______ (2003),「일제하 지주 · 소작관계」,『한국농업 · 농촌 100년사 논문집 제1집』, 한국농촌경제연구원.

______ (2003),「일본인지주의 일 존재형태-부민협회의 설립과 농장경영」,『농업사연구』, 제2권 1호.

소순열 · 이두순(2003),「일제하 수도작 기술체계의 변화와 성격」,『농업사 연구』, 제2권 2호.

손정목(1965),「지방도시개발의 의의와 고민-전주, 군산, 이리시를 돌아보고」,『지방행정』, 14.

松本武祝(2015),「植民地朝鮮における日本人大地主と河川秩序の改編-參禮伊藤農場の事例-」,『日韓関係史研究』, 제51집.

송해안(2002),「전북지역경제의 성장요인 비교분석」,『사회과학논총』, 제18권, 전주대학교 사회과학종합연구소.

신기욱(1993),「1930년대 농촌사회 변화와 갈등: 그 기원과 유산」,『동방학지』, 제18집.

심상선(1994),「전북지역경제의 발전방향」,『지역개발논총』, 제2권, 전주대학교 지역개발연구소.

신용하(1966), "한국의 지주제도에 관한 연구-일제하의 지주소작제도에 대하여", 서울대 경제연구소,『경제논집』, 5(3).

안병직(1975),「식민지하 조선인 대지주의 연구-1920년대를 중심으로-」,『경제논집』, 제14권 제3호.

안승택(2008),「식민지조선의 소주밀식(小株密植) 정책과 농민의 소식(疎植)관행」,『농업사연구』, 제 7 권 제2호.

윤수종(1988. 12),「일제하 일본인 지주회사의 농업경영 분석」, 한국사회사연구회, 제

12집.
이규수(2003),「20세기 초 일본인 농업이민의 한국이주」,『대동문화연구』, 제43집.
______ (2011),「식민지 체험자의 기억 속의 '제국과 '식민지'- 후지카이(不二会)를 중심으로」『역사와 경계』, 79쪽.
이두순(1990),「일제하 수도품종 보급정책의 성격에 관한 연구」,『농업정책연구』, 제17권 제1호.
이승우(1987),「전북지역경제의 구조적 변동에 관한 연구」,『산업개발연구』, 제6권, 군산대학교 산업개발연구소.
이정인(1989),『일제하 일인대지주의 농장경영에 관한 연구』, 숙명여자대학교 대학원 석사학위논문.
이종범(1986),「1920-30년대 진도지방의 농촌사정과 농민조합운동」,『역사학보』, 109.
______ (1998),「20세기 중반 농지개혁과 농촌사회변동-전라남도 구례군 사례-」,『전남사학』
이지수(1994), 해방 후 농지개혁과 지주층의 자본전환문제, 연세대학교 대학원 석사학위논문.
이토야마 켄스케 · 소순열 · 사카시타 아키히코(2005),「식민지조선에서의 산업조합의 일 특질- 불이농촌산업조합을 중심으로」,『농업경제연구』,제46권 제4호.
이형식(2013),「재조 일본인 연구의 현황과 과제」,『일본학』, 제37권.
이호철(2003),「식민지기 농업기술의 연구와 그 보급」,『한국농업 · 농촌 100년사 논문집』 제1집.
임혜영(2008),「동진수리조합의 설립과정과 설립주체」,『전북사학』, 제33호.
임혜영(2011),「전북 익산 함라 조씨가의 농업경영-개항기부터 해방이전까지-」,『인문과학연구』, 29.
임혜영(2012),「일제 강점기 전북 익산 함라면의 토지소유 변화」,『전북사학』, 제41호.
장상환(1984),「농지개혁 과정에 나타난 실증적 연구 (상)-충남 서산군 근흥면 실태조사를 중심으로 -」,『경제사학』.
______ (1985),「농지개혁 과정에 관한 실증적 연구(하)」,『경제사학』.
______ (1993),「농지개혁과 한국자본주의 발전」,『쟁점 한국근현대사』.
______ (2002),「농지개혁과 한국자본주의 발전-경남지역의 사례연구를 중심으로-」,『경제발전연구』 6-1.

장현규(1958.7),「농지개혁이후의 농지이동」,『전북대논문집』.

장시원(1980),「식민지하 조선의 반봉건적 토지소유에 관한 硏究」,『경제사학』4.

장시원(1983),「일제하 '경영지주'범주의 설정을 위한 문제제기」, 한국방송통신대학『논문집』1.

장시원(1989),『일제하 대지주의 존재형태에 관한 연구』, 서울대 박사학위논문.

______ (1999),「조선토지조사사업 연구의 새로운 지평-김홍식 외,『조선토지조사사업의 연구』에 대한 서평-」,『사회과학평론』.

전성현(2015),「식민자와 식민지민 사이, '재조일본인'연구의 동향과 쟁점」,『역사와 세계』, 제48집,

정승진, 마츠모토 다케노리(2005),「영주에서 식민지 대지주로: 일본 귀족 호소가와(細川)가의 한국에서의 토지집적」,『역사비평』, 겨울호(통권 73호).

정승진(2006), 松本武祝,「토지대장에 나타난 농지개혁의 실상(1945-70)-전북『익산군춘포면토지대장』의 분석-」,『한국경제연구』.

정승진(2009),「한말 일제 초 전통 제언계의 근대적 수리조합으로의 전환 : 만경강 하류 옥구서부수리조합의 사례분석」,『전북사학』, 제34호.

______ (2015),「실패한 식민지 '개발' 프로젝트-익산 황등제의 폐제화 사례-」,『한국사학보』, 제59호.

______ (2017),「장기사의 관점에서 본 나주의 농지개혁-전남 나주군 금천면의 사례」,『대동문화연구』.

조동걸(1970),「3·1운동의 지방사적 성격-강원도지방을 중심으로」,『역사학보』47.

진양명숙(2007),「문화도시 기획의 의미와 해석: '전주전통문화도시'를 중심으로」,『지역사회연구』, 제15권 제2호.

차남희(1992),「경제적 농민과 정치적 농민 ; 일제시대 농민운동 성격에 대한 연구」,『한국정치학회』28-1.

최염규(1980),「'80년대 전북지역산업의 발전문제」,『전북대논문집』, 제10집.

최원규(1985),「한말·일제하의 농업경영에 관한 연구-해남윤씨가의 사례-」,『한국사연구』50(51).

______ (1993),「1920·30年代 일제의 한국농업식민과 일본인 자작농촌건설사업-불이농촌 사례-」,『동박학지』, 제82호.

______ (2000),「동양척식회사의 이민사업과 동척이민반대운동」,『한국민족문화연구』, 16.

최원철(2000),「산업구조상의 특성으로 본 전북경제의 낙후성과 개선방향」, 전주대

『산경논총』, 제19권 제1호.

하지연(2010), 『일제하 식민지 지주제연구-일본인 회사지주 조선흥업주식회사 사례를 중심으로』, 이화연구총서 8.

한도현(1987), 「반제 반봉건투쟁의 전개와 농민조합 - 명천군 농민조합운동을 중심으로」, 한국사회연구회편, 『일제하의 사회운동』, 문학과 지성사.

홍성찬(1986), 「한말 · 일제하의 지주제 연구 - 보성 이씨가의 지주경영사례」, 연세대 『동박학지』 53쪽.

______ (1986), 「일제하 기업가적 농장형지주제의 존재형태 - 동복 오씨가의 동고농장 경영구조 분석」, 『경제사학』.

______ (1988), 『한국 근대 농촌사회의 변동과 지주층』, 연세대 박사학위논문.

______ (1989), 「일제하 기업가적 농장형 지주제의 역사적 성격」, 『동박학지』. 62.

______ (1990), 「일제하 금융자본의 농기업 지배-불이홍업(주)의 경영변동과 조선식산은행」, 『동방학지』, 제165호.

홍영기(2002), 『1920년대 전북지역 농민운동연구』, 중앙대학교 박사학위논문.

허수열(1997. 12), 「일제하 조선에 있어서 소작료율」, 『경제논집』, 제13권.

______ (2003), 「일제하 조선의 각종 수익율」, 『경제사학』, 제34호.

谷浦孝雄(1967), 「南朝鮮の農地改革」, 『朝鮮史研究会論文集』.

橋谷弘(1990), 「一九三十・四十年代の朝鮮社會の性格をめぐって」, 「朝鮮史研究會論集」, 第27輯.

堀和生(1983), 「植民地産業金融と經濟構造-朝鮮殖産銀行の分析を通じて-」, 『朝鮮史研究會論文集』.

______ (1976), 「日本帝國主義の朝鮮における農業政策 -1920年代植民地地主制の形成」, 『日本史研究』, 第171號.

宮嶋博史(1982), 「植民地下朝鮮人大地三の存在形態に關する試論」, 『朝鮮史叢』, 5·6.

________ (1984), 「朝鮮史研究と所有論」, 東京都立大學『人文學報』, 167.

金森襄作(1982), 「朝鮮農民組合史 -1920年代の晋州・順天を中心にして」, 『朝鮮史叢』, 5 · 6.

大和和明(1982), 「1920年代前半期の朝鮮農民運動-全南順天郡の事例を中心に」, 『歷史學研究』 502.

木村健二(1983), 「明治期日本人の朝鮮進出の社會經濟的背景」, 『土地制度史學』, 101號.

馬淵貞利(1975),「第1次大戰期朝鮮農業の特質と3·1運動-農民的商品生産と植民地期地主制」,『朝鮮史研究會論文集』, 第12集.

飯沼二郎(1982),「日帝下朝鮮における農業革命」,『朝鮮史叢』第5·6合併號.

白頭山人,「統治二十五年朝鮮經濟の問答」,『改造』, 1935.

並本眞人(1983),「植民地下の朝鮮におけゐ地方民衆運動の展開-咸鏡南道洪原郡の事例を中心に-」,『朝鮮史研究會論文集』, 20.

白頭山人(1935),「統治二十五年朝鮮經濟問答」,『改造』11月.

飛田雄一(1982),「定平農民組合の展開-1930年代の赤色農民組合の事例-」,『朝鮮史叢』, 5·6合併號.

飛田雄一(1984),「金海農民組合の展開-1930年代の赤色農民組合の事例-」,『朝鮮民族運動史研究』,11.

山崎隆三(1971),「地主制後退期における一小地主の植民地への轉化」,『經濟學雜誌』, 64-2·3.

三原容子(2014),「資料紹介 山形県自治講習所日誌(第五回)-大正十一年」,『東北公益文科大学總合研究論集』, 第25号.

森元辰昭(1979),「日本人地主の植民地(朝鮮)進出 -岡山縣溝手家の事例分析-」,『土地制度史學』, 第82號.

善生永助(1939),「朝鮮地方の都邑工業地帶化」,『拓植獎勵館季報』, 第1卷 第3號.

小林英夫(1967),「一九三O年代朝鮮'工業化'政策の展開過程」,『朝鮮史研究會論文集』, 第3輯.

松本武祝(1986),「植民地地主制に關する最近の研究動向」,『農業史研究會報』.

________(1987),「朝鮮·全羅北道 農業の構造變化-昭和恐慌期を中心に-」,『日本史研究』, 第298號.

________(1991),「植民地朝鮮の農業政策と村落」,『朝鮮史研究會論文集』, 29輯.

松永達(1991),「1930年代朝鮮內勞動力移動について」, 京都大學『經濟論叢』, 第147卷 第1, 2, 3號.

田中喜男(1968),「明治後期朝鮮拓殖への地方的關心」,『朝鮮史研究會論文集』, 第4輯.

蘇淳烈(1992),「戰時體制期植民地朝鮮における日本人地主の存在形態 -熊本農場の事例分析-」,『農業史研究』, 第25號.

蘇淳烈(1993),「1930年代朝鮮における小作立法と小作爭議」,『農林業問題研究』, 第110號.

______(1995),「1930年代朝鮮における小作爭議と小作經營」,『アジア經濟』36(9).

______(1998),「土地改革-韓國からの視點-」,『農業史研究』, 31・32.

牛山敬二(196),「明治・大正期における三菱の土地投資」,『農業総合研究』, 第20巻 第2号.

李圭洙(1995),「植民地期朝鮮における集團農業移民の展開過程-不二農村を中心に」,『朝鮮史研究會論文集』, 第33集.

伊藤淳史(2004),「加藤完治の戰後開拓」,『農林業問題研究』, 第154号.

伊藤俊夫(1943. 2, 1943. 3),「南鮮調査報告經營上より見たる不二農村の實態(弟1報,弟2報)」,『京城大法學會論集』,14-1,14-2.

長澤利治(1977. 2),「日本舊植民地朝鮮における熊本利平・熊本農場及び熊本利平による教育文化事業について」,『壱岐』, 第13號.

田中喜男(1968),「明治後期朝鮮拓殖への地方的關心」,『朝鮮史研究會論文集』, 第4輯.

田村武夫(1971),「北朝鮮の土地改革」,「朝鮮史研究会論文集」, 8.

鄭勝振・松本武祝(2013),「植民地朝鮮の日本人農村移民村と同化主義-全羅北道・大場村 里の事例」,『東アジア近代史』, 第165號.

千田稔(1987. 7),「華族資本としての侯爵, 細川家の成立・展開」,『土地制度史學』, 第116號.

淺田喬二(1989),「後退期日本地主制の存在形態」,『土地制度史學』, 第34號.

________(1990),「1930年代植民地(朝鮮)地主制の存在形態-全羅北道地主制の事例分析」, 駒澤大學.『經濟學論集』21(3).

찾아보기

전북의 근대 농업사 – 지주제 · 기술과 지역

지은이 소순열
펴낸이 김동원
펴낸곳 전북대학교출판문화원

초판 1쇄 인쇄 2022. 8. 10.
초판 1쇄 발행 2022. 8. 20.

전북대학교출판문화원 전라북도 전주시 완산구 어진길 32 (풍남동2가)
전화 (063) 219-5319~22
FAX (063) 219-5323
출판등록 2012년 8월 20일 제465-2012-000021호

값 22,000원

ISBN 979-11-6372-172-7 93300